国家社科基金重大招标项目"西北民族地区回族话与回族经堂语、小儿经语言研究"（17ZDA311）的结项成果

兰州大学教材建设基金资助

语言接触研究导论

敏春芳◎著

Introduction to
Language Contact
Research

图书在版编目（CIP）数据

语言接触研究导论 / 敏春芳著. -- 北京：中国社会科学出版社，2024.8. -- ISBN 978-7-5227-3837-6

Ⅰ.H0

中国国家版本馆 CIP 数据核字第 2024C6M199 号

出 版 人	赵剑英	
责任编辑	张　林	
特约编辑	肖春华	
责任校对	冯英爽	
责任印制	戴　宽	

出　　版	中国社会科学出版社	
社　　址	北京鼓楼西大街甲 158 号	
邮　　编	100720	
网　　址	http://www.csspw.cn	
发 行 部	010-84083685	
门 市 部	010-84029450	
经　　销	新华书店及其他书店	
印　　刷	北京君升印刷有限公司	
装　　订	廊坊市广阳区广增装订厂	
版　　次	2024 年 8 月第 1 版	
印　　次	2024 年 8 月第 1 次印刷	
开　　本	710×1000　1/16	
印　　张	24	
插　　页	2	
字　　数	395 千字	
定　　价	139.00 元	

凡购买中国社会科学出版社图书，如有质量问题请与本社营销中心联系调换
电话：010-84083683
版权所有　侵权必究

目 录

第一章　语言接触概论 ……………………………………（1）
　　第一节　语言接触概述 …………………………………（1）
　　第二节　语言接触引发的语言演变 ……………………（23）

第二章　语言接触常用术语 ………………………………（36）
　　第一节　有关来源语和目标语的术语 …………………（36）
　　第二节　有关接触机制或动因的术语 …………………（39）
　　第三节　有关接触过程的术语 …………………………（44）
　　第四节　有关接触型语言的术语 ………………………（48）

第三章　语言接触内容——词汇借用 ……………………（57）
　　第一节　汉语借词及其借用方式 ………………………（58）
　　第二节　东乡语借词及其借用方式 ……………………（69）
　　第三节　词汇借用导致的结果及其影响 ………………（82）

第四章　语言接触内容——结构干扰 ……………………（97）
　　第一节　结构干扰的类型 ………………………………（97）
　　第二节　结构干扰的结果 ………………………………（113）
　　第三节　结构干扰引发的语法变化以及机制 …………（145）

第五章　中介语和混合语 …………………………………（151）
　　第一节　中介语介绍 ……………………………………（151）

第二节　中介语与语言接触 …………………………………（160）
第三节　中介语与混合语的异同 ……………………………（164）

第六章　语言接触与语言区域 ……………………………………（176）
第一节　语言区域概说 ………………………………………（176）
第二节　语言区域研究成果 …………………………………（184）
第三节　甘青河湟地区的语言区域特征 ……………………（187）

第七章　语言接触与语序类型 ……………………………………（239）
第一节　与名词相关的语序类型 ……………………………（241）
第二节　与动词相关的语序类型 ……………………………（256）
第三节　与形容词相关的语序类型 …………………………（263）
第四节　与小句相关的语序类型 ……………………………（269）
第五节　与复句相关的语序类型 ……………………………（280）

第八章　接触语言与其他语言学 …………………………………（294）
第一节　接触语言学与功能语言学 …………………………（294）
第二节　接触语言与形式语言学 ……………………………（299）
第三节　语言接触与认知语言学 ……………………………（315）

第九章　汉语史上的语言接触 ……………………………………（319）
第一节　中古译经与语言接触 ………………………………（319）
第二节　元代直译体文献中的语言接触 ……………………（326）
第三节　甘青河湟方言与元白话特殊语法比较 ……………（331）
第四节　西北地区语言接触研究的现状与未来 ……………（340）

第十章　语言接触研究要籍简介 …………………………………（351）
第一节　*Language Contact：An Introduction* 和
　　　　Basic Linguistic Theory ……………………………（351）

第二节 《论语言接触与语言联盟》
　　　　——汉越（侗台）关系的解释 ·················(354)

第三节 《倒话研究》
　　　　——汉藏语系之间的相互影响 ·················(358)

第四节 西北地区的语言接触研究 ·················(361)

参考文献 ·················(370)

第 一 章

语言接触概论

第一节 语言接触概述

著名的语言学家罗常培（2009）曾说："语言不是孤立的，而是和多方面联系的。任何社会现象都不能和别的现象绝缘而独立存在或发展。各现象间必得彼此关联，交互影响，才能朝着一定的途径向前推进。语言既然是社会组织的产物，当然也不能超越这个规律。所以，语言学的研究万不能抱残守缺地局限在语言本身的资料以内，必须要扩大研究范围，让语言现象跟其他社会现象和意识联系起来，才能发挥语言功能，阐述语言学原理。"[①] 的确如此，语言是一种复杂的现象，同一个人在不同时期的话语中会产生变化和差异，同一个言语社团在使用语言交际时也会出现一些变化。任何一个言语社团的语言变化可能都是内部和外部原因共同作用的结果。内部原因主要是语言系统自身的原因，外部语言主要是语言接触（language contact）。民族之间的贸易往来、文化交流、移民杂居、战争征服等各种形态的密切或非密切接触，通常都会引起语言的接触。美国描写语言学的先驱爱德华·萨丕尔（Edward Sapir）说："语言，像文化一样，很少是自给自足的。交际的需要使说一种语言的人和说邻近语言的或文化上占优势的语言的人发生直接或间接接触。交际可以是友好的或敌对的。可以在平凡的事务和交易关系的平面上进行，也可以是精神价值——艺术、科学、宗教——的借贷或交换。""邻居的人群互相接触，不论程度怎样，性质怎样，一般都足以

[①] 罗常培：《语言与文化》（注释本），胡双宝注，北京大学出版社2009年版，第107页。

引起某种语言上的交互影响。"① 法国著名语言学家约瑟夫·房德里耶斯（Joseph Vendryès）也曾说："使语言不受任何外来影响而不断发展的理想几乎从来也没有实现过。相反，相邻语言的影响在语言的发展中常常起重要的作用。这是因为语言的接触是历史的必然，而接触必然会引起渗透。在我们附近就可以找到一些地区由于历史的原因杂居着说各种不同语言的民族。在这类地区中，商业的扩展和交际的需要要求人们懂得并通用几种语言。……每当两种语言接触的时候，它们总会在不同的程度上互相影响。"② 所以，语言接触是人类语言发展过程中常见的现象，而且语言接触常常伴随特殊的心理背景、主观态度和社会历史文化背景。从某种意义上讲，研究语言接触既是探究语言演变的重要途径，也是研究人类心理及文化演变过程的有效方式。研究表明，语言之间的接触常既能通过口头交际的形式实现，也能通过文字的翻译或现代通讯媒体来实现。无论是哪一种途径都不可避免地涉及语音、词汇、语法等的变化。语言接触最常见的结果是词汇的借用，除此之外也可能是接触语言之间语音和语法成分的互相渗透，进而对语言的语音和语法结构形成一定的影响甚至可能造成改变。语言接触是语言或方言演变和发展的原动力之一。③ 过去对语言的研究大多只重视语言自身的变化和差异，注重语言自身的历时演变和共时描写，而对语言接触导致的语言变化和差异则重视不够。近年来，随着现代语言学的发展，人们越来越认识到语言接触对语言演变的重要影响，也越来越注意到语言接触研究的重要性。语言接触的研究成果如雨后春笋般涌现。通过对语言接触的研究，我们更确切地了解什么是语言的底层和表层，进而更准确地揭示语言演变的各种机制，比如因语言接触而导致的语码转换、语言干扰（包括语音干扰、词汇干扰、语法干扰，以及语言整体结构互相干扰等）、语言混合等现象。

---

① ［美］爱德华·萨丕尔：《语言论——言语研究导论》，陆卓元译，陆志韦校订，商务印书馆1985年版，第173页。
② ［法］约瑟夫·房德里耶斯：《语言》，岑麒祥、叶蜚声译，商务印书馆2012年版，第330—331页。
③ 邹嘉彦、游汝杰主编：《语言接触论集》，上海教育出版社2004年版，第1页。

一　什么是语言接触

"语言接触"在英语中通常称作"Language Contact"。从世界范围来看，语言接触现象颇为常见，因为在历史的长河中，每种语言都可能或多或少地受到周边语言的影响，这种影响可能是直接的，也可能是间接的；既有不同类型的语言接触，也有同一语言不同变体之间的接触；既有汉语史上的语言接触，也有现实中正在发生的语言接触。

"语言接触"（Language Contact）这个术语大约是20世纪50年代由马丁内（André Martinet）在为薇茵莱希（Uriel Weinreich）所著的 Language in Contact（《接触中的语言》）（1953）的"序言"中首次提出并被广泛运用，在语言学界也越来越受到重视。但是究竟什么是"语言接触"，要给它一个准确的界定似乎并不是一件容易的事情，国内外语言学界做过各种尝试，不同的学者对语言接触的内容、表现形式、考虑的视角不同，有不同的表述，可谓各抒己见，见仁见智。下面列举一些国内外颇具有代表性的观点。

（一）国外学者的界定

（1）Uriel Weinreich（1953）认为，如果两种或两种以上的语言被同一个人交替使用，则称为"（语言）接触"。使用语言的个人就是接触的"场所"。（Two or more languages will be said to be in contact if they are used alternately by the same persons. The language-using individuals are thus the locus of the contact.）[1]

（2）R. R. K. 哈特曼、F. C. 斯托克（1981）认为，语言接触就是"说不同语言的人经常相遇所引起的语言上的相互影响。语言接触的特点有双语现象（bilingualism）、借贷（borrowing）和语言演变（linguistic change）。这些特点是由于直接学习、翻译和周密的语言教学造成的。不同语言形式的混杂有时会形成克里奥耳语和洋泾浜语言（pidgin language）。"[2]

---

[1] Weinreich, Uriel. 1968 [1953]. *Languages in Contact: Findings and Problems*. The Hague: Mouton Publishers. p. 1.

[2] [英] R. R. K. 哈特曼、F. C. 斯托克：《语言与语言学词典》，黄长著等译，上海辞书出版社1981年版，第77页。

(3)《朗曼语言学词典》(1993) 指出:"语言接触指不同语言间的接触,这种接触常常会影响其中至少一种语言。如果同一地区或邻近地区使用不同语言,或操不同语言的人之间交往非常频繁,这种语言间的影响尤为常见。这种影响可能会使语音、句法、语义发生变化,还会使称谓形式和打招呼等交际策略发生变化。语言接触不仅发生在语言交界地区,如印度某些地区,同时也发生在移民很多的地区,比如在美国、拉丁美洲、澳大利亚和非洲部分地区。"①

(4)[英]戴维·克里斯特尔(2000)认为:"(语言)接触是社会语言学术语,指语言或方言之间地理上相邻接或社会上相邻近(因而互相影响)的状况。'接触状态'的结果在语言上有各种体现,如借词的增多,音系和语法模式的演变,语言形式的混合(如克里奥耳语和皮钦语),以及各种双语现象的普遍出现。从狭义上理解,同一批人(即操双语者)如果交替使用两种语言,就说这两种语言互相'接触'。"②

(5)[日]真田信治等(2000)认为:"不同语言之间的直接或间接的相互接触现象,就叫作'语言接触'(Language Contact)。"③

(6)Sarah G. Thomason(2001)认为:"按照一种最简单的定义,语言接触就是在同一时间、同一地点,使用一种以上的语言。""从本质意义上讲,语言接触并不要求流利的双语或多语能力,但操不同语言的说话者之间的某种交际交流才是必需的。"(In the simplest definition, language contact is the use of more than one language in the same place at the same time. Language contact in this substantive sense does not require fluent bilingualism or multilingualism, but some communication between speakers of different languages is necessary.)④

(7)[德]哈杜默德·布斯曼(2003)认为:"语言接触(sprach-

---

① [新西兰]杰克·理查兹等编著:《郎曼语言学词典》,刘润清等译,胡壮麟、杜学增校,山西教育出版社1993年版,第180—181页。

② [英]戴维·克里斯特尔编:《现代语言学词典》(第四版),沈家煊译,商务印书馆2000年版,第81页。

③ [日]真田信治等:《社会语言学概论》,王素梅等译,上海译文出版社2002年版,第62页。

④ Thomason, Sarah G. 2001. *Language Contact*. Edinburgh: Edinburgh University Press Ltd. p. 1.

kontakt）表示两种或多种语言在一个国家同时存在，操用者根据不同情况择用其中某一种语言，例如现时的比利时、瑞士、中国、印度、秘鲁等国的情况。此类的语言接触可归因于政治、历史、地理或者文化史的影响。诸语言之间的相互影响表现在语言的各个层面。"①

（8）Thomas Stolz、Dik Bakker、Rosa Salas Palomo（2008）认为："语言接触是指语言社区之间的接触和多语言现象的发生。这种接触如果足够强烈和广泛，将影响所涉及语言的词汇和语法，当言语社区之间存在社会经济对等时，或多或少会双向影响，如果不是这样，则主要是单向影响。"（Language contact is short for contact between speech communities and the occurrence of multilingualism. Such contact, if sufficiently intense and widespread, will influence the lexicon and grammar of the languages involved, more or less bi-directionally when there is socio-economic equivalence between the speech communities, and mainly uni-directionally if this is not the case.）②

（9）Yaron Matras 所著的《语言接触》（2009）在扉页中指出："'语言接触'是指不同语言的使用者相互交流，他们的语言相互影响。"（"Language contact" occurs when speakers of different languages interact and their languages influence each other.）③ 关于语言接触的表现形式，Yaron Matras 认为："语言接触的表现形式多种多样，包括语言习得、语言加工和产生、对话和话语、语言的社会功能和语言政策、类型学和语言变化等。"（Manifestations of language contact are found in a great variety of domains, including language acquisition, language processing and production, conversation and discourse, social functions of language and language policy, typology and language change, and more.）④

（10）Anthony P. Grant（2019）认为："'语言接触'这个术语有一

---

① ［德］哈杜默德·布斯曼：《语言学词典》，陈慧瑛等编译，商务印书馆2003年版，第497页。
② Stolz, Thomas, Dik Bakker, and Rosa Salas Palomo. 2008. Preface. In Thomas Stolz et al., eds., *Aspects of Language Contact: New Theoretical, Methodological and Empirical Findings with Special Focus on Romancisation Processes*, Berlin/New York: Mouton de Gruyter. p. v.
③ Matras, Yaron. 2009. *Language Contact*. New York: Cambridge University Press. p. 1.
④ Matras, Yaron. 2009. *Language Contact*. New York: Cambridge University Press. p. 1.

定的误导性，因为它通常指的是一种结果（即当一个语言系统的使用者与另一个语言系统的使用者接触时，该语言系统所发生的变化——我们可以称之为接触引起的语言变化，简称 CILC）——而不是指这种结果发生的过程。"（The term *language contact* is somewhat misleading, as it generally refers to an outcome (namely the changes wrought upon a language system as the result of its speakers coming into contact with users of another language system—we may call this contact-induced linguistic change, or CILC) —rather than to the process (es) by which this outcome occurs.)①

（二）国内的定义

（1）《应用语言学词典》（1991）认为："语言接触指不同语言的互相接触，尤其是其中至少一种语言由于接触而受到影响。这种影响出现在同一地区或交界地区讲多种语言而人们交际又十分频繁的情况下尤为典型。其影响可涉及语音学、句法学、语义学或交际手段（诸如称呼语和问候语）等方面的问题。"②

（2）《语言学百科词典》（1993）认为："语言接触指操不同语言的言语社团成员交往接触而引起的语言上的相互影响。"语言接触可能与地理因素有关，如操不同语言的言语社团成员居住在同一地区或毗邻地区；也可能与历史因素有关，如外民族的入侵，本民族部分成员的迁徙，民族间的通商贸易、文化交流等。常见的现象有：①借词；②语言联盟；③语言的融合；④双语现象等。③

（3）瞿霭堂（2000）认为，语言的接触有两种含义：一种是指存在于一个人头脑中的两种或几种语言之间的相互联系、相互作用和相互影响。这是指结构层面上的接触，也即语言内部的接触。另一种是指一个人使用两种或多种语言。这是指应用层面上的接触，即语言外部的接触。这是两种不同性质的接触：前者涉及语言思维，后者则关系到语言态度。④

---

① Grant, Anthony P (ed.). 2019. *The Oxford Handbook of Language Contact*. New York: Oxford University Press. p. 1.
② 侯明君主编：《应用语言学词典》，山东教育出版社1991年版，第259—260页。
③ 戚雨村等编：《语言学百科词典》，上海辞书出版社1993年版，第470页。
④ 瞿霭堂：《语言思维和语言接触》，载邹嘉彦、游汝杰主编：《语言接触论集》，上海教育出版社2004年版，第57—59页。

（4）袁焱（2001）认为，语言接触是指"不同语言由于使用的接触而出现的结构特点和功能特点的变化"。①

（5）意西微萨·阿错（2004）认为，语言接触概念有广义和狭义之别：广义的语言接触"可以泛指一种或几种语言在空间分布上出现叠置时所发生的各种相关语言现象"；狭义的语言接触指试图凭借一种语言系统去感知另一语言系统所传达的信息内容，或者以一种语言系统去表现另一种语言系统所表达的信息内容时，我们说，这两种语言发生了接触关系，简言之就是试图凭借一种语言去觉知，或者表现另一种语言（所传达的信息内容）。②

（6）齐沪扬等（2004）认为：语言接触（language contact）是一个内涵广泛的概念，主要指不同民族之间由于社会、文化的相互接触和影响在语言上出现的种种关系，如语言影响、语言兼用、语言转用、语言混用、语言冲突等。③

（7）《语言学辞典》（2005）认为，语言接触是指"说不同语言的人经常相遇所引起的语言上的相互影响。语言接触的特点有双语现象（bilingualism）、借贷（borrowing）和语言演变（linguistic change）等。这些特点是透过直接学习、翻译和周密的语言教学造成的"。④

（8）钟荣富（2006）认为："语言接触（language contact）就是探讨两个或多个语言接触之后的结果。"语言接触的结果通常"会有三个步骤：①先是语法的转借，包括语音、句法及构词的借用。②形成兼语（Pidgin），这是接触时间久了之后，形成另一个兼具两个语言特色的新语言。③成为克里欧语（Creole），接触的时间更久之后，劣势语可能消失，代之而起的是把前一时期所形成的兼语当作自己的母语。"⑤

（9）戴庆厦等（2006）认为："语言接触（language contact）是指不同民族、不同社群由于社会生活中的相互接触而引起的语言接触关系，是

---

① 袁焱：《语言接触与语言演变：阿昌语个案调查研究》，民族出版社2001年版，第1页。
② 意西微萨·阿错：《倒话研究》，民族出版社2004年版，第148页。
③ 齐沪扬等：《应用语言学纲要》，复旦大学出版社2004年版，第192页。
④ 陈新雄等编：《语言学辞典》（增订版），三民书局2005年版，第318页。
⑤ 钟荣富：《当代语言学概论》，五南图书出版公司2006年版，第269—270页。

语言间普遍存在的一种语言关系。"①

（10）吴福祥（2007）认为："语言接触是指特定的语言个体或语言社团同时熟悉并使用一种以上的语言。换言之，语言接触指的是一种社会语言学的状况，而非语言演变的过程。"②

（11）《中国语言文字学大辞典》（2007）认为："语言接触指操不同语言的人经常交往引起的语言上的互相影响。民族之间的贸易往来、文化交流、移民杂居、战争征服等各种形态的接触，都会引起语言的接触。语言接触的类型主要有借贷、结构规则的借用、语言的融合、语言的转用和替代等。这些现象是通过直接学习、翻译和周密的语言教学造成的。"③

（12）聂志平等（2019）指出："由于地理毗邻，或贸易往来、移民、杂居等原因，不同的民族社会相互接触，带来了文化、语言的接触和相互影响，就会出现词语借用、语音变化、语法改变，这些现象就是语言接触的结果。根据接触程度的深浅，语言学家把语言接触分为语言借用、双语现象、语言转用、洋泾浜语、克里奥尔语等。"④

国内外学者关于语言接触的定义众说纷纭，层见叠出。以上只是其中的一部分，但这些定义在一定程度上反映了语言接触的本质和特点。为了后续讨论的方便，以及深入研究语言接触问题的需要，综合学界对语言接触的已有认识，可以从以下几个方面去理解和把握"语言接触"的含义。

第一，语言接触首先是指特定的语言个体或语言社团同时熟悉并使用一种以上的语言。

第二，语言接触不仅包括不同语言之间的直接接触，也包括语言间的间接接触。⑤ 其中，直接接触主要是指语言的使用者通过直接的对话交

---

① 戴庆厦主编：《语言学基础教程》，商务印书馆2006年版，第280页。
② 吴福祥：《语言接触引发的演变》，《民族语文》2007年第2期。
③ 唐作藩主编：《中国语言文字学大辞典》，中国大百科全书出版社2007年版，第754页。
④ 聂志平、陈青松主编：《语言学概论》（第二版），高等教育出版社2019年版，第326页。
⑤ 诚如萨丕尔（2002：173）云："语言，像文化一样，很少是自给自足的。交际的需要使说一种语言的人和说邻近语言或文化上占优势的语言的人发生直接或间接的接触。"这段话实际上表达了四个层面的意思："一是受临近语言影响；二是受优势语言影响；三是语言直接接触；四是语言间接接触。"详见乔全生：《语言接触视域下晋方言语音的几点变化》，《汉语学报》2019年第4期。

流，或以一定的通信方式（如电话等）进行交流所引起的语言上的相互影响。间接接触主要是指通过书面语言或传播媒介（如广播、电视等）所引起的语言上的相互影响。

第三，语言接触通常发生在地理上毗邻或社会上相邻近因而彼此之间会相互影响的语言或方言之间。

第四，语言接触会导致语言之间相互影响，进而引发语言结构和功能上的变化。常见的变化主要包括：语言特征的变化（增加、消失、替代、保留等）、借用、双语现象、语言转用、语言混合、语言联盟等。

总之，语言接触是一种社会语言学的普遍状况，是一个多学科交叉的研究领域，因此关于"语言接触"的理解必须多角度、多层次、全面综合性的理解。

二 语言接触国内外研究现状

现代意义上的语言接触和语言演变研究始于20世纪50年代，奠基之作是 *The Analysis of Linguistic Borrowing*① 和 *Languages in Contact：Findings and Problems*②，语言接触研究的奠基人是美国语言学家 Uriel Weinreich。语言接触研究自20世纪50年代在西方语言学界产生以后，迅速流行于欧美。关于国外语言接触的研究状况，以时间为线索，大体可以分为如下几个阶段。

（一）国外研究现状

1. 研究的滥觞期（19世纪前期）

语言接触研究的历史大约可以追溯到19世纪前期，是伴随着欧洲殖民主义扩张而产生的。19世纪殖民主义的扩张导致语言融合加剧和混合语的产生，一些语言学者开始把研究的视角转向混合语、区域语言联盟等方面的研究。如洪堡特（Karl Wilhelm Freiherr von Humboldt，1820）论述了语言之间或方言之间混合的问题；萨丕尔（Edward Sapir，1821）讨论语言的借贷及语言间相互影响的问题；Kopitar（1829）比较早地关注到

---

① Haugen, Einar. 1950. The Analysis of Linguistic Borrowing. *Language* 26, 2: 210-231.
② Weinreich, Uriel. 1968 [1953]. *Languages in Contact: Findings and Problems*. The Hague: Mouton Publishers.

巴尔干语言联盟的问题等。这些研究不乏精彩之处，也都有重要的学术价值。

2. 研究的自觉期（19世纪中后期至20世纪初）

到19世纪中后期，一些语言学家认识到语言接触研究的价值，开始关注语言接触的现象，涉及方言接触、皮钦语和克里奥尔语的形成等。如August Schleicher（1850，1863）阐述了邻接地区非亲属语言在语音和形态方面的相互影响，以及因语言接触而产生的语言联盟问题；德国语言学家Hugo Schuchardt（1882，1883）结合语言混合的实例论述了有关语言混合①的相关问题，包括语言混合的原因、特征及形成发展的机制等。其他的研究还有Van Name（1869—1870）、Coelho（1880—1886）、Hermann Paul（1880）、Adam（1883）、Harrison（1884）、D. C. Hesseling（1899，1905）等②。20世纪早期对语言混合的性质、成因及语言混合形成过程的研究进一步奠定了该领域的基础。如Broch（1927）对洋泾浜形成过程进行了研究；Kloss（1927）探究了语言的保持和转换等。其他的研究还有：博杜恩（Иван Александрович Бодуэн де Куртенэ，1901）、Frachtenberg（1914，1920）、房德里耶斯（Joseph Vendryès，1921）、Otto Jespersen（1922）、谢尔巴（Лев. Владимирович Щерба，1925）等。总体而言，19世纪下半叶到20世纪初，语言学家更主要的是对语言现象进行描写，关于语言变化则主要研究语言趋同变化的问题，③也有语言学家注意到语言变化中的外部条件的影响。

3. 研究的拓展期（20世纪30—40年代）

这个时期，语言接触研究中心由欧洲转到了美洲，一些语言学家通过对语言接触现象的实地考察，在掌握一手资料的基础上有力地促进了语言接触研究的发展，越来越多的学者日益重视在多语环境下语言接触的具体表现、过程及语言间的互相影响等。这一时期的研究有对语言接触语料的

---

① 张兴权认为，Hugo Schuchardt（休格·舒哈特）所说的"语言混合"是一个广泛的概念，实际上相当于后来常使用的"语言间的影响""语言接触"等概念，因为其不仅涉及"混合语"，还涉及双语兼用和语言干扰等问题。详见张兴权：《接触语言学》，商务印书馆2012年版，第15页。

② 石定栩：《洋泾浜语及克里奥语研究的历史和现状》，《国外语言学》1995年第4期。

③ 张兴权：《接触语言学》，商务印书馆2012年版，第14页。

调查和记录，如 Boas（1933）、Parsons（1933—1934）等；也有对语言接触相关问题的专题研究和理论探讨，如布龙菲尔德（Leonard Bloomfield, 1933）论述了有关双语、语言改用、语言借用、语言混合等语言接触方面的问题；帕默尔（Leonard Robert Palmer, 1936）讨论了有关各民族间文化接触和语言接触所产生的语言现象，揭示了语言接触和语言变化及语言扩散的关系等。其他有：波利瓦诺夫（Евгений Дмитриевич Поливанов, 1931）、Melville Herskovits & Frances Herskovits（1936）、Faine（1936）、雅可布森（Роман Осипович Якобсон, 1936）、Werner F. Leopold（1949）等。其中，John Reinecke（1937）的 *Marginal Languages: A Sociological Survey of the Creole Languages and Trade Jargons*（《边缘语：对于克里奥语及其他贸易次语的社会学研究》）作为其博士论文，一方面对当时克里奥尔语的研究成果进行了总结，另一方面又把社会学的研究方法有效地引入语言学研究领域，深入地探究了社会因素对语言混合所造成的影响，极大地开阔了语言接触研究的视野。① 显然，这一时期对洋泾浜、克里奥尔形成过程的研究，对接触现象（如语码转换、语言的保持和转换、移民语言）等的研究奠定了基础。然而，值得注意的是，尽管20世纪三四十年代与语言接触有关的研究取得了很大的进展，但并未能形成独立的学科，这些研究大多并不是专门的语言接触研究，因为它们有些是社会学或人类学的，只不过是在研究中涉及了语言接触的问题，且这些研究并未明确提出"语言接触"这个术语，所以还算不上语言接触研究。

4. 研究的规范期（20世纪50—70年代）

20世纪50年代，马丁内（André Martinet）在为薇茵莱希（U. Weinreich, 1953）的 *Language in Contact: Findings and Problems*（《接触中的语言：发现与问题》）一书作序时才第一次明确提出了"语言接触"的术语②，替代了学界此前惯用的"语言混合""语言融合"等。

薇茵莱希（1953）认为："如果同一个人交替使用两种或两种以上的

---

① 石定栩：《洋泾浜语及克里奥语研究的历史和现状》，《国外语言学》1995年第4期。
② 据统计，马丁内在这篇序文中共使用"语言接触"术语2次，"语言干扰"1次，"语言转换"2次，"双语兼用"9次。参见张兴权：《接触语言学》，商务印书馆2012年版，第50页。

语言,则这些语言可以说是处于接触之中。"① 薇茵莱希的研究,以双语和多语等语言接触内容为出发点,讨论了语言接触形成的各种语言现象,如双语兼用、语言转用、语言混合、语言干扰、语言同化、语言成分的借用及语言接触与社会文化和心理背景的关系等,为后来的语言接触研究奠定了坚实的基础,"标志着真正意义上的语言接触研究的开始"②。

这一时期,除了薇茵莱希的研究外,美国语言学家艾那·豪根(Einar Haugen,1953)以实地调查的语言材料为基础,系统研究了美国挪威语中有关语言借用、借词、双语兼用等语言接触方面的问题。薇茵莱希和豪根等的研究,共同"创建了研究双语兼用和语言接触的新理论和方法机制,为后来的研究者提供了研究语言接触和双语兼用的实践经验"③。

20世纪50年代后期,随着世界范围内民族独立运动的发展,语言学研究呈现蓬勃发展的趋势,语言接触研究有了长足的进步。例如:美国语言学家霍凯特(Hockett)在《现代语言学教程》(1958)中论述了语言接触所引起的语言借用、语言转用、语言消亡、语言竞争、语言混合等现象;另一位美国语言学家R. Hall(1959)总结了洋泾浜语和克里奥语的生命周期,并且以混合语的研究结果来验证语言变化的理论,对历史语言学的方法论作出重大贡献。④

进入20世纪六七十年代,在薇茵莱希、豪根等学者的影响下,语言接触研究迅速流行于欧美,产生了一批非常有深度和广度的研究成果。如Joshua A. Fishman(1964)在薇茵莱希的基础上探究了语言保持和语言转用等语言接触方面的重要问题;R. Hall(1966)出版了第一部供大学本科生使用的教材 Pidgin and Creole Languages(《洋泾浜和克里奥语言》),将混合语研究引入高等教育领域⑤;Gumperz & Wilson(1971)在关于印度南部村庄Kupwar的语言接触研究中得出了许多因接

---

① Weinreich, Uriel. 1953. *Languages in Contact: Findings and Problems*. New York: Linguistic Circleo of New York. p. 1.
② 徐来娣:《汉俄语言接触研究》,黑龙江人民出版社2007年版,第7页。
③ 张兴权:《接触语言学》,商务印书馆2012年版,第55页。
④ 石定栩:《洋泾浜语及克里奥语研究的历史和现状》,《国外语言学》1995年第4期。
⑤ 石定栩:《洋泾浜语及克里奥语研究的历史和现状》,《国外语言学》1995年第4期。

触诱导语法化的实例①，同时还论述了该语言第一人称复数包括式和排除式的区别；Sacks、Schegloff & Jefferson（1974）等对语言接触的各种表现形式进行概括，将语言交流视为社会活动的一部分或视为人类行为的一种重复形式②；Heath（1978）通过研究认为，语言接触诱导的语法化并没有导致语言类型显著的简化，等等③。

5. 研究的繁盛期（20世纪80年代以后）

这个时期，语言接触研究逐渐引起了越来越多学者的关注，开始对语言接触进行专门研究。如Thomason & Kaufman（1988）认为混合语是客观存在的，皮钦语和克里奥尔语就是其典型代表，但多数语言不是混合的；语言接触会引起语言的变化，社会因素在影响接触结果方面起到了至关重要的作用，"借词"和"底层"是有区别的；Van Coetsem（1988，2000）对不同类型接触的变化过程提供了相对一致、准确和颇具原则性的解释模型；Thomason（2001，2003）通过实际调查系统阐释了语言接触研究的基本框架，讨论了与接触所引发的演变相关的一系列问题，如国家和个体的多语现象、接触引发语言演变的结果、接触语言区域、接触引发语言变化的机制、语言混合、语言消失及濒危语言等，同时根据大量的语言材料指出支配语言接触深度的决定性因素是社会因素；Winford（2003）阐释了"接触语言学"的概念、研究对象、范围等，还论及了语言转用、语言消失、语言混合、第二语言习得等重要论题，涵盖了语言接触领域的主要理论和观点；Heine & Kuteva（2005）把语言接触引入语法化研究领域，探讨了语言接触对语言结构的影响，揭示语言结构变换的机制和动因。其他的研究学者有：Harris & Campbell（1995）、Ross（1996，2009）、Thomason（2001）、Berman（2006）、Bachus（2009）、Braumüller（2010）、Anhava（2013）、Nagaraja（2015）、Kees Versteegh（2017）、Hoekstra（2017）、Carvalho（2018）等。这一时期，语言学研究发展非常迅速，其中很重要的一个分支就是语言接触的研究。有关语言接触的通论

---

① Heine, Bernd & Tania Kuteva. 2005. *Language Contact and Grammatical Change.* New York: Cambridge University Press. p. 262.

② Matras, Yaron. 2009. *Language Contact.* New York: Cambridge University Press. pp. 3–4.

③ Heine, Bernd & Tania Kuteva. 2005. *Language Contact and Grammatical Change.* New York: Cambridge University Press. p. 262.

性著作出现了不少杰作。如：Language Contact：An Introduction（《语言接触导论》，2001）、An Introduction to Language Contact（《接触语言学引论》，2003）、Language Contact and Grammatical Change（《语言接触与语法变化》，2005）、Aspects of Language Contact：New Theoretical，Methodological and Empirical Findings with Special Focus on Romancisation Processes（《语言接触方面——新的理论、方法和实证发现，特别关注罗马化过程》，2008）、Language Contact（《语言接触》，2009）、Grammatical Replication and Borrowability in Language Contact（《语言接触中的语法复制与借用》，2012）、The Oxford Handbook of Language Contact（《牛津语言接触手册》，2019）等。

（二）国内研究现状

国内学者注意到语言接触的问题是比较早的，但明确提出"语言接触"研究却相对比较晚，而且早期的研究大多比较零散，不成系统。到了20世纪80年代，有关语言接触研究的成果不断涌现。具体情况分为如下几个阶段。

1. 研究的萌芽期（20世纪50年代以前）

我们所说的语言接触研究的萌芽期主要是指20世纪50年代以前，也就是新中国成立之前。当时，国内有少部分语言学家已经注意到了语言间相互影响的问题，并对其展开了相关的研究，虽然当时大多数语言学家并未使用"语言接触"的术语，但从研究的内容来看属于"语言接触研究"。例如：张世禄《语言学原理》（1931）提出了语言间的异同研究和交互影响研究以及语言借贷、混合、同化等问题，这些显然属于后来的语言接触研究的范畴。[①] 王力在《中国现代语法》（1943—1944）中专门讨论了中国受西洋语法的影响而产生的一些新的语法现象，称之为"欧化的语法"，并概括了这种欧化的语法的特点。它往往只在文章中出现，还不大看见它在口语里出现，所以多数的欧化的语法只是文法上的欧化，不是语法上的欧化。罗常培根据20世纪三四十年代在中国西南调查的语言资料，研究不同民族的文化接触对语言的影响，出版了《语言与文化》（1950）一书，详细论述了语言成分的借贷现象等，并且围绕这些借贷成

---

① 张兴权《接触语言学》，商务印书馆2012年版，第44—46页。

分的分析，探讨了文化接触和语言接触之间的关系以及语言间的相互影响。

总的来说，该时期国内语言接触的研究大多处于自发研究的阶段，但部分研究已涉及了语言接触的许多重要问题，如词语借贷、语言借用、语言混合、语言转用、语言底层等，这无疑为中国后来的语言接触研究奠定了良好的基础。

2. 研究的拓展期（新中国成立至20世纪80年代末）

新中国成立以后，伴随着新中国理论语言学的初步建立和20世纪50年代开始的全国少数民族语言调查，中国语言接触研究进入了新的历史时期。刚开始，中国语言学界由于受到苏联语言学研究的影响一般不使用"语言接触"术语，而是使用"语言影响""语言融合"等之类的术语。

20世纪50年代，我国首先开展了大规模的少数民族语言普查工作，在语言普查中大多数语言文字工作者比较重视汉语和少数民族语言之间的相互影响，后来整理出版的一些调查报告以及20世纪80年代出版的《中国少数民族语言简志丛书》都记录了大量有关汉语和少数民族语言接触的事实和现象。其次，除了关注汉语和少数民族语言接触的问题外，部分学者还注意到语言接触历时层面的研究以及语言接触理论层面的探讨。如王力在《汉语史稿》（1958）中论述语言间的影响时，专门列出"鸦片战争以前汉语的借词和译词""鸦片战争以后的新词"等章节讨论词汇借贷的问题，而且还在"五四以后新兴的句法"等中讨论了关于语法方面汉语受到外语影响的问题。这些论述开阔了汉语史研究的视野，拓展了汉语史的研究内容。1959年，戚雨村和高名凯先后在《中国语文》杂志上发表论文《词的借用和语言的融合》《论语言的融合》，就语言融合问题进行了深入探讨。高名凯、石安石主编的《语言学概论》（1963）作为中华人民共和国成立后国内比较早的一部介绍普通语言学理论的书籍，其中"第七章第五节"就以"语言间的互相影响"为题，系统讨论了语言间相互影响的现象、多种语言统一成一种语言、多民族的社会主义国家中语言间的相互关系、世界共同语的形成等一系列问题。后来国内编撰的一些语言学概论类的书籍受其影响大多谈到了语言间的影响问题。

总体而言，20世纪80年代以前，国内语言学界对语言接触的研究，主要以挖掘语言事实、描写语言现象为主。

到了20世纪80年代,随着研究方法和研究理论的不断完善,越来越多的学者开始关注语言间的相互影响或语言接触的问题。如严学宭(1983)详细分析了双语及语言兼用的问题,根据不同的分类法将双语制分为:双语制和多语制、内部双语制和外来语制、社会双语制和个人双语制、天然双语制和教育双语制、稳定双语制和不稳定双语制、相互双语制和非相互双语制等六种不同的类型,后来在1984年,严学宭又进一步论述了"双言现象""双语现象",认为"中国广泛地存在着双言现象和双语现象";孙宏开(1983)通过一些具体的例证论述了语言中的双语现象,其中着重探讨了双语接触的三种形式:语言的相互影响、语言同化、语言融合等;喻世长(1984)对语言的互相影响进行了界定,并阐明了语言互相影响的性质、范围以及研究方法;马树钧(1984)从历史和现实生活中民族接触的具体情况出发,探讨了阿尔泰语对河州话的影响;马学良(1985)讨论了双语和双语教学的相关问题,并从"兼通什么语"的角度将国内民族地区的双语分为四种类型;胡明扬(1985)论述了"不同社会之间的接触和语言变化",认为借词有可能使借入语言的语音系统发生变化,不同社会之间经济文化交流,翻译作品的大量发行,有可能影响书面语的语法,语言同化可以是自愿同化,也可以是强制同化,同时还对洋泾浜语和克里奥尔语进行了解释说明;戴庆厦、王远新(1987)论述了我国民族的语言转用问题,认为"语言转用是语言使用功能的一种变化,是语言发展中的一种带普遍性的现象",并从语言转用的程度和范围将语言转用分为"整体转用型""主体转用型""局部转用型"等三种类型;陈乃雄(1988,1989)分别对五屯话的语音、词汇、语法、动词形态等进行了描写和研究,揭示了语言接触对五屯话所产生的重要影响,认为五屯话是一种长期受到藏语、或许还有保安语强烈影响的以汉语为基础发展而成的独特的语言。其他一些研究者有张均如(1982,1987,1988)、刘俐李(1983)、赵相如(1984,1986)、陈宗振(1985)、阿·伊布拉黑麦(陈元龙)(1985)、贾晞儒(1985,1989)、王远新(1986)、席元麟(1987,1989)、瞿霭堂(1988)等。中华人民共和国成立后到20世纪80年代末,国内老、中、青三代语言学家积极参与民族语言与汉语或其他语言接触问题的研究,发表了一批高质量的论著,其中既有对语言接触事实的详尽描写，也有对理论问题的深入探究，为未来语言接触研究指明了方向，也为国内语言接触研究繁荣局面的出现奠定了良好的基础。

3. 研究的繁盛期（20世纪90年代至今）

自20世纪90年代以来，随着新的语言学思想、方法、理论的传播，国内语言学研究者的视野日益开阔，理论意识日益增强，语言接触研究呈现多样化、深层次、理论化、科学化的发展态势。大量从事汉藏语系语言研究的学者和从事阿尔泰语系语言研究的学者不约而同地聚焦于语言接触领域，他们当中既有对方言接触的研究，也有对不同系属语言接触的研究。他们的研究不再是只着眼于语言接触的结果，而是更加注重语言接触所导致的语言变异、语法化、语言干扰等现象，同时也非常注重探究语言接触的机制、语言演变的过程、语言接触导致语言演变的深层规律等。这一时期出版和发表了大量与语言接触研究有关的文章和论著，国内语言接触研究的面貌有了很大的改观，逐渐进入研究的繁盛期。具体情况如下。

（1）语言接触理论方面的研究。自语言接触的思想和理论从西方传入我国以后，本土的许多学者也不断尝试对语言接触的理论进行探讨，尤其注重运用语言接触理论来分析国内具体的语言现象，并对语言接触理论进行补充和完善。如余志鸿（2000）以古汉语、现代藏缅语、东乡语、东北满语和海南黎语等为例，认为语言接触与语言结构变异研究应置于历史、社会文化等大背景中考察，要从语言的共性和类型特征入手，运用分层比较和对照的方法进行；罗美珍（2000）从族群互动角度分析了社会条件对语言接触现象的制约以及语言接触中不同现象发生的原因，详细论述了语言接触的三种结果，即语言替换、语言影响、语言混合和融合；戴庆厦、袁焱（2002）以阿昌语的语言接触为例，指出"互补""竞争"是语言接触的杠杆；徐世璇（2003）以毕苏语为例，讨论了语言的接触性衰变；吴安其（2004）论述了语言接触对语言演变的影响，认为语言区域特征往往是语言底层的表现，文白异读中文读声韵的变化不是语音的借用，而是模仿；黄行（2005）通过语言地理数据揭示了中国不同地区语言的结构特点，着重探讨了语言接触所导致的语言区域性趋同变异；陈保亚（2005，2006）从语言接触的视角分别讨论了语言接触导致汉语方言分化的两种模式，以及语言接触和语言分化的关系；吴福祥（2007，2009，2013，2014，2020）先后讨论了语言接触引发的语言演变、语法化、语法复制的类型和模式、语义复制等问题，其中涉及接触引发的"借用"和"转用引发的干扰"、接触引发的语法化、复制性语法化，以及"同音复制""多义复制"等；江荻（2010）通过系统讨论回辉话在语言接触中类型转化的情况，揭示了语言接触感染机制；曾晓渝（2012）以中国境内的倒话、诶话、莫语、回辉话等特殊语言为例，通过研究发现深度接触语言间的类型差距大小与其语言质变的不同结构模式存在一定的内在关联，并对语言质变的重要条件、语言质变结果的预测等理论问题进行了分析和讨论；瞿霭堂、劲松（2013）讨论了历史比较语言学系属分类的理论和方法，揭示了其在汉藏语言研究中的问题，进而构建了汉藏语言联盟的框架；李如龙（2013）深入讨论分析了语言接触的类型、方式和过程，其中深度接触的结果通常可以形成过渡语、混合语或发生语言转化。陈保亚（2013）从语言自然接触出发，讨论了语势、家庭学习模式及语言传承的理论问题。其他的研究者有丁邦新（2000）、劲松（2004，2010）、赵江民（2012，2013）、游汝杰（2016）、徐丹、贝罗贝（2018）、杨永龙（2019）等。

另外，值得注意的是，本时期有关语言接触理论研究方面还出现了一些颇有影响力的专著。如：陈保亚（1996）通过对汉语、傣语语言接触的实际调查，分析了结构因素和社会因素在接触语言中的影响，总结了语言接触的机制，提出语言接触的"无界有阶性"和语言联盟理论，发明了关系词"阶曲线"的原则，以此来区分同源关系和接触关系（详见第十章）。袁焱（2001）以阿昌语为对象，通过分析和描写语言接触不同时期的不同表象，深入探讨了语言接触中由表层到深层的影响和演变，认为语言接触可能引发语言影响、语言兼用及语言转用等三种结果，它们是语言接触导致的语言变化链，语言接触引起的语言变化是在相互补充和相互竞争中得以实现的。曾晓渝（2004）立足于语言田野调查，在跨语言比较研究的基础上对汉语水语关系进行了讨论，提出了语言间的四种基本关系模式：重叠式、分化式、融合式、交织式，同时还阐释并实践了"关系词分层法"，有效推动了同源词和借词诸多相互纠葛问题的解决。意西微萨·阿错（2004）通过系统地描写藏汉混合语倒话的语音、词汇、语法，揭示了藏、汉语言在倒话中的内在混合层次，提出了"异源结构"理论假说，在有关混合语理论研究方面有了重大的突破。汪锋（2012）根据调查的第一手白语资料，尝试运用"还原比较法"处理接触影响下的语言比较，包括内部比较、外部比较和语源鉴别，同时还运用不可释原则和词阶分析法系统比较了汉语和白语之间的关系语素，并对相关问题进行了重新分析。上述这些研究很多具有原创性，反映出了中国学者在语言接触理论方面的辛苦耕耘和不懈努力。

20世纪90年代以来，许多学者一方面大力引介西方语言接触理论，开阔了国内语言接触研究的视野；另一方面在学习借鉴西方语言学理论的同时，也有不少学者结合自己调查和研究的实际积极参与语言接触理论的探究，提出了一些非常有创建，也非常有价值的理论和观点，它们大多是依托深入的语言调查和严格细致的分析得出来的，具有坚实的语料作为支撑，这对于丰富和完善语言接触理论，同时也为建立中国语言接触理论体系奠定了扎实的基础。

（2）汉语与少数民族语言，以及少数民族语言之间的接触研究。我国是一个多民族的国家，长期以来，汉语和少数民族语言，以及少数民族语言之间关系都非常密切，它们互相接触、互相影响、互相融合。有关它们之间的语言接触研究也一直比较受重视，产生的成果也非常多，除了上述在语言接触理论研究方面提到的一些著述外，还有其他一些比较有影响力的成果。

首先是语言接触对语言结构要素影响方面的研究，包括语音、词汇、语法影响的研究。①语音方面：杨再彪（2004）通过对苗语音位变体的个案分析，描写和解释了由于苗语、汉语接触所导致的苗语语音的不稳定性。徐世璇（2010）讨论了土家语语音的接触性演变，揭示了汉语影响在土家语语音演变中的重要作用以及影响的方式和过程。乔全生（2019，2022）考察了晋方言与少数民族语言的关系，认为晋方言语音上的部分变化与历史上少数民族语言以及普通话的深度接触密切相关。孙建华（2021）描写分析了语言接触所导致的陕西富县"客边话"语音演变的情况，总结了方言接触演变的一些规律。②词汇方面：陈保亚（1995，2000）对汉台核心词及关系词进行考察，认为侗台语和汉语没有同源关系，它们属于语言联盟。曾晓渝（2003）讨论了水语中的汉语借词的借源及语音特点,并对这些汉语借词的历史层次进行了分析。周磊(2004)对乌鲁木齐汉语方言中的借词进行了研究,考察了借词所反映的语言接触状况。徐世璇(2007,2012,2013)对南部土家语因受汉语影响而出现的特殊构词方式和汉语借词的特点作了详细的描写和讨论。这方面的研究学者还有贾晞儒(1994,2006)、曹道·巴特尔(2004)、赵江民(2008)、王宇枫(2008)、郭晶萍(2009)、包联群(2013)、张海燕(2016,2020)、汪锋、魏久乔(2017)等。③语法方面:李云兵(2005,2008)运用语言接触变异理论和语序类型学的理论讨论了语言接触中汉语对苗瑶语语序类型及其他南方一些少数民族语言语序的影响,指出语言因素和社会因素是语言接触引发语言演变的两个主要原因。薛才德(2006)通过比较分析揭示了由于语言接触所导致的民族语言对云南安南水磨房汉语语法的影响。杨永龙(2014,2015a,2015b,2022)、张竞婷、杨永龙(2017)、赵绿原(2019,2021)基于语言接触的视角讨论了青海民和甘沟话的多功能标记"哈"、反身领属标记"囊"、语序类型、"坐"义动词用作持续体助动词、格标记系统、状语从句标记"是"、致使结构、三分时体系统、情态表达及相关形式的来源等。罗自群(2007)从汉藏语系语言接触的角度探讨汉语方言"哒"类持续标记的来源,认为"哒"类持续标记是"著"类持续标记的一种早期形式,其不仅广泛分布于汉语通行区域,而且其语法功能也被藏缅语族、壮侗语族多种语言所借用。王双成(2011,2012,2015)分别讨论了西宁方言给予类双及物结构的句法特点、介词类型、量词"个"的特殊用法、方位词的语法化、伴随及工具格标记"俩"的来源等问题,认为相关语法现象和周边SOV语言的接触密不可分。敏春芳(2015,2016,2018,2020,2021)系统讨论了语言接触在东乡语中所引发的语言演变,以及甘青河湟方言中的特殊语法现象(详见第十章)。也有部分学者从汉语史的角度讨论语言接触对汉语语法的影响,如李崇兴(1999、2005,2007)、祖生利(2001,2002,2003,2007)、李崇兴、丁勇(2008,2009)、陈丹丹(2019)等。④综合性研究:徐世璇(1998)通过对毕苏语方言差异的比较分析,揭示了泰语和傣语接触对毕苏语方言形成所产生的影响,同时还探讨了语言接触关系在语言影响程度、形式、结果等方面的规律和特点。意西微萨·阿错(2001)分别从语音、词汇、语法等方面对"倒话"进行了描写和分析，概括了藏汉混合语的特征。李心释（2010）通过汉、壮民族接触历史及语言事实之间的互证，揭示了汉语和壮语两种语言在接触中所产生的变异机制：借用和干扰。徐丹（2018a，2018b）讨论了中国境内的混合语、语言混合的机制，以及甘青一带的语言区域。

另外，近年来，也有部分学者出版了有关汉语与少数民族语言，以及少数民族语言之间语言接触方面的专著。如：徐思益等《语言的接触与影响》（1997）、林华东《渗透与交融：语言研究的新视野》（1999）、曾晓渝《汉语水语关系论》（2004）、陈小燕《多族群语言的接触与交融——贺州本地话研究》（2007）、谭晓平《语言接触与语言演变——湘南瑶族江永勉语个案研究》（2012）、赵江民《新疆民汉语言接触及其对世居汉族语言的影响》（2013）、覃秀红《语言接触的强度与语言演变——语言接触下的现代壮语》（2015）、敏春芳《语言接触与语言演变——东乡语与东乡汉语研究》（2018）、白莲花《朝汉语言接触与朝鲜语语序的历史演变研究》（2019）、郭必之《语言接触视角下的南宁粤语语法》（2019）等。

（3）汉语方言接触方面的研究。宋伶俐、朴正俸（2003）探讨了方言词语进入普通话成为新词的情况，认为普通话新词中方言词意义的渗透是语言接触尤其是方言接触的深层次表现。刘泽民（2007）讨论了海南汉语方言儋州话和闽语在历史上的接触问题，认为儋州话文读层源于明清时期的南方系官话。李如龙（2021）比较了内陆和沿海闽语的差异，认为这些差异是与吴方言和赣方言不同的语言接触造成的。郑仲桦（2021）在排湾语方言分类的框架下，描写分析了排湾语南北方言过渡区的语音、词汇及形态特点，并从语言接触的视角探讨了相关的成因。

（4）汉语和外语语言接触方面的研究。从历史的角度来看，有关汉语和外语语言接触的研究大致可以分为三个阶段：第一个阶段为20世纪初期至1949年，该阶段的研究主要集中在欧洲语言对汉语的影响上，尤其是对汉语构词法和句法的影响，学界称为"欧化汉语"；第二个阶段为新中国成立至20世纪80年代末，本阶段除了欧化汉语的研究继续发展外，外来词的研究也非常受重视，成果丰硕；第三个阶段是20世纪90年代至今，该时期汉外语言接触研究无论是在方法上还是内容上都有了重大的变化，学者们理论意识越来越强，除了关注汉外语言接触所导致的语言结构要素的变化外，也非常注意语言接触所导致的语义演变。① 由于前两个阶段在前文相关部分已有涉及，这里重点介绍汉外语言接触第三个阶段的情况。周振鹤（1996，2013）分别讨论了19—20世纪之际中日欧语言接触问题，以及中国洋泾浜英语的形成。卢卓群（1998）指出，由于受到"望文生义"语言心理的影响，汉语音译外来词的译音可能与字义相配，也可能是译字偏旁表义，还可能是译字关联别义。石定栩、朱志瑜（1999，2000，2003）通过比较研究，描写和分析了香港书面汉语受英语影响所发生的汉语词汇转类、前置定语变长、"是"字结构和插入语使用频率增高、句法迁移等现象。谢耀基（2001）认为，由于受到英语的影响，汉语句法发生了关联词和被动句使用频率增加、判断句使用范围扩大、复合句从句后置，以及"是"的频繁使用等一系列变化。王克非（2002）指出，近代翻译活动使得汉语句法出现了被动句使用频率和范围扩大，句式趋向复杂、灵活多样等变化。朱志瑜、傅勇林（2002）以"机会"为例讨论了英汉翻译对香港书面汉语语义结构的影响。姜艳红（2005）从汉、俄语言外来词的借入过程中出现的高潮现象出发，探讨了汉、俄两种语言在语言、文化接触方面的状况及特点。申东月（2005）通过对汉韩语言接触的研究，揭示了语言接触对韩语语音发展的影响，具体表现为使韩语产生声调的对立以及长短元音的对立。徐来娣（2008）运用汉俄语言对比、共时和历时研究相结合的方法，探讨了汉俄语言接触中俄语在语义层面对汉语的影响。白萍（2012，2021）讨论了语言接触对新疆俄罗斯语定语语序及数词使用的影响，说明语言接触环境对语言演变有一定的制约作用。冯丽萍等（2013）研究了美国短期来华留学生在课外语言接触时间和语言接触途径方面的分布规律，指出了兴趣动机、中国人认同、语言交际效果是影响美国留学生课外语言接触的直接因素，据此对来华留学项目设计提出了一些建议。

近年来还陆续出版了一些有关汉语和外语语言接触研究的专著。如胡兆云《语言接触与英汉借词研究》（2001）、陈辉《论早期东亚与欧洲的语言接触》（2007）、徐来娣《汉俄语言接触研究》（2007）、毛力群《国际化

---

① 胡开宝：《汉外语言接触研究近百年：回顾与展望》，《外语与外语教学》2006年第5期。

进程中的语言接触研究》（2017）、周振鹤《中欧语言接触的先声：闽南语与卡斯蒂里亚语初接触》（2018）、梁丽娜《语言接触视角下闽南语对新加坡英语的影响》（2020）、庞双子《透过翻译的语言接触研究》（2022）等。

第二节　语言接触引发的语言演变

自 20 世纪 50 年代以来，语言接触与语言演变的研究日益成为社会语言学家和历史语言学家关注的焦点。围绕语言接触引发的语言演变展开了多角度研究，也产生了丰硕的成果。其中比较具有代表性的学家有：Thomason & Kaufman（1988）、Thomason（2001，2003）、Heine & Kuteva（2005）等。综合上述学者的观点，我们将在本节梳理有关语言接触引发的语言演变问题。

一般情况下，语言演变的常见类型主要有"内部因素促动的演变"（internally motivated change）和"接触引发的演变"（contact-induced change）两种。后者也有人称为"外部因素促动的演变"（externally motivated change）。语言接触常常会诱发相关语言发生变化，接触引发的演变常见的有语言特征的跨语言"迁移"（transfer）、"非趋同性"（non-convergent）演变、后续性演变等，而"非趋同性"（non-convergent）演变则包括语言耗损（attrition）、简化等。[①]

一　接触引发的演变可能导致的后果

Craig 指出，语言接触常常会形成各种不同的结果，语言接触的结果会在语言的各个层面上呈现出不同的表现，比如借词（loan words）的增多、音系和语法模式的演变、语言形式的混合以及各种双语现象的普遍出现等。[②] 在语言接触中，相互接触的语言从输入和接受的角度可以分别称之为源语（source language）和受语（recipient language）。语言接触引发的语言演变其常见的后果可能是使受语系统发生不同程度或方式的改变，

[①] 吴福祥：《关于语言接触引发的演变》，《民族语文》2007 年第 2 期。

[②] Craig, Colette G. 1997. Language Contact and Language Generation. In Florian Coulmas ed. *The Handbook of Sociolinguistics*, Oxford：Blackwell Publishers Ltd. p. 262.

典型的情形主要有如下几种。①

（一）特征的增加（Addition of features）

所谓特征的增加就是在语言接触中，受语系统通过语言接触增加了一些原来没有的新的特征。

首先最简单的特征增加就是借词，这是接触引发的演变最常见的结果。比如西北地区阿尔泰语系的东乡语、保安语等从汉语普通话或汉语方言中借入大量汉语词汇，使民族语出现了一些构词特征。同时，一些结构特征也增加到了接受语中。如东乡语出现了类似述补结构的模式。述补结构是汉语的句法特征，东乡语、土族语、保安语和东部裕固语的"-zhi""-dʑə""-dʑi""-dʒə"都是并列副动词的形态标记，其功能是连接两个动词之间的前后顺序，由于后面出现了形容词"香""好""快"等，并列副动词由表示时间关系发展为表示动作完成的结果和程度。

同样，宋金时期，汉语在阿尔泰语影响下获得第一人称复数包括式和排除式的区别。甘肃临夏话的"们"既有复数用法，还有表尊敬、表示整体等用法，给既有模式增加了新的功能。

（二）特征的减少或消失（Loss of features）

所谓特征的消失，是指在语言接触中，受语由于语言接触而减少或丧失固有的某些特征。例如汉语西北某些方言由于语言接触的缘故，声调数量趋于减少，量词减少（"个"）。

在甘肃的兰州市红古区、临夏市区发现了只有两个声调的方言，这是目前全国汉语方言中唯一确定只有两个声调的方言。甘肃方言在语音上还有一个重要特点：除了东部受陕西关中方言影响形成了一些四声调方言外，三调方言遍布全省。如甘肃境内天水、临夏一带的陇中方言，以及河西走廊武威、酒泉、张掖、敦煌（古河西四郡）一带的河西走廊方言，都是三个调的汉语方言。这是甘肃方言在语音方面的一个重要特点。

量词减少，一个"个"可以称量所有的名词。如上文提到的甘青河湟地区的东乡语、保安语长期处于汉藏语系的包围之中，最终导致东乡语

---

① 本部分内容主要参考了 Thomason, Sarah G. 2001. *Language Contact*. Edinburgh: Edinburgh University Press Ltd. pp. 59 - 99；吴福祥：《关于语言接触引发的演变》，《民族语文》2007年第2期。

元音和谐趋于解体。马国良、刘照雄（1988）曾指出，东乡语元音既不分松紧（阴、阳），也没有长短的对立；音节末尾的辅音大部分脱落，有的变为 n，有的后面加元音转变为音节首的辅音，因而东乡语闭音节只有 n 结尾的形式。东乡语的音节结构显示出独特的面貌还表现在，由于借入了大量汉语复元音词汇，使得东乡语元音系统繁化，音节类型重组，最终导致东乡语元音和谐趋于解体。

另外，名词和代词的格范畴是黏着语的一大特点。东乡语格范畴有不同程度的省略和合并。其中表领属关系的领格-ni 受到汉语的影响常常被省略，而用定语在前中心语在后的词序来表示。如 "giemin ganbu"（革命干部）、"renmin daibiao"（人民代表）、"tɑ mishu"（你们秘书）等，用汉语的词序表黏着语的语法关系。

（三）特征的替代（Replacement of features）

所谓特征的替代就是指在语言接触中受语系统原有的一些特征被外来的新的特征所替代。这种情形主要指的是语序模式和语法范畴的演变。如甘青河湟方言在阿尔泰语系语言影响下，部分小句由 SOV 语序取代了固有的 SVO，SOV 语序为优势语序。例如 "口红淡的 [tɕi]（摸口红）" "你饭哈吃，水哈喝（你吃饭，你喝水）" "我你啊看来了（我看你来了）" "你普通话啦说，土话啦嫑说（你用普通话说，不要用东乡语说）"；OV 型的判断句和引语句，如 "我东乡人是（我是东乡人）" "你叫啥名字说着，我'索索'说着叫着（你叫啥名字？我叫'索索'）"等，语序与周边少数民族语言趋同。五屯话在藏语或阿尔泰语影响下固有的 SVO 语序已变成严格的 SOV，表使成的"动词+结果补语"结构式也基本替代为"动词+使成后缀"结构式（陈乃雄 1982）。

二 语言接触导致演变的类型

根据托马森（2001：67—76）的观点，语言接触导致语言演变的类型大致可以分为"借用"（borrowing）"转用引发的干扰"（shift-induced interference）两种。下面详细论述这两种类型。

（一）借用（borrowing）

1. 借用的含义

借用指的是语言的外来成分被语言的使用者引入该语言社团的母语。

借用是语言获得干扰特征的最主要的途径，借用最常见的是词汇借用，尤其是非基本词汇中的文化词汇常常会随着经济文化的交流被借用到受语系统中，当然随着接触强度（intensity of contact）的增加，借用的成分也可能扩展到语音、音系、句法及形态成分等结构特征之类，甚至如果条件具备，语言中所有的特征都能够被借用。

通过对具体语言接触现象的考察，语言学家们认为，语言成分的借用通常是有层级的，一种基本的预测是：词汇先于结构而被借用。按照这种预测，接触语言学家比较普遍认可的借用蕴涵等级（implicational hierarchy）是：

词汇成分（非基本词）＞句法成分/音系成分＞形态成分[1]

这个借用蕴涵等级表示：通常情况下，词汇成分的借用总是先于句法或音系成分；在偶尔接触的情况下，只有非基本词汇（non-basic vocabulary）被借用；当接触强度增加后，借用特征的种类会依照（从某种语言学角度看来）借用的相对容易程度而增加，到最后，某种语言结构的所有方面都可以被借用。[2]

2. 托马森的借用等级（Borrowing Scale）

托马森（2001）认为，借用等级的考察需要密切关注语言接触的强度，据此，托马森建立起了借用成分的种类和层次与语言接触强度之间的关联，学界称之为"托马森的借用等级"。具体内容如下：[3]

（1）偶然接触（Casual contact）（借用者不必是源语的流利使用

---

[1] 吴福祥：《关于语言接触引发的演变》，《民族语文》2007年第2期。

[2] 原文：The most basic prediction is this: vocabulary is borrowed before structure. Using intensity of contact as our measuring stick, we find that only non-basic vocabulary gets borrowed under conditions of casual contact; as the intensity increases, the kinds of borrowed features increase according to relative ease of borrowing from a linguistic perspective, until finally all aspects of a language's structure are susceptible to borrowing.

详见 Thomason, Sarah G. 2001. *Language Contact*. Edinburgh: Edinburgh University Press Ltd. p. 69.

[3] 相关翻译参考了吴福祥：《关于语言接触引发的演变》，《民族语文》2007年第2期。

者，以及/或者在借语使用者中双语人为数极少）：只有非基本词汇被借用。

词汇：只限于实词（content words）——绝大多数情况下通常是名词，但也有动词、形容词和副词。

结构：无。

（2）强度不高的接触（Slightly more intense contact）（借用者在相当程度上必须是熟练的双语者，但是他们或许在借用语的使用者中数量较少）：功能词以及少许结构的借用。

词汇：功能词（比如连词及像英语"then"那样的副词性小品词），也有实词；但仍然是非基本词汇。

结构：在这个阶段只有少数的结构借用，没有引进那些在借用语中出现的会改变结构类型的特征。有一些通过新的音素（phones）而实现的新音位（new phonemes）这样的音系特征，但只出现在借词里。有一些句法特征，比如在原先已有的句法结构上增添新的功能或增加功能上的限制，或者此前少用的语序使用频率逐渐增多。

（3）强度较高的接触（More intense contact）（更多的双语人；语言使用者的态度以及其他社会因素对借用有偏爱倾向或促进作用）：基本词汇和非基本词汇均可借用，还有适度的（moderate）结构借用。

词汇：更多的功能词被借；基本词汇——倾向于在所有语言中出现的各类词语——在此阶段也可以被借用，包括像代词和数值较小的数词（low numerals）这些属于封闭类的词汇以及名词、动词和形容词。派生词缀也会借用（例如-able/ible，它们原来是作为法语借词的组成部分进入英语并由此进入英语土著词汇的）。

结构：更多重要的结构特征被借用，但一般不造成借用语类型上的重大变化。在音系方面，在本族语的词汇中添加了新的音素，形态音位规则的消失或增加（例如：词尾塞音的清化）；在句法方面，语序的改变（如 SVO 替代 SOV 或者相反），并列结构和主从结构在句法上的变化。在形态方面，所借屈折词缀和范畴可以添加到土著词汇上，尤其是当它们在类型上与已有模式高度匹配的时候，就更是如此。

(4) 高强度的接触（Intense contact）（在借语使用者中双语人非常普遍，社会因素对借用有极强的促进作用）：继续大量借用各类词汇，并有大量的结构借用。

词汇：大量借用。

结构：所有结构特征都可以被借用，包括借用那些会对借用语造成重大类型改变的结构。在音系方面，土著词汇里整个语音范畴和/或音系范畴的消失或增加，以及各种形态音位规则的消失或增加。在句法方面，语序、关系从句、并列结构、主从结构、比较结构和量化结构等这些特征有大规模的变化。在形态方面，出现像屈折形态被黏着形态所替代或者相反这类类型上破坏性的变化，源语和借语不匹配的形态范畴的增加或消失，一致关系模式（agreement patterns）的整个消失或增加。

托马森的借用等级的最大特点是"以语言接触强度为衡量手段：接触强度越高，借用成分的种类和层次也就越多和越高，借用等级以逐渐增强接触强度的顺序从一个层次递增到另一个层次，直到最后，语言系统的所有方面都可以被借用。"[①] 例如在我国甘青河湟地区分布着东乡语、保安语、土族语等众多少数民族语言，这些语言基本上处于汉语、藏语的包围当中，是语言接触比较典型的区域。根据学者的研究，东乡语中汉语借词约占58%[②]，这些借词不仅包括文化词、核心词以及功能词等，甚至还包括名词复数标记、构词词缀等，如东乡语复数形式除了东乡语自身的复数标记-lɑ外，还借用了汉语的复数-ɕiə（"些"）[③]。根据托马森的借用等级，东乡语不仅借用了汉语的大量词汇，其中包括基本词汇和非基本词汇，甚至一些功能词及派生词缀也被借用。更为重要的是，在句法方面，东乡语并列副动词结构"V_1 - dʐɯ + V_2"中，V_2位置上出现了自动词和形容词，而并列副动词的附加形式-dʐɯ和汉语的"着"读音相近，且

---

① 吴福祥：《关于语言接触引发的演变》，《民族语文》2007年第2期。

② 敏春芳：《语言接触与语言演变——东乡语与东乡汉语研究》，中国社会科学出版社2018年版，第176页。

③ 敏春芳：《语言接触中的干扰和转用——以东乡语"ɕiə"和东乡汉语的"些"为例》，《兰州大学学报》（社会科学版）2021年第4期。

"着"在汉语史上也曾表示动作的结果或状态,因此,东乡语等少数民族语言在与汉语长期的接触中,将汉语"着"的用法复制到了自己母语副动词附加成分-dʐɯ 上(东乡语-dʐɯ 其实就是一个附加的成分,并没有实际意义),给既有结构增加了新的功能,由"V_1-dʐɯ + V_2"的并列结构发展成了"V_1-dʐɯ + adj"的述补结构。从东乡语在语言接触中所表现出的这些特点来看,符合托马森借用等级中的第三个接触等级,即东乡语和汉语的接触属于"强度较高的接触"。

需要说明的是,托马森的借用等级体现的是语言接触中的一种普遍的倾向性,而并非绝对的必然性,因为任何借用等级都是概率问题,体现的是一种或然性,有时在具体的语言事实上可能会与这些预测不完全一致,甚至突破或背离上述这些预测,所以不能绝对化。

(二)转用引发的干扰(shift-induced interference)

转用引发的干扰指的是语言转用过程中语言使用者将母语特征带入目标语(Target Language,简作"TL")。转用引发的干扰大多产生于对目标语的不完全习得(imperfect learning)。托马森(2001)认为,在转用引发的干扰中,干扰特征进入目标语的过程通常由两个或三个部分组成[1]。

第一,转用言语社团的学习者把自己本族语(native language)的某些特征(名词的格范畴、动词的范畴)保留下来带入到他们所要学习的目标语 TL1 中,这样就会产生一个目标语变体,我们把这种变体称作目标语 TL2(TL2 有别于 TL1)。

第二,转用言语社团的学习者未能学习目标语 TL1 的某些特征,比如那些有标记的特征(marked features),这样就会产生习得错误,这些习得错误也会成为 TL2 的一部分。如果发生语言转用的言语社团没有融入到原来说目标语 TL1 的社团中去,其仍然保持独立的身份,那么这个 TL2 就会固定下来成为该社团最终所使用的目标语形式;但是,如果该语言转用社团已被整合进原来说目标语 TL1 的言语社团中,那么 TL1 的使用者跟 TL2 的使用者就会形成一个新的言语社团,此时语言学上的结果是将会出现 TL1 和 TL2 这两种语言的杂糅混合体(amalgam),即生成一个新

---

[1] Thomason, Sarah G. 2001. *Language Contact*. Edinburgh: Edinburgh University Press Ltd. p. 75.

的目标语 TL3。因为 TL1 的使用者一般只会从发生语言转用的社团的 TL2 里借少量特征，所以，TL2 和 TL1 的使用者会通过"协商"（negotiate）产生一种共享的目标语形式（a shared version of the TL），而这种目标语形式将会成为整个社团的共同语言。该过程的具体情况如图 1 所示：

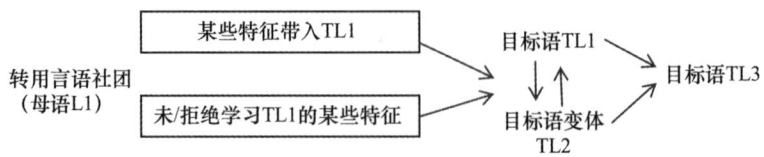

图 1　转用引发的干扰及干扰特征进入目标语的过程

三　语言接触引发语言演变的机制（Mechanisms）①

要全面地解释语言接触引发语言演变是如何发生的，这就必然会涉及接触性演变的机制问题。根据托马森（2001，2003）的研究，语言接触引发语言演变的机制主要有以下几个方面。

（一）语码转换（Code-switching）

语码转换指的是相同的说话人在同样的会话语境中使用两种及以上的语言成分。这里，"同样的会话语境"暗含其他所有参与会话的人也都使用或至少可以听懂这些语言。托马森（2001）认为，"语码转换有时可以分为两类：一类是句际转换，即在句子和句子之间进行一种语言向另一种语言的转换；另一类是语码混合或称句内转换，即转换发生在一个句子里。"② 不过，这种分类对分析接触性演变的机制影响不是太大，所以，这里将其合并在一起进行讨论。

下面是托马森（2001：132）举的发生在意第绪语—英语双语人身上

---

① 托马森（2001）认为，"所谓机制，是指那些单独或联合起作用的导致各种接触引起的变化发生的因素"。原文：mechanisms which operate, singly or in combinations, to produce contact-induced changes of all kinds. 详见：Thomason, Sarah G. 2001. *Language Contact*. Edinburgh：Edinburgh University Press Ltd. p. 129.

② 原文：The general topic is sometimes subdivided into two categories, code-switching-intersentential switching, which is switching from one language to another at a sentence boundary-and code-mixing or intrasentential switching, in which the switch comes within a single sentence. 详见：Thomason, Sarah G. 2001. *Language Contact*. Edinburgh：Edinburgh University Press Ltd. p. 132.

的语码转换的例子。①

(1) When I come in I smell the kugel. （kugel 是一种布丁）
(2) Di kinder geen tsu high school. （孩子们上高中。）
    'the children go to high school.'

例（1）是说话人说英语时插入了意第绪语的词汇成分"kugel"；例（2）是说话人在说意第绪语时插入了英语的词汇成分"high school"。通过上面的这两个例子，不难发现，语码转换最主要的一个功能就是从别的语言中吸收本语言所没有的词汇，进而填补词汇的空缺。所以，语码转换是外来词进入某种语言的重要途径，由语码转换所引起的接触性演变最主要的是借用②（当然有的时候也可能会导致转用引发的干扰，但毕竟这不是它的主要功能）。

（二）语码交替（Code-alternation）

语码交替是指相同的说话人与不同的会话对象（大多是单语人）使用两种不同的语言。语码交替和语码转换表面似乎很像，但实际上二者有差别，语码转换是"同样的说话人在同样的会话里使用两种或两种以上的语言成分"，说话的双方应该都是双语人，他们有着相同的语言背景；而语码交替则不同，虽然是"同样的说话人"，但交谈的对象却是不同的，即不是出现在同一个说话人的同一次交谈中，而且与之交谈者通常是单语人，所以，说话人在面对不同的交谈对象时，需要进行不同语言的切换。比如说一个既会说某种方言（母语），同时又能讲流利的普通话的说话人，其在公共场合一般要跟交谈的对象讲普通话，而回到家乡和自己的父母、乡亲邻居交谈则要讲自己的方言，这就属于语码交替。很多时候，语码交替中的词汇干扰相比较语码转换中的情况而言要少得多，而语码转换则会比较多的出现词汇干扰。

（三）被动熟悉（Passive familiarity）

所谓被动熟悉，是指说话人从一个他熟悉、了解但通常不主动使用的

---

① Thomason, Sarah G. 2001. *Language Contact*. Edinburgh：Edinburgh University Press Ltd. p.132.

② 吴福祥：《关于语言接触引发的演变》，《民族语文》2007 年第 2 期。

语言或方言中获得某种语言特征。被动熟悉这一机制通常比较容易出现于那些彼此关系相当密切的语言，或者是同一种语言的不同方言之间。诚如托马森（2001）所言，被动熟悉作为导致结构干扰的一种机制，多见于处于语言转用中的社团所说的目标语变体 TL2 部分特征被原目标语使用者所吸收的场景。根据前文"转用引发的干扰"的相关叙述，原目标语 TL1 的使用者一般不会主动去学说目标语变体 TL2，但由于不断地听到周围的人在使用 TL2，甚至他们也可能同 TL2 的使用者交谈，这样在不知不觉中形成了对 TL2 的被动熟悉，最终可能导致他们使用的原目标语 TL1 发生改变；同时，处于语言转用的社团成员也可能放弃那些没有被原目标语 TL1 使用者所接受的 TL2 的特征，结果便产生出目标语变体 TL3——一种新的由联合而成的社团所使用的具有一定统一性的语言。①

（四）"协商"（Negotiation）

"协商"指的是母语为语言（方言）A 的说话者改变了其语言模式进而接近另一种语言（方言）B 的模式。

在大量接触引起的变化中，"协商"这种机制既能出现在借用引起的变化中，也可以出现在转用干扰引起的变化中。在"协商"机制发挥作用的语言接触中，母语为语言（方言）A 的说话人既可能是熟练掌握 B 语言的双语人，也可能是不完全的双语人（未熟练掌握 B 语言）。如果是熟练的双语人，那么通过"协商"机制能使 A 语言更加接近 B 语言，甚至还可能造成 A 语言和 B 语言的结构融合；反之，如果 A 语言使用者对 B 语言掌握得不够熟练，那么通过"协商"机制有可能使 A 语言更接近 B 语言，但也可能使 A 语言并不接近 B 语言。托马森（2001）认为，"协商"机制最显著的例子就是原始皮钦语（pidgin）的起源：在语言接触背景下，外国商人与原著居民试图相互交流，他们在交流中会揣测对方能够理解什么，如果揣测错误，则某个词或某种结构就不会被经常重复使用；反之，如果揣测是正确的，那么就可能成为皮钦语（pidgin）中的一部分。② 另外，在语言转

---

① Thomason, Sarah G. 2001. *Language Contact*. Edinburgh：Edinburgh University Press Ltd. pp. 141–142.

② Thomason, Sarah G. 2001. *Language Contact*. Edinburgh：Edinburgh University Press Ltd. p. 142.

用的情形下,"协商"作用也比较明显。

(五) 第二语言习得策略 (Second-language acquisition strategies)

二语习得策略是指语言使用者在学习第二语言(目标语)的过程中所采取的一些手段和方式。从理论上来讲,前文讨论过的"协商"其实就是第二语言学习者用来帮助理解第二语言中令人困惑信息的重要策略之一。除此之外,第二语言习得策略还有如下一些常用的手段。

1. "填空法"(Gap-filling approach)

所谓"填空法",就是第二语言习得者在学习使用目标语的过程中,利用自己母语(或第一语言)的相关材料去填补有关目标语知识的空缺或特征。填空法比较多见的是插入词汇,但有时也会有结构特征的插入。比如,托马森(2001)曾举例说,以英语为母语的学习者在学习德语的时候,很可能在德语从句中使用 SVO 语序,因为其母语英语是 SVO 语序,而实际上德语从句的语序却是 SOV,这就相当于在二语习得中,用英语的语序特征填补代替了德语从句的语序特征,这无疑就产生了转用干扰。[1]

2. 结构投射法 (Projecting L1 structure onto TL forms)

所谓"结构投射法",就是二语习得者在建构自己的目标语语法的变体时,通过把母语(或第一语言)的结构投射到目标语的形式中来保持母语(或第一语言)的某些特征或其他一些模式。比如托马森(2001)所举的有关埃塞俄比亚闪米特语(Ethiopic Semitic)中出现库施特语(Cushitic)的干扰的例证。[2] 在构成使役结构时,库施特语使用双后缀,而闪米特语一般只用一个单一的前缀,受自己母语的影响,库施特语使用者在学习第二语言闪米特语时,由于不完全习得导致用一个双前缀结构来构成使役形式。当然,这个过程中"协商"机制也发挥了重要作用。

3. 忽略差别法 (Ignoring distinctions)

所谓"忽略差别法",就是指在第二语言习得中,二语习得者对目标

---

[1] Thomason, Sarah G. 2001. *Language Contact*. Edinburgh: Edinburgh University Press Ltd. p. 147.

[2] Thomason, Sarah G. 2001. *Language Contact*. Edinburgh: Edinburgh University Press Ltd. p. 147.

语（TL）中难以理解的有标记性的差别采取忽略的态度。因为忽略区别，所以通常也不能完全掌握目标语的某些特征，自然会出现不完全习得的情况，甚至有可能造成习得错误，这种不完全习得或错误会形成语言转用中的干扰特征。

（六）双语者的第一语言习得（Bilingual first-language acquisition）

托马森（2001）认为，经验性的证据表明，双语者的第一语言习得也是语言干扰形成的一种重要机制，最明显的例子就是那些相对表层而且容易被借用的句法特征（如词序模式）和非显著的语音特征（如语调模式）。① 关于双语者的第一语言习得这种机制，Ilse Lehiste（1997：375－376）曾报道过一个语音方面的例子，这个例子是有关芬兰语—瑞典语双语人的。Ilse Lehiste 在报告中指出："使用这两种语言的土尔库（Turtu）人，他们的语言具有一个混合的韵律系统，与瑞典语和芬兰语相比，它含有更多的对立成分。"这里的"混合的韵律系统"主要体现在把元音或辅音的超长特征吸收进他们所习得的第一语言芬兰语和瑞典语之中②，这显然是双语者的第一语言习得所形成的干扰。

（七）蓄意决定（Deliberate decision）

"蓄意决定"是指说话人通过实施某种有自主意识或有明确目的的行为来改变某种语言的特征。

小结

语言接触（language contact）是一种普遍的社会语言学的状况，它是一个多学科交叉的研究领域，因此关于"语言接触"的理解必须是多角度、多层次、全面综合性的理解。综合学界对语言接触的已有认识，普遍大致可以从以下几个方面去理解和把握"语言接触"的含义：第一，语言接触首先主要是指特定的语言个体或语言社团同时熟悉并使用一种以上

---

① 原文：However, there is experimental evidence that suggests its importance as a mechanism of interference. The clearest examples are relatively superficial and easily borrowed syntactic features like word-order patterns and nonsalient phonological features like intonation patterns. 详见：Thomason, Sarah G. 2001. *Language Contact*. Edinburgh：Edinburgh University Press Ltd. p. 148.

② Thomason, Sarah G. 2001. *Language Contact*. Edinburgh：Edinburgh University Press Ltd. p. 149.

的语言；第二，语言接触不仅包括不同语言之间的直接接触，也包括语言间的间接接触；第三，语言接触通常发生在地理上毗邻或社会上相邻近因而彼此之间会相互影响的语言或方言之间；第四，语言接触可能会导致语言之间相互影响进而引发语言结构和功能上的变化，常见的变化主要包括语言特征的变化（增加、消失、替代等）、借用、双语现象、语言兼用、语言转用、语言混合（如洋泾浜语和克里奥尔语）、语言联盟等。

语言接触常常会诱发相关语言发生变化，接触引发的演变可能导致的后果主要有：特征的增加（Addition of features）、特征的消失（Loss of features）、特征的替代（Replacement of features）。根据托马森的观点，语言接触导致语言演变的类型大致可以分为"借用"（borrowing）"转用引发的干扰"（shift-induced interference）两种。

语言接触引发语言演变的主要机制包括：语码转换（Code-switching）、语码交替（Code-alternation）、被动熟悉（Passive familiarity）、"协商"（Negotiation）、第二语言习得策略（Second-language acquisition strategies）、双语者的第一语言习得（Bilingual first-language acquisition）、蓄意决定（Deliberate decision）等。

思考与练习

1. 谈谈你对"北方汉语阿尔泰化"的理解。
2. 语言接触这一研究领域，前人已取得哪些重要成果？
3. 语言接触一般会引发哪些语言演变，举例说明一二。

第 二 章

语言接触常用术语

语言接触在其发展过程中，积累了较为丰富的、具有特定含义的术语。例如"Language Contact"（语言接触）这个术语是20世纪马丁内（André Martinet）为Uriel Weinreich（薇茵莱希）所著的 *Language in Contact*（1953）撰写的"序言"提出并被广泛运用。但究竟什么叫"语言接触"，学者们各抒己见，见仁见智。再比如"语言接触"和"接触语言"，前者是指正在发生的语言现象，后者是指由于语言接触产生的结果。再比如"语码转换"和"语码交替"，"蒙式汉语"和"汉儿言语"，"语言转用""语言混合""语言联盟"，等等，有关语言接触的术语比比皆是，随处可见。如果不了解这些术语的含义和作用，在阅读相关经典时常常会不知所云，势必会影响对文意的理解。因此，掌握语言接触术语，不管是阅读经典，还是研究语言接触，都是不可缺少的一个环节。因此，本章将语言接触包括语言接触机制或动因、接触过程、接触结果等方面的术语予以大致的分类（这种分类也有交叉，并不完全合理），进而爬罗剔抉，偶附例证，予以介绍，便于初学者对语言接触术语的了解和掌握。

第一节 有关来源语和目标语的术语

一 母语（mother tongue/native language）

我们称一个人小时候学的第一语言为母语。因为小时候一般是由妈妈教孩子说话的。最近20年的多项分子人类学研究表明，族群的语言归属与父系的DNA组成也相关联。即讲同一语系或语族的语言的人群经常共享相同的Y染色体，也就是说一个人说什么语言与父亲也有关。父系与母系均对混合人群下一代的语言存在影响，但影响并不相同，后代通常保留父系的词汇，带上母系的语音特征。

比如东乡族的母语是东乡语，属阿尔泰语系蒙古语族。关于东乡族的族源问题众说纷纭，莫衷一是。兰州大学生命遗传学专家从群体遗传的角度出发，通过 DNA 中的遗传信息，作出科学解释：东乡族的起源与历史上中亚色目人的迁入有关，而跟同属于阿尔泰语系蒙古语族的蒙古人没有联系。所以，民族语言的研究需要科学佐证。母语是民族的标志和象征，一个民族的语言是一个民族的灵魂。

二 来源语（source language）

来源语简称源语。源语是指某一特征或某一信息来源、起源的语言，也叫原发语、源语言、原文语言等。翻译学中，是指翻译过程中原文本的来源语言；二语习得中，源语指学习者的第一语言母语，即本民族语言。历史语言学术语中，与"源语"相对的是"基语"（matrix language）。"源语"是某一特征来源的语言，"基语"则是接收这一特征的语言。

三 目标语（target language）

目标语也叫目的语，是一种语言发展的终点语言，或可视为变化目标的语言（或语言变体）。例如，母语是东乡语、保安语的东乡族和保安族正在习得的汉语就是目标语。翻译学术语中，与目标语相对的是"源语"，如把一文学作品从汉语翻译成英语，汉语就是源语，英语就是目标语。

四 底层语言（substratum language）

"层"（stratum）的概念最早是意大利方言学家 Graziadio Isaia Ascoli 提出的，他在《Lettera Glottologica》（1881）一文中，引入了"底层"（substratum, substrate）的基本概念。一般情况是优势语言被称作"上层"（superstratum），而弱势语言被称为"底层"（substratum language）。如曾属英国殖民地的印度所说的英语，就是一种受母语（即底层语言）影响的语言。

人类的活动是改变语言演化进程的主要诱因之一。语言的演化受多方面因素的影响，战争、宗教、政策等都有可能使某种语言成为优势语言，抑或是使某种语言在短期内被取代，有的语言虽然被消灭，但语言不可能消失殆尽，通常会以某种形式留存于现有的语言之中，或多或少地影响着强势语言。一个民族的底层语言对语言结构，尤其是对句法和语音的影响是巨大的。梅耶认为，受底层语言的影响，法语在普及过程中分裂为许多地区性的法语（变体）。①

Ascoli 提出了三种用以确定底层语言的影响的方法：地缘法、内部重叠与外部重叠。

地缘法（Prova corografica），比如法国的上层语言是罗曼语，底层语言是高卢语。现代法语的字母 u 发音为 [y]，其实就是拉丁语 ū 的反映。这种情况，在罗曼语的子语言中并不常见，在意大利语、西班牙语、加泰罗尼亚语、罗马尼亚语中均没有发生这个变化。唯独在古代高卢人居住的地区，如法国北部、意大利的伦巴第地区，瑞士讲罗曼什语的地区发生了将 u 发音为 [y] 的变化。这种音变情况与讲凯尔特语的高卢人的地理分布重合度很高，故而可以合理地假设：高卢人学习罗曼语时，习惯用 [y] 对应罗曼语的 ū。

内部重叠（Prova di congruenza intrinseca）：即涉及的变化在新语言形成之前已经发生。比如，拉丁语重音下的长 ē 音，双元音化成为 ei；mē（第一人称单数宾格），在法语中变成 mei（现代法语是 moi）。这个变化在高卢罗曼语时期已经发生（大约公元三至四世纪）。这个音变也是当年人们学习拉丁语的时候，按照自己的发音习惯发音而产生的，其痕迹一直留到了今天的法语中。这也应算作高卢的底层。

外部重叠（Prova di congruenza estrinseca）：一种底层语言现象可能在两种不同分支的语言中出现。假设讲底层语言的人当年所覆盖的地理范围包含了现在的语言分界线，那么如今这个地区的多种关系较远的语言都有可能产生同一种底层现象。比如已消失的奥斯坎语中发生了拉丁语-mb- > -mm- 的变化。过去使用奥斯坎语的人曾经居住在意大利南部，因此那不勒斯方言中，拉丁语的 palomba 会变成 palomma（鸽子）。意大利语本身则没有发生变化，还是 palomba。同时，西班牙语以及周边几种语言的"鸟"却发生

---

① [法] W. 梅耶：《历史语言学中的比较方法》，岑麒祥译，科学出版社 1957 年版，第 66 页。

了 paloma（＜*palomma）的音变。Lloyd（1987）中提到了这个现象，并猜测这正是奥斯坎语使用者在今天伊比利亚定居时留下极少的痕迹之一①。

五 双语（bilingualism）

双语是指一个人或者一部分人群同时熟练运用两种或两种以上的语言现象。双语现象的特征为双语者拥有较大差异的两套语言系统，在不同的交际场合，说话者需要灵活使用两种语言，从而出现频繁的语码转换。

双语现象出现在不同语言的人群交错杂居的地方。如只有730多平方公里的岛国新加坡，就有汉语、马来语、英语和泰米尔语四种官方语言。

甘青民族地区主要有汉族、藏族、回族、东乡族、保安族、撒拉族、土族、蒙古族等少数民族，不同的民族包括居住在不同地区的同一民族，其语言使用的情况纵横交错、各有千秋。如藏族，聚居区的藏族主要以藏语为主，杂居区的藏族不少使用藏语和汉语双语。聚居区的蒙古族以蒙语为主，与藏族杂居的蒙古族大部分已转用藏语，少部分使用蒙古语和藏语双语；散居的蒙古族或操蒙古语和汉语、藏语和汉语双语，或操蒙古语、汉语和藏语三语等。蒙古语族的东乡族、保安族、撒拉族、土族聚居区大部分人使用本族语，也有一部分人使用"东乡汉语""保安语汉语""撒拉语汉语"等。

双语现象的形成有内、外因素。内部原因如说话者对本民族语言和文化的认同感、将第二语言作为工具来谋求更好的发展等；外部原因如移民、殖民、不同国家之间的经济文化交流等。在全球化发展的当下，使用双语可以便利人们的生活，有利于不同文化的交流，但同时也需要注意两种语言之间的相互干扰。

第二节 有关接触机制或动因的术语

一 借用（borrowing）

借用是一种语言借用另外一种语言的材料。根据 Thomason（2001）

---

① Lloyd，P. M. 1987. From Latin to Spanish: Historical phonology and morphology of the Spanish language（Vol. 173）. American Philosophical Society.

的研究，借用的首先是词汇，先借用非基本词汇，尤其是由于社会文化改变而产生的文化词，其次是基本词汇、核心词以及一些功能词等；最后才是语音特征和句法特征的借用。大多数语言从其他民族语言中借用有用的成分来丰富自己的语言。借词是语言接触的起点，也是语言转用和语言混合的关键。不管是偶然的浅层借用还是语言的深度借用，词汇的借入始于语言接触的初始阶段，继续发展，就导致双语现象，甚至会发生语言的转用。

Thomson（2001）认为，语言借用有四级：第一级为偶然接触，不需要流利的双语者，只有非基本词汇借用，仅借用实词，而且经常是名词，没有结构上的借用。第二级为强度不高的接触，需要流利的双语者，可以借入功能词，如连词和副词性小品词，可以借入非基本词汇，仅有少数结构借用。第三级为强度较高的接触，需要更多双语者，可以借用更多功能词，包括代词和较小的数词，借用更多显著的结构特征，派生词缀也可以借用，如东乡语借用汉语-ji（dʑi）和-yi（ji）（的），缀加在单音节动词后，构成派生动词。第四级为高强度的接触，语言使用者有广泛的双语现象，倾向于借用各种词类和结构。

需要说明的是，借用除了词汇之外，借用语音的情况也是有的，如阿尔泰系语言和藏缅语族语言受汉语的影响产生了唇齿音 f，语法现象中也可能有一些零星的借贷现象。

二 干扰（interferenee）

语言接触的影响主要有借用和干扰。干扰和借用不同，借用是词汇为先，一般是少数民族语言从汉语引进词汇；而干扰则是从语音和句法开始，Thomason（2001）明确指出，干扰往往表现为一种成系统的、结构性的影响，所以也称为结构干扰，如汉语的语法演变受到少数民族语的影响。

戴维·克里斯特尔（David Crystal）将干扰称作负转移（negative transfer）[①]。如：说一种 A 语言的人在跟另一种 B 语言接触的过程中，引入了 A 语言的一些结构特征，最常见的干扰是在二语习得过程中，本民

---

① [英]戴维·克里斯特尔编，《现代语言学词典》，沈家煊译，商务印书馆2000年版，第186页。

族语言成为二语学习的干扰,特别是在学习标准语和方言的过程中,学习者会把自己母语中的结构特征带到所学的语言中,造成对目标语的干扰。如我国西北地区汉语方言中的结构特征大多是由于结构干扰所致。

干扰(interference)是和不完全习得联系在一起的。一种群体的语言干扰现象会发展为语言转用,但干扰不是语言转用的充分条件,只是一个必要条件,一种语言群体要发生语言转用,一定会存在干扰现象,这种由于转用而引发的干扰叫作底层干扰(substratum interference)。

如在我国有双语现象的东乡族又称(SARTA)(撒尔塔)人所讲的两种语言中,东乡语(L_1)来自汉语的借用干扰就包含了剧烈的词汇干扰,表示复数标记的"-ɕiə"是借自汉语的"些",属于借用,也有一些适度的形态句法以及音系方面的干扰;但在该民族所讲的东乡汉语(L_2)中,只有较轻微的词汇干扰,却有剧烈的形态句法干扰。比如从格标记"些",是东乡语从格标记"-sə"的音译和复制,属于结构的干扰。因此,东乡语中表示复数的标记"-ɕiə"是借自汉语的"些",属于借用;而东乡语中的"-ɕiə"和东乡汉语的"些"两者各司其职,功能固定。前者为名词的复数形式,后者是名词的格范畴,两者不能一概而论。根据Thomason & Kaufman(1988)、Thomason(2001)等的研究,吴福祥总结归纳了借用和转用引发的干扰之间的主要区别,详见表1。[①]

表1　　　　　　　　借用和转用干扰的主要区别

借用	转用引发的干扰
语言保持	语言转用
没有不完全学习效应	具有不完全学习效应
干扰的引入者是受语的母语使用者	干扰的引入者是源语的母语使用者
源语通常是优势社团的语言	源语多半是劣势社团的语言
词汇干扰先于结构干扰	结构干扰先于词汇干扰
结构干扰蕴含词汇干扰	结构干扰不蕴含词汇干扰
接触时间越长、双语制程度越高则结构干扰的可能性越大,种类、层次越多	转用过程越长、双语制程度越高则结构干扰的可能性越小,种类、层次越少

---

① 吴福祥:《关于语言接触引发的演变》,《民族语文》2007年第2期,第3—23页。

三 语法复制

语法复制是指语法演变中出现的一种现象。当甲语言与乙语言在接触的过程中，甲语言产生和乙语言相同的语法结构；或者甲语言中的某个语素产生了与乙语言中某个语素相同的语法功能，即甲语言复制了乙语言中的某些成分。那么，甲语言被称为复制语（replica language，简称"R"），乙语言被称为模型语（model language，简称"M"）。在语法复制的过程中，为了表达同一种语法功能，复制语可能对自己原有的语言材料进行加工重组来模仿模型语；也可能在已有的多种结构模式中用一种和模式语相同的结构；还可能会新造出一种与模式语中的结构高度相同的结构。所以，语法复制具有创造性，会创造出一种新的语法概念或语法结构。如甘青河湟方言中，"回去"说成是"回着去（了）"，是东乡语"khari-zhi echi wo"的对译；"拿来"说成"拿着来（了）"，是东乡语"agi-dʐɯ irə wo"的对译；"走来"说成"走着来（了）"，是东乡语 iawu-dʐɯ irə wo 的对译。在以上的格式中，甘青河湟方言的"了"是完成体标记"wo"的对译，"-dʐɯ/-dʐi/-zhi"是东乡语并列副动词的对译，它与甘肃临夏话"着"的读音、语法位置相近，且功能也有相似的地方。所以，少数民族语言使用者在习得汉语的过程中，自然而然把自己母语的并列副动词带进他们习得的汉语中，从而造成了对目标语的改变，创造出了"回着去/来（了）""带/拿着来/去（了）""起着来（了）""上着去"等一大批特殊的趋向补语格式，即便是表示将然（"了"不出现）的句子，也要说成"你回着去"，带"着"的句型这是典型的语法复制。

四 语法化（grammerilization）

语法化是由法国语言学家 Meillet 提出的，指语言中词的意义由实转虚，从而由实词逐渐演变为虚词、附着形式、屈折形式等过程。一般的语法化进程为：

实词＞功能词＞附着成分＞形态标记

功能词就是语法词，虽然语义有所虚化，但还能表达一定的语法功能，如介词、连词、代词、判断词等，可以独立应用。附着成分是介于实词和形态标记之间的一种形式，它们具有实词的性质，但是不能独立应用，现代汉语的附着成分主要有结果补语、量词、结构助词、语气词等。形态标记是表达不同词类的语义、句法、功能的语言形式。形态标记的组合能力比附着成分强。现代汉语的形态标记有时体标记、情态标记等。

由实词语法化为形态标记的过程中，词义逐渐丧失自己原本的意义，独立性也逐渐减弱。对某个语言单位进行语法化的研究时，一般要对其进行共时的描述概括和历时的探索总结，推导出它的演变路径和形成过程。如汉语的趋向动词"下"表达的是"由上到下""由高处到低处"的空间位移，"下"的动词义决定了向趋向动词、趋向补语的演变方向。当物体移动到目标位置后就是一种附着与结果，"下"由趋向动词（语义指向后面的动词）发展为趋向补语（附着成分）；此时语义也就指向了前面的动词。由趋向补语发展为结果补语，表示动作的结果。结果补语表动作的结果，动态助词则表示动作的状态，二者之间语义上有相通之处。甘青河湟方言在动词 V 或结果补语 VC 后的"下"直接可以发展出完成义，"下"不再强调结果义，而是扩展为动作完成或状态实现（形态标记）。

再如领有义动词表示完成体和持续体。

在很多语言中，"领有""存在"采用同一个形式，"存在"与"有"的意思相近，但也有区别。"有"一般有两种意思：表示领属关系的，如"我有手机"；表示客观存在的"存有"，如"这类现象是有的"。表示客观存在的"有"与"存在"义语义大同小异。另外，"有"虽然是一个表示存在、领有的动词，但它并不是动作性很强的动词，是表示某处或某时存在、出现某人或某物，表达一种比较抽象的状态。而"体"范畴表达的也是动作的状态和情貌。"领有"义动词发展为持续体标记是有一定的"语义相宜性"。

石毓智（2004：35）认为，领有动词具备向完成体标记发展的认知基础。他说："领有动词是指过去某一时刻拥有某种东西＋具有现时的实用性，而完成体是指过去某一时刻发生的动作＋具有现时的相关性。"领有动词和完成体标记之间的这种语义结构的对应关系是导致它们之间演化关系的认知基础。

语法化的过程是单向性的，即由实变虚；语法化的过程是抽象性的，一个语言单位的抽象程度越高，其语法化程度也越深，功能也越强。

五　类推

类推是指在研究语言的组合关系和聚合关系时，总结出某个结构的内在规则，并以此为基础，用新的语言材料组建起一个新结构。从表面上看，新结构与旧结构不同，但实际上它们遵循着同一个法则。如英语中作为将来时标记的"be going to"从"be going to + 动作动词"的用法演变到"be going to + 状态动词"的用法。类推是语法化过程中出现的现象，也是语法化的一个主要机制。

第三节　有关接触过程的术语

一　语言转用（language shift）

语言转用指的是一个民族或一个民族的部分人放弃使用母语而转用其他语言的现象。语言转用必定要经过一个双语阶段，并发生深层次的语言影响。世界上许多民族在长期的历史发展过程中，都或多或少地出现过语言转用现象，特别是多民族长期杂居的地区，语言分布交错纵横，语言使用情况错综复杂，语言转用的现象也非常突出。只不过语言转用的过程有长有短，有的族群转用语言需要经历相当长的时间。

从语言转用的程度或范围来看，语言转用又可分为"整体转用型""主体转用型""局部转用型"三种类型。"整体转用型"指一个民族全部转用另一民族语言。如甘肃临夏回族（包括我国其他地方的回族）是7世纪中叶后，由陆续迁移到我国的中亚各族人、波斯人以及阿拉伯人等组成的民族共同体。生活在西北地区的回族逐渐放弃原来使用的阿拉伯语、波斯语等语言，集体转用了汉语，尽管留有阿拉伯语和波斯语等语言的底层影响，但汉语是回族的交际工具。

"主体转用型"，即一个民族的主体或大部分人转用另一语言。语言转用在一个民族内部往往不是同时进行的，而是各地有先有后。语言转用的完成，一般也要经历较长时间。有的民族，经过长期发展，主体已转用另一语言，但还有一部分人仍然使用本民族语言，这种局面可能还会延续相当长的时间。例如，满族现有400多万人口，使用满语的只有极少一部分人，其主体已转用汉语，这个过程经历了300年左右；土家族有200多万人口，使用土家语的只有几千人，主体已转用汉语。

"局部转用型"，是指一个民族某个地区的全部或一部分人转用其他语言，而其他地区则主要使用本族语或双语。这种情况在甘肃和青海民族地区尤为明显。东乡语有语言没有文字，相对容易转用。东乡县共有1个镇24个乡，据调查，河滩、百合、东源、关卜、董岭等乡已基本上转用汉语；柳树、果园、赵家、春台、北岭车家湾等几个乡使用东乡语和汉语双语；而锁南、达板、那勒寺、坪庄、沿岭、汪集、凤山、高山、大树、龙泉、考勒等乡仍基本使用东乡语；东乡族四分之一的人口已经转用了汉语，属于"局部转用型"。从发生语言转用地区的地域分布看，河滩、东源、百合、关卜四乡西接临夏市的临夏县、和政县，董岭北接永靖县，临夏县、和政县和永靖县使用的是汉语。东乡县发生语言转用的乡镇，都在东乡族和回族的杂居区。杂居区比聚居区容易出现语言转用；城镇交通发达的地区比山区农村、交通不便的地区容易出现语言转用。

语言转用是语言使用功能的一种变化，它是由语言接触引起的。语言转用表现为语码转换和语码交替两种现象。

二 语码转换（Code-switching）

Thomason（2001）认为，语码转换指同一个人在相同的对话中使用两种或更多的语言，因此，语码转换是双语人的一种语言行为。因为在语码转换发生的过程中，说话人和听话人都是双语人，他们在一起交流的时候会灵活使用两种或两种以上的语言。在多民族地区，语码转换是普遍存在的语言现象，西北自古就是多民族杂居区，大部分人具有民族语和当地方言的双语能力，语码转换也就成为一种最常见的语法演变模式。转换的语码，可以是没有谱系关系的另一种语言或同一种语言的两种语体，语码转换不同于语言转用。

语言转用是指一个民族或一个民族的一部分人放弃自己的母语而转用其他民族的语言，而语码转换是指一个人在相同的对话中使用两种语言。语码转换主要涉及词汇的借用。在东乡语、保安语等语言里，汉语的大多数名词或者动词，都能够自然而然插入到一个东乡语格式中，这种模式即语码转换。

语码转换和借词也不同，借词是单语者使用其他语言材料的现象，而语码转换是双语者使用另一种语言材料。

语码转换是语言演变的一种机制。

三　语码交替（Code alternation）

按照 Thomson（2001）的研究，语码交替是"同一个说话者在不同场合使用不同的语言"。即同一时空背景下，两种或两种以上的语言任意来回切换。要求谈话双方都要通晓这两种语言。

语码交替是发生语言转换的重要过程，语码交替和语言转用关系极为密切，语言转用是从母语彻底转用目标语；但语码交替不一定彻底导致语言转用。如加拿大很多地区，法语者在与本族人对话中说法语，在与其他人对话中说英语，出现一种较为持续稳定的双语状态，并没有发生法语母语者集体转用为英语的现象。语码交替也会经历几代语码交替现象最终导致语言转用。

如在甘南藏族自治州卓尼县藏巴哇镇上扎村的藏语母语者中，中年人在家庭中使用藏语，婚姻也都是族内婚，夫妻双方都是藏语母语者，在社区中使用藏语，但是，在和外村人交流中使用汉语；青年人只有在原生家庭中使用藏语，平时工作、生活都使用汉语，普遍是族外婚制，家庭生活基本不用藏语；小孩子即使在上扎村长大，也从小使用汉语交流，在家庭、学校和生活中都使用汉语方言或汉语普通话。透过这种代际的不同语码交替现象可以预测，大概再需要两代人，就能实现当地藏语对汉语的彻底转用。[①]

四　二语习得（Second Language Acquisition/SLA）

顾名思义即第二语言的习得和获得。如出生后先掌握了汉语，这是第一语言；之后在长大过程中先后学会了英语、日语和俄语，其掌握的英语、日语、俄语都叫第二语言。

习得与学习是两个概念。习得指的是无意识的、自然而然的获得，如

---

① 硕士研究生张清禹（2021—2023）调查。

儿童耳濡目染学会母语。这里讲的学习则是有意识、有组织、有计划地掌握。出生后说汉语普通话的孩子，从三岁开始对他进行英语启蒙，英语启蒙就可以称为二语习得。实际上，我们学会的语言不止两种。某中国学生出生说汉语，初中开始学英语，上了大学学日语，研究生阶段又学了藏语。这位同学的汉语是他的母语，算作第一语言习得，英语、日语、藏语都可以归为第二语言习得。

上面谈到的是广义的"二语习得"。20世纪80年代又有了"三语习得"概念的提出，认为狭义的二语习得指的是第二种语言的习得，第二种语言之外的语言习得，既受学习者母语影响又受到之前已经掌握的第二语言的影响，呈现出既不同于母语习得又不同于二语习得的特征，所以将之后的第三种语言、第四种语言、第五种语言等的一种或者多种语言的习得统称为第三语言习得，简称三语习得。

五　中介语（interlanguage）

中介语是外语学习过程中出现的介于本族语（native language）与目的语（target language）之间的过渡性语言。因为二语学习者由于各种原因常常不能一次到达目的语，中间会经历过渡阶段，因此也被称为"过渡方言"。

值得注意的是，中介语可能是由单一语言走向双语阶段的直接中介，即中介语先于双语，中介语之后可以是双语阶段；也可能是由双语走向混合语的中介。总之，中介语是关于第二语言习得的一种理论模式，总是和二语习得有关。中介语在形成过程中，母语与目标语的交互作用实际上是一种语言接触。姑且称为"近似中介语"（详见第五章）。

一般认为，中介语具有系统性、不稳定性和反复性等特征。

系统性是指中介语能够独立使用，呈现较强的内部一致性；不稳定性是指中介语是语言发展中必经的发展阶段，具有逐渐进化的特征，其发展具有一定的阶段性；反复性是指由于中介语处在过渡阶段，处在不断变化和不断重组的过程中。

六　关系词的"阶曲线"

为了探求语言之间的亲疏关系，美国语言学家莫里斯·斯瓦迪士

(Morris Swadesh)编制了200词词表,认为其中100个词是人类语言最稳定的核心词。斯瓦迪士选词标准是语素单位必须是世界共同的、非文化方面的、容易辨认的广阔的概念,在多数语言中有对应的一个单词。

陈保亚(1996)根据关系词(有音义对应的词)的"阶曲线"原则来区分和判定同源关系、接触关系,提出语言接触的"无界而有阶"的理论:语言接触是无界的,关系词的分布是有阶的。即不同语言中一阶关系词(前100)高于二阶关系词(后100)是同源关系,反之则是接触关系。当语言接触越深,200词中关系词越多。一阶关系词比例比二阶关系词越低,阶曲线明显上升,是接触关系。比如金沙傣语和西南官话的接触比其他侗台语和西南官话的接触要深,金沙傣语和西南官话的一阶关系词比例比二阶关系词比例要明显低得多。①

关系词的"阶曲线"在其他民族语言中也具有普遍性。比如甘青地区的东乡语在前100个核心词中,汉语的借词仅有17个,其词类表示的概念与自然事物和身体名词有关,除了数词一、二,还有gaji(尕的/小的)、she zi(虱子)、ie zi(叶子)、gua zi(瓜子)、gan zi(根子)等;后100个核心词比前100个核心词的汉语借词多25个,其词类表示的概念多与社会化的事物或属性相联系,如bei-zi(背)、pianda(谝达/吹)、boji(薄的)、inwei(因为)等。从东乡语中的借词在两阶核心词的分布来看,一阶关系词17个,低于二阶关系词44个。因此,东乡语和汉语是接触关系。东乡语核心词中的借词占到了1/4,这种情况在接触语言中很少见,汉语对东乡语的影响可见一斑。②

第四节 有关接触型语言的术语

接触型语言(contact language),顾名思义,就是由于特定接触情形下产生的一种新语言,它是语言接触的结果。皮钦语、克里奥耳语和双语混合语都属于接触型语言,但它们的混合程度、结果是完全不同的。

---

① 陈保亚:《论语言接触与语言联盟》,语文出版社1996年版,第187—198页。
② 敏春芳:《语言接触与语言演变——东乡语与东乡汉语研究》,中国社会科学出版社2018年版,第175—192页。

一 皮钦语（Pidgins）

指两个或多个言语社团，在一种全新的缺少有效的双语或多语来辅助的接触情形下，出于贸易等有限的交际需求，以及由于政治、经济、文化等社会因素影响使得接触中的社团成员不能或不愿完全习得其他社团的语言而产生的一种中介语。皮钦语是为了满足没有共同语的人们之间交流的需要产生的，是语言混合的早期阶段。皮钦语的词汇通常主要来自接触中的某一种语言（称为 lexifier language），而语法则是几个接触语言的一种折中。由于交际的目的和范围有限，皮钦语的词汇和语法被大大减损（reduction）和简化（simplification），缺少复杂精致的形态结构。皮钦语不是任何人的母语，只是作为第二语言、第三语言来使用。

太田辰夫（1953）对"汉儿言语"性质的描述符合皮钦语的一般特征：它在母语各异的北方民族交际中作为中间语来使用；其词汇主要来自北方汉语口语，其语法则混合了阿尔泰语的若干语法特征，因而"是不合规范的"。

此外，洋泾浜英语是比较典型的皮钦语，产生于旧上海外国商人聚集的洋泾浜一带，是当地人与外国商人（主要操持英语）之间不断融合、协商而形成的一种交际语言。中华人民共和国成立后，洋泾浜英语也渐渐停用而消失了。

二 克里奥尔语（Creoles）

皮钦语和克里奥尔语是混合语发展的两个阶段。在皮钦语和克里奥尔语中，词汇通常主要来源于一种源语言，而结构大部分是创造者们所使用的双语或多语的融合和折中。克里奥尔语与皮钦语阶段相比，词汇数量更多、种类更丰富，句法格式的范围更广泛。克里奥尔语可以作为母语来使用，可以出于任何目的，在任何社会场合中使用。

语言接触一般理论认为，克里奥尔语由皮钦语发展而来。在长期持续稳定的接触情形下，皮钦语的语言结构（包括语音、词汇和语法）、使用范围通过扩张（expansion）逐渐完善，最终完全满足使用者日常生活交际和表达的全部需要，成为一个新融合的言语社团的第一语言。

克里奥尔语同皮钦语的一个标志性区别是：前者是一个新融合的言语

社团的母语，而后者皮钦语则不是任何人的母语。

但也有一些克里奥尔语并未经由皮钦语的阶段，而直接由词汇供给语逐渐变异而产生的（Thomason，2001）。"汉儿言语"应该属于这种情形，它是一种多少已经克里奥尔化的语言，但它并非从"蒙式汉语"之类皮钦语发展而来，因为它并没有经历一个词汇和语法的扩展过程，而是由北方汉语逐渐地变质而来。它以北方汉语为词汇供给语，同时吸收其他民族的部分词汇，语法上则糅入契丹、女真、蒙古及畏兀儿等阿尔泰诸语言的语法特征，成为融合后的北方汉人（包括汉人和汉化了的契丹人、女真人、蒙古人、畏兀儿人等）的共同母语。

另外，甘青河湟地区的河州话、唐汪话、西宁话、积石山方言等就是克里奥语化了的汉语变体。祖生利（2011）认为，甘青地区的接触方言和元代大都一带的"汉儿言语"大抵都是已"克里奥尔化"（Creolization）了的汉语变体。词汇系统全部是汉语的，而语法结构则是汉语和周边蒙古族语言不同程度的融合和折中，如 SOV 语序、后置词、名词系统的格标记、动词的体态式范畴等，并且是作为言语社团日常生活的第一语言或者母语。

三 混合语

通常将皮钦语与克里奥尔语统称为混合语。我们的理解是克里奥尔语（Créole）是混合语，洋泾浜语（Pidgin）与中介语还不能算作混合语。但是它们也与语言接触有密切的关系，是语言接触研究中不可忽略的重要语言现象。

国内的混合语大多出现在多民族杂居地区，如"倒话"。"倒话"是藏语与汉语接触混合形成的语言，词汇主要来自汉语，尤其是核心词汇；语法系统主要来自藏语，表现为 SOV 型语序，前后语缀非常丰富，是表达各种语法意义的主要手段。语言混合不同于"语码转换"（code switching）。语码转换中出现的两种或几种语码分属不同的语言或方言系统，只是在特定使用环境下被临时组合在一起，语言结构不稳定，还没有形成固定的语言系统。而语言混合则是两种不同语言的语码融合成一种固定的新语言系统，具有一个独立语言的所有特质和全部功能。语码转换中的语码在组合时仍保持其原系统中的形式，在混合语中，被混合使用的两种语言中的语码则被改造和重组，即使把两种语码剥离出来，也已不再是它们各自系统的原样，所有混合语都具有其所构成的那些语法子系统的特性，而这些语法子系统基本上不能追溯到某一个单一的源语（source language）。即混合语是无法追溯到某一个单一的源语，并且能够独立使用的语言。

意西微萨·阿错（2004）从结构和功能两个方面对混合语的界定提出四条基本标准：①来源语言必须各自都是独立的语言，不能互为对方的方言，这是一个基本的前提。②结构上是深度的结构异源。倒话保存强势语的词汇和弱势语言的语法；保存强势语言的语音结构，但是语音要素却是弱势语言的。③功能上必须是一个语言社团的母语或者母语性的语言。④从结构功能上，混合语拥有一个独立语言的所有特质和全部功能。

四 蒙式汉语和"汉儿言语"

它们都被认为是语言接触的产物。蒙式汉语的底层是蒙古语，由于受到母语底层的干扰而出现种种不合汉语规则的说法，是蒙古人对标准汉语不完全习得的产物。汉儿言语的底层是汉语，词汇以汉语为主，保留蒙古语语法特点，也有两种语言句法的融合。

李崇兴、祖生利、丁勇（2009）强调：元代的蒙式汉语是元代蒙古人所说的一种汉语民族变体。本质上应属于一种以汉语为上层语言（superstrate language），以蒙古语为底层语言（substrate language）的皮钦汉语（Mongolian Pidgin Chinese），它的词汇主要来自北方汉语，语法则主要来自于蒙古语。"蒙式汉语"的材料集中反映在元代白话碑文、《元典章》《通制条格》等元代直译体文献中。

据祖生利（2011）研究，元代的"汉儿言语"指的是元代后期在蒙古语影响下而形成、流行于大都等北方地区的北方汉语变体，以汉语为词汇供给，同时吸收其他民族语的部分词汇，语法上则融合契丹语、女真语、蒙古语等阿尔泰诸语言的语法特征，是一种克里奥尔化的语言。反映"汉儿言语"的口语材料主要有古本《老乞大》《朴通事》等。

祖生利认为元代的"汉儿言语"和今天的甘青接触方言，从形成的过程和发挥作用的机制来看，十分相似，即都是官话经由"协商"（Negotiation）、"有意为之"（Change by deliberate）、"耳濡目染"（Passivefamiliarity）等接触机制，在"不完全习得"（Imperfect learning）汉语过程中，吸收了母语的语法形式。

蒙古语、蒙式汉语、汉儿言语之间的关系，可以用图2表示。

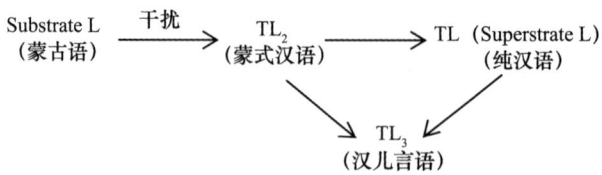

图2　蒙古语、蒙式汉语、汉儿言语关系

从图2可以看出，蒙式汉语是蒙古民族对纯汉语不完全习得的产物，"汉儿言语"是蒙式汉语和纯汉语接触的结果。

祖生利（2004）认为，元代的"汉儿言语"不是通过北方汉语跟蒙古语直接接触形成的，而是通过与"蒙式汉语"的接触，吸纳了其中若干有代表性的蒙古语干扰特征而形成的。"汉儿言语"同纯汉语相比，其中掺入了较多的异质成分，并不完全符合汉语的语法规范；同"蒙式汉语"相比，"汉儿言语"里面的蒙古语句法表现要简单规整得多，蒙式汉语和汉儿言语都是由语言接触造成的语言改变，是语言接触的产物。

五　语言联盟（sprachbund）

又称"语言区域"（area of linguistic convergence），语言的区域分类。指没有亲属关系的两种语言：A语言和B语言，由于长时间处于一个区域，从而在语言结构上产生了共同的区域特征。可以将A和B两者的关系称为语言联盟。如果A与B语言在长时间内保持密切的接触，互动频繁，就会呈现如下三个特征①。

（1）语音方面，A与B结构格局类似。
（2）词汇方面：A与B之间存在借贷现象。
（3）语法方面：A与B结构规则部分相同。但是，A语言和B

---

①　徐通锵：《历史语言学》，商务印书馆1991年版，第27页。

语言的核心词根仍未互相发生影响，而是保留继承了自己语言的母语。

使用 A 语言和 B 语言的两个民族，不存在优势语和劣势语的说法，两种语言在经济、文化、人口上较为平等，形成一种互相抗衡而维持平衡的状态，故而能保持各自语言的本质。

如陈保亚的著作《论语言接触与语言联盟——汉越（侗台）语源关系的解释》，既然有"语言联盟"，说明侗台语和汉语没有来源上的关系，它们的相似性和语音对应关系是由语言接触造成的，是一种联盟关系。

徐通锵认为，"语言联盟"是历史语言学的一种新的理论模式，可以和谱系树说、波浪说相伯仲。

目前对于语言之间的关系的研究一般有两种范式：一是基于"亲缘关系"的谱系树模型；另一种是相邻语言之间语法范畴不断扩散渗透的语言联盟模型。谱系树和语言联盟通常被认为是两种截然不同的现象。

六 谱系树

19 世纪，欧洲的语言学家研究了世界上近百种语言，发现有些语言的某些语音、词汇、语法规则之间有对应关系，有相似之处，他们便把这些语言归为一类，称为同族语言；由于有的族与族之间又有些对应关系，又归在一起，称为同系语言，这就是所谓语言间的谱系关系。将各种语言的种属关系比作一棵大树。谱系树模型原来是为了印欧语系而建立发展起来的，而且也特别适用于印欧语系。在此基础上，语言学家也试图在世界不同地方的每一组语言之间（不管它们的类型面貌），去找出类似于印欧语系谱系树的结构，并试图进行细致的子类划分。然而在很多情况下，对某些语群而言，例如闪语和波利尼西亚语，谱系树模式是完全适用的；但对另一些语群而言，可能就不那么合适了。因为被用来作同源关系的证据的相似性特征，实际上可能是由区域扩散而来。如侗台语与汉语的相似性和语音对应关系是由于语言接触的原因，侗台语和汉语是由语言接触而形成的一种语言联盟。

语系关系（Genetic relationship）是指同语系下多种语言之间的一种关系。在英语中，"语系关系"有时也被称为"谱系关系"（Genealogical relationship）。

通过比较法，可以确立 A 语言和 B 语言是否属于同一语系。当 A 与 B 关系如下时，即存在语系关系：

（1）A→B，即 B 语言由 A 语言演化而来。比较典型的案例是拉丁语→意大利语。

（2）X $\genfrac{}{}{0pt}{}{\nearrow A}{\searrow B}$ 即 A 语言和 B 语言同源。典型案例是：拉丁语 $\genfrac{}{}{0pt}{}{\nearrow 意大利语}{\searrow 西班牙语}$

与谱系树较为类似的一种模型是"树模型"。上述第（2）类的情况中，A 语言，B 语言，乃至于 C、D、E 语言都可溯源到 X 语言，这种分类方式与生物学中的物种进化树颇为相似，"树模型"即得名于此。树模型由德国语言学家 August Schleicher（奥古斯特·施莱谢尔）在 1863 年推广①，自首次尝试以来一直是描述语言间语系关系的常用方法。

作为比较语言学的核心，树模型还存在一定的局限性。比如说树模型未考虑到在语言演化过程中水平转移的作用，这点常为语言学家所诟病。1872 年，奥古斯特·施莱谢尔的弟子 Johannes Schmindt（约翰内斯·施密特）提出改进方案"波浪模型"，在树模型的基础上加入了水平转移的影响。

七　十大语系及其分布

19 世纪，欧洲语言学家研究了世界上近百种语言，发现有些语言的某些语音、词汇、语法规则之间有对应关系，有相似之处，他们便把这些语言归为一类，称为同族语言；有的族与族之间又有些对应关系，再归在一起，称为同系语言，如同一棵大树根连接在一起，这就是语言间的谱系关系，或者叫语言的谱系树。最早十大语系为：①汉藏语系；②印欧语系；③阿尔泰语系；④闪—含语系；⑤乌拉尔语系；⑥高加索语系；⑦南岛语系（马来—玻利尼西亚语系）；⑧南亚语系；⑨壮侗语系；⑩达罗毗荼语系。需要指出的是，有些语言，从谱系上看，不属于任何语系，如日语、朝鲜语，就是独立的语言。

从语言的系属来看，我国 56 个民族使用的语言分别属于五大语系：

---

① 徐通锵：《历史语言学》，商务印书馆 1991 年版，第 12 页。

汉藏语系、阿尔泰语系、南岛语系、南亚语系和印欧语系。属于汉藏语系有汉语、藏语、壮语等，属于阿尔泰语系的蒙古语、东乡语、维吾尔语、乌兹别克语、撒拉语等。属于南岛语系的是高山族诸语言，还有三亚的回辉话（回辉话原属南岛语系印度尼西亚语族）。属于南亚语系孟—高棉语族的有佤语、德昂语、布朗语、克木语等。属于印欧语系的是属斯拉夫语族的俄语和属伊朗语族的塔吉克语。

八 印欧语系（INDI-EURO LANGUAGE BRANCH）

最大的语系，下分印度、伊朗、日耳曼、拉丁、斯拉夫、波罗的海等语族。

印欧语系是典型的屈折型语言，有丰富的词形变化。动词都有时、体、态的变化。名词有单数和复数之分，有阳性、中性和阴性之分，还有格范畴。如俄语、德语中有较为整齐的阴性、阳性、中性的对立。性范畴同事物的自然属性有一致的时候，也有不一致的时候，如"太阳"一词在德语中为阴性，法语为阳性，俄语为中性；对名词的格范畴来说，俄语有六个格，德语有四个格。

英语经过长期的变化越发简单，名词基本上失去了"性"和"格"的变化，只有人称代词（我，你，他）有宾格和所有格，只有单数人称代词还有性别的区别。

九 汉藏语系（Sino-Tibetan languages）

地理分布上较为集中，以中国为中心，略向西南辐射，讲汉藏语系的人口占世界人口的四分之一。下分四个语族，即汉语族、藏缅语族、壮侗语族、苗瑶语族。汉藏语系中使用人数最多的语族为汉语，汉语包括七大方言。

汉藏语系的语言很多是孤立语，无词形变化，也叫词根语。汉藏语系以语序和虚词作为表达语法意义的主要手段。

汉语有声调，声调可以区别词义，南北方言声调数量不等，最多的有11个，最少的2个；汉语有丰富的量词。

十　阿尔泰语系（ALTAIC LANGUAGES）

是一个横跨亚洲和欧洲的大语系，下分突厥语族、蒙古语族、满—通古斯语族。

蒙古语族（MONGOLIC LANGUAGES），主要分布于北亚及中亚，以蒙古国为代表。代表语言有蒙古语、达斡尔语、布里亚特语、东乡语、保安语、土族语、东部裕固语与莫戈勒语等。突厥语族（TURKIC LANGUAGES）：主要分布于中亚、高加索及东北亚地区。主要有四大语支，包括乌古斯语支（土耳其语、阿塞拜疆语与土库曼语等）、钦察语支（哈萨克语、柯尔克孜语与鞑靼语等）、葛逻禄语支（乌兹别克语与维吾尔语等）、西伯利亚语支（图瓦语、西部裕固语、撒拉语等）。满—通古斯语族（TUNGUSIC LANGUAGES）：主要分布于东北亚地区。代表语言有满语、女真语、鄂温克语、鄂伦春语、赫哲语与锡伯语等。

阿尔泰语系都是黏着语，具有元音和谐律；使用后加成分作为派生词的主要手段；动词有态、体、式等语法范畴；语序 SOV。

思考与练习

1. 解释下例名词术语：借用、干扰、语法复制、语码转换。
2. 举例说明中介语和混合语的异同。
3. 什么叫"汉儿言语"？什么叫"语言联盟"，举例说明。

第三章

语言接触内容——词汇借用

语言接触对语言的影响，主要有借用和干扰两类。借用和干扰也是语言接触的两个重要方式，也是极其常见的语言接触现象。借用和干扰标志着两种不同方向的语言接触方式：借用从词汇开始，逐渐深入语音、句法和形态的借用；干扰与借用正好相反，则是从句法、形态开始。

在语言接触中，语言接触的初始阶段是词汇的借用。借词是语言接触的开始，也是语言融合的关键。词汇借用是语言接触产生最直接的结果。萨丕尔（1985）曾经说："语言，像文化一样，很少是自给自足的。邻居的人群互相接触，不论程度怎样，性质怎样，一般都足以引起某种语言上的交互影响。一般来说，两种语言的接触越多，一种语言向另一种语言的借用就越多，而词汇更是最容易产生借入的语言层次。"语言和人一样是环境的产物，语言是互动的，每一次的互动都会受到相邻语言的影响，至少其中的一种语言对另一些语言施加某些影响，而最具普遍性的影响类型便是词语的借贷。譬如我们研究的东乡语，是受阿尔泰语系影响最深的语言之一，以拥有大量的汉语借词著称。首先借用的是文化词，即基本词汇，像政治、经济、文化类等，这类词汇的借用无须双语现象，其目的是要填补接受语的词汇空白。随着两种语言的接触深度增加，随之而来的是大量的基本词汇，如一般词汇、基本词汇和核心词汇接二连三、纷至沓来，借用的词汇越来越多，还可以借入构词词缀。总之，两种语言的接触越多，一种语言向另一种语言的借用就越多，不管什么成分，都可以借用，甚至可以说是无所不借。词汇借用和母语干扰是一种完全不同的接触过程，母语干扰是母语使用者通过第二语言向目标语言的结构施加影响；借用是母语使用者通过第二语言从目标语直接借用。语言接触造成的语言演变是从词汇的借入开始的,借词既是语言接触的开始,也是语言混合的关键,尤其是两种没有亲属关系的语言。因此,这章讲词汇借用的相关内容,下章讲结构干扰的相关内容。

第一节　汉语借词及其借用方式

语言接触造成的语言演变是从来源语的词汇输入开始的,输入成分可以是语素,也可以是语素与结构一起,或者只是结构。语言中的借词是在不同的历史时期,从不同的语言中借入的。

一　汉语借词概况

我国是当今世界语言资源最丰富的国家之一,历史上汉语自古就和周边少数民族语言密切接触、互动频繁。汉武帝时,张骞出使西域,中西交通开始发达。六朝以后,中西经商往来频繁,丝绸之路形成。特别是东汉时佛教传入中国,大量佛经译成汉文,也带来了大量的佛教词汇。元明清时期汉语与阿尔泰语系语言接触也给汉语带来了一些蒙古语和满语词汇(主要是汉语向阿尔泰语系语言输出词汇);19世纪到20世纪汉语与西方的经济文化交流,产生了一些反映外来事物的新词语。

关于汉语中的借词,王力先生在《汉语史稿》作了详细的探讨,分为"鸦片战争以前汉语的借词和译词""鸦片战争以后的新词"两个历史时期。王力先生认为:

> 在五胡乱华时期,种族杂居,汉语曾经受过外族语言的影响,但是汉语的基本词汇和语法构造始终完整的保存下来。在佛经的翻译中意译的胜利,也表现了汉语的不可渗透性:宁愿利用原有的词作为词素来创造新词,不轻易接受音译。(王力《汉语史稿》1980:596)

> ……蒙古语对汉语的影响也只是输入一些词,而汉语的稳固性还是不可怀疑的。总之,汉语是世界上最具有悠久历史而又最富于稳固性的语言之一。(王力《汉语史稿》1980:597)

"汉语大量地吸收外语的词汇,对汉语的本质毫无损害。语言的本质是语法构造和基本词汇,而基本词汇是具有不可渗透性的,基本词汇保存了,一般词汇大大地扩张了。汉语的发展就是这样正常而健康的"。(王力,1980:537)因此,这里不再讨论汉语借词的情况,主要讨论汉语词汇的输出情况。

二 汉语吸收外来词的方式

世界上各种语言相互吸收外来词的方式均为音译、意译、音译加注意译等方式。音译是最普遍的、最基本、最常用的吸收外来词的方式。汉语中的借词也不例外,也是以音译为主。

(一)汉语史上的音译借词

汉语先秦时期借入的如"骆驼"。"骆驼"是匈奴词 da da 的音译。最初作"橐驰",汉代写作"骆驰"。六朝以后,"骆驼"成为常用的名称。也单作"驼","驼"又与其他词素构成偏正式复合词,如"驼背、驼色、驼铃"等。又如"师比"是匈奴语 serbi 的音译,是一种上有貔兽形象的金属带钩。"狻麑"来源于梵语的 siniba,一说来源于粟特语的 šrrw,šarrs,就是狮子。

两汉借入的词:如"琥珀"是突厥语 xu bix 或波斯语 kahrupai 的音译。"琉璃"是梵语 velūriya 的音译,指各种天然的有光宝石。"苜蓿"是原始伊兰语或大宛语 buksuk、buxsux 的音译,一种牧草和绿肥作物。"葡萄"是大宛语 bādaga 的音译。"槟榔"是马来西亚或印度尼西亚语 pinang 的音译。"石榴"是伊斯兰语 arsak 或波斯语 anār 的音译。

六朝以至唐、五代借入的词:如"菠薐"(菠菜),是尼泊尔语 paliṅ 的音译,一种蔬菜,唐时传入中国。"胡荽"是伊斯兰语 koswi、gošwi 的音译,俗称香菜。"可汗"来源于突厥语 qaran,古代鲜卑、柔然、突厥、回纥、蒙古等族最高统治者的称号。"茉莉"是梵语 mallikā 的音译,一说为叙利亚语 molo 的音译,来自波斯。"西瓜"是女真语 xeko 的音译,更早则来源于哥尔德语 seko、sego,原产非洲,六朝叫"寒瓜",也叫"绿沈瓜"。"柘枝"源于波斯语 chaj,一种舞蹈,唐时传入中国,初为女子独舞,或二女童对舞,宋代发展为多人队舞。

从秦汉至隋唐,汉族经济、文化、科学水平高于西域诸国,因此,汉语借入的有关经济、政治、文化方面的词较少。形式上,最初借词大都采用音译，有的词为了适应汉语词汇双音化的音节结构特点，往往加以缩略为双音节词。

宋元明清时期，商品经济发达，外族之间、国内民族之间既有接触频繁的一面，又有紧张、激烈的一面，契丹、女真、蒙古族、满族各族曾在全国或部分地区先后建立过政权，实行过统治，因此，对汉语都有过一定的影响，但借词的数量不大，借用也有很大的局限性，大部分借词很快消失，只有个别保留了下来。例如：

"可汗"是突厥语 qaghan 的音译，是契丹族首领的称呼，是受鲜卑、突厥族影响后的称呼[1]。

"歹"是蒙古语 tai 或 dai 的音译，借入到汉语中指"不好的、坏的"，且对汉语固有词汇"坏""恶"等产生了替换。安东蒙曾对元明清时期小说和戏曲中"歹""坏""恶"进行了统计，结果显示，"歹"在元代使用最为广泛，且以元曲中为最，明清时期次之，同时与"坏""恶"的使用次数相比，"歹"的使用次数更多[2]。

汉语从满语中借入的词主要是有关人物称呼和日常生活的词，如"阿玛"是满语 ama 的音译，是满族人对父亲的称呼。"额驸"是满语 efu 的音译，为皇室贵族女婿的爵号。"妞妞"是满语 nionio 的音译，意为小女孩可爱的样子，北京话中指小女孩。"萨其马/萨奇马"是满语"糖缠"sacima 的音译。"嗻"是满语 je 的音译，叹词，表示"是"[3]。这些词绝大多数已不再在社会交际中广泛使用，有的保留在文学和影视作品中，也有少数见于方言中。

（二）借自佛教词语的音译词

佛教自东汉传入中国，大量佛经译成汉文，汉语出现了来自佛教的借词和新词，尤其是根据原词的发音直接进行翻译的音译。例如：

比丘，是梵语 bhikṣu 的音译，出家修行的男子，少年初受戒，叫作"沙弥"；至20岁，再受具足戒，叫作"比丘"。

梵，梵语 brahma（梵摩、婆罗贺摩）的音译省称，佛教经典都用

---

[1] 史有为：《汉语外来词（增订本）》，商务印书馆2013年版，第54页。
[2] 安东蒙：《〈通制条格〉词语研究》，硕士学位论文，南宁师范大学，2021年，第39页。
[3] 史有为：《汉语外来词（增订本）》，商务印书馆2013年版，第59—62页。

古印度书面语（梵语、梵文）写成，故与印度、佛教有关的事物大都可以称"梵"或复音词中冠以"梵"字。"梵"指古印度书面语梵文，"梵语"指古印度的书面语，"梵典"指佛教经典，"梵筵"指做佛事的道场。

（三）阿拉伯语和波斯语音译词

西北地区回族话中的阿拉伯语和波斯语音译词比比皆是，屡见不鲜。例如：

朵斯地：朋友，友人，是波斯语دوست，Doost 的音译。

满拉：指学习知识的学生，借自波斯语ملا Mollā 一词。

乃玛兹：波斯语，礼拜نماز Namāz。

卡毕尼：彩礼、聘金，是波斯语的آبین Kabin 音译。

巴扎：坟墓，是波斯语مزار Mazar 的音译。

乜贴：施舍，阿拉伯语النية niyy 的音译。

讨白：忏悔，阿拉伯语توبة Tawbah 的音译。

顿亚：世界、尘世，与后世相对，是阿拉伯语الدنيا Dunyā 的音译。

埋体：遗体、尸体，送亡人称"送埋体"，阿拉伯语ميت Mayyit 的音译。

朵灾海：地狱、火狱，是波斯语دوزخ Doozakh 的音译。

别麻热：疾病、身体不舒服之处，是波斯语بیمار Beemāree 的音译。

哈完体：东家、东道主，是波斯语خانه دان Khawand 的音译。

无巴力：可怜的，是波斯语وبال Wubāl 的音译。

牙热：伙伴、朋友，是波斯语یار Yār 的音译。

赛俩目：问候语，是阿拉伯语السلام عليكم，Salām 的音译。

尼卡亥：证婚词，阿拉伯语النية，Nikāḥ的音译。

蒋绍愚（2010）认为，外来词进入汉语，最方便的当然是音译，但由于外语和汉语语音结构不同，译音词在汉语中往往有点"格格不入"，所以后来就改变形式，变得和汉语差不多，使汉族人容易接受。

三 意译、音译加注意译及其他

（一）意译词和借词有所不同

意译词是利用本身语言的词汇材料、构词规则组成新词，把外语里某个词的意义移植进来。汉语可以根据双音化的造词规律构造新词，翻译佛经中的新概念、新事物。向熹（2013：558）也指出：佛教的传入，佛经的翻译，对于汉语词汇的影响是巨大的。不仅增添了许多有关佛教的专门词语，更重要的是其中有一些逐渐进入了汉语普通词汇，甚至成为最常用的词，例如：过去、未来、烦恼、方便等。有些反映佛教内容的单音词，具有强大的构词能力，例如以"佛"为基本词素构成的复音词有"佛典""佛殿""佛法"等。对此，很多学者做过深入研究，各举一两例予以说明。

导师，是梵语 mayaka 的意译，佛教指引导众生入佛修道的人，是佛菩萨的通称。

地狱是梵语 naraka 或 niraya（泥梨）的意译，意思是"苦的世界"。

烦恼，梵语 klesd 的意译，佛家指身心为贪欲所惑而产生的精神状态。

轮回，梵语 saṃsāra 的意译，佛家认为，世界众生莫不辗转生死于"六道"之中，如车轮旋转，称为"轮回"。

平等，梵语 upekṣā 的意译，意思是无差别，指一切现象在共性或空性、唯识性等上没有差别。

世界，是梵语 lokadhātu 的意译，"世"指时间，"界"指空间，相当于汉语原有的"宇宙"，包括上下四合，古往今来，引申为世上、人间，又指人们活动的某一领域、范围或境界。

这类词数量甚多，佛教的借词可见一斑。外来词进入汉语以后有了进一步的发展，音译逐渐固定为意译，并随之出现了合璧词、描写词等词汇形式，外来词出现了逐渐汉化的趋势。

（二）音译加注意译是古往今来汉语吸收外来词的方式之一

如"卡车"（英语 car）、"法兰绒"（英语 flannel）、"拖拉机"（俄语 трактор），这些词里面的"车""绒""机"等成分，其实是意译的有关事物所属的类名，给前面音译的成分作了注解，便于理解。相比于音译词，音译加注表意义类属的汉语语素的词在汉语史上的数量并不多。如清代说唱文学子弟书中有"额娘""嬷嬷娘""布库脚""巴图鲁公""巴图鲁坎肩""拉拉饭"等。其中"额娘"指母亲，是在满语 eniye 的音译后加注了语素"娘"来表达汉语意义的。"嬷嬷"是满语 meme eniye 或 me-

meniye 的音译，义为"乳母""乳娘"，音译之后又添加了表示意义类属的语素的"娘"，也作"嬷嬷娘"。"布库"是满语词 buku 的音译，意为摔跤手，添加汉语语素"脚"，表达善于拳脚的意思。"巴图鲁"是满语词 baturu 的音译，义为英勇，后加"公"为朝廷的封号，是对人英勇的褒奖，后加"坎肩"组成满汉融合词"巴图鲁坎肩"，是满族独有的一种服饰，也作"巴秃噜坎儿"，初指勇士所穿的坎肩，后引申为坎肩、马甲，也指当时清人的普通外套①。"拉拉"是满语 lala 的音译，指黄米饭、黏米饭，后加表示意义类属的汉语语素"饭"，组成"拉拉饭"表示用小米等做成的黏稠的饭。

（三）西北方言中也保留了一些音译加注意译的阿拉伯语和波斯语借词

"古尔邦节"又称"宰牲节""尔德节"，是穆斯林的重大节日之一。"古尔邦"是阿拉伯语音译词（عيد الأضحى أو القربان, Qurbān），意思是"宰牲"或"宰牲节"，"节"标明前者音译词的类属。

"卡凡布"指裹尸布。"卡凡"为阿拉伯语音译词（آفن, Kafan），意思是"裹尸布"，与汉语"布"有共同的义类，同义复合。

乃斯海儿袜："乃斯海"为阿拉伯语（المسح على الخفين, Mash）的音译词，意思是"揩抹的皮袜子"，与汉语语素"袜"组合，是礼拜专用的一种皮袜子。

绥拉特桥："绥拉特"为阿拉伯语（الصراط, Ṣirāt）的音译词，意思是"火狱天桥"，与汉语语素"桥"组合，意思是"架在火狱与天园之间的桥"。

站者那则："者那则"是阿拉伯语音译词（جنازة, Janāzah），意为"殡礼"，与汉语词"站"组合，为亡人进行集体祈祷的殡礼仪式。类似的词还有"念者那则"，指安葬亡人前，请阿訇念经。

转费底叶："费底亚"是阿拉伯语音译词（فدية, fidya），意为"罚赎、赎买"，和汉语动词"转"构成"汉语动词＋阿语音译词"的格式，以诵经或金钱为亡人赎罪的一种丧葬习俗。

---

① 王美雨：《车王府藏子弟书方言词语及满语词研究》，博士学位论文，山东大学，2012年，第 150 页。

接都哇："都哇"是阿拉伯语音译词（دعاء，Du'a），意为"祈祷、祷告"，与汉语的"接"组合，表示做祈祷的仪式。

朝哈智："哈智"是阿拉伯语音译词（حاج，Hāj），是对朝觐者的尊称，与汉语动词"朝"组合，意为"朝觐"。

"白氎"又作"白叠""白蝶"，本指"棉花""棉絮"，后指棉布。棉花不是我国原产，而是从西方传入，该词亦源于波斯语而又被古突厥语所吸收的 Pahta，读作帕哈达。汪若海指出："h 为无声辅音，快读时'哈'音不易表达，遂成帕哈达，又经转换而成白叠。新疆是西路棉花传入我国的首站，维吾尔族人民历史上长期种植棉花，直到如今称棉花（棉絮）为 Pahta，柯尔克孜族人民称为 bagta，均与白叠十分一致。"① "氎"，细毛布，细棉布，《汉语大字典》载《字汇》："氎，细毛布。《南史》：高昌国有草，实如茧，茧中丝如细纩，名为白氎子，国人取织以为布，甚软白。今文氎作叠。"慧琳《一切经音义》："氎者，西国木棉州花如柳絮，彼国土俗皆抽撚以纺成缕，织以为布，名之为氎。""白氎，西国草花絮也。色白而细耎，撚以为布也。"② 可见，"白氎"既有语音上的相近，又在颜色和意义上高度吻合，是音译兼意译的借词。

音译兼意译是指借词在语音和意义上都与外语原词相近，完全用本族语的材料和规则，并且不要求内部形式相同，如"利眠宁"（拉丁语：librillm）就是采用了音译兼"功能—事物"式关联的意译方式。大多数音译兼意译词与所借外语词义的关系明显都是间接的，是对外语的词义经过各种不同角度的联想而创造的。音译兼意译不仅要求语音上的相近，还要追求整体意义上的高度吻合，译借难度大，因此数量很少。

（四）"梵汉合璧"也是一种构词方式

"梵汉合璧"指汉语在翻译外来词语时，使用一半音译一半意译相结合的方式构成词语。根据梁晓虹（1994）的研究，梵汉合璧词是近世中外文化交流中产生大量合璧词的先导。③ 梵汉合璧词可以分为四类：第一

---

① 汪若海：《白叠与哈达》，《中国农史》1989年第4期，第91页。
② [唐]慧琳撰，徐时仪校：《一切经音义三种校本合刊》，上海古籍出版社2008年版，第1151页。
③ 梁晓虹：《佛教词语的构造与汉语词汇的发展》，北京语言学院出版社1994年版，第4页。

类是音译加汉语类名。例如"佛"是梵语"buddha"的音译"佛陀"的简称，指福慧两足尊，也就是福德和智慧修行圆满者。"佛"可与汉语名词结合，组成偏正式复合词"佛经""佛堂""佛像"等。第二类是汉语词加梵语音译词，例如"禅"是梵语"Dhyana"音译"禅那"的缩写，与汉语结合为偏正式复合词，如"默照禅"（一种以禅坐方式进行禅定修行方法）、"野狐禅"（禅宗对一些妄称开悟而流入邪僻者的讥刺语），还有少量动宾式复合词如"坐禅"（佛教徒静坐思惟禅法）。第三类是新造译字加汉语词。所谓新造译字是指佛经翻译者将梵语的音译与汉字造字方法结合创造出的新汉字。例如"魔"是梵语"Māra（魔罗）"的节译，意为夺命、障碍善事者。译经时一开始用"磨"，南朝梁武帝时为更贴合梵文原意而变为"魔"。"魔"与汉语词汇结合产生的复合词有"魔头""魔鬼""心魔""魔女"等，均带有贬义色彩。第四类是梵汉同义、近义连用，梵语部分多为音译。同义连用的形式，例如："檀"为梵语"Dāna（布施）"的音译，可与汉语组成"檀施""檀舍"，仍表"布施"义。近义连用的形式，例如："忏"为梵语"Ksama"音译"忏摩"的节译，实为"忍耐"义。但容易被误解为"悔过"义，与汉语中的"悔"结合组成"忏悔"，意为"认识到错误或罪过而感到痛心"。

蒋绍愚（2012）认为，中古的语言接触跟近代的语言接触有不同。中古时期，因为佛教的传入，很多新概念，新词语一下子进来了。如"佛""塔""僧""尼""涅槃"等，这些是汉语没有的，它进来以后就占据了汉语的地位。而且有不少是经历过"汉化"的过程，逐渐变得像汉语词汇的模样了。如"比丘尼"，是三音节的音译词，汉语读起来觉得不顺口，就把它简缩成"尼"，又觉得"尼"太简单，又叫"尼姑"。"尼姑"就在汉语中安家落户、生根发芽了。

（五）同素逆序词的构成方式

同素异序是汉语中的一种特殊语言现象。导致其形成的原因比较复杂：有的是由于汉语构词之初语素的灵活性和不稳定性，特别是由两个语义相同或相近的语素组合而成的并列式双音词，语素的次序比较灵活，容易倒置；有的是为了适应文体和满足平仄押韵等方面的需要；还有方言的影响，等等。

敦煌文献中与佛经有关的同素异序词，应该与佛经本身有关。因为要满足翻译的需要，语言不但要反映当时的实际状况，并且要创造许多新词新义，来描写佛教哲学的新思想、新观念，需用通俗易懂的语言表达。因此，佛经被翻译成目标语时，其意义和用法会受到各种干扰，这种干扰可能来自翻译策略，也可能来自译者翻译风格的语用习惯，还可能来自汉译佛典语法规则本身。梵语和汉语是两种不同的语系。梵语是印欧语系印度语族的一种语言，属于屈折语。屈折变化繁复，名词带有阴性、阳性、中性三种性，单数、双数、复数三种数，八个格；动词有时、体、式范畴等；汉语属于汉藏语系，与印欧语系的语言有完全不同的语法规则，语法表达手段主要靠虚词和词序，词汇没有类复数、词性、词格和时态等屈折变化。这种类型上的巨大差异，使得译者在翻译文献时会情不自禁地把原文的结构特征带进来。

释惠敏（2011）指出，梵语复合词的构成方式有六种，为"六离合释"（或称六合释）：相违释（并列复合语）、依主释（限定复合语）、持业释（同格限定复合语）、带数释（数词限定复合语）、邻近释（不变化复合语）、有财释（所有复合语），合称为"六离合释"，即六种梵文复合词的解释法。① 其中之一就是"相违释"。印度梵文学家称此类复合词为"dvandva"（pair or couple 成双成对之意）。汉传佛教称为"相违释"，如《大乘法苑义林章》卷一《总料简章》："相违释者，名既有二义，所目自体各殊，两体互乖，而总立称，体各别故，是相违义。"指的是将两个或两个以上意义相反（自体各殊，两体互乖）的词连结在一起，组成一个并列复合结构，也就是由意义相反的词根组成的并列式复合词。梵语中这种联合式复合词的构成方式主要以音节为主，其结构规则以元音 i 或 u 结尾的字置前；以元音开头且以元音 a 结尾字置前。例如：

    汉语：戏乐 梵语：乐戏→rati-krīā（乐与戏）

    汉语：禁戒 梵语：戒禁→īla-vrata（戒与禁）

---

① 释惠敏：《汉译佛典语法之"相违释"复合词考察——以玄奘所译〈瑜伽师地论〉为主》，《法鼓佛学学报》2011 年第 8 期。

音节少者置前。例如：

  汉语：男女 梵语：女男→strī-purusa（女与男）
  汉语：上下 梵语：下上→mdv-adhmātra（下与上）
  汉语：苦乐 梵语：乐苦→sukha-duḥkha（乐与苦）

  梵语两个亲属名称形成并列复合语时，前字末以 ā 形式（主格单数）连结后字。例如：

  汉语：父母 梵语：母父→mātā-pitarau（母与父）
  汉语：妻子 梵语：子妻→putrā-dāra（子与妻）

  梵文与汉语并列结构语序规律各有特点。汉语是单音节语言，节奏明朗，音节容易对应；梵语是多音节语言，元音分单元音、二合元音、三合元因。语音特点使梵语并列结构的词序有其自身规律，长度规律在梵语并列复合式的语序中占强势。比如音节少者置前，如上所举，"女男""下上""乐苦"等，梵语与汉语之间的音节排序差异会造成同素异序词的产生。

  戴庆夏（1990，2000）在考察景颇语和哈尼语的并列复合词语素的顺序时指出："并列复合词的顺序与语义特点关系不大，主要是由语音特点决定的。与元音舌位的高低和前后的搭配有关：舌位高的元音在前，舌位低的元音在后。"[①]

  因此，并列复合词的词素先后排序，不同语言存在不同的制约条件，有的是语音条件，有的是语义条件，有的两者兼而有之。并列复合词的排序规则如果决定于语音条件，译者在翻译的时候，会遵循原文风格直译。尤其是汉译佛典，语言风格主张"信""质"，偏重于直译，将来源语的意义表达充分即可，语句不得随意增减，语序也力求照搬直译。最终会导

---

  ① 戴庆夏：《景颇语并列结构复合词的元音和谐》，《民族语文》1986 年第 5 期，第 23—29 页。戴庆夏、李泽然：《哈尼语的并列复合名词》，《中国哈尼学》2000 年第 1 辑，云南民族出版社，第 236—252 页。

致一批同素异序词的产生。诸如，女男（strī-purua）、母父（mātā-pitarau）、爱敬（prema-gaurava）、瘦肥（ka-sthūlatā）、外内（bāhyadhyātma）等词皆是如此。

尤其是将汉译佛典梵语翻译成接受语的最初阶段，一般是直译。即采用来源语的结构模式。梵语中的新名词、新概念，比较轻易复制和移植到汉译佛典中。从东晋开始，译师们提倡用直译和意译相结合的方式翻译，随之同素词、异序词不断涌现，既有符合梵语语法结构的"兽鸟、下上、乐苦"等异序词，也有符合汉语和梵语的"饮食/食饮、虚空/空虚、神通/通神、/皆尽/尽皆、常时/时常"等词。在汉、梵语言相互接触的过程中，由于源头语梵文中存在有比较典型的语法结构或语法模式，就会出现两种异序词的用法。如敦煌变文《父母恩重经讲经文》中的一段：

……男女稍若病差，父母顿解愁心。人家父母恩偏嚫，於女男边倍怜爱；忽然男女病缠身，父母忧煎心欲碎；女男得病阿娘忧，未教终须血泪流；直待女男安健了，阿娘方始不忧愁。

这段讲经文中，"男女"和"女男"前后变换使用。前面分析了梵文中"strī-purusa（女男）"一词的来源，属于音节少者置前例，译师将其直译为"女男"；汉语男尊女卑，一般的说法是"男女"，因此，敦煌文献与佛经有关的文献中都有"男女"和"女男"同素异序词的用法。当新语法格式产生初期，人们面对功能相近或相同，结构顺序相反的新旧两种语法格式时，束手无策，无所适从，有可能出现同序、异序或两者皆可的弹性现象。尤其是引进格式与原有格式相近的时候，符合汉语语序的一式，会在接受语汉语中保存下来继续使用，另一式则可能被淘汰，如"男女"。选择的原则，往往是本土的战胜外来的，旧的战胜新的；但有时在不同方言中，发展方向、最终结果有所不同。但是，语言接触的必然结果只能是一种形式，而不可能是两种格式长期并存使用。由语言接触而产生的并存共用形式，基本上在接触条件消失以后，归并为一种格式。对语言接触中的归一，在汉语语法史上，基本上是本土的战胜外来的，汉语固有的格式在发生语言接触的社会历史条件消失之后，淘汰掉外来的格式，重新成为主要或唯一的形式。

第二节 东乡语借词及其借用方式

王力《汉语史稿》(1980：595) 指出，词汇借贷的方向是由社会经济文化高的语言输入到经济文化低的语言。汉语是世界上最具悠久历史而又最富稳固性的语言之一。汉语除了吸收一些外来词外，主要是向少数民族语输出大量的词汇。如我国西北地区民族众多，历史悠久，语言资源丰富。东乡族、撒拉族、土族、裕固族、保安族是甘青河湟地区特有的五个民族。他们有自己的语言但没有文字，其中东乡语、保安语长期处于汉藏语系包围下，是受汉语影响最深的阿尔泰语系语言，汉语借词比比皆是，随处可见。甘肃积石山保安语汉语借词，据陈乃雄（1990）调查统计，20 世纪 50 年代汉语借词为 40.4%（大墩村，词汇总数 3020 个），1980 年为 58.11%（甘河滩村，词汇总数 3624 个）。[①]

一 东乡语借词概况

东乡语是受汉语影响最深的蒙古语族语言，汉语借词随处可见。布和（1986）就明确指出：东乡语是蒙古族诸语言中受汉语影响最深的语言之一，汉语的影响几乎渗透到东乡语的语音、语法、词汇各个系统，尤其是词汇方面更为明显。我们先后对布和《东乡语词汇》(1983) 和陈元龙《东乡语汉语词典》(2001) 中的 10800 个词汇进行了调查，前者中的汉语借词占 42%，后者高达 58%。在斯瓦迪士（Morris Swadesh）的 200 个核心词中，东乡语中的汉语借词有 59 个，占 30%。在前 100 个核心词中，汉语借词有 17 个，如 gaji（尕的/小）、she zi（虱子）、ie zi（叶子）、gua zi（瓜子）、gan zi（根子）、zhazi（渣子）、yuan（圆）等；后 100 个核心词中，汉语借词有 42 个，比前 100 个核心词中的汉语借词多 25 个，包括像代词和小的数目词一、二这些属于封闭类的词，如 bei-zi（背）、xa-song（哈怂/坏）、pianda（谝达/吹）、suo（唆/吸吮）、boji（薄的）、simula（思慕/想）、chuo（戳）、inwei（因为）、chuai（喘/呼吸）等。我们将东乡语汉语借词构成情况概括如表 2：

[①] 陈乃雄：《保安语的语音和词汇》，《西北民族研究》1990 年第 1 期，第 33—48 页。

表 2　　　　　　　不同时期东乡语汉语借词构成比率统计

词汇分级	调查词表	汉语借词 数目（个）	比例（%）
核心词中的汉语借词	斯瓦迪士 200 个词	59	30
1983 年以前汉语借词	《东乡语词汇》中的 4080 个词	1668	42
1983—2013 年汉语借词	《东乡语汉语词典》中的 10840 个词	6256	58

此表说明东乡语汉语借词的三个层次：第一层次，在斯瓦迪士的 200 核心词中，汉语借词是 59 个，占 30%；第二层次，1983 年以前东乡语中的汉语借词占 42%；第三层次，到 2013 年东乡语中的汉语借词达到了 58%。

核心词表示的是人类生活中最重要的基本概念。这类词的生命力最强，也是能产的成分。它是一个民族代代相传下来的词汇基础，最为稳固，不易受到影响。因此，借词在核心词的分布，体现了一种语言对另外一种语言的接触与影响。如果核心词也被借入和渗透，就表明这种语言在发生质变。在斯瓦迪士的 200 个核心词中，东乡语已经出现了身体部位的借词，如 ganzi（肝）、xigere（膝盖）、bei-zi（背）等。在我们调查的 58% 的汉语借词中，既有自然现象的汉语借词，如 u（雾）、ʂuaŋ（霜）、hɛ（海）等核心词，也有功能词 inwei（因为）、ho（和）、dʑou（就）、haiʂʅ（还是）的借用，甚至还有概称形式 "-dʑi"（汉语借词 "的"）、"-tən"（汉语借词 "等"），以及派生词缀 "-ɕiə"（汉语借词 "些"）的借入。

语言接触的一般规律是，当两种不同类型的语言深度接触后，还可以借用名词复数标记、构词词缀等。如东乡语从汉语借入了名词复数标记 -ɕiə。-ɕiə 加在亲属称谓的专有名词后面，表示该词根所指的人具有两个以上的复数。如 gajidʑiau + ɕiə→gaji dʑiauɕiə 哥哥和弟弟们，这里 "-ɕiə" 是借自汉语的 "些"[①]。根据 Thomson（2001）的语言借用等级

[①] 布和（1986）指出，东乡语复数形式除了 -lɑ，有时还使用 -ɕiə。呼和巴尔（1988）也论证了东乡语的复数形式 "-ɕiə" 的使用范围和语法意义，认为与蒙古书面语复数附加成分 "-sə" 有同源关系。

原则，词缀借用发生在第三级①。第三级为强度较高的语言接触，就需要更多的双语使用者，可以借用更多功能词，派生词缀"-ɕiə"也可以借用了。

东乡语概称有两种形式：一种形式是先重叠名词词干，再在重叠的末尾加"-dʑi"表示。"-dʑi"借自汉语的"的"（甘肃河州话"的"读为[dʑi]）。如：

taşi（石头）→taşi maşi-dʑi（石头什么的）
bosi（布）→bosi mosi-dʑi（布什么的）

另一种概称形式是"-tən"，"-tən"加在表示人的称谓、亲属称谓和人名的后面，表示以所指称的人为代表的一群人。如：

şudʑi（书记）+tən→şudʑitən（书记等人）
gaga（哥哥）+tən→gagatən（哥哥等人）

"-tən"也是借自汉语的"等"，是"等"的本族语化的拼写形式，东乡语汉语借词不分前后鼻音，闭音节只有以"n"结尾的一种形式，没有后鼻音，这也是东乡语的音节结构特点之一（敏春芳，2022）。

词缀具有能产性和类推性，是形态语言重要的构词手段。外来词音译或意译语素在东乡语中发展而来的词缀，由于其类推功能，使东乡语派生构词法增强，由此而产生了大量的汉语借词，尤其是当大量新概念借入以后，复合构词一次只能造出一个词，而派生构词由于词缀的类推功能可以及时解决这一问题，所以利用词缀派生构词是一种重要的构词方式。

---

① Thomson（2001）将语言借用的层级分为四级：第一级属于偶尔的接触，借贷者对来源语不需要熟练运用，此时只有非基本词汇的借用。第二级属于强度不高的接触。需要熟练的双语人，可以借入功能词，如连词和副词性小品词，可以借入非基本词汇，仅有少数结构的借贷。第三级属于强度较高的接触，这时期需要更多更熟悉的双语人，此时可以借用更多功能词，包括代词和较低的数，派生词缀等。

二 东乡语借词的构成方式

阿尔泰语系语言词汇的构成方式主要是派生构词法。派生构词指用词根加词缀一起构词。需要说明的是，词缀原本也是独立的词，逐渐失去实在的词汇意义，演变发展为构词词缀。其次，词缀的位置一般是固定的，可以粘附在词根之前或之后。词缀具有类化功能，包括语义的类化和词类属性的类化。因此，词缀的构词能力强，能产性强。

汉语和阿尔泰语系是完全不同类型的两种语言。汉语是孤立语，词根语言。阿尔泰语系是典型的黏着语，有丰富的词形变化，词根和语素的结合并不紧密，两者都有一定的独立性。所以，不同类型的阿尔泰语系吸收汉语借词的最佳方式就是派生造词，并根据黏着语的构词特点对借词进行改造：符合阿尔泰语系的构词法方式、语法结构、OV 语序等。所以派生法就成为最好的构词模式。

以阿尔泰语系以蒙古语族的东乡语为例，东乡语根据黏着语固有的构词规律把借词有机地组织起来。如汉语借词后加东乡语构词词缀、汉语借词加东乡语词汇再加词缀、阿拉伯语词汇后加东乡语词汇再加词缀、突厥语加东乡语构词词缀，等等，组成混合搭配的格式。

（一）汉语借词

东乡语是黏着语的，有丰富的词形变化，汉语是孤立语，属于词根语言，两者语言结构完全不同。东乡语在吸收汉语借词的时候根据黏着语的构词特点要对借词进行改造和加工，以符合自己的构词法方式、语法结构和语序特征。例如：

  pautɕhi 宝器 + otɕiən 物件、东西→pautɕhi otɕiən 宝物
  tʂhatʂha 苴苴 + putui 不对→tʂhatʂha putui 情况不妙

以上是汉语借词加汉语借词组成新词，还有两个汉语借词后加"的"① 的形式。如：

---

① 甘肃河州地区的舌面音读作舌尖中音，"的"读作 [tɕi]，"体"读作 [tɕʰi]。以下均同。

tçhi 棋 + çia 下 + ji（的）→tçhi çiaji（棋下的）下棋，OV 结构

puʂi 不是 + rin 认 + tçi（的）→puʂirintçi（不是认的）赔不是，OV 结构

这类是对汉语借词的直接意译，是东乡语与汉语接触初期的表现形式。另有意译加表示类名的固有成分，这类主要是针对汉语借词加东乡语词汇构成新词。如：

qiənqi fugiə 天热：汉语借词"qiənqi 天气"+东乡语词汇"fugiə 热"，VO 结构

qichə sao 乘车：汉语借词"汽车 qichə"+东乡语词汇"sao 坐"，OV 结构

以上是由汉语成分和固有成分共同构成的混合词，在这些混合词中固有成分和汉借成分的组合有两种语序，一种是 OV，一种是 VO。这是汉语借词同东乡语名词、动词屈折形式的混合搭配。针对汉语借词，主要采用的是借词加注释的复合方式。

如果汉语借词和东乡语表达的意思基本相同，同义并举构成新词。例如：

qiaoyi Gura 淫雨：由汉语借词"qiaoyi 敲雨"+东乡语词汇"Gura 雨"构成

（二）突厥语、阿拉伯语、波斯语借词

突厥语和东乡语同属阿尔泰语系，是黏着语，语法意义主要由加在词根的词缀来表示。因此，突厥语借词也要和东乡语或者汉语组合成新词。例如：

突厥语 orəu（杏）+东乡语 muthuŋ（树）→orəu muthuŋ 杏树

突厥语 tʰaʂi（石头）石头 + 汉语 tʰaika（台格）台阶→thaʂi

thaika 石阶

阿拉伯语和波斯语是典型的屈折型语言，有丰富的词形变化。因此，对阿拉伯语和波斯语借词在音译的基础上也要加东乡语或者汉语组合成新词。例如：

阿拉伯语 amǝli（功课）+ 汉语借词 ganji（干的）→amǝli ganji 做功课

东乡语 niǝ（满/整个）+ 波斯语 asimaŋ（天空）→niǝ asimaŋ 满天

波斯语 maitsa（坟墓）+ 汉语 kutui（骨堆）→maitsa kutui 坟堆，坟墓

东乡语存有蒙古语所没有的突厥语词汇，这说明东乡族的先民和突厥人有过比较密切的联系。还有波斯语和阿拉伯语，这是因为东乡民族是元代从中亚地区迁徙而来的色目人、蒙古人和当地的不同民族华化而成。即东乡语在形成过程中受到了阿拉伯语、波斯语、突厥语等底层语言的影响，岁月留痕。

（三）音译加类名词来创造新词

这类词主要指阿拉伯语借词和汉语借词的组合上。如：

hazhi chaoyi（朝觐）：阿语词汇 hazhi 哈智的音译，加上汉语词汇 chao yi 朝的

huizui towo，忏悔词：汉语词汇 huizui 悔罪，加上阿语词 towo 音译都哇（忏悔）

fiinyen duwa 祈祷词，阿语名词 duwa 都哇的音译，加上汉语词 fiinyen 坟院

（四）音译兼意译加词缀而创造新词

根据东乡语黏着语的性质，往往选择音译的阿拉伯语和代表其意义的汉语借词，加上东乡语构词词缀，重新创造黏着语词汇。如：

ayibu guyi 遮羞、遮丑：阿语音译借词 ayibu + 汉语借词 gu（顾）+ 东乡语动词构词词缀-yi

remezani yefiin 赖买丹月、斋月：阿语音译借词 remeza + 汉语借词 yefiin 月份

东乡语与汉语同义合并互补，创造新词：这一类所用的汉语成分意思与东乡语音节所表达的意思基本相同，从意义上看是并列、补充关系。例如：

mila jiuzi 小舅子：东乡语词汇 mila（小）+ 汉语借词 jiuzi（舅子）
chizhe gudu 花蕾：东乡语词汇 chizhe（花）+ 汉语词汇 gudu（骨朵）
danlin sao 分家：汉语词汇 danlin（单另）+ 东乡语词汇 sao（坐）

直接音译的外来词是语言接触初期的表现形式，随着接触程度的加强，音译形式逐渐固定为意译形式，或者直接转化为汉语的构词语素参与构词。随着接触程度的进一步加强，某些音译或者意译而来的构词语素位置固定，且具有类化功能，就逐步发展为词缀或者类词缀了。

外来音译音节或者意译语素的词缀化是语言接触程度逐步强化并具生命力的体现。在大部分语言接触的借用现象中，借用的往往是词，也可以借用语素，只有双语流利者才会创造大量的合璧词。Thomason（2001）指出，长期的双语社会或语言间长期的密切接触，可致借用扩展到结构特征的借用。

从复合词的词源上看，既有同源词组成的复合词，如复合词 qara olu-"到傍晚"，xo kuru-"生气、发怒"等，也有借词与借词之间，或者借词与同源词之间按一定语法关系组成的复合词。例如：

借词 + 借词（布和 1986：264）
golai gotçi 走来走去：汉语 golai（过来）+ gotçi（过去）
ian çiji-吸烟：汉语 ian（烟）+ çiji-（吸的）
nənni bauji 报恩：汉语 nən（恩）+ ni（宾格）+ 汉语 bauji-

(报的)

  东乡语 + 借词
  usu ɡɑtuŋ 水桶：东乡语 usu（水）+ 汉语 ɡɑtuŋ（水桶）
  借词 + 东乡语
  bei pidʐi 默写：汉语 bei（背）+ 东乡语 pidʐi（写）

从形式上有全借词和混合词的并存，如：

  布鞋 buhai/dawuhai（保安语"布"+ 汉语"鞋"）
  油条 ioutiau/ioudamu（汉语"油"+ 保安语"饭"）
  眼镜 niandʑiŋ/ bɣli naduŋ（汉语"玻璃"+ 保安语"眼睛"）

有些是借入时代不同，形成新、老两个层次，如：

  iaŋtaŋ（洋糖）/taŋ（糖）
  banfaŋ（班房）/tɕiany（监狱）
  idzi（胰子）/ɕiaŋdʐau（香皂）

不同层次的汉语借词反映出汉语对保安语的影响是长期、多元的，是不同时期、不同来源的叠加。

  汉语借词和同源词构成的复合词还包括以借词作基础，同源词作注释的复合词。例如：

  mauniu fugie 牦牛：汉语 mauniu（牦牛）+ 东乡语 fugie（牛）
  lianxua tʂidʐə 莲花：汉语 lianxua（莲花）+ 东乡语 tʂidʐə（花）
  alima bazi 果蒂：东乡固有词 alima（水果）+ 汉语 ba（把）+ 汉语词缀 -zi
  chizhe bazi 花蒂：东乡语固有词 chizhe（花）+ 汉语 ba + 汉语词缀 -zi
  baer zhonji 赚钱：东乡语词 baer（钱）+ 汉语借词 zhon 赚 + 东乡

语动词构词词缀-yi

chizhe zaila 种花：东乡语词 chizhe（花）+ 汉语词 zai（载）+ 东乡语词缀-la

ayibu guyi 遮羞/遮丑：阿语 ayibu（丑）+ 汉 gu（顾）+ 汉语词缀 yi（的）

东乡语汉语双音节借词动词后需加固有成分"-giə"。单音节汉语借词动词后加-dʑi 或-ji，例如：

ɑmin ho-ji 卖命的/拼命/豁出去——→东乡语 ɑmin（命）+ 汉语 ho 豁 + -ji（的）

bushi rin-dʑi 认错/赔不是——→ 汉语 bushi rin 不是认 + -dʑi（的）

两者都是东乡语的"宾+动"格式。

在蒙古语族的保安语词汇系统中，根据构词成分的来源，分为全借词和混合词两种。全借词是纯粹的音译词，借入方式为整体借入，全盘吸收。汉语全借词的音和义常是当地方言（临夏话）的复制，完全保留原结构，具有浓厚的方言地域色彩，如马甲 tɕiatɕia（夹夹）、面条 tʂaŋfan（长饭）、hudu（胡度）、lianʂou（连手）、pofan（破烦）、gansan（干散）。混合词是由汉语和保安语固有成分组合而成的，构词方式有复合式和附加式两种。复合式混合词由汉语和保安语词根语素组成，可以分为半音译半意译和音译加注两类。在半音译半意译式混合词中，构词成分一半是保安语，一半是汉语。如鼻梁 χor lianlian，是由保安语成分 χor（鼻子）和汉语成分 lianlian（梁梁）构成；皮鞋 arsuŋ hai 是由保安语成分 arsuŋ（皮）和汉语成分 hai（鞋）构成；花生油 xuaʂin tosuŋ 是由汉语成分 xuaʂin（花生）和保安语成分 tosuŋ（油）构成；小路 gamor 是由汉语成分 ga（小/尕）和保安语成分 mər（路）构成。在音译加注式混合词中，前半部分为汉语音译词，并且已经可以表示完整的语义，后半部分保安语成分是给词义添加一个类别名。如生铁 ʂəŋtɕiə təmər 是由汉语成分 ʂəŋtɕiə（生铁）和保安语的类成分 təmər（铁）构成；瓦房 uafaŋ gər 由汉语成分 uafaŋ（瓦房）和保安语的类成分 gər（房屋）构成。此外，汉语借词还可与藏语、突厥语借词组成复合式混合词，如柳树 dʑiaŋmu ʂu（藏汉）、老人 loluŋ daid（藏汉）、沙滩 ɕiaɕi dora（汉藏）、火药 po mɑn（汉藏）、照壁 dʐɔbi dam（汉突）、杏树 oʐou ʂu（突汉）等。附加式由汉语词根语素和保安语附加成分组合而成，如包扎 bogə 由汉语成分 bo（包）和保安语附加成分-gə 组合；帮忙 baŋgə 由汉语成分 baŋ（帮）和保安语附加成分 -gə 组合，上两例的"-gə"（个别用-lə）是动词虚化而来的，使借词在句中可以进一步按照保安语动词的语法规则发生时、体、态、式的变化。又如枪手 potɕi 由汉语成分 po（炮）和保安语成分-tɕi（附着在名词后，派生的名词表示从事某项活动或职业的人）构成。这种附加式构词法使汉语借词拥有了和保安语固有词相同的地位，成为保安语有机组成部分，同时，也使汉语借词具有了很强的能产性。

三　西北汉语方言中的仿构词

仿构词是把被仿造词中的某个语素转换成近义或同类的定义语素，临时仿造新词语。在特定的语言环境下，能满足某种表情达意的需要。仿构是受语言接触直接影响产生的构词法，这种构词方式不仅可以为汉语词带来新的内部形式，而且可以导致原词意义的改变。

仿构词不是具体语言成分的借用，而是某种语言特征或结构方式上的趋同和仿造。仿构词是语言接触影响的直接产物。根据 Norman（罗杰瑞）（1988）的研究，现代汉语比较排斥外来词，但却不排斥用外来的语素构造新词。

这里列举甘肃临夏话中的一批仿构词[①]，如"回去"临夏话说成"回着去了"；"走来"要说成"走着来了"；"拿来"说成是"拿着来"；"出来"说成是"出着来了"，等等。甘肃临夏距东乡族自治县不到 30 千米，距离积石山保安族东乡族撒拉族自治县不到 60 千米。两种不同语系的人

---

① 甘肃临夏回族自治州自古就是一个多民族聚集的地方，东乡族、保安族、撒拉族等少数民族占到了总人口的一半。没有亲属关系的两种不同语言长期接触，互相影响，使甘肃临夏话在西北汉语方言中独树一帜，自成一家：临夏话的语音和词汇是汉语的，语法结构大多接近阿尔泰语。

群比邻而居，和睦相处，语言互动频繁。临夏话"回着去了"，其实是东乡语"khari-ʐɯ echi wo"的仿译，"走着来了"是东乡语"iawu-dzɯ irə wo"的仿译，"拿着来了"是东乡语"agidzɯ irə wo"的仿译，"出着来了"是东乡语"qɯdzɯ irə wo"的仿译，依次类推。

在东乡语中，"-dzɯ/-dzi"是并列副动词，音译为汉语的"着"，"wo"是完成体标记，意译为"了"。像"khari-dzi echi wo（回着去了）"结构中的"着"是并列副动词"dzi"的音译（当地汉语方言"着"的读音），"了"是完成体标记"wo"的意译，该结构是临夏话用现有的语素对东乡语的逐词翻译，诸如"吃（着）完了""用（着）完了""回着去/来了""带/拿着去/来了""起着来了""上着去了/下着来了""落着满""吃着香""走着累"等，都是相似性仿构。两种地理上相邻的语言之间，由于借用造成区域性相似性。因此仿构词是相似性原则和类推机制的结果。语言接触中的仿构词尽管原词意义来源不尽相同，或音译或意译，但它给汉语方言词汇带来新的结构形式，而且可以导致原词意义的改变。

东乡语汉语双音节借词动词后需加固有成分"-giə"。"giə"为东乡语"做"义动词的虚化形式，虚化为汉语双音节借词的构词词缀。如 banligiə（办理），是由汉语借词 banli（办理）加东乡语双音节借词构词词缀 giə 组合而成；baonangiə（报案）也是由汉语借词 baonan（报案）加双音节借词构词词缀 giə 组成。有意思的是当地汉语方言会用音同音近的"给"对译东乡语的构词词缀"-giə"，组成像"表演给""倒霉给""折本给""商量给""领导给""学习给"等。如：

表演给→汉语 biaoian（表演）+giə（音译双音节构词词缀）
倒霉给→汉语 daozao（倒霉、倒糟）+giə（同上）
折本给→汉语（折本）+giə（同上）
办理给→汉语 banli 办理 +giə（同上）
报案给→汉语 baonan（报案）+giə（同上）
领导给→汉语 lindao（领导）+giə（同上）

即用源语言中固有的语素"给"逐项翻译借用词语的语素，与此类似。需要说明的是，"给"是仿构东乡语中的构词词缀"-giə"的语音形式。由于东乡语中的构词词缀"-giə"与汉语"给"方言读音相似，在借用新词时，利用汉语固有语素"给""着""了"等模拟源语言词汇中的语素结构来构词，并把这种构词方式类推到新词中去，从而推导、衍生出新词。由此看出，类推机制可以促使所仿结构在本土词汇中的扩展。总之，仿构是受语言接触直接影响产生的构词法，导致原词意义的改变。汉语中原本没有该使用模式，是通过复制模式语而获得的"从无到有"。这种构词方式不仅可以为民族语发展新词，而且也可以为汉语词带来新的内部形式。前文讨论的构词法都是汉语固有的构词法，语言接触对汉语构词法的影响并非直接借入所出现的从无到有的作用，但语言接触对它们都有"触发"影响作用，或更高频使用，或得到功能扩展，因此，语言接触对汉语构词法更多是起到"触发型"干扰作用。

四 东乡语汉语借词的历时层次

东乡语吸收汉语借词的历时层次有三。

第一种是直接借用，不需要任何加工和改造，用汉语借词完全替代东乡语词汇。这是语言使用者的有意为之（Deliberate decision）。这类借词中既有实词也有虚词，例如：

dachan（大裳/大衣）、heitang（红糖）、gonbo（广播）、taizhao（待张/理发师）、iwan（一万）、izi（胰子/香皂）、iyi（雨衣）、jiuyejiu（九月节/重阳节）、jiajia（坎肩/背心）、zhanguiji（掌柜的/丈夫）、hontun（黄铜）、qinzi（裙子）

就东乡语而言，虚词直接借用汉语的要比固有虚词多。例如：

dagumu（大估摸/大概） igua（一挂/都） liangzhe（了者/即使） xibu（希不/及其） budei（不得/非常）bawai（把外/格外） chuaji（唰地/立即） daigo（待过/立刻）iaoli（要哩/的确） miinzhe（猛者/突然） suchang（素常/常常） busuanzhe（不算者/不仅）

例多不胜举。这些虚词保持着它们在来源语汉语中原有的结构特征，但带有西北方言的语音特点。

第二种是对借词（也包括汉语）进行加工和改良，使之本族语化。例如：

yapai gie（压迫）：由汉语 yapai 压迫 + 东乡语动词词缀 gie 组成

zhonjia kun（农民）：由汉语 zhonjia 庄稼 + 东乡语词汇 kun（人）组成

layesanshi-ni xieji（除夕）：由汉语 layesanshi（腊月三十）+ 东乡语格标记 ni + 东乡语词汇 xieji（晚上）组成

这是以汉语借词作为构词词根，缀加东乡语构词语素构成新词，符合黏着语的词形变化模式，即以东乡语的构词方式组织汉语词素。又如：

k^{h}ishun naizi（酸奶）：由东乡语词 k^{h}ishun 酸 + 汉语词汇 naizi 奶子组成

kielian fanyi（翻译）：由东乡语 kielian 说/话 + 汉语词汇 fanyi 翻译组成

"酸奶""翻译"是东乡语加汉语借词构成。东乡语中的汉语借词尽管不断渗透和扩散，但是要完全替代固有词还需要一个循序渐进的过程。在这个漫长的过程中两种语言的词汇可能会在相当长的一段时期里处于并驾齐驱、势均力敌的抗衡阶段。

第三种就是对汉语借词再进行二次加工和改造、使之符合接受语的构词规律。由原来的汉语加东乡语结构，逐渐变成纯汉语借词，这类词约占总数的 15%。例如：

kielian fanyi（翻译）：现在直接用汉语借词 fanji（翻的），取掉了东乡语词汇 kielian。

kon hougiin（脚后跟）：是由东乡词 kon（脚）加汉语 hougiin（后跟）组合而成；现在直接用汉语借词 hougenzi（后跟子），取消了东乡语词汇 kon。

　　hao guayi（挂号）：构词成分虽然都是汉语的，但结构是东乡语 OV 语序"haogua（号挂）+ yi（的）"；现在变为汉语借词 guahao 挂号，VO 语序。语法手段逐渐丢失。

　　maiza gudui（坟堆，坟墓）：是由波斯语 maiza（坟墓）和汉语 gudui（骨堆）构成的混合结构，现在直接用汉语借词 fenian（坟院），不再用波斯语词汇 maiza。

　　这是在汉语借词的基础再进一步改造，去掉了东乡语的部分构词语素。较早的汉语借词需经历本族语化的过程，被改良了的汉语借词逐渐完成了词汇的蜕变。

　　以上是东乡语吸收汉语借词的常用方式。最新的借词不再需要本族语化，直接复制以填补词汇空缺。这是接受语东乡语词汇系统包括构词法对来源语的一种调整和适应。①

第三节　词汇借用导致的结果及其影响

　　Sarah G. Thomason（2001）指出，语言接触中的借用，是外来成分被某种语言的使用者并入其母语，母语被保持，但由于增加了外来成分，而发生了一定的变化。借用（borrowing）是语言接触所导致的一种语言演变模式。语言接触最直接的结果就是大量借词的产生。Thomason（2001）鉴于借用成分的种类和等级跟语言接触的强度密切相关，提出了一个比较全面的借用等级。这个等级的最大特点是以接触强度为衡量手段，接触强度越高，借用成分的种类和层次也就越多和越高，借用等级逐渐增强，接触强度从一个层次递增到另一个层次，直到最后，语言系统的所有方面都可以被借用。借用成分的等级由语言接触的等级决定，并随着接触等级的增加而增加。通常情况下，词汇成分的借用总是先于和易于句法或音系成分；一个语言若具有句法和音系借用成分，那么通常也具有词汇借用成

---

　　① 我们把出现语码转换和干扰特征的语言称为接受语，东乡语就是接受语，把干扰特征所来自的语言称为来源语，汉语就是来源语。（下同）

分；词汇借用的可能性肯定一般也大于句法/音系成分。因此，词汇借用在语言接触中最为常见。在 Thomason 的借用等级中词汇借用有以下特征：①偶然接触，只有非基本词汇被借用。②强度不高的接触，一般仅借用功能词（比如连词及英语 then 这类副词性小品词）以及实义词，但仍属非基本词汇。③强度较高的接触，基本词汇和非基本词汇均可借用，更多的功能词、派生词缀也可被借。④高强度的接触，继续大量借用各类词汇[1]。

上述借用等级也可以有这样的蕴涵性诠释：如果一个语言包含了第四层次的借用成分，那么它通常也会包含前面三个层次的借用成分，反之则不然。或者，如果一个语言的借用成分中包含了结构干扰，那么这个语言的借用成分中一般也会包含词汇干扰，反之则不然。

一 词汇借用导致的结果

接触引发的词汇影响，是指由不同语言或方言之间的接触所诱发和导致的，接受语的词汇材料和非基本词汇、基本词汇或核心词，甚至功能词，出现了不同数量或不同程度的增加、减少、替代和保留等变异现象。

（一）构词成分的增加

构词成分的增加是指不同语言和方言之间，受语系统通过不断接触增加了新的词汇特征。从甲骨文时代算起，3000 多年来，汉语的发展始终伴随着与周边少数民族语言的接触。汉代来自匈奴和西域的借词有菩提（佛教用语，梵语）、葡萄、玻璃、菠菱、唢呐、沙门[2]、猩猩、骆驼、苜蓿、石榴等，还有在汉语原有名称前加"胡"字的意译词，如胡麻（芝麻）、胡瓜、胡豆（蚕豆和豌豆）、胡琴、胡桃、胡椒等[3]。

西汉末年，佛教和大量的佛经传入中国，佛教用语以及其他梵语借词和意译词对汉语发生了很大的影响。如佛（梵语 buddha，意为"觉者"或"智者"）、塔（梵语 stupa，为"塔婆"的缩略）、比丘（梵语

---

[1] 吴福祥：《关于语言接触引发的演变》，《民族语文》2007 年第 2 期，第 3—23 页。
[2] 李如龙：《论语言接触的类型、方式和过程》，《青海民族研究》2013 年第 4 期，第 163—166 页。
[3] 史直存：《汉语史纲要》，中华书局 2008 年版，第 517—519 页。

bhiksu，意为"僧")、比丘尼（梵语 bhiksunu，意为"尼"）、沙门（梵语 sramana，意为"出家修道之人"）、菩萨（梵语 bodhisattva，意为"大觉有情"）、罗汉（梵语 arhat，意为"圣者"）、刹（梵语 yasti，原意为"塔的中心柱"，后指"佛寺"）、魔（梵语 mara，意为"能夺命、障碍"等）、劫（梵语 kalpa，意为"长时"）、玻璃（梵语 sphatika，意为"水晶"）、慈悲（梵语 maitū karunā，意为"哀怜恻隐之心"）、因缘（梵语 hetu pratyaya，意为"内因"和"外因"）、平等（梵语 samata，意为"无差别"）、方便（梵语 aupayika，意为"佛菩萨为化益众生而用的权宜手段"）、世界（梵语 lokadhātu，意为"宇宙"）等①，大多已进入汉语通用语。

　　元朝蒙古人和清朝满洲人先后统治，所以现代汉语词汇中仍留有蒙古语和满语的痕迹，如"站"，汉语原有义为久立的"站"，但驿站的"站"是借自蒙古语 Jam 的音译，义为道路；"萨其马"是一种用面粉加冰糖、奶油等制成的糕点，是满语 Sacima 的音译；清代爵号"贝勒""贝子""福晋"等均是满语。之前的鲜卑族、契丹族、女真族等北方民族也建立过北魏、辽、金等王朝。因此，北方地区形成了具有阿尔泰语言干扰特征的汉语变体，即"北方汉语阿尔泰化"。

　　近代汉语中也陆续出现一批来自西洋的借词和译词。最初以"洋""西洋""西式"为词头指称新概念词汇，之后逐渐采用音译、意译、音译加意译、半音译加半意译、音译兼意译等方式进行借用。如麦克风（Microphone）、酒吧（bar）、啤酒（beer）、雷达（radar）、咖啡（Coffee）、沙发（sofa）、可可（cocoa）、光年（Light year）、法西斯（fascist）、法郎（franc）、爱克斯光（X-ray）、拖拉机（tractor）、冰激淋（ice cream）、绷带（bandage）、幽默（humor）、权利（right）、数学（mathematics）、批评（criticism）、阶级（class）等新词层出不穷。另外，还有个别词缀的借用，如汉语中的"非、反、不"都是从英语"non/un/de、anti/un/counter"译过来的，类似的还有"-ness、-ism"被译为"性"，于是就出现了诸如"独创性、灵活性、统一性"等，而"工业化、现代化、多元化"则来自 -ize、-zation "化"。粤语和吴语也借用了一批英语

---

① 史直存：《汉语史纲要》，中华书局 2008 年版，第 520—525 页。

词，如燕梳（保险）、士担（邮票）、士多（小商店）、波士（老板）（以上为粤语），水汀（暖气管）、扑落（插销）、康白度（买办）（以上为吴语）。

日语中有不少意译的西洋词语，一种是利用汉语原有的词，附以新的意义，如"革命"（revolution），原出自《易经·革卦》，义为变革天命；"教育"（education），《说文》："教，上所施，下所效也"；"文化"（culture）本是文德教化之义，与"武功"相对立；"经济"（economy）本是经世济民之义；"具体"（concrete）表具有全体之义；"社会"（society）原指里社在节日的集会。另一种是利用汉语词根制造新词，如"哲学"（philosophy）、"科学"（science）、"物理学"（physics）、"化学"（chemistry）；"积极"（positive）、"消极"（negative）；"直接"（direct）、"间接"（indirect）等。

汉语也吸收了南北方诸民族的词汇成分，如借用了维吾尔语的"冬不拉"，藏语的"哈达"，蒙古语的"那达慕"，傣语的"摩雅"。从朝鲜语借用了大量的文化词语，如"阿里郎、道拉吉、板索里、打糕、米肠、泡菜、农乐舞、三老人"[1]。其中，与民族杂居的汉语方言，吸收民族的语言成分更多。如青海汉语吸收了藏语的"曲拉"（奶渣），蒙古语的"牙伍"（走），"毛勒"（马）等[2]。

民族语也受到汉语影响，但词汇的借用并不是全盘吸收、拿来主义，尤其是两种不同类型的语言，一般会根据原有语言的构词特征对汉语借词进行加工和改造，使之本族语化。词汇内部出现本族语与汉语借词的混合形式。

如黏着语的阿尔泰语系东乡语对汉语的借词加工和改造，从而导致东乡语的构词法发生变化。这种变化涉及构词成分的增加，也涉及一些构词成分的减少和替代。

新成分逐渐增加。词根加词缀构成新词是典型的黏着语的构词方式。东乡语构词成分在逐渐减少的同时，也会增加新的构词词缀。随着东乡语

---

[1] 黄玉花、刘定慧：《关于朝汉语言接触与语言演变的思考》，《社会科学战线》2019年第8期，第261—265页。

[2] 罗美珍：《论族群互动中的语言接触》，《语言研究》2000年第3期，第1—20页。

中的汉语借词层出不穷，纷至沓来，像概称形式"-dʑi"（的）和"-tən"（等）以及复数附加成分"-ɕiə"（些）都可以借。同时，东乡语固有的构词成分在减少的同时增加了一些派生词缀，如借自汉语的名词词缀-kəi（客）、-jia（家）、-bao（宝）、-zi（子），以及派生动词的派生词缀-dʑi（的），增加了源语言中原本不存在的构词词缀。

汉语名词借词后加汉语词缀-kəi。-kəi 是借自汉语的"客"，甘肃某些方言读作"-kəi"。如 cha-kəi（茶客：喜欢喝茶的人）、yəzi-kəi（野子客：胆量大的人）、fazikəi（筏子客：船夫）、zalankəi（开商店的人：售货员、营业员）。

名词后加汉语词缀-jia，如 gonzi-jia（馆子家）饭馆老板。

名词后加汉语词缀-bao（包），所构成的词常表示与该物相联系的人具有该形容词的性质。如 loliən-bao（罗怜包）可怜虫、ishi-bao（意实包）诚实的人、chijia-bao（吃家包）好吃的人。

汉语动词借词后加如-dʑi 和-giə，其中-dʑi 是借自汉语的"的"。例如：

amin ho-dʑi 拼命——→东乡语 amin（命）+汉语 ho 豁+的
bushi rin-dʑi 认错——→汉语 bushi 不是+认 rin+的

由东乡语和汉语再追加汉语的构词成分"-dʑi"，混合搭配，保持源语言东乡语的"宾+动"格式。

如果是双音节汉语动词借词，后需加东乡语构词词缀-giə[①]。例如：

banligiə 办理——→汉语 banli 办理+giə（双音节构词词缀）
baonan+giə 报案——→汉语 baonan 报案+giə（双音节构词词缀）

外来成分和固有成分浑然天成、融为一体。

[①] 刘照雄（2009）：双音节借词作为动词使用时，要借助于助动词-giə"做"。布和《东乡语词汇初探》（1988）：近期借入的双音节汉语词当做动词时，汉语借词与本语言固有的动词-giə"做"组成宾述结构复合词。

汉语借词后再缀加词缀"-kə、-jia、-giə",似乎有点画蛇添足、多此一举,但对于黏着语的东乡语来说,这是必不可少的构词成分,如此才符合黏着语的构词特征。

东乡语词汇中也出现了东乡语与汉语的结合词,有的是汉语加东乡语,如 chizhe zaila(种花):东乡语词汇 chizhe(花)+ 汉语词汇 zai(栽)+ 东乡语词缀-la;有的是东乡语固有词根上缀加汉语的词缀,如 alima bazi(果蒂):东乡语固有词 alima(水果)+ 汉语 ba(把)+ 汉语词缀-zi;还有汉语词根加东乡语词缀,如 maimai kun(商人):汉语借词 maimai(买卖)+ 东乡语名词构词词缀-kun;baer zhonji(赚钱):东乡语词汇 baer(钱)+ 汉语借词 zhon(赚)+ 东乡语动词构词词缀-yi。这类特殊的构词方式体现了不同源语言中构词特征的增加。

(二)构词成分减少

词汇特征的减少是指不同语言和方言之间,受语系统通过不断接触逐渐丧失固有的词汇特征。某一语言由于语言接触而丧失固有的词汇特征,但没有任何干扰特征可以作为所失特征的替代物。有的民族语言与汉语接触频繁,也有逐渐放弃本族语词,使用汉语。据罗美珍(2003)研究,侗泰语族语言原有一套自己的数词,由于和汉族经济交往频繁,放弃了本族的数词,采用汉语的一套数词,只保留下自己的一、二十、百、千等几个数词[①]。

东乡语由于语言接触带来了大量的汉语借词,因此,固有的附加成分有不同程度的减少和丢失,其中减少最多的是名词。像附加成分-ɣun、-lan/-liən(用于名词后),-dan、-wu/-ku、-s(用于动词后)逐渐减少,甚至很少见到,丢失率达35%左右。派生动词的附加成分中,有4组已经不出现或偶见,动词的附加成分也在逐渐减少,丢失率达30%左右,仅次于名词。另外,东乡语借入了大量的汉语复元音词汇,使得东乡语元音系统繁化,音节类型重组,最终导致东乡语元音和谐趋于解体。马国良、刘照雄(1988)曾指出,东乡语元音既不分松紧(阴、阳),也没有长短的对立,音节末尾的辅音大部分脱落,东乡语闭音节只有 n 结尾的形式等(见敏春芳,2022)。

---

① 罗美珍:《论族群互动中的语言接触》,《语言研究》2000 年第 3 期,第 1—20 页。

以上是阿尔泰语系东乡语构词成分在语言接触中的保存和消失情况。有时候外来的和固有的词汇相互竞争。常用的固有词,生命力依然旺盛,且构词能力强,借词无法与之抗衡,如表示身体部位、亲属称谓的名词和常见的动词等;有些词汇与同义汉语借词同时并存,如一些不常使用的农业、牧业类词汇和大量功能词、数词等,经过一段时期竞争,发展趋势一般走向统一,统一的结果是外来的战胜固有的,固有词逐渐退出历史舞台。

(三)词汇特征的替代和保留

词汇特征的替代是指不同语言和方言之间,受语系统中固有的语音特征在接触中逐渐被新的外来词汇特征所替代。罗美珍(2003)研究表明,佤语和惠东畲语在使用本族词的同时,分别借用了一套傣语和汉语的数词与固有词并用。如佤语10位数的数词从11到29和百位数用固有词组成;从39到99和千位、万位数词借用傣语[①];畲语的个位数使用本族词,十位数以上和计月、日则借用汉语的数词[②]。

东乡语10以下的基数词使用固有词,而10以上的基数词则一律使用汉语借词。如"ʂɯ dʑiu(19)""ɚ ʂɯ(20)""bə(百)""tɕiən(千)""uan(万)"等。表示人或事物次第的序数词也用汉语借词,读音上是将舌尖辅音读为舌面前辅音。例如 dʑi ɚ(第二)、dʑiyi giə(第一个)dʑi u giə(第五个)等。

表示事物几分之几的分数词和百分之多少的百分数,常用汉语借词。例如:

sanfəndʐɯyi(三分之一),bəifəndʐɯ ba ʂɯ(百分之八十)

东乡语专用量词大多数借自汉语。如表示度量衡单位的 dʐaŋ 丈、dəu 斗、ʂən 升、dan 石等;表示货币单位的 kuai 元、dʑiau 角、fən 分等;表示计件单位 dʐaŋ 张、tɕʰiao 条、jaŋ 样、dʑiaŋ 间(房间)等,表示动作次数 fa 次、taŋ 趟、bian 遍等借词屡见不鲜。

---

① 周植志、颜其香:《佤语简志》,民族出版社1984年版。
② 毛宗武、蒙朝吉:《畲语简志》,民族出版社1984年版。

保安语中的词汇更替现象表现为汉语音译借词对保安语固有词和保汉混合词的取代。如汉语借词"ɕinɕin 星星、ganʥi 肝脏（肝子）"取代固有词"hotoŋ、helgə"；20 世纪 50 年代记录的汉保混合词，近年来再次被全借词取代，如混合词"皮鞋 arsuŋ hai、裤裆 maduŋ daŋ、冰糖 minɕiou bintaŋ"转变成全借词"pihai、kudaŋ、bintaŋ"。同时，汉语借词还不断排挤其他借词，如藏语借词"活佛 akou、铁匠 gorə、敌人 tɕiɛiyɛ、牦牛 GajaG"等已被相应的汉语借词取代。

四川倒话中的"抬"（$tʰɛ^{332}$）的意义不管是指"举、提高"，还是指"共同搬东西"，在现代汉语中施动者一般是人，而在倒话中还有被动物"叼走"义，与藏语相应词"kyag"的语义范围完全一致[①]。

（四）词汇特征的保留

词汇特征的保留是指一个语言或方言由于跟其他语言接触而保留了原本有可能消失的词汇特征。现代少数民族语言中不同层次地保留的古代汉语和历史上的本族语语词，对汉语和早期民族语的词汇史研究具有价值。

有些少数民族语言中的确保留了一些古代汉语的成分，如纳西语和怒语有表示"笛子"的 $pi^{31}li^{55}$、$phi^{33}lɛ^{31}$，古代汉语就有表示古代管乐器的"筚篥"一词；又如怒语、彝语和白语分别有 $dʐu^{33}$、dzu^{31}、tsu^{21} 表示"筷子"，从汉语史上看，"箸"是一个有着悠久历史的常用名词，其历史可追溯至战国时期，而"筷子"的历史相对较短，出现于明代。因此，在纳西语、怒语和彝语、怒语、白语中分别保留了汉语的古词"筚篥"和"箸"[②]。

在古突厥碑铭中，汉语借词在今天中国维吾尔语、哈萨克语、柯尔克孜语、乌兹别克语、塔塔尔语、西部裕固语和撒拉语等突厥语族中仍然保留。如在西部裕固语和撒拉语里，同时并用汉语借词和本族的另一个表示"听"的词，即 tiŋna-/diŋna-和 ɑŋnɑ-（-na 是-la 的语音变体）。西部裕固语大河方言保留了 tiŋna-，撒拉语不仅保留了 diŋna-这个历史悠久的汉语

---

① 意西微萨·阿错：《藏汉混合语"倒话"述略》，《语言研究》2001 年第 3 期，第 109—126 页。

② 戴庆厦：《汉语言研究与少数民族语言结合的一些理论方法问题》，《满语研究》2003 年第 1 期，第 73—78 页。

借词，并派生出其他用法，如 diŋnat-"听"的使动态 diŋnatdər"听"和 diŋnaʁudʒi"听者"①。西部裕固语还保留了突厥、回鹘文献中某些古老词语，如系动词 dro 也是由突厥、回鹘文献语言中表"是""有"的动词 tur-变来的②。

东乡语虽属于蒙古语族，但其中有很多蒙古语所没有的突厥语词汇，这说明东乡族的先民和突厥人有过比较密切的联系；东乡语中还有一部分词是来自不同于蒙古语和突厥语的波斯语和阿拉伯语，这是东乡语保留下来的色目人固有的词汇，即东乡语在形成过程中受到了阿拉伯语、波斯语、突厥语等底层语言的影响③。

二 词汇借用导致的影响

（一）语言接触对汉语构词法的影响

王力先生（1980：537）指出："汉语大量地吸收外语的词汇，对汉语的本质毫无损害。语言的本质是语法构造和基本词汇，而基本词汇是具有不可渗透性的，基本词汇保存了，一般词汇大大地扩张了。汉语的发展就是这样正常而健康的。"

因此，语言接触"对汉语的本质毫无损害"，只是对汉语的双音化、类推机制等有一些促进作用。

首先，语言接触对汉语音节双音化的趋势有促进作用。王力先生（1980：396—397）曾指出："汉语复音化有两个主要的因素：第一是语音的简化；第二是外语的吸收。……由于有了这两个重要因素，汉语复音化的发展速度更快了。"语言接触通过影响汉语音节双音化的趋势可以间接影响汉语构词法。

其次，类推机制对汉语构词法有影响，因为构词法的本质要求是"类推"。上文提到，派生构词在构造新词中表现出了很强的能产性，其

---

① 徐丹：《从借词看西北地区的语言接触》，徐丹、傅京起主编：《语言接触与语言变异》，商务印书馆 2019 年版，第 160 页。

② 苗东霞：《论西部裕固语在突厥语族中的语言学地位》，徐丹、傅京起主编：《语言接触与语言变异》，商务印书馆 2019 年版，第 215—217 页。

③ 敏春芳：《语言接触与语言演变—东乡语与东乡汉语研究》，中国社会科学出版社 2018 年版，第 217 页。

原因之一就是类推机制发挥了作用。"类推"是构词法的本质属性，从根本上说，构词法既然是词的构造方式，是一种创造新词的方法，无论是以上所讨论的派生、仿造、逆序还是复合都需要在语言要素的组合关系和聚合关系上具有可类推性。类推机制可以促使在已有构词法的基础上迅速产生大量的易于理解和接受的新词。如仿造构词就是相似性原则和类推机制的结果。类推机制产生的心理基础是隐喻，人们对新事物的认识和理解总是在已有知识和经验的基础上进行的，有一个对新旧事物比较的过程。从认知心理上来说，通过与固有现象的比较和归纳，类推出的结果既有对固有现象共性特征的继承，同时又具备其个性特征，因此可以更好地进入固有语言系统，从而为语言使用者所接受。此外，语言接触对汉语类推机制的影响主要体现在语言接触的强度及语言使用者的心理认同上，如果接触的强度较高，在借用语言说话者间存在广泛的双语现象及大量双语者，这些社会因素有利于促动类推机制。

最后，经济性交际原则对汉语构词法产生影响。由于经济原则的使用，人们尽可能使用最少的语言、在最短的时间表达出自己的意思，力求言简意赅。这是人类言语交际行为的基本原则之一。经济原则要求大量使用派生构词，由于其能产性和类推性，派生词可以用简洁凝练的形式表达意义。语言接触对经济原则有影响。由于语言接触带来了大量新事物新概念，要求人们运用最有效的方式尽快反映这些新事物和新概念，如果大量使用音译造词，会增加人们记忆的负担，不符合经济原则要求；如果大量使用意译造词，由于意译词需要在汉语中寻找表意语素，因此相对滞后，不便满足交际的时效性，而派生构词，既可以满足由语言接触带来的大量新事物新概念需要在语言中有所反映的要求，又可以满足语言表达的经济性原则要求，因此，在语言接触的情况下派生构词大量使用，这也体现了语言接触对语言表达的经济原则的压力。

因此，语言接触对汉语构词法的间接影响作用主要通过双音化、类推机制以及语言交际原则体现出来。

（二）语言使用功能的变化

语言接触除在语言结构上带来变化外，还会导致在使用功能上的变化，这就是语言的兼用和语言转用。

语言转用（language shift）指的是一个民族或一个民族的部分人放弃

使用母语而转用其他语言的现象。一种语言通过相互影响、接触，吸收其他语言的某些成分来丰富、完善自己的表达能力，有时逐渐放弃自己的语言而转换用与之接触最频繁、文化科学更为先进的语言。语言转用是语言使用功能的一种变化，它是由语言接触引起的，并与语言影响、语言兼用存在密切关系。根据语言之间的影响程度，语言接触归纳为语言渗透、语言融合和语言混合等几种类型。其中语言渗透的直接原因是由借用造成的，借词是语言接触的起点，也是语言转用和语言混合的关键。因为大多数语言都是从其他民族语言中借用有用的成分来丰富自己的语言。词汇的借入始于语言接触的初始阶段，继续发展就会导致双语现象，甚至会发生语言的转移。由借用对方的语言成分到直接使用对方的语言就是语言融合。语言融合经过了普遍的双语制，直到最终放弃本族语而完全使用对方的语言，所以，普遍的双语未必带来混合语，但可能导致语言的转用。一个民族逐渐放弃自己的母语而转用另一个民族语言时，语言之间的借用、普遍的双语和语言转用是一个连续的阶梯。据我们几年的调查观察到，东乡族四分之一的人口已经基本转用汉语，属于"局部转用型"。发生语言转用的乡镇，主要集中在临夏县、积石山县、和政县，以及广河县的包围之中，与当地的回族、保安族比邻而居，或杂居而处。杂居区比聚居区容易出现语言转用，城镇交通发达的地区比山区农村、交通不便的地区容易出现语言转用。

（三）词汇借用的机制原则

词汇借用的主体是母语使用者，他们将汉语的借词带入本族语里。而且绝大多数是母语为本族语的人群，并且是流利汉语的双语使用者。因为他们至少要理解所借用的汉语词汇的意义和特征。借用与干扰特征不一样，干扰的主体是由熟练掌握接受语的人，将母语的一些语法特征带入到接受语汉语中。因此，在借用过程中，起重要作用的是语码转换和语码交替，"协商"机制也会发挥作用，而不完全习得并不发生作用。

"语码转换"（Thomason 2001）是指在同一次对话或交谈中使用两种或者更多的语言。在语码转换过程中，如果一个东乡语的双语使用者用东乡语跟另一个双语人进行交流，在表达某些新生事物的名词术语时，首先选用的是汉语借词，直接把这个借词复制到自己母语的句子里，甚至可以插入语法结构。例如①：

(1) ganbu　ṣəjən-la　uliə dajingiənə.　干部、社员们不答应。
　　干部　社员－复数　不　答应词缀
(2) ənə kun gansan mali wo.　这个人干净、利落。
　　这　人　干撒　麻利　助动词
(3) dzʐunguo guntṣandan (ṣɯ) uidagonjin dzʐɯntɕ iə-ni dan wo.
　　中国　共产党　　是　伟大光荣　正确　领格 党 助动词
　　中国共产党是伟大、光荣、正确的党。

例（1）在汉语借词"干部""社员"后加东乡语复数标记"-la"，"答应"是汉语借词加东乡语双音节动词词缀"-giə"，这个句子是汉语的 VO 语序。例（2）中的主语"这人"是东乡语，谓语"干撒""麻利"却是汉语借词，整个句子是 OV 型的判断句，句末有东乡语判断助动词"wo"。例（3）中除了"dzʐɯntɕiə-ni"（正确）后加的领格标记"-ni"和句尾的判断助动词"wo"是东乡语外，主语"中国共产党"，谓语"伟大、光荣、正确"均为汉语借词，主谓之间既有汉语的判断系词"ṣɯ"，句末还有东乡语判断助动词"wo"，组成 VO + OV 的混合结构。

这是在同一次对话交谈中，使用两种语言的语码转换。双语人在表达某些概念时，首先想到的是汉语里经济便利的词，而不是母语东乡语的词。进行语码转换的双语人甚至可以将整个东乡语言任意转换成另一语言。

语码交替（Code alternation）和语码转换一样，也是流利的双语人之间的一种交际模式。语码交替与语码转换不同的是，语码交替不是出现在同一个说话人的同一次交谈中，而是由双语人在某种特定语境下使用其中一种语言，在不同场合使用不同的语言。如母语为东乡语的双语使用者在家里用母语，而在工作单位使用汉语。由于语言接触的广度和深度不同，语码交替的程度也各不相同。

语码交替是发生语言转换的重要过程，当母语在语码交替过程中出现的频率和场合越来越少，这种语言也就走向了式微、濒危和死亡的过程。

---

① 以下三例引自刘照雄《东乡语简志》（修订本），民族出版社2009年版，第164页。

如甘南藏族自治州卓尼县藏巴哇镇上扎村的藏语母语者，可以根据年龄分为中年人、青年人以及小孩子三类，可以看到代际之间藏语的语码交替频率逐渐式微：中年人在家庭中使用藏语，夫妻双方都是藏语母语者，在社区中也使用藏语，但是在和外村人交流时使用汉语；青年人只有在原生家庭中使用藏语，平时工作、生活都使用汉语，他们普遍是族外婚制；而小孩子即使在上扎村长大，但从小却使用汉语交流，在家庭、学校和生活中也都使用汉语方言。本族人预测，当地藏语实现对汉语的彻底转用大概再需要两代人的过程。

在借用过程中，面对外来的"异质"成分，出于语言的本能，为了保全自己的语言格局，此时，"协商"（Negotiation）机制会发挥积极作用。母语如果已有一个和借词语义相近或相同的词，借词就要跟原有的词互相协商，共同作用；当新语法格式产生初期，人们面对语义相近或相同的新、旧两种词汇时，往往会采用汉语借词和固有词两种形式并存使用的方式。诸如汉语借词"ioutiau"（油条）和固有词"ioubudan"："iou"（油）加固有词"budan"（饭）并存使用一段时间。

如东乡语对借入的词汇要进行改造，使之本族语化。如果母语已有一个和借词语义相近或相同的词，借词就要跟原有的词互相协商，借词和固有词形式往往并存，共同作用。例如：

布鞋 buhai/dawuhai（前者为汉语借词"布鞋"，后者为东乡语"布"+汉语"鞋"）

油条 ioutiau/ioudamu（前者为汉语借词"油条"，后者为汉语"油"+东乡语"饭"）

眼镜 niandʐiŋ/ bɤli naduŋ（前者为汉语借词"眼镜"，后者为汉语"玻璃"+东乡语"眼睛"）

即便是汉语全借词，内部也有不同的形式，有些是来源不同，分别来自方言和普通话，如 kutadai（裤搭带：方言）/kudai（裤带：普通话）、ɕian dʐi（弦子：方言）/ hutɕin（胡琴：普通话）等。有时在表达概念、大小、类别等方面，固有词和借词纵横交错、共同作用。有的大类用固有词，小类用汉语借词，也有相反的情况。如表3所示。

表3　　　　　　　　东乡语汉语借词不同类别示例

大类（固有词）	小类（汉语借词）
门 uijien	mensuan 门闩；menkan 门槛；menlian 门帘
水 usu	shansui 洪水、山水；ishu 雨水（节气）
豆 puzha	ludou 绿豆；dadou 大豆；gadou 小豆
刀 khudogvo	sidao 刺刀；liendao 镰刀；qiedao 菜刀；zhadao 铡刀
大类（汉语借词）	小类（固有词）
胃 ui	orode otu – 胃疼
工具 gunji	suji 凿子；sugei 斧子；ghadu 镰刀
菜 sai	puzha kazi 豆角；samu 白菜；kiereshi 芹菜
人 rin	nasande kurusan kun 成年人；nokie 爱人，伙伴 nasunde echisan kun 少年；eme kun 女人 nasuzhagvankun 年轻人；ere kun 男人

汉语借词与东乡语固有词在其词汇系统中交错使用，参差不齐，改变了东乡语词汇系统的一致性和统一性。在东乡语表达某些概念时，除了汉语借词和东乡语固有词通用的情况外，还有以汉语语素和东乡语语素组合成的汉、东合璧词。如 jinshinni ghura（打起精神）是由汉语借词 jinshin（精神）和东乡语动词 ghura（打起）组成。尤其在表示大小、类别等概念时，有的大类用固有词，小类用汉语借词，也有相反的情况，如大类（固有词）为 uijien（门），小类（汉语借词）为 mensuan（门闩）、menkan（门槛）、menlian（门帘）；大类（汉语借词）为 ui（胃），小类（固有词）为 orode otu（胃疼）。尽管借词和本语词大量并存、交错使用，更多时候东乡语从汉语直接吸收借词，人们也已习惯采用这种简便的产生新词的手段。如"晚饭"一词，不用"晚"（ujieshi）加"饭"（budan）构成，而用汉语借词"heifan"。同样，东乡语既有"nogvon"（绿）和"puzha"（豆），绿豆一词借用的是汉语"ludou"（绿豆）；既有"fugied"（大）、也有"uijien"（门），但是"大门"一词不用"fugied + uijien"的构词方式，而是直接借用汉语的"damen"（大门）；"dahun"（大红）也是直接借用汉语词汇。

有些汉语借词尽管在渗透和扩散，但要完全替代固有词还是一个渐进的过程,在这个过程中两种语言的词汇可能会在相当长的一段时期里处于势均力敌的抗衡阶段。如东乡语中有些最基本的核心词已被汉语借词完全替代,有的基本语序(如支配结构)也受到汉语的影响而发生变化,致使变化后的东乡语语音结构与同语系的蒙古书面语有了明显的区别。尤其是在结构方面,如上文讨论的,东乡语名词后附加成分比较复杂,既有固有的附加成分,也有汉语的附加成分。

思考与练习

1. 什么是词汇借用?少数民族语借用汉语词汇的方式有哪些?列举一二。
2. 借用一般会导致什么样的语言学结果?
3. 词汇借用的形成机制有哪些?举例说明。

第四章

语言接触内容——结构干扰

语言从结构类型上分为孤立语、屈折语和黏着语。孤立语也叫词根语，缺乏词形变化，用词序和虚词表达语法关系。像汉藏语系的汉语、壮语、苗语等都是孤立语。屈折语有丰富的词形变化，以词形变化表达语法关系，且不同的语法意义可以用词形的变化来表示，词尾和词根结合十分紧密，脱离开词尾，句子中词根就不能独立存在。屈折语以印欧语系为代表，如俄语、英语、法语等。黏着语是一种重要的语言结构类型，没有内部屈折，每一个变词语素只表示一种语法意义。词根与变词语素有很强的独立性。像阿尔泰语系的土耳其语、维吾尔语，东乡语等，日语、朝鲜语也属于黏着语。另外还有其他语言类型的语言，不再赘述。

甘青河湟地区和河西走廊是语言接触的走廊，这里分布着汉、回、藏、蒙古、东乡、撒拉、土、裕固、保安和哈萨克等民族。其中东乡族、撒拉族、土族、裕固族和保安族五个民族是目前甘肃和青海两省的特有民族，人口较少，来源不同，语言不一。这些特色各异的民族生活在甘青地区的这一特殊环境中，与周边各个民族长期接触，互动频繁，语言结构发生了一系列变化，形成了鲜明的语言区域特征（详见第六章第三节"甘青河湟地区的语言区域特征"），这些语言区域特征大多是因为不同语言之间的相互干扰所致。

第一节 结构干扰的类型

语言接触不同类型的结构性干扰特征，这里以甘青河湟地区的结构特征为例，重点讨论体词性范畴和谓词性特征。体词性范畴是指由名词、代词的词形变化形式表示的语法意义，包括性、数、格和有定无定四种。其中，性范畴是古人对客观事物的某种观念在语法上的反映，通过词的形态变化所表示的名词、代词等在语法上的性别，俄语、德语中有较为整齐的阴性、阳性、中性的对立。古英语也有过性的范畴，但在现代英语中已经消失了。汉语没有性范畴，故体词性范畴只讨论数范畴、格范畴、有定无定三种。

一　数范畴

数是名词重要的语法范畴。最常见的数范畴是由单数和复数对立形成的一个系统，如英语有明确的单数（名词原型）和复数（一般添加后缀 -s，少数为词内的屈折变化）的对立。有些语言还有双数，甚至三数、四数。

汉语普通话"们"的性质介于附着性较强的后缀和助词之间。当"们"出现在人称代词后表复数时，附着程度相对较高，接近复数词缀；而"们"出现在名词性短语后表复数时，附着程度相对较低，可以认为是句法层面的语法单位。因此，有学者认为，普通话中的"们"是一种复数附着形式，可以称为复数标记。

复数标记是近代汉语新出现的语法标记，在汉语语法史上有重要的地位。对于复数标记"们"的发展演变，学术界曾进行过广泛深入的研究。这里不再赘述。甘青河湟方言复数词尾"们"（音 [mu]）是一种内部具有一致性的区域性特征。

（一）"们"表示复数

"们"可以加在代词和指人名词后，也可以加在动植物名词、无生命可数名词、抽象名词的后面。例如：

(1) a. 表人名词：巴巴们、尕马们、老师们、各家自己们
　　 b. 表物离散个体：花们、鸡们、窗子们
　　 c. 表物非离散个体：空气们、面们、茶们
　　 d. 表物抽象名词：说头们、条件们、而格力能力们

这种现象在甘肃河湟地区普遍存在。"们"基本功能是表达复数，包括真性复数（regular plural）和连类复数（associative plural）两种。

(2) 尕鸡娃们一呱吃麦子哩。（许多小鸡在吃麦子。）
(3) 老师们可核酸做去了。（老师和学生一起又做核酸去了。）

对甘青地区"们"的性质，学者们见仁见智，虽有"复数说""词缀说""话题标记说"等不同的看法，但是有一点学者们达成了共识：即甘青地区"们"的复杂用法受到了阿尔泰语的影响，是阿尔泰语民族在习得汉语时，用汉语的"们"对应本民族语言中的复数标记。如东乡语复数附加成分-la可以加在名词"人"的后面，也可以加在动物"马"之后，还可以加在无生命的"树"和"桌子"之后。

单数	复数
kun 人	kun-la
mori 马	mori-la
mutun 树	mutun-la
ʂɯrə 桌子	ʂɯrə-la

因此，"们"加在指人名词、动植物名词、无生命可数名词和抽象名词的后面，表示复数，是受到了阿尔泰语的影响。

(二)"们"表示约量

在甘肃临夏话中，"们"加在数量短语和时间短语等后，有表约量的用法，相当于"大约""左右""大概"等用法。如下例中数量短语"五六个"，加上"们"时表示约量，还可以和汉语的"要哩""差不多"等词共现。例如：

(4) 学生五六个们来了。（学生大概来了五六个。）
(5) 电脑五千们要哩。（电脑大概五千块钱。）
(6) 一袋子洋芋差不多30斤们的个样子。（一袋子土豆大概30斤。）

我们认为，临夏话"们"的非复数的用法，应该是受到了语言接触的影响。

我们也考察了阿尔泰语系突厥语族乌兹别克语中的复数标记的分布，和甘肃临夏话高度一致。①

表人名词：ona-lar（妈妈－复数，妈妈们）、xiaowang-lar（小王－复数，小王他们）、o'quvchi-lar（学生－复数，学生们）

表离散个体：daraxt-lar（树－复数，这些/那些树）、sigir-lar（母牛－复数，这些/那些母牛）、stol-lar（桌子－复数，这些/那些桌子）

表非离散物体：havo-lar（空气－复数，空气/天气）、go'sht-lar（肉－复数，这些/那些肉）、suv-lar（水－复数，这些/那些水）

表抽象物体：narx-lar（成本－复数，成本/价格）、baxt-lar（幸福－复数，幸福/快乐）、tuyg'u-lar（感觉－复数，感觉/感受）

反身代词＋复数：o'z-lar-i（自己－复数－领属第三人称，他们自己）

疑问词＋复数：kim-lar（谁－复数，谁们）

指示词＋复数：bu-lar（这－复数，这些）、u-lar（那－复数，那些/他们）

数量短语＋复数：uch yosh-lar（三岁－复数，三岁的们）

乌兹别克语中的复数标记的分布，和甘肃临夏话高度一致。

（三）"们"表整体、强调或夸张

对于具有唯一指称的身体部位、地点名词来说，使用复数标记却无法标记复数的个体，只能强调整体性，单数的整体是一种特殊的集体。例如：

（7）你脸（们）洗干净、头发们梳好了再去。

"们"表示整体的功能并不局限于身体部位、地点名词后，只是在这

---

① 用例由西北民族大学阿达莱提教授2023年2月9日提供，在此向阿达莱提教授表示衷心感谢。

种语境下更加容易凸显出来。真性复数的"们"其实也可以看作整体，"眼睛们"指的是所有的眼睛（两只眼睛）。

(8) 眼睛们痛得很。

在维吾尔语中，只有唯一指称的身体部位名词（如鼻子、嘴巴等）后也可以加复数标记，突出整体性，例如：

(9) baʃlirim, bɛllirim aʁriwatidu. 我的整个头整个腰都疼。（《现代维吾尔语语法》）①
　　我的头复数标记、腰复数标记 都疼

复数标记用法的"们"要求名词具有个体性且数量大于一，不能涵盖"们"加在具有唯一指称的名词后的情况。而表"整体"既能涵盖临夏话"们"加在具有唯一指称的名词后，还能涵盖在可数名词后作复数解读，甚至不可数名词后作整体解读的情况。

(10) 日头们把人耀着。
(11) 今儿晚夕的月亮们圆。

"们"表示夸张或强调理论上并不局限于加在"日头"这样具有唯一指称的名词后，只是在单数或不可数名词后"们"的这种语义更能够凸显出来。

(12) 你的饭量们好啊。
(13) 兰州房价们高的很。

我们发现，学者们所举的"们"用在名词后不表复数的情况，大多数用在评价性的语境中，且句中多出现"好""坏""大"等评价性谓词。

---

① 杨承兴：《现代维吾尔语语法》，新疆大学出版社2002年版。

(14) 啊早的人胆子们太大，啥都敢做。
(15) 听说群众的意见们大是。
(16) 大缸里香油味道们尖。
(17) 兀个的生意红火得凶，钱们大把大把挣着呢。

"们"表示夸张或强调是一种语用功能。

例（10）和例（11）中具有唯一指称的"日头""月亮"后可以加"们"，如"日头们把人晒坏了"。我们在土耳其语中发现"世界"后加复数标记 lar 表示夸张和强调程度的用法。例如：

(18) Dünyalar　 kadar malı var
　　顿亚复数标记　 多　 财产　有（他有像世界一样多的财产。）

"Dünya"是阿拉伯语الدنيا Dunyā（世界）的音译。"日头"后加"们"显然不表达复数，应该是像"世界们"一样表强调和程度加深的意义。

（四）"们"与量词共现

类型学家通过对世界语言的研究发现，量词和数词一般不共现。如果一种语言有量词系统，那么一般就没有复数标记。因此，世界上的语言可分为"量词型语言"（classifier language）和"数标记型语言"（number marking language）。量词型语言主要集中在以东亚和东南亚为中心的区域，并且向西和向东延伸。往西，量词越过南亚次大陆逐渐消失，此后在以亚洲和土耳其为中心的西亚部分地区再次出现；往东，延伸到印度尼西亚群岛，然后通过密克罗尼西亚进入太平洋，在南太平洋的法属新喀里多尼亚和波利尼西亚西部逐渐减少。除以上这个大区域外，量词仅在西非、太平洋西北地区、中美洲和亚马逊盆地有少量分布。语言类型学家对世界范围内的 400 种语言进行了研究，发现其中 260 种没有量词系统，62 种语言的量词为可选择使用，78 种语言的量词是强制性使用的。

复数标记和量词基本呈互补分布的态势。Borer（2005：109）指出，这可能是由于分类词（量词）和复数标记占据相同的句法位置，二者都具有将东西切分为个体的功能①。因此，语言往往选择其一即可，如英语选择了复数标记，汉语则选择了量词。

甘青河湟方言属于量词型语言，数词不能直接修饰名词，需要和量词组成数量短语才能修饰名词。"个"作为甘青河湟及周边地区使用最为广泛、频繁的量词，和复数标记"们"可以同现，这在汉语方言甚至整个世界语言范围内都十分少见，这种同现可以出现在"数量名"结构和"指量名"结构中。由于已有明确的数量，"们"可以省略，不影响语义的表达。"们"还可以出现在数量短语后表示约数，这一现象也十分特殊，具有典型性和代表性。这种复数标记和量词的共现，应该是一种语言接触引发的语法成分的叠置。

综上所述，河湟方言"们"除了表复数，还可以表示尊敬、整体、强调等非复数义，"们"的这些用法不限于用在具有唯一指称和不可数名词之后，只是用在这些词后排除了复数的意义。该用法与阿尔泰语系复数标记-lar/-ler的非复数用法基本一致。

无论是复数、约量、尊敬、整体还是强调，它们构成的语义丛与一个上位意义相关，即"大"义。对于"太阳""味道"等名词，可以通过加"们"对其性质进行强调和夸张，表达"大"量。

对于时间和地点等名词来说，确定的时间地点加"们"表示以之为中心的更大范围，临夏话"十岁们"类似于普通话的"十岁多"，以此表达约量。从语义关系的角度，也可以将"连类复数"看作约量表达的一种，"阿姨个们"即"姨姨等人"，也是以一个确定的标志物为中心扩大到周边其他人的意义。

对于"母亲"这样指称唯一事物的亲属称谓来说，"们"可以表示"亲切""亲密"等意义，古代也有用"大人"称呼有德位或长辈的用法；对于"头"这样的单数身体部位名词，"们"意味着"整个（百分之百）头"，突出其整体性。

甘青地区是一个语言区域，"们"的特殊用法也是一种区域性特征，但是由于语言接触的来源和程度不同，受普通话影响的大小不同等因素，"们"的用法在地区间也存在着差异，"们"用在具有唯一指称和不可数

---

① Borer, H. *In Name Only*. Oxford: Oxford University Press, 2005: 109.

名词之后，没有复数义。该用法与阿尔泰语系突厥语族语言更为相关，也是语言接触的结果。

二 格范畴

格语法体系是美国语言学家菲尔墨（C. J. Fillmore）确立的。他提出"格"是处于底层的句法，即语义关系。各种语言的"格"表现形式不一，有的语言使用屈折变化来表现，如俄语、土耳其语、蒙古语等形态丰富的语言；有的语言通过词缀、附加助词来表现，还有的语言采用语序形式来表现，等等。如汉语普通话，通过语序和虚词包括附置词、助词等说明施受关系，用相应的助词来标记名词性成分。因此菲尔墨的"格"范畴有两个前提条件，即句法中心论和隐性范畴。

"句法中心论和隐性范畴"影响较大。赵元任（1979）认为，汉语里大多数语法范畴是隐藏的，不是明白标记的[1]。换言之，相较于格助词、格词缀以及后置词，汉语的词序、语义类别和动词自身的配价则属于隐性格标记。

《"格"辨》指出了划分格的三类标准：句法标准、历史因素和语义标准。[2] 其中，①句法标准即"句法中心论"。以句法为中心的语法中，根据句法概念来分类列出词的各种形式。如属格，它是和名词、形容词还是动词出现在同一结构中而区分不同的用法。②历史因素，根据历史因素来分类。如拉丁语已经混而为一的离格（ablative）的用法，分为了分离、处所和工具三类。③语义标准，说的是"格"范畴是句子中各类成分之间的深层语义关系，这种深层关系是由多种形式体现在句子的表层结构中，即隐性范畴。语义标准跳出了传统语法对"格"范畴定义的偏差，意识到"格"范畴的本质是其深层语义关系而不是形态表现，因此形态变化不是判定"格"范畴的唯一标准，只是"格"标记的一种表现手段。

格是通过词的形态变化来表示的名词、代词同其他词的关系。如俄语

---

[1] 赵元任：《汉语口语语法》，吕叔湘译，商务印书馆1979年版，第11页。
[2] ［美］C. J. 菲尔墨（C. J. Fillmore）：《"格"辨》，胡明扬译，商务印书馆2005年版，第9—22页。

所有的名词都有格的标记，共有六个格：主格（做主语）、宾格（做宾语）、属格（做定语）、与格（做间接宾语）、工具格（做状语等）、前置格（做状语，表处所等）。德语有四个格，芬兰语则多达20多个格。英语除了名词后加"-s"表属格，第一、第三人称代词有主格、宾格之分外，没有严格意义的格范畴，名词、代词的格的意义主要是用语序和虚词来表现的。

甘青河湟方言存在系统的格范畴，受到了学界高度关注。有不少学者进行过充分论证。我们（2014）对东乡汉语、保安汉语、西宁话以及青海循化话中的"格"标记的分布进行了共时统计，并与相对应的少数民族语言东乡语、保安语、土族语和撒拉语中的格标记进行跨语言对比，发现它们之间的格范畴有整齐的对应关系。格标记常用"哈/啊""啦/拉""搭/塔、搭拉/塔拉""撒/唦/些"等。例如：

(1) 你饭哈吃，水哈喝。（你吃饭喝水。）哈：宾格标记
(2) 老师哈/啊兀个事说给。（把那件事告诉老师。）哈：与格标记
(3) 你土话啦说。（你用东乡语说。）啦：工具格标记
(4) 我你啦说的没有。（我和你没法交流。）啦：伴随格标记
(5) 我东乡搭/塔来了。（我从东乡来了。）搭/塔：位格标记

"哈"是宾格和与格的统一标记形式，记作"下"是汉语方位词的白读。汉语方位词的后置位置与蒙古语变格成分一致，宋元时期，汉语方位词词义虚化，与蒙古语静词的变格成分有相通之处，从而选用汉语方位词对应相关语言中的"格"标记。

学术界普遍认可生命度对格标记的使用具有制约作用。一般生命度高的宾语要求带宾格标记，而生命度低的则不需要。在类型学常用的生命度等级序列中，人称代词被列为生命度最高的成分。

第一和第二人称代词 > 第三人称代词 > 专有名词/亲属称谓 > 指人NP > 动物NP > 无生NP

因为高生命度成分充当宾语出现在动词之前，就容易和施事主语造成混淆。所以，生命度高的宾语需带宾格标记，来区别施事主语。如："我你哈不爱。"

位格（Locative），顾名思义，用于标记动作行为或事件发生的位置和处所，所以也叫处所格。广义的位格还包括运动的源点、路径和目的地等。甘青河湟方言的位格可以表示动作行为或事件发生、存在的处所、方位、时间等，位格标记主要是"里""上"，其中"里"相当于普通话前置介词"在""从""经""向"等表达的语义。位格标记较常用"里"和"上"，是由方位词进一步虚化而来的格标记。如"单位上最近实话忙"。

从格（Ablative），也叫作离格。表明动作行为或状态发生的起始地点或者获取的源点、途径等。甘青河湟方言从格标记常见的有"搭［ta］""啦［la］""咚/撒"，偶尔也会出现"塔拉［tʰala］/搭啦［tala］"。

伴随格（Comitative）表示动作行为的偕同伴随对象与其他关涉对象。甘肃临夏话伴随格标记为"啦"，可以标记动作行为的跟随对象、偕同对象和参与者等。

(6) 你掌柜的［tɕi］啦好好说。（你跟老公好好说。）
(7) 我尕马拉是联手。（我跟小马是朋友。）

工具格（Instrumental）表示对由动作词确定的动作或状态而言作为某种因素而牵涉到的无生命的力量和客体①。甘青河湟方言的工具格和伴随格的格标记大同小异，为"啦/俩"，表示动作行为所使用的工具、制作的材料，还可以表达凭借的方式、方法等。

"啦/拉"在甘青河湟方言中可充当造联格（凭借格、工具格）和伴随格，表示使用的工具、凭借的方式以及陪伴的人物等。甘青河湟方言造联格除西宁话格标记"俩"外，其余使用"啦/拉"。"拉（啦）"可以在阿尔泰语系语言中找到对应关系。东乡语造联格附加成分是-Galə、保安

---

① ［美］C. J. 菲尔墨（C. J. Fillmore）：《"格"辨》，胡明扬译，商务印书馆2012年版，第26页。

语是-Galə，土族语中是-la；东乡语还有联合格-lə。从语音形式到语法功能，"拉（啦）"与阿尔泰语系格标记的对应清晰可见。

例（5）的中的"搭/塔"是向位格。向位格又叫与位格、与格、给格等，是阿尔泰语系所有语言中形式和功能最相同的格，表示行为或事情发生的地点、时间，表示动作或性质状态涉及的对象等。阿尔泰语系蒙古语族的东乡语和保安语、土族语、东部裕固语，附加成分都是"-də"。汉语的"搭/塔"是与位格形式"-də"的音译和复制，如："搭明儿你再要好好儿的书念去。"

从比格在甘肃省的临夏话、青海省的西宁话和循化话都使用"搭/塔"，在东乡汉语和唐汪话中用"些"。例如：

（8）傢[tɕiə]昨个些学[ɕiə]里去[tɕʰi]了。（他从昨天去学校了。）

（9）兀个年时些长下[xa]着大呗。（他从去年起长了不少。）

（10）索菲_{人名}傢[tɕiə]的[tɕi]妹子些俊些。（索菲比她的妹妹漂亮。）

（11）这个电[tɕian]话兀个电[tɕian]话些贵些。（这个手机比那个手机贵。）

例（8）—（9）中"些"与介词"从""向""朝"的功能相同，位置相反。值得注意的是后两例（10）—（11），形容词前后都有"些"，前面的"些"是比较标记，后面的"些"是比较的结果。如果要解决东乡汉语从格标记"些"的来源问题，同样要联系东乡语的从比格标记"-sə"。试分析东乡语例句：

（12）bi dunɕian-sə ira wo.（我从东乡来。）（刘照雄，2007：133）
　　　我　东乡－从比格　来完成体　直译：我东乡些来。

（13）mori-sə Gudʐin.（比马快。）（同上）
　　　马－从比格　快　直译：马些快。

"-sə"是东乡语的从比格标记，表明行为或状态发生的时间、起点等，也可以介引比较的对象。汉语的"些"与东乡语的从比格"-sə"读音相同，直译时可以直接对应。例句直译为"我东乡些来""马些快"。这是根据两种语言在语音对应关系上的自觉或不自觉的"对应规则"（Correspondence Rules）。

本节讨论，解决了两个问题。

第一，甘青河湟方言用虚化了的汉语方位词"哈/下"作为宾格和与格标记。我们认为，作为格标记的"哈"是方位词"下"的白读音[xa]，写作"哈"已约定俗成。

其一，方位词语法化为格标记，具有普遍性。众所周知，直译体文献以及接触方言里，作为格标记的"上""里""根底（跟前）"等都是方位词。

祖生利（2000：44）认为，选择方位词对译格标记，是因为宋元时期方位词在意义和用法上，和蒙古语变格成分有相通之处。例如：

（14）太上老君教法里告天祝寿者。（凭借格"里"，摘自"一三一四年鳌屋重阳万寿宫圣旨碑"）

（15）管军的官人每根底，军人每根底，城子里达鲁花赤，官人每根底，来往行的使臣每根底宣谕的圣旨。（宾格"根底"，摘自"一二九八年灵寿祁林院圣旨碑"）

（16）如今这勾当行的时分，不拣谁其间休入去者，私下百姓每根底下不拣甚么休科要者。（宾格"根底""下"，摘自《通制条格》卷第二，户令，骚扰工匠）

汉语的方位名词与 VO 语言的格标记都是后置于名词；加之，方位词"上""下"唐宋以后用在名词、代词后，词义虚化，多数情况下不表示上下方位义，只表示某一处所或某一范围之内。随着"上""下"词义的虚化和功能的扩大，二者发展成了单纯的功能标志，附在名词上，作为格标记。

其二，方位名词"上""下"用文白两读区分了不同的功能标记。"下"在甘青河湟方言有文白两读：使用于名词后，作为格标记的"下"白读［xa］，记为"哈"；而用于动词之后，作补语成分和体标记的"下"

虽然也读为 [xa]，但仍记为本字，以示二者的区别。否则，一个句子就会出现多个"下"字。例如临夏话：

（17）汽车狗哈碾下了。（汽车碾死了一只狗。）
（18）阿早再气哈受不下，话哈下不下。（现在既不能受气也不能求情下话。）

例（17）"狗"后的"哈"是名称的格标记，记为白读 [xa]，而"碾下了"中的"下"是结果补语。例（18）中"话"后面的"哈"同样是格标记；"下不下"结构中，第一个"下"是动词"求情下话"义，第二个"下"是可能补语。一句话用"下"的文、白两读区分了两种不同的语法标记。

第二，用汉语音同音近"搭/塔""啦/拉"等音译少数民族语言格标记。从比格在甘肃东乡汉语、保安汉语以及唐汪话中使用"些"，青海西宁话中使用"撒"或"唦"；造联格除西宁话用"俩"标记外，其余都使用"啦/拉"，不管是"撒/唦/些"，还是"啦/拉/俩"，都是异口同声，它们仅仅是一种形态标记，没有词汇意义。

汉语方言从没有格标记到使用格标记，是一个巨大而罕见的变化，是说汉语的民族在与西北少数民族接触中移植了其语言中的格系统，还是少数民族在与说汉语的民族接触中，经过语言转移把自己的格系统留在了他们习得的汉语里？没有格系统的孤立语汉语接受格系统的可能性不大，其他语言中也没有类似的先例。桥本万太郎（2008：164）认为："语言历史上的演变，大部分都不是由该语言内在的因素引起的。那么，比亲属关系更重要的是跟周围语言的互相影响，和作为其结果的整个结构的区域性推移和历史发展。"

三 有定和无定

有定和无定是通过辅助词（助动词、冠词）来表示的名词的指称性质。汉语表有定无定可以采用多种方式，如数量词组后面的名词往往是无定的，指量词组后面的名词往往是有定的。此外，还可通过语序表示名词的有定。例如：

（1）客人来了。（有定）
（2）来客人了。（无定）

虚词也可以表示名词的有定。例如：

（3）我的书。（有定）
（4）我把衣服洗了。（有定）

印欧语言常用定冠词和不定冠词来表示名词的有定和无定。如英语"the girl"（这个女孩）是有定的；"a girl"（一个女孩）是无定的。英语用"a"表示无定。有意思的是甘青河湟方言中的"个"却有定指的功能，一般表近指。例如：

（5）开开买下的个纱巾俊。
（6）个巷道走着出去就到了。

例（5）（6）"个＋名词"中的"个"指称确定的对象，变成一种黏附性的限定成分，已经没有量词的作用了，而是表示有定。"个"也可以加在通指名词前组成名词性短语，整个名词性短语指某一类对象，而不是语境中或言谈现场中的具体的个体。如：

（7）个天气下［xɑ］给了一向。
（8）个手机不是个好的，尕娃一天游戏打死哩。
（9）个疫情不知道啥时会儿是个头。

"个"还可以充当临时的定语标记，出现在领属定语或关系从句等定语跟核心名词间，相当于"的"。如：

（10）你个尕娃话不听。
（11）你个土房房把人冻死哩。

有时"个"之前的人称代词或名词省略,"个"直接单独作论元,直指或回指一个有定对象。如:

(12) 个人不成,再嫑黏[ʐɑn]。(这个人不成,再别联系。)
(13) 个人的毛口瞎[xa]着。(这个人的脾气不好。)

例(12)(13)中的"个"作定指标记。方梅(2002)曾指出,汉语的定指标记有着两种不同的虚化途径:一是北京话模式,量词"个"脱落,表近指的指示词词义弱化,随后进一步虚化为定指标记"这";二是南方方言(以吴语、粤语为代表)模式,指示词"这"脱落,量词的表量义弱化,随后虚化为定指标记"个"。

值得一提的是,甘青河湟方言的量词"个"作定指标记具备了汉语南方方言量词的特征。这种现象引人深思。要解决量词"个"的定指性,还需要联系该地区周边的少数民族语言。东乡语等阿尔泰语系蒙古族语言中的指示代词"ənə(这个)"与定冠词同形[远指代词"tere(那个)"兼第三人称代词],这点与普通话和英语的语法化相同。如指示代词"ənə"用在专有名词前,整个名词性短语并不指语境中实际存在的某一个体,而是具有某一类特征。例如:

(14) tʂi *ənə* xiyouji ʂuni niə udʐə! (你看一下这本书!)(布和1986:154)
　　 你　这　西游记　书　一　看
(15) ənə　haimai　uila-dʐɔɷ。(黑麦人名这个孩子爱哭。)
　　 这　黑麦　哭
(16) ənə tanwanchuan-də baodəi tarinə. (唐汪川这块地要种麦子。)
　　 这　唐汪川　　麦子　种

三例中的"ənə(这/这个)"已经没有指示作用,而是"指示词+专名"构成一个通指性成分,用来表示说话双方都知道的具体所指的某个事物。如例(14)指说话双方都知道的"这本书",其他两例依次类推。

东乡语的指示词"ənə"(这/这个)已经虚化为定冠词。正是由于东乡语指示代词与定冠词同形,所以"ənə"可以说成"这",如"这书、这病",也可以翻译成"这个",如"这个书、这个病"。"ənə"尤其是在人称代词后指示代词"这"脱落,只剩"个",如"个书、个病",就成了"个+名词"的类似量名结构,此时的"个"明显不是量词(东乡语没有量词),而是指示代词"ənə"(这个)在人称代词后尤其是"你"之后省略"这"的情况。如:

(17)(你)个电视看/要看。(你看/不要看这个电视。)

毋庸置疑,这种情况下的"个"均作定指标记。需要说明的是,南方方言和甘青河湟方言尽管都用"个"作为定指标记,是语言发展过程中出现的一种常见现象,但是导致它们产生的动因不一样:南方方言量词发达,由量词虚化为定指标记顺理成章,因此,南方方言的定指标记"个"来自汉语量词"个"的自身演变;而甘青河湟方言中"个"作为定指标记是语言接触的结果,定指标记"个"是复制少数民族语言指示代词"ənə(这个)"省略代词"这"的结果,而跟汉语的量词"个"没有亲缘关系,因为少数民族语言没有量词。

以上以甘青河湟方言为例,重点讨论了体词性范畴,包括数范畴、格范畴、有定无定三种结构干扰类型。下面讨论谓词性范畴。

四 谓词性范畴

谓词性范畴是指通过动词的词形变化形式表示的语法意义。谓词性范畴在综合性语言中同样比较完备,它主要有时间范畴、体范畴、态范畴以及人称范畴等。

时间范畴是指通过词形变化等语法形式所表示的行为动作发生的时间。时范畴一般分为过去时、现在时、将来时三种。俄语中一律采用词的变化形式来表示时的意义。体范畴指通过词形变化等语法形式所表示的动作行为的状态。常见的有完成体、未完成体和进行体。英语有一般、进行、完成、完成进行四种体。体范畴和时范畴关系密切,经常结合在一起出现。汉语的时体意义是通过动词后加助词"着""了""过"的形式来表示。态范畴是通过词形变化等语法形式表示的行为动作同主体的关系，主要有主动态和被动态两种类型。主动态表示动作行为由主体发出，即施事；被动态表示行为动作由主体承受，即受事。汉语中表主动态和被动态主要依据语序和虚词，主动态用"施＋动＋受"语序，被动态则用"受＋（被）＋施＋动"语序。

阿尔泰语系蒙古语族的动词根据在句子里的功能和位置分为终结形、连接形和多能形三大类。终结形的动词是出现在句子最后边的实词。具有式范畴，即陈述式和祈使式、时范畴、体范畴、副动词、形动词等。各种语法范畴用一定的形态标志表达。副动词是动词的连接形式，连接两个动词的先后顺序及其逻辑关系。形动词是一种经常和名词结合或转化为名词的形式。

语言发展的一般规律是由复杂到简单，接触引起的语言演变一般会导致语言的简化。如各种形态标记日趋减少，接受语系统变得简洁和自然等。需要说明的是，甘青河湟语言接触的事实恰恰相反，结构的干扰反而使语言系统变得复杂、变得不自然，增加了新的屈折形态。如有动词的式（陈述式和祈使式）范畴、时体范畴、态（主动态、共动—交互态）范畴等，也有动词的副动词形式，还有混合式的判断句式、引语标记等，导致了两种不同句法格式的叠床架屋、句法形式的前后呼应与重叠并置、语法意义的反复表达等复杂现象。有些形态特征看起来似乎是画蛇添足，多此一举，但实际上是不可或缺的重要的语法成分。因此，谓词性范畴我们将综合整理在第二节"结构干扰的结果"中讨论。

第二节　结构干扰的结果

前面我们反复提到了语言接触的两个重要方式——借用和干扰。借用从词汇开始，结构干扰则是从句法、形态开始，干扰容易引发语法创新。本节将列举甘青河湟语言中由于结构干扰导致的句法格式的前后呼应与重叠并置；似是而非、貌同实异；似非而是等语言接触所造成的各类复杂现象。

一 前后呼应与重叠并置

重叠并置是汉语与非汉语接触的时候，固有的与外来的、新的和旧的两种格式的叠床架屋，构成了句法格式的前后呼应和语法意义的反复表达。如甘青河湟方言的判断句"他是兰大的学生不是是"，句末两个"是"的重叠并置；祈使句"把书给他给给"中，句末两个"给"的重叠并置；引语句中"说+VP说$_1$着$_1$+说$_2$着$_2$"，两个"说着"的重叠并置现象，等等，它们是语言接触过程中的一种过渡阶段，在发生语言接触的条件消失之后，汉语固有的格式重新成为主要或唯一的形式，重叠并置现象逐渐消失、回归统一。

（一）判断句的重叠并置现象

主要是指"S 是 + N + 是/不是是"句式，如：

（1）兀家是兰大的学生是。
（2）兀家是兰大的学生不是是。

前者是肯定判断句，前后两个"是"呼应。后者是否定判断句，句末两个"是"重叠，且与前面的"是"前呼后应，重叠并置。众所周知，汉语自秦汉以来一直是 VO 型语言，"系词+判定语"是判断句的基本句型；而阿尔泰语是 OV 型语言，判断句主、谓之间不用系词，在谓语之后加助动词表示判断，其肯定句格式为"S + N 是"（欧亚大陆 OV 型语言都是如此）。如蒙古语族的东乡语、保安语、土族语和东部裕固语[①]：

（3）东乡语：bi çiə ʂuɲ wo.（刘照雄 1981：50）
　　　　　　我　学　生　助动词

[①] 本章所用少数民族语言资料，有些引自《中国少数民族语言简志》（按照原文表音）。其余大多是笔者和博士生近几年在甘肃省临夏市、甘肃省东乡族自治县、甘肃省积石山保安族东乡族撒拉族自治县的调查所得。引用有关文献资料时，引文用字按照原文，田野调查材料按照《中国少数民族语言简志丛书》的标音习惯。东乡语以甘肃东乡族自治县的东乡语为主，保安语以甘肃积石山县的保安语为主。

我是学生。

（4）东部裕固语：bu juʁur kuun be, tere qudad kuun bai. （照那斯图，1981：57）

   我 裕固 人 是 他 汉 人 _{助动词}
   我是裕固族，他是汉族。

（5）土族语：budasge aasəntɕə ii. （照那斯图，1981：53）

   我们 牧人 _{助动词}
   我们是牧人。

以上例中东乡语的"wo"、东部裕固语的"bai"和土族语"ii"均为表示判断的助动词，犹言汉语的"是"。对于这类助动词，人们往往会采用汉语的系词"是"来直译，既表示判断，也保持了 OV 型语言动词句末结尾的特征。如例（3）直译为"我学生是"。现在的东乡语最常用的说法是汉语的系词"是"和固有的表示判断的助动词"wo"前后照应。例如：

（6）bi ʂɯ ganbu wo. （刘照雄，1981：51）
   我 是 干部 _{助动词}
   我是干部（是）。

（7）bidʑiən ʂi dunɕiaŋ kuŋ wo. （布和，1986：223）
   我们 是 东乡 人 _{助动词}
   我们是东乡人（是）。

（8）ənə（ʂɯ） noɢosunɢa-la giəsənni wo. （刘照雄，1981：89）
   这 是 羊毛 _{格标记} 做 _{助动词}
   这是用羊毛做的（是）。

这三例主谓之间既有汉语的系词"是"，也有东乡语表判断的助动词"wo"，组成了 VO 和 OV 叠加并置的 SVOV 格式。例（6）直译就是"我是干部是""是"在一个句子先后出现，重复表达，其他两例类推。

（二）否定判断句"S 是 + N + 不是是"句式

阿尔泰语系蒙古族诸语言中，不仅肯定句中的宾语前置，而且否定句

的宾语也前置。东乡语表示否定的是"puʂɯ"借自汉语的"不是"①,例如:

(9) hə kun mini gaga puʂɯ wo. (刘照雄, 1981: 74)
　　 那人　我的哥哥　不是　助动词
　　 那个人不是我哥哥。

(10) tʂɯ mini ana puʂɯ　wo. (同上)
　　 你 我的 阿娜 不是　助动词
　　 你不是我的妈妈。

刘照雄(1982: 234)曾对蒙古语言的否定式作过论述,他指出了蒙古语族语言判断动词的肯定、否定两种形式,如表4:

表4　　　　蒙古语族语言判断动词的肯定、否定两种形式

蒙古语言	东乡语	土族语	东部裕固语	保安语
是	wo	i/a	pai/wai	i/o
不是	pʻuʂɯ wo	pʻuʂi i/a	pʻuʂi wai/pai	pʻuʂici/ço

蒙古语族诸语言的否定式均为汉语的"pʻuʂi"(不是)加固有的助动词"wo、i/a、wai/pai、çi/ço",组成"pʻuʂi+助动词"的混合格式。刘照雄(1981: 74)强调,东乡语"puʂɯ wo"功能和"wo"相同,但是,具有否定的意义。

"puʂɯ wo"格式中,"puʂɯ"是汉语的否定词"不是",句末仍加助动词"wo",如前文所述,如果将助动词"wo"对译成"是",则会构成"不是+是"的格式,句末会出现两个"是"重叠并用的现象。"兀家是民大里的老师不是是"由此演变而来。句中前面有判断词"是",句末还有两个"是"重复叠加,叠加的两个"是"各司其职,各有来源:否定

---

① 唐钰明(1992)指出:魏晋南北朝时期否定判断句"……不是……"产生,隋唐五代"……不是……"格式是否定句的常见句式。从初唐的王梵志、寒山诗的57%,中唐杜甫诗的83%,发展到唐末《祖堂集》的97%。

词"不是"借自汉语，否定静词和形动词，但保留了原来民族语 OV 语序，句末的"是"则是蒙古语判断助动词的对译。

汉语史上的中古译经和元白话中的直译体文献是最重要的接触性语言，由于两种语言的性质不同，中古译经也产生过一批特色句式以及特殊的"是"字句。例如：

(11) 弟子华者，即是舍利弗比丘是。(《增壹阿含经》)
(12) 尔时王者，则我身是；时仙人者；今提婆达多是。(《妙法莲华经》)

汉译佛经句末"是"字句的语法属性和它的来历一直受到学界关注。江蓝生（2003）认为是受梵文影响产生的句式，是语言接触的产物；龙国富（2005）指出，"是"是梵文助动词的对译；姜南（2010）通过梵汉对勘和异译比较证明："S，N 是"是原文烦琐句型的汉译，句末的"是"虽然表判断，但并非系词。

元白话（主要是直译体文献）、《朴通事》和《老乞大》同样产生了若干带有蒙古语特征的语法现象，"S（是）＋N 有"就是特色句式之一。如：

(13) 你的师傅是什么人？是汉儿人有。(《老乞大》)

江蓝生（2003）认为，这很可能是在语言接触过程中，汉语的判断句与蒙古语等阿尔泰语的判断句句式相叠加成的。古本《老乞大》否定句式的情况和蒙古族诸语言类似，否定句式中"不是"的宾语前置。例如：

(14) 这段子外路的不是，服地段子有。(古本《老乞大》27b4)

例中否定的"不是"和肯定的"有"前后对举，谚解、新释和重刊改为："是（南京的），不是（外路的）。"否定系词"不是"用于句尾的用法，不仅是阿尔泰语的特点，也是元代汉语的特点。

曹广顺（2004）讨论了语言接触中的"重叠与归一"现象。指出重叠出现的条件，一般是语义相同或相近，语法格式差别较大的形式。语言接触是诱发重叠的一个重要原因。当发生语言接触的时候，不同的表达方法使语言的使用者不知所措，兼顾的办法就是重叠并置。曹先生所言正是。

（三）祈使句中的重叠"给给"

（15）把书给他给给。

这是祈使句的前后呼应与重叠现象。汉语动词没有祈使形态，虽然语气词"吧"常用来对译印欧语言中的祈使句，有点像祈使标记。

蒙古语动词形态丰富、变化复杂，有体、态、式等语法范畴，其中"式"范畴分陈述式和祈使式，且不同的人称分别用不同的形态标记，如东乡语第三人称希望式的形态标记是"giə"，表达说话人希望别人来进行某项活动。例如：

（16）hə ətʂɯ-giə！（刘照雄，1981：62）
　　　 他去 – 祈使标记
　　　 让他去！

（17）hə ənə uiliəni giə -giə！（同上）
　　　 他这 事 做 – 祈使标记
　　　 让他做这件事情！

（18）hə-la　　ətʂɯndu-giə．（同上）
　　　 他们复数 去共同态 – 祈使标记
　　　 ［让他们（一起）去！］

三例中的"giə"是东乡语动词表示希望的附加成分。有意思的是"giə"和汉语"给"的方言读音（甘青河湟方言"给"读［giə］或［gə］）相似。加上"给"在现代汉语中词义泛化，组合自由，高频使用（江蓝生，2012）。所以，用"给"匹配和对译附加成分"giə"则顺理成章。如此则"给"应该不是汉语的"给"。

（19）傢们玩去给。（让他们玩去）（临夏话；敏春芳，2014）

(20) 口罩们戴上给。（你把口罩戴上。）
(21) 你门哈关住［tʂu］给。（你把门关上。）

有时，表达说话人直接命令或要求对方实现某项活动，这时主语（你）常常略去不说，这类祈使句中的"给"出现在动词性词组之后。如：

(22) 出去/进来给！
(23) 赶紧睡着［tʂʰu²⁴］给！
(24) 悄悄/安静给！

祈使句的作用是要求听话的人做某事。祈使句的谓语只能是表示动作或行为的动词或动词性结构，主语往往是第二人称代词"你、您、你们"。不过祈使句的主语常常略去不说。

特别需要强调的是"把书给他给给"出现了三个"给"，第一个"给"是汉语的介词；句末的第三个"给"仍然是少数民族语言祈使式（希望式）标记"giə"的音译；第二个动词"给"才是汉语固有的、表示给予的"给"。句末的两个"给"，是固有的与外来的重叠并置，二者没有历史发展上的来源关系。

（四）引语句中的重叠并置

引语句"说₁+VP 说₂着₁+说₃着₂"中，前面使用了"说"，句末还有两个"说着"连用，这种现象我们在普通话以及其他方言并未见报道，但甘青河湟方言经常可以听到。例如：

(25) 傢说不来说。（他说他不来。）
(26) 傢说"阿扎儿去俩？"说。（他说"要去那里？"）
(27) 天气预报说明早儿刮风俩说着。（天气预报说明天刮风呢。）
(28) 傢［tɕiə］说的［tɕi］各家见过啦像哩说着说着。（他说的就跟自己见过的一样。）
(29) 你叫啥名字说着？我索索说着叫着。（张安生，2007）（你叫啥名字？我叫索索。）

以上诸例中，前有"说"，后又有"说着说着"/"说着叫着"的重叠并置，对汉语来说这似乎是一种羡余现象，但是口语中既然出现两个"说着"或"说着叫着"并列的现象，说明它们是功能不同的两个语法范畴，不能相提，并为一谈。

阿尔泰语系的引语句式为"言说内容＋引语标记＋言说动词"，跟汉语的引语句式"言说动词＋言说内容"相反。这里以东乡语为例，东乡语的引语标记是"-giə"。例如：

(30) he kiəliə "orun niə dzən ətʂujə!" giənə.（刘照雄，1981：76）
　　 他说　我　一　人　去　　引语标记
　　 他说："我一个人去吧！"

(31) "tʂɯni giədə ian kun wo?" giədzɯ asa dzɯwo.（同上）
　　 你　家　什么人体标记　引语标记体标记　问　体标记

这里以东乡语与东乡汉语为例进行比较；或用语法功能相同的词意译，如用言说动词"说"意译。试分析下面两例东乡语的例句：

(32) 普通话：娶一个像我这样的媳妇吧。
　　 东乡语：bi mutu imutu niə biəri agi giə-dzɯ kiəliə dziwo.（布和，1986：226）
　　　　　　我一样　像　一　媳妇 娶引语标记-副动词 说 进行体
　　 直译："我一样像的媳妇娶上"说着说着。

(33) 普通话：听他说的好像亲眼见过的一样。
　　 东乡语：tərə kiəliə kuni tʂanliəsə tʂudziʁəsan mutu giə-dzɯ kiəliə dziwo.（布和，1986：193）
　　　　　　他说　人　看见　熟悉的　一样 引语标记-副动词 说 进行体
　　 直译：他说的人各家见过啦像哩说着说着。

在例（33）东乡语句末的"giə-dzɯ kiəliə dziwo"格式中，"giə"是引语标记，"kiəliə"是东乡语的言说动词"说"，两者分别与副动词标记"dzɯ"（下文将讨论）和进行体"dziwo"组合搭配，"giə-dzɯ"是引语标记和副动词的组合，直译成了"说着"；"kiəliə dziwo"则是东乡语的"说"和进行体的组合，同样汉译成了"说着"，因此组成了前后相连的两个"说着"重叠并置的现象，即言说动词"说"和引语标记的"说"同形，对这种复杂现象顺藤摸瓜、追本溯源，在具体语境中需要作严格区别。

诸如"傢说₁的各家见过啦像哩说₂着说₃着"例（28）中有三个"说"：第一个"说₁"是汉语的核心动词；第二个"说₂"跟在言说内容的后面，它是引语标记的对应，是一种异源性标记，非汉语的"说"；第三个"说₃"与第一个"说"意义相同，都是动词，但它是东乡语言说动词"kiəliə"（说）的意译。因此，"说₁""说₃"都是言说动词，前者是汉语的 VO 语序，后者是 OV 语序；"说₂""说₃"，尽管都来源于少数民族语，但"说₂"是一种虚化了的标记形式，"说₃"是言说动词。三个"说"各守其位、各尽其责，并非多此一举，画蛇添足。

言说义动词虚化为标句词也具有跨语言类型学特点。Heine & Kuteva（2002）也列举了不少跨语言中"言说"义动词语法化为引用标记的现象。像纳马语（Nama）mí："说""说话"，ti mī（"这样说"）虚化为 ti（mi），直接引语标记。例如（Heine & Kuteva，2002：367）。

(34) Mí re   mati khum̩   ñ dī ! kei-
说 祈使式 怎样 第一人称：阳性：双数 将来时做 事情-
ë.
第三人称：通性：单数
告诉（我们）怎么做。

(35) siíke   tù   ≠àe- ≠úí'ao- p
第一人称：复数：阳性领属格 领导-第三人称：单数：阳性
pita-   p   tí（mí）ra   ≠aí-
Peter- 第三人称：阳性：单数 引用标记 进行体 叫-
hè-   p
被动-第三人称：阳性：单数
我们的叫 Peter 的领袖

特维语（Twi）的 se "说"，发展为引用标记。例如（Heine & Kuteva 2002：367）。

  (36) Onipa reba, wo- n- se n- se：bera！
    人 进行体：来：条件式 你－否定－ 说 否定－ 说 来
    如果有人来，你不能说：过来！

另外，像泰语（Thai）的 wáa "说" >引用标句词，用在一个包含言谈、认知动词的非终结小句末尾；高棉语（Khmer）thaa："说" >引用标句词；瓦伊语（Vai）ro 的 "说" "假定" "想"，áro："他说"作引语标记的情形也是屡见不鲜。例如（Heine & Kuteva, 2002：368）。

  (37) Áro   wú   ńko…
    第三人称：单数：说 第二人称：复数 第一人称：单数：给
    她说，给我……

  (38) ā   fó āye áro：…
    第三人称：单数：时体语气标记 说 第三人称：单数：对标句词
    他对他说：……

莱兹金语（Lezgian）luhun 的 "说" > luhu-z，引语标记（luhun "说"的未完整体副动词形式）、布卢语（Buru）fen（e）："想" "说" "断言" >引语标记。例如（Heine & Kuteva, 2002：358）。

  (39) Da prepa fen, "Sira rua kaduk."
    第三人称：单数 说 引语标记 第三人称：复数 两个到达
    她说："他们中的两个人来了。"

这是言说动词"说"义语法化形成表示小句连接的语法标记，也是言说义动词语法化为引语标记的跨语言类型特征。

  综上所述，书中探讨的重叠并置，属于句法格式的重叠使用。"他是兰大的学生不是是",是判断句的一种重复表达,改变了汉语的语序和句型;"把书给他给给"句末的两个"给",没有历史发展的来源关系;"傢说的个傢见过啦像哩说着说着",则是引入了汉语本身没有的语法范畴。这种现象是语言接触中出现的语法错误。曹广顺(2004)指出:语言接触中的重叠只是发展中的过渡阶段,最后一般会走向归一。而归一的结果,在语法化中的重叠里,新旧两种,常常选择新的;在语言接触中的重叠里,固有的和外来的,常常选择固有的。基本上是本土的战胜外来的,在发生语言接触的社会历史条件消失之后,汉语固有的格式重新成为主要或唯一的形式。当然,我们也看到个别例子里重叠似乎被固定下来,成为一种凝固形式(如"给给"),这种情况很少见,而且也不能排除这只是一个还没有完成归一的重叠过程。

(五)并列重叠的两个"着"

正如上文所分析的两个"说"(一个"说"是引语标记"giə"的意译,一个是言说动词"kiəliə"的意译)一样,例"傢说的个家见过啦像哩说着说着"中的两个"着"也是各司其职,二者与少数民族语言连接性的副动词和终结性的时体标记有关。

第一,"着"与并列副动词"-zhi/-dʐə/dʐi"的对应关系

甘青河湟方言的"着"可以用于前一分句的末端,表示两个分句之间的假设、条件、转折关系等逻辑关系。例如:

(40)快快走着半个钟头是学里到了。(只要路上快走半个小时就能到校。)

(41)尕娃羊耍挡着书还是念下哩。(要是孩子别去放羊的话,还是可以读书的。)

(42)阿早羊肉们贵着再没买。(现在羊肉很贵,所以没舍得买。)

(43)我你哈看个来是时候没。(我想来看看你,但没有时间。)

江蓝生(2002)指出:汉语的假设语气助词古今变化很大,上古、中古基本都用"者",少数用"也",唐宋时期出现了新兴的假设助词"时"和"後",元代前后相继用"呵、么、呢"等,到了清代小说《儿女英雄传》才开始出现现代汉语最盛行的假设助词"的话"。

表示假设的语气助词既然是上古、中古用"者",那么,甘青河湟方言连接两个分句的"着"是不是与上古、中古的"者"一脉相承,积习相沿呢?要解决这个问题,首先要联系该地区的语言现状以及周边的语言环境,从语言接触的角度来分析其形成机制。

蒙古语族语言动词有终结形、连接形和多能形。副动词就是动词的连接形式,连接两个动作之间的前提、条件、假设等逻辑关系。如东乡语并列副动词的标记是-dʐɯ[①],土族语是"-dʑə"、保安语是"dʑi"。语音形式大同小异,相差不大,有意思的是与汉语表示动作进行的体标记"着"近似。因此,直译时,用"着"对译是最简捷的办法。

(44) 东乡语:hə　iawu-dʐɯ　　irə wo. (刘照雄,2007:146)
　　　　　 他　走－并列副动词　 来　了
　　直　译:他走着来了。

(45) 土族语:tə rədʑə tɕaldʑənə　auadʑə　ɕdʑidʑa. (清格尔泰,2009:227)
　　　　　　他 来并列副动词 纸 带　并列副动词　走
　　　　　　他来的时候把纸拿走了。
　　直　译:他来着纸拿着走了。

(46) 保安语:tɕi rə -dʑi　 bə besdə. (陈乃雄,2009:222)
　　　　　　你 来并列副动词　我 高兴
　　　　　　你来了我很高兴。
　　直　译:你来着我高兴。

三例中的"着"很明显是音译了东乡语、土族语和保安语的并列副动词。副动词也是蒙古语、东乡语等阿尔泰语系重要的语法范畴,汉语没有这种语法范畴,直译时也会选用音同音近的"着"。这种情况的"着"

---

① 东乡语并列副动词,刘照雄《东乡语简志》记为"－＞⊇";布和《东乡语和蒙古语》记为"－＞↓"。甘肃少数民族语言文字工作办公室于1999年制定了一套"东乡语记音符号",符号的字母及读法与《汉语拼音方案》完全一致,记为"-zhi",《东乡语词典》记为"-zhi。引文用原文,讨论用"-zhi"。

在甘青地区的河湟方言不乏其例。例如：

(47) 媳妇儿们花儿谩<u>上着</u>草拔着。（媳妇们拔草的时候唱着花儿。）

(48) 尕娃大学<u>念着</u>两万元花掉给了。（孩子上大学的时候花了两万元。）

(49) 傢包包<u>打开着</u>两元钱拿着出来了。（他打开钱包拿出了两元钱。）

总而言之，"着"的使用遍及条件复句、因果复句、转折复句和假设复句。在这些例句里，它既可以单独使用，也可以和关联词如"……的话""因为"等搭配使用。"着"表示两个动词之间的前后顺序和时间关系。

甘青河湟方言"着"字句的复杂用法，有内部和外部两个方面的因素。内部因素为汉语史上助词发展的初期阶段，还存在混用、兼用现象；外部因素为西北民族地区的少数民族语言影响的结果。

甘青河湟方言的"着"最初对译的是并列副动词"zhi/∏↓/∏⊃/-∑⊃"（语音相近），表示两个动词的时间顺序，随后，语法范围逐渐扩大到了假设、衔接、跟随副动词，使用功能从并列关系扩大到假设关系、跟随关系、界限关系甚至述补关系。这种现象在今天与阿尔泰诸语保持密切接触的甘青河湟方言俯拾即是，随处可见。其中用于前一分句的末端、表示各种逻辑关系的"着"，在甘青河湟方言的有些地区或说"是"，或说"哈"。李克郁（1987）在谈到青海汉语中的某些阿尔泰语言成分时指出，青海汉语中"哈"可以用作连词，有"要是""假使""倘若"的意思。他指出，青海汉语句中的"哈"和土族假定副动词附加成分"-sa"相对照。李先生举的例子是：

(50) 你走哈我不挡，你留哈我欢迎。
(51) 这本书你喜欢哈我也喜欢。
(52) 你吃哈我去烧，不吃哈我不烧。

三例的"哈"可以换作"着"或"是"，语义和语法功能均不变。如：

(53) 你走着/是我不挡，你留着/是我欢迎。
(54) 这本书你喜欢着/是我也喜欢。
(55) 你吃着/是我去烧，不吃着/是我不烧。

"哈""着""是"，是不同时代、不同地域选用的不同用字。

第二，甘青河湟方言"着"与东乡语进行体"dʐiwo"的关系

蒙古语动词不仅有连接性的副动词，还有终结性的时体等语法范畴。不同的时体分别用不同的形态标记。如东乡语未完成体形态标志是-nə，完成体是-wo，进行体是-dʐɯwo/-dʐiwo（蒙古语-ʤ，保安语-dʑi）。例如东乡语：

(56) ədə　bi çin pidʐɯ dʐɯwo.（刘照雄，2007：145）
　　 现在　我 信 写　　进行体
　　 直译：我正信写着。

(57) niə kun ɢond doula-dʐɯwo.（刘照雄，2007：161）
　　 一人　山里 唱歌 进行体
　　 直译：一人山里唱歌着。

三例中进行体的"-dʐɯwo"在今语直译成持续体标记"着"，也是因为"-dʐɯwo"与汉语时体标记附加成分"着"的语法功能和语音形式相似。只是汉语的时体标记（tense-aspect）一般在VP前，"唱着歌"；河湟方言更多的在VP后，"唱歌着"即OV着。

据调查，甘青河湟方言的"着"常出现在动词后或句子末尾，构成"OV着"格式。例如：

(58) 尕娃西北民大里大学念着。（孩子在西北民族大学上学。）
(59) 厂子这些年黑糖生产着。（工厂这些年一直生产红糖。）
(60) 花园里的花牡丹花为王着。（花园里的花，牡丹花最漂亮。）

(61) 肉们一呱冻着说是。（说的是肉全都冻住了。）

(62) 人家们稀不富着呢，金砖路铺着呢。（人家特别富有，路是用金砖铺的。）

以上例子中的"着"，主要用于本身表持续的动词之后，也用于表持续状态性结果的动词之后，也可以用在本身不表持续、也不能造成持续状态性结果的动词之后（如例"为王""去""冻"），还可以用在形容词"富"之后。如果句子带宾语，"V+着"置于宾语之后，构成"OV着"格式。例中的"大学念着"，而不是"念着大学""黑糖生产着""生产黑糖"，例中的"路铺着"而不是"铺着路"。"OV着"格式，既符合汉语动词与"着"的组合①，也符合阿尔泰语动词终结式。有时候句中还会出现两个"着"重叠并置的现象。例如东乡语：

(63) 普通话：娶一个像我这样的媳妇吧。

　　bi mutu imutu niə biəri agi giə-dʐɯ　kiəliə dʐiwo.（布和，1986：226 页）

　　我一样　像　一　媳妇　娶引语标记 - 副动词　说　进行体

　　直　译："我一样像的媳妇娶上"说着说着。

(64) 普通话：听他说的好像亲眼见过的一样。

　　tərə kiəliə kuni tʂanliəsə tʂudʐiəʁəsan mutu giə-dʐɯ kiəliə dʐiwo.（布和，1986：193 页）

　　他　说　人　看见　熟悉的　一样 引语标记 - 副动词　说 进行体

　　直　译：他说的人各家见过啦像哩说着说着。

东乡语直译中的两个"着"均为一种形态标记，属于异质要素：前一个"着"是并列副动词"dʐɯ"的音译，属于连接性的，用于句中；后一个"着"则是进行体"dʐiwo"的音译加意译，属于终结性的，置于

---

① 蒋绍愚（1994）指出，六朝的"动+着"后面也可以出现动词宾语，只是要出现在"动"+"着"之间，如"埋玉树着土中"（《世说新语·伤逝》）。

句末。两者功能固定，分工明确。有时候"说着"与"叫着"、"说着"与"思慕着"、"说着"与"问着"连在一起。例如东乡语：

(65) kuŋla taidʑi giədʑi ɢa siliŋ giəʐhi uru dʐiwo. （布和，1986：177）

人们 抬举 做 丞司令 引语标记-副动词 说 进行体

直译：人们抬举他丞司令说着₁说着₂。

人们抬举他叫他丞司令。

(66) tʂɯni giədə ian kun wo? giədʐɯ asa dzɯwo. （刘照雄，2007：151）

你的 家里 什么 人 有? 引语标记-副动词 问 进行体

直译：你的家里什么人有？说着₁问着₂。

你的家里有什么人？

总之，甘青地区的河湟方言的重叠并置现象，集中体现在OV型和VO型两种不同类型的语言之间，当不同类型的语言接触的时候，不同的表达方法，尤其是语法格式差别较大的时候，如OV型语言的判断句、祈使句以及引语句等，使得语言的使用者无所适从，难以兼顾，或者两者皆可，或者对应成相应的汉语，重叠并置由此产生。

上文逐次分析了判断句中的"不是是"、祈使句中的"给给"和引语句中的"说着说着"三种重叠现象。

"不是 + 是"：汉语的否定判断词"puʂi"（不是）和OV型的语言的判断助动词"wo"的组合。

"给 + 给"：汉语"给予"类动词"给"和非汉语的祈使标记"giə（给）"的组合。

"说着 + 说着"：前一个"说着"是引语标记"giə（意译为'说'）"和并列副动词"zhi（音译为'着'）"的组合；后一个"说着"则是言说动词"kiəliə（意译为'说'）和进行体 dʐiwo（音译为'着'）的组合"，两个"说着"都是意译加音译。"叶徒相似，其实味不同。"我们探讨的重叠并置，均属于句法格式的重叠使用。"他是民大里的老师不是是"，是判断句的一种重复表达，改变了汉语的语序和句型；"把书给他给给"

句末的两个"给",增加了结构特征;"傢说的个傢见过啦像哩说着说着",引入了汉语本身没有的语法范畴。

这种现象是语言接触中出现的一种语法错误。曹广顺(2004)指出:语言接触中的重叠只是发展中的过渡阶段,最后一般都会走向归一。在发生语言接触的社会历史条件消失之后,汉语固有的格式重新成为主要或唯一的形式。当然,个别例子里的重叠似乎被固定下来,成为一种凝固形式(如"给给"),这种情况很少见,而且也不能排除这只是一个还没有完成归一的重叠过程。

二 似是而非与貌同实异

上文讨论了固有的与外来的、新的和旧的两种格式的叠床架屋,构成了句法格式的前后呼应和语法意义的反复表达。这是由于语言接触而产生的重叠并置现象。

似是而非与貌同实异,也是由于语言接触导致的一种语言学结果。顾名思义,似是而非表面上看好像是一回事,有来源的关系;实际上并不是,二者之间可能没有任何来源关系。

(一)东乡语中的"çiə"和东乡汉语的"些"

东乡语和东乡汉语,是一个民族群使用的两种语言:东乡语是母语,也是第一语言,东乡汉语是接受语,也是二语。东乡语中表示复数的标记"-çiə"是借自汉语的"些",并不是像学者说的来源语固有的格标记"-sə";东乡汉语的"些"并不是汉语的"些",而是东乡语从格标记"-sə"的记音字。东乡语中的"çiə"和东乡汉语的"些"就是由于接触导致的一种似是而非的语言现象,造成的机制也不相同,前者是借用,后者则是干扰。

东乡语属阿尔泰语系蒙古语族,甘肃省境内的东乡长期处于汉藏语系包围之中,汉语借词比比皆是,随处可见。借入的不仅有名词、动词,甚至还有名词复数标记、构词词缀等。如东乡语中的复数标志是"-la",有时还使用"-çiə"。如"gɑji dʑiɑu-çiə""许多兄弟,哥哥们和弟弟们,哥哥和弟弟们"。

"-çiə"是借自汉语的"些",如甘肃省民勤县的"些"表达复数。例如:

(1) 你把桌子些（的）擦一下［xɑ］。
(2) 我们些（的）就不去了。

此外，我们调查发现，东乡汉语、包括甘青河湟地区的一些方言，用汉语的"些"作为格标记，可以加在处所名词和时间名词的后面，功能与汉语介词一致。例如：

(3) 兀个年时［ʂʅ］些长下［xa］大。（他从去年起长了不少。）

"些"还可以加在比较对象的后面，相当于比较标记。其构式为"比较项＋基准项＋些＋形容词"。例如：

(4) 尕娃女［ni］孩［xa］些活泛。

需要说明的是，作为从格标记"些"，也不是汉语的"些"，而是东乡语的从比格标记"-sə"的对应字。东乡语"-sə"表明行为或状态发生的时间、起点等。例如：

(5) bi dunɕian-sə irə wo.（我从东乡来。）（刘照雄，2007：133）
　　我　东乡－从比格　来完成体
(6) bidʑiən badʐiəndʐun-sə uiliə giəjə!（我们从八点钟起工作吧!）（同上）
　　我们　八点钟　从比格　工作 做

"-sə"除了介引方向和时间外，还可以介引比较的对象。例如：

(7) dʐasun-sə tʂɯɢan.（比雪白。）（刘照雄，2007：133）
　　雪－从比格　白
(8) mori-sə ɢudʑin.（比马快。）
　　马－从比格　快

对比分析以上例句可以看出，东乡汉语的"些"与东乡语的从比格"-sə"的对应关系。正如用"搭/塔"和"啦"对应蒙古语族的与位格"-da/ta"和工具格"-la"一样。"-sə""-da/ta""-la"是形态标记的对应汉字，没有词汇意义。因此，我们把以上这种现象称作"似是而非"或"貌同实异"现象。

（二）表述补结构的"着"

甘青河湟方言不管是动结式、动趋式，还是带"得"的述补结构，补语标记不用"得"，而是一律用动态助词"着"。例如：

（9）尕女［mi］孩［xɛ］两年没见是长着大（姑娘两年没见长得大了）。
（10）阿娜面片子揪着薄溜溜的［tɕi］（妈妈面片揪得很薄）。
（11）作业你拿着出来呢吗拿不着出来（作业你能不能拿出来）？
（12）尕娃字写着实话好（孩子的字写得确实好）。
（13）傢抽抽里掏着出来了一把洋糖（他从衣服口袋里拿出来了一把水果糖）。

上述例句中的述补结构与普通话存在显著差异：补语和中心语之间不用"得"而是一律使用"着"。（9）中的"着"标记动作的结果。（10）中的"着"强调某种状态所达到的程度，"着"是程度补语的标志。状态补语和可能补语是现代汉语"得"的最基本用法，甘青河湟方言同样使用"着"。（11）中的"着"标记可能补语。（12）中的"着"标记状态补语。（13）为趋向补语，趋向补语均位于宾语前。

对结构助词"着"的发展演变，学术界进行过广泛深入的探讨，如助词"着"的虚化过程和发展脉络，学者们认为，在唐代动态助词体系形成之初，出现了助词混用、兼用的现象。比如"着"除了主要表动作的持续、进行外，还可以表示动作的完成或实现。这种现象依然保留在甘青河湟方言中。例如：

（14）傢睡着一后晌，还不起［tɕʰi］来（他睡了一下午还不起来）。

（15）背下［xa］的［tɕi］一下［xa］忘过着，是啥不知道（单词忘了，啥都不知道）。

（16）杂面我散着散饭了（那点杂面我散了搅团了）。

（17）学费一卦打着游戏了（学费全部让他打了游戏了）。

诸例中的"着"相当于"了"，表示动作行为的完成或所产生的结果。完成体标记是说明动作已经完成或状态已经实现，而结果补语同样是说明动作的完成或状态的实现，只不过是语义指向了后面的补语成分。所以，唐代更多的"着"是在汉魏六朝表示完成的"动+着"基础上，发展为直接表示结果。例如：

（18）浅色晕成宫里锦，浓香染着洞中霞。(《全唐诗·韩偓·甲子岁夏五月》)（曹广顺 2014：36，39）

例中的"着"，据前面的动词重新分析为"得"，例（12）的"成""着"前后对举，变文义同，分别表示动词"晕"和"染"的结果，"着"也相当于"动+着+宾"结构中的结果补语标志"得"。"着"字从述补结构中作补语，发展到用于动词和补语之间，充当述补结构的标志。此类用法在甘青河湟方言中屡见不鲜。例如：

（19）你昨个子睡着阿么个？（你昨晚睡得怎么样？）
（20）阿奶衣裳洗着干干净净的。（奶奶把衣服洗得干干净净。）
（21）你证明开着来下俩？（你能不能从乡政府开个证明？）

这种述补结构之间的显著差异，除内部因素——重新分析之外，还有语言接触的影响和推动。如我们前文讨论的，蒙古语族并列副动词附加成分"-dʐɯ/-dʐi/-eʐ/-dʐe"，不仅与汉语"着"的读音相近，且功能也有相通之处。所以选择"着"对译并列副动词也就顺理成章。试比较以下用例：

（22）普通话：张明菜做得比较好。

东乡语：zhangmin cai-la gie-zhi gaodi niə gao-wo.
　　　　张　明　菜　做 – 副动词　稍微　好
直　译：张明菜做着比较好。

(23) 普通话：这匹马跑得快。

东乡语：ənə mori xolu-dʐi Guduŋno wo. （布和，1986：167）
　　　　这　马　跑 – 副动词　快

(24) 普通话：孩子们吓得不（敢）说了。

东乡语：kəwosɯla aji -dʐɯ əsə kieliə wo. （刘照雄 2009：153）
　　　　孩子　　怕 – 副动词　不　说

尤其是在趋向动词作补语的时候，这种对应关系更加明显，试分析下面东乡语的例子：

(25) ana qaridʐɯ irə wo. （刘照雄，2009：167）
　　　妈妈　回副动词　来

(26) naran qɯdʐɯ irə wo. （刘照雄，2007：166）
　　　太阳　出副动词　来了

东乡语并列副动词附加成分"-dʐɯ/-dʐi"，均对应成了汉语的助词"着"，"wo"是完成体标记，对应成了汉语的"了"。我们将上述例句中的述补结构格式摘录出来，概括为表5形式：

表5　　　　　　　　普通话、临夏话、东乡语比较

普通话	临夏话	东乡语
回去	回着去了	khari-zhi　echi wo 回 – 副动词　去了
走来	走着来了	iawu-dʐɯ　irə wo 走 – 副动词　来了
拿来	拿着来了	aɢidʐɯ　irə wo 拿 – 副动词　来了

续表

普通话	临夏话	东乡语
回来	回着来了	qari-dʐɯ irə wo 回 －副动词 来 了
起来	起着来了	posi-zhi ire wo 起 －副动词 来 了
吃得香	吃着香	idʑiə-dʐi ɑndɑtuno wo 吃 －副动词 香 了
用得完	用着完了	dʐaru-zhi uidaɣa wo 用 －副动词 完 了
走得快	走着快了	jawudʐi ɢuduŋ wo 走 －副动词 快 了

表5一目了然，临夏话的述补结构几乎是对东乡语并列副动词结构的逐词对译。"着"对译的是并列副动词"-dʐɯ/-dʐi/-zhi"，"了"对译的是完成体标记"wo"。据我们的调查，"着"是强制性的，要说成"回着去/来了""带/拿着去/来了""起着来了"的"动+着+趋向动词"的动趋式，以及"吃着香""走着累"的"动+着+自动词"的动结式。可以肯定的是，"着"的普遍使用是受到了周边语言的影响。借用是临夏话和东乡语述补结构形成的主要机制。

阿尔泰语系蒙古语族的东乡语、保安语、土族语和东部裕固语并列副动词标记形式"dʑ/dʐɯ/dʑi/dʑə/dʑə"，与甘肃临夏话"着"的读音、语法位置相近，且功能也有相似的地方。所以，少数民族语言使用者在习得汉语的过程中，自然而然把自己母语的特定语法范畴，如并列副动词带进他们习得的汉语中，从而造成了对目标语的改变，创造出了"回着去/来（了）""带/拿着来/去（了）""起着来（了）""上着去""下着来"等一大批特殊的趋向补语格式，这是汉语中吸收了阿尔泰语的语言成分。正如迪克森（2010：13）提出的，"语言之间有两种可能性导致相似：一种是来源于同一祖语的共享特征所造成的同源性相似；还有一种则是地理上相邻的语言之间，由于借用造成的区域性相似"。甘青河湟地区（包括临夏话）的"着"作为述补结构的补语标志，除了语言自身的演变外，还有"地域的相似性"。

此外，前文提到的，南方方言和甘青河湟方言尽管都用"个"作为定指标记，但是，它们的本质并不相同：南方方言的定指标记"个"来自汉语量词"个"的自身演变。因为南方方言量词发达，由量词虚化为定指标记；而甘青河湟方言中"个"作为定指标记是语言接触的结果，定指标记"个"是复制少数民族语言指示代词"ənə（这个）"省略代词"这"的结果，跟汉语的量词"个"似是而非。

三 似非而是

"似非而是"虽然与"似是而非"相反，也是语言接触导致的一种语言学结果。"似非而是"，我们以甘青河湟方言格标记"哈"和时体标记"下"为例。"哈"在甘青河湟方言中作宾格标记和与格标记（"上"在方言中作与格标记，仅表地点和时间，作宾格标记保留在了历史文献中）；而"下"在方言中可以作各类补语成分，还可以作时体标记。

我们认为，作为名词格标记的"哈"是方位词"下"的白读音，"下"在甘青河湟方言中作各类补语成分，作时体标记时仍记作"下"。"哈"和"下""似非而是"，其实是用文白两读区分两种不同的语法标记。

（一）"哈"的格标记用法

第一，宾格标记

甘青河湟方言[①]主要以 SOV 语序为主，宾语需要借助格标记，"哈"（[xa]）是整个甘青地区汉语方言通行地域最广、语法功能最为多样、使用时在语流中会弱化为"啊"。例如：

(1) 傢我哈拉住着不放。(他抓住我不放)。(积石山方言)

---

① 本书所指的甘青河湟地区，是湟水流域和甘青之间的黄河两岸的民族地区。我们调查的对象主要包括甘肃临夏回族自治州临夏市的"临夏话"，东乡族自治县的"东乡汉语"，积石山保安族东乡族撒拉族自治县的"积石山方言"，青海西宁市东关区的"西宁东关话"，海北藏族自治州的祁连县的"托茂话"。

语料说明：本书所用语言资料，有些引自《中国少数民族语言简志》。引用有关文献资料时，引文用字按照原文；田野调查材料按照《中国少数民族语言简志丛书》的标音习惯（所引的语料均标明来源，未标明出处的为笔者调查所得）。东乡语以甘肃东乡族自治县的东乡语为主，保安语以甘肃积石山县的保安语为主。

(2) 我思谋你哈各家来哩是。（我想是你自己来呢。）（积石山方言）

(3) 我这个丫头人哈没看上。（我没有看上这个姑娘。）（西宁东关话）

三例中的"哈"均用在代词、名词和名词性短语之后，表示动作行为的受事、对象。换句话说，受使者用宾格标记是常见现象。"哈"还可以标记客事，分为两类，一类是给予义动词的给予物体，一类是言说动词的具体言说内容。例如临夏话：

(4) 我车子哈马健给［$k^h a$］的［tɕi］了。（我把自行车给了马健。）

(5) 你明早听课的事哈张老师说了没。（你把明天听课的事儿给张老师说了吗?）

(6) 汽车一个狗娃哈碾下了。（汽车碰死了一只小狗。）

例（4）的"哈"用于标记给予义动词的给予物体；例（5）的"哈"用于标记言说的具体言说内容。另外，普通话中，话题部分也可以前置，但话题一般是有定的，不能由无定成分充当，而甘青河湟方言"哈"所标记的成分则没有有定和无定的限制，如例（6）。

"哈"在甘青河湟方言作宾语标记时，宾语成分在指称义、生命度以及语篇信息的语义属性上没有明显的限制，可以是生命度高的人。例（1）和例（2）中的人称代词"我""你"、亲属称谓"阿娜""掌柜的"等，也可以是无生命的事物，例（4）中的"车子"，或具体事物，像例（5）中的"听课的事"等。

第二，与格标记

与格（Dative）表示由动作确定的动作或状态所影响的有生物[1]。常见的有接受者、关涉对象、比较标准、体验者等，都是有生命的人。英语

---

[1] ［美］C. J. 菲尔墨（C. J. Fillmore）：《"格"辨》，胡明扬译，商务印书馆2012年版，第27页。

例句中与格用介词"to"。甘青河湟方言与格标记是"哈",表示动作行为的与事、涉及的对象。例如:

(7) 社区给我们的小区哈三个保安哈派着来了。(社区给我们小区派了三位保安)。(积石山方言)

(8) 你兀个事老师哈说的。(你把那件事情告诉老师。)(东乡汉语)

"哈"标记与格的各类题元角色,相当于汉语普通话中的介词"给""向""对""从"等,回答"对/向/跟/从谁(那里)/什么"的问题。例(7)中"哈"标记的是给予义双及物动词"给""派"的间接宾语"保安"和"小区",是给予事件的接受者。(8)"老师"是言说动词的间接宾语,是言谈事件(一种特定的给予事件)的接受者。

以上是"哈"在方言作宾格和与格标记的情况。甘青河湟方言中有时也用"上([ʐaŋ]/[aŋ])"作位格标记,一般标记动作行为或事件发生的地点和时间。例如积石山方言:

(9) 我这周单位上把"外"忙,出不来啊。(我这周单位很忙,出不来。)

(10) 黑麦人名的尕达30上才娶了个媳妇。(黑麦的叔叔30岁的时候才娶上的媳妇。)

"上"不表示上下方位之义,只表示处所和范围。例(9)中的"上"标记的是处所,例(10)中的"上"出现在具体的时间词后,表示"娶媳妇"的时间是"30岁"。

需要说明的是,"上"作为格标记,大量地保存在了历史文献里。如元代直译体文献和经堂语。元代直译体文献此书参照祖生利(2013)的有关研究[①],元代直译体文献里方位词"上"对译于蒙古语静词的格附加

---

① 祖生利(2013:197)指出:"满语与-位格后缀-de又表示原因,对应作'上头',《清文启蒙·清文助语虚字》: -de,又'上头'字"。

成分。例如：

(11) 既不拘此例呵，这圣旨上索甚么要。（既然不受约束的话，索要什么圣旨！）（元典章·刑部卷一，都省不催重刑）

(12) 杀胡总管的刀仗，舡上将着，江里撒了五六年也。（用刀杀了胡总管，用船载着，扔在江里五六年了。）（同上，卷三，胡参政杀弟）

"圣旨上索甚么要"即"索要什么圣旨"，"舡上将着"即"用船载着"，两例中的"上"分别对译于宾格和工具格附加成分。

经堂语文献中"上"比比皆是，随处可见，分别作宾格、领格、与位格等，主要指人（经堂语没有"哈"做格标记的用例）[1]（敏春芳 2015）。

综上所述，甘青河湟方言均使用"哈"作为格标记（而元代的直译体文献和经堂语中则使用"上"作为格标）。

（二）"下"虚化为补语成分

甘青河湟方言"下"的语法化程度高于"上"。"下"（[xa]）除了用作格标记，记作"哈"外，也可以在述补结构中充当补语成分，"下"作趋向补语和结果补语。例如积石山方言：

(13) 你阿爷的旁个儿坐下了吃。（你爷爷的旁边坐下了吃。）

(14) 伊斯哈人名老师你啊说的心上记下，再要忘过。（伊斯哈，老师给你说的都要记住，不能再忘。）

(15) 兀个庄子可价一个寺哈修下了。（那个村庄又修了一座寺。）

---

[1] 经堂语指的是明清时期，经师们用当时的汉语（"蒙式汉语"）翻译阿拉伯语或波斯语文献形成的一种特殊的汉语变体。其面貌特征、性质、形成过程与历史上的"汉儿言语"、今天的临夏话、西宁话等西北民族地区接触方言十分相近（敏春芳：2016）。本书经堂语引自马振武先生的《经堂语、阿拉伯文、小儿锦对照本》（简称"对照本"）。引文前面是题名，引文后是"对照本"的卷和章以及"对照本"的页码。如《乃哈里》："此后他们亏己的那些人看见而杂不啦，人（真主）他们上不减轻，他们人不姑容他们。"（14·16/59—61 页）（《古兰经》十四卷第十六章，"对照本"第 59—61 页。文中不再一一注明。）

"上""下"的动词义决定了趋向动词"上""下"的演变方向。"下"作补语时，首先是用作趋向补语和结果补语。例（13）的动词"坐下"，含有向目标终点接触靠近的位移过程；例（14）中的"记下"接触的处所是抽象的"心上"，这两例中的"下"是趋向补语。趋向补语是由趋向动词"下"从高处向低处移动演变而来。"下"表达"由高处到低处"的移动，也是以静态空间关系为基础引申出的动态语义。如例（15）是通过"修"的动作带来了结果"一座寺"。此时的"下"则为结果补语，这是趋向补语"下"的"位移>接触>附着义"进一步虚化的结果。下由趋向动词，由高处向低处移动发展为趋向补语，再由位移的方向发展为动作的结果。试分析下面的例子：

（16）尕女孩几年没见，长下大。（小姑娘几年没见，长大了。）（临夏话）

（17）兀个事我你哈说下清头呗，就可价忘了。（那件事我给你说得很清楚，怎么就又忘了。）（东乡汉语）

（18）今儿个的手抓哈煮下绵。（今天的羊肉煮得很绵。）（西宁东关话）

以上"V下"的动结式的动补结构中的"下"均强调的是结果义。
第一，"下"作状态补语和可能补语
朱德熙（2004）在《语法讲义》中将现代汉语述补结构从构成形式上分为粘合式和组合式两大类。组合式补语为可能补语和状态补语两类，一般统称为带"得"的述补结构。换言之，可能性补语和状态是汉语补语标记"得"的最基本的用法，甘青河湟方言两者不用"得"，而是有所分工：状态补语用"下"，可能补语用"下"，也用"着"。例如"下"作状态补语的例子：

（19）姑阿婆家的法图曼_人名_长下心疼，你看一卦去。（姑奶奶家的法图曼长得漂亮，你看一下。）（东乡汉语）

（20）马力开_人名_的字写下好。（马力开的写得好。）（临夏话）

（21）尕女孩的书桌摆下整整齐齐的。（小女孩的书桌摆得整整

齐齐的。)(临夏话)

（22）妹子成绩知道了着高兴下几天哩。(妹妹知道了成绩高兴了几天。)(积石山方言)

例中的"下"侧重描述的是动作行为造成了怎样的状态或情态，表示状态的述补结构的"下"是一个动词后缀，组成"V下"结构。状态补语可以是形容词性成分，也可以是动词性成分。例（21）中的形容词重叠形式"整整齐齐"充当"摆"的状态补语，表示书桌摆的状态。例（22）中由形容词作谓语中心的述补结构"高兴"充当句子的状态补语，描述的是动作行为造成了怎样的状态或情态。

第二，可能补语是汉语补语标记"得"的最基本的用法

甘青河湟一般使用"下"（也使用"着"如"拿着动""分着清"，在此我们不讨论"着"的情况）。例如：

（23）阿爷的寒湿腿犯下着再动不下。(爷爷的关节炎犯了再动不了。)(东乡汉语)

（24）我吃下多，再吃不下。(我吃的多，再吃不了。)(积石山方言)

（25）和政你去下呢吗去不下。(和政你能不能去?)(积石山方言)

"下"是说明动作、行为是否有实现的可能，语义指向前面的动词。甘青河湟方言中一般以"V下/V不下"结构为主，很少见"V得下"结构。例（23）中的"动不下"即"动不得"（不能动），例（24）"吃下多"即"吃得多"，"吃不下"即"吃不得（不能吃）"。

可能如果"达成"，"下"有可能发展为时体标记。需要说明的是，这是指的是在已然的语境，"V下"发展出结果补语乃至完成体的功能。如果是未然的语境，"V下"就会由能性补语发展为能性助词，构成"VC下"结构。例如临夏话：

（26）马建像考下高，大学上下哩。(马建考得高，能上大学。)

(27) 侄女的宴席你来下下啦。(侄女的宴席你能不能来?)

以上五例中句末的"下"出现在述补结构"VC"之后，是表示能性意义的助词。值得注意的是后一例，句中连续出现了两个"下"，第一个"下"为趋向补语，第二个"下"为能性助词，表示具有实现某种结果的能力。①

(三)"下"语法化为体标记

结果补语表示动作的结果，动态助词则表示动作的状态，二者之间语义上有相通之处。甘青河湟方言在动词V或结果补语VC后的"下"直接可以发展出完成义，"下"不再强调结果义，而是扩展为动作完成或状态实现。例如积石山方言：

(28) 兀傢是吃饱下没事干撑的。(他是吃饱了没事干撑的。)
(29) 你昨个子刚[tɕiaŋ]说下的（话），可价忘了。[你昨天刚说过的（话），又忘了。]
(30) 你的尕娃动水磨啦像的站下不动。(你的小孩像动水磨一样站着不动。)

例(28)中的表示动作"吃"已完成，"下"表意相当于普通话的"了₁"。例(29)中的"下"谓语所指的动作"说"曾经发生过，相当于动态助词"过"。例(30)中的"下"则表示动作"开"静态持续，相当于普通话的"着"。概其要点，三例中的"下"都是体标记，在虚化的路上前进了一大步，语义、使用都少了许多限制。"下"已经变成了单纯的功能标志。

"下"后也可以均缀加各类短语，如时量短语"一晌午"，表示的是动作完成后到说话人说话时所经历的时间；"三四遍""一大堆"等动量短语，表示动作完成甚至达到了一定的数量。例如临夏话：

---

① 吴福祥(2010:100)指出，汉语方言中，最常见的能性助词广泛分布于河南、山东、河北，以及山西一带晋语及官话的"了（唠、喽、溜、佬、痨）"。

(31) 傢睡下一后晌，还不起来。（他睡了一下午，还没有起来。）

(32) 一个题兀家们讲下三四遍哩，还没听懂是。（一道题给他们讲了三四遍，还没听懂。）

(33) 尕尕的鼻血淌下一大堆，赶紧医院里跑。（小孩的鼻血淌了一大堆，赶紧送医院。）

(四) 格标记"哈"的来源问题

那么，甘青河湟方言中作为格标记的"哈[xa]"，究竟来源于"下"还是"上"，还是二者兼而有之，学者们见仁见智，结论不尽相同。有人认为，"哈"是汉语方位词语法化的结果，但有"上""下"两说。如桥本万太郎（1979）曾认为，"哈"与中古的"行"有同源关系。都兴宙（2005）认为，青海汉语方言的"哈"是由元代汉语的"行"[xaŋ]演变而来（"行"的本字是"上"），是历史音变中韵尾脱落的结果。① 杨永龙（2014）、周晨磊（2019）等认为甘青方言的"哈"是从"下"演变而来。②

根据汉语史的资料和目前的研究，我们认为，格标记的"哈"是方位词"下"的白读音[xa]，写作"哈"已约定俗成。其一，方位词语法化为格标记，具有普遍性。众所周知，直译体文献以及接触方言里，作为格标记的"上""里""根底（跟前）"等都是方位词。这是因为汉语的方位名词与VO语言的格标记位置相同：都是后置于名词；加之，方位名词唐宋以后用在名词、代词后，词义虚化，多数情况下不表示上下方位义，只表示某一处所或某一范围之内。随着"上""下"词义的虚化和功能的扩大，二者发展成了单纯的功能标志，附在名词后，作为格标记。其二，方位名词"上""下"用文白两读区分了不同的功能标记。"下"在甘青河湟方言有文白两读：使用于名词后，作为格标记的"下"白读

---

① 都兴宙：《〈元朝秘史〉中"行"的用法分析》，《青海民族学院学报》（社会科学版）2005年第1期，第124—127页。

② 周晨磊：《甘青方言格标记"哈"的来源》，《Language and Linguistics》2019年第20卷第3期，第494—514页。

[xa]，记为"哈"；而用于动词之后，作补语成分和体标记的"下"虽然也读为[xa]，但仍记为本字，以示二者的区别。否则，一个句子就会就出现多个"下"字。例如临夏话：

(34) 汽车狗哈碾下了。（汽车碾死了一只狗。）
(35) 阿早再气哈受不下，话哈下不下。（现在既不能受气也不能求情下话。）

例（34）"狗"后的"哈"是名称的格标记，记为白读[xa]，而"碾下了"中的"下"是结果补语。例（35）中"话"后面的"哈"同样是格标记；"下不下"结构中，"第一个"下"是动词"求情下话"义，第二个"下"是可能补语。一句话用"下"的文、白两读区分了两种不同的语法标记。

总之，"哈"是"下"的白读音，就跟"行"是"上"的白读音变音一样。"行"在直译体文献中，用来对译蒙古语的宾格、位格、与格、从格和属格等（余志鸿，1983、1987、1992；祖生利，2001、2004），这里不再赘举。余志鸿（1992）指出，"行"是一个语言接触过程中"借用"的语法单位，用来对译蒙古语的宾格、位格、与格、从格和属格的后置词。江蓝生（1998；2001）将宋元明文献中的带后置词"行"的句子分为A、B两种形式：

A式：动/介 + N 行（+ VP）
B式：N 行 + VP

江先生认为，从句型的角度看，A式是汉语自古就有的；B式"N行 + VP"（元代产生）是元代受蒙古语语序影响而产生的新兴句式。她说，后置词"行"是"上"的白读音的变音（2001：218）。江先生所言极是。需要说明的是，"哈"也好，"行"也罢，是受阿尔泰语言影响的一种语法标记单位。"上/行""下/哈"异口同声，是不同的地区和不同文献中选用的不同用字而已。

"下"附在动词后，充当补语成分和体貌标记，这是方位词"下"作为趋向动词语法化的结果。汉语的趋向动词"下"表达的是"由高处到低处"的空间位移过程或位移方向。"下"的动词义决定了向趋向动词乃至补语的演变方向。像"坐下",描述动作向目标点接触靠近的位移过程,这是趋向动词"下"语义扩展最主要的环节。当物体移动到目标位置后到达位移的终点,就是一种附着与结果,此时语义也就指向了前面的动词,"下"由趋向动词(语义指向后面的动词)发展为趋向补语。以下是"下"作补语的语法化路径:

  趋向动词:下个二细(牛肉面)
↓趋向补语:阿爷的旁个儿坐下
↓结果补语:尕女孩长下大
↓状态补语:(字)写下好
↓可能补语:再吃不下

  "下"作补语时经历了"趋向动词→趋向补语→结果补语→状态补语→可能补语"的语法化路径。

  从各类补语发展到助词,不仅是一个从具体到抽象的演变过程,也是从多个到一个的转变。在转变过程中,各个助词之间有过相互分工、各司其职的现象,在经过系统的调整后,每个助词才有了明确的分工。在这个过程中,同一种语法功能选择哪个助词表达,可能因地区和方言、文言和口语的不同而有所不同。如表示动作完成的动词词尾"了",在敦煌变文中虽然出现,不过用得尚不普遍(赵金铭,1979)[①];我们在敦煌愿文中也没有见到"动+了+宾"的用例,只有"动+却+宾"格式,"却"是敦煌愿文表示动作完成的主要助词。敦煌变文和愿文完成貌使用不同的助词,应该是文献接近口语的程度不同造成的;宋元以后,汉语完成体助词大体选择了"了"表示完成,但在元代文献中,出现过"讫"用作完成体助词"了"的情况(吴福祥,2010);现代汉语方言里,完成体助词的使用同样存在差异,像西南官话中有的地区使用"到""得",赣方言有的地区使用"却"等,而甘青河湟方言选择了"下",也偶见"着"

---

① 冯力、杨永龙、赵长才:《汉语时体的历时研究》,语文出版社2009年版,第94页。

"过"的使用现象。尽管一个时代有一个时代的语言特征，但每类文书的遣词用语却春兰秋菊，各有所长。

我们认为，作为名词格标记的"哈"是方位词"下"的白读音，"下"在甘青河湟方言中作各类补语成分、作时体标记时仍记作"下"。"下"用文白两读区分两种不同的语法标记。作为名词格标记的"哈"和动词补语成分，作时体标记"下"的"似非而是"，其实一也。

综上所述，几种语言现象，东乡汉语的从格标记"些"是东乡语从格标记"-sə"的音译和复制；"着"作为副动词用法，连接两个动词，是蒙古语族语言副动词"dʑ/dzɯ/dʑi/ɕə/dʑə"的对译；定指标记"个"是复制少数民族语言指示代词"ənə（这个）"省略代词"这"的结果，等等；它们跟汉语的"些""个"和助词"着"并不完全相等。它们都是语言接触过程中出现的一种"叶徒相似，其实味不同"的似是而非的语言现象。这种不合规范的语法化路径的语言现象往往是语言接触的结果。对这种语言现象，我们要顺藤摸瓜，剥茧抽丝，既要考虑汉语史上的使用情况，也要考虑语言接触带来的影响。不能被它们的外在形式所迷惑，更不敢望文生训。

第三节　结构干扰引发的语法变化以及机制

一　结构干扰引发的语法变化

甘青河湟方言中因语言接触而引发的语法变化，跟词汇一样，既涉及一些特征的增加，也涉及一些特征的替代和消失。具体表现在三个方面：语法功能或语法模式增加；语法范畴和语序模式被替代；语法特征的消失。

首先是特征的增加。即受语系统通过接触引发了语言的演变，增加了新的特征。最简单的增加的特征是汉语借词，这是接触引发的演变最常见的结果。如东乡语和保安语都从汉语借入大量的词汇（如前所讲）。其次，一些结构特征也增加到了受语系统。东乡语出现了类似汉语的述补结构的模式。述补结构是汉语的句法特征，东乡语、土族语、保安语和东部裕固语的"ʐhi""dʑə""dʑi""-dʑə"都是并列副动词的形态标记，其功能是连接两个动词之前的前后顺序，如上讨论，由于东乡语等并列副动词结构中动₂的位置上出现了自动词和形容词，该格式由"动₁ + dʐɯ + 动₂"变为了"动₁ + dʐɯ + 自动词/形（'香''好''快'）"，再加上并列副动词附加形式"-dʐɯ"和汉语的"着"读音相近，且在汉语史上也曾表动作的结果或状态。因此，少数民族语言的使用者，将汉语"着"的用法复制到了自己副动词附加成分"-dʐɯ"上，在既有的结构上增加了新功能，使得典型的黏着语东乡语中出现了类似汉语的述补结构模式。

特征的替代指固有的特征被新的外来特征所替代，这种情形主要指的是语序模式和语法范畴的演变。如甘青河湟方言在阿尔泰语系语言影响下，部分小句由 SVO 语序取代了固有的 SVO，SOV 语序为优势语序。例如"口红搏的［tɕi］（摸口红）""你饭哈吃，水哈喝（你吃饭，你喝水）""我你啊看来了（我看你来了）""你普通话啦说，土话啦覅说（你用普通话说，不要用东乡语说）"；OV 型的判断句和引语句，如上所举"我东乡人是（我是东乡人）""你叫啥名字说着，我'索索'说着叫着（你叫啥名字？我叫'索索'）"等，语序与甘青河湟区域内周边少数民族语言趋同。甘肃临夏的汉语方言河州话在藏缅语和阿尔泰语影响下小句语序已由 SVO 变为 SOV（雒鹏 2004）；五屯话在藏语或阿尔泰语影响下固有的 SVO 语序现已变成严格的 SOV，表使成的"动词 + 结果补语"结构式也基本替代为"动词 + 使成后缀"结构式（陈乃雄，1982）。

特征的减少是指声调的减少（2—4）和量词的减少（"个"）。

语音方面，在甘肃兰州市红古区、临夏市区发现了两个声调的方言，这是目前全国汉语方言中唯一确定只有两个声调的方言。这是特征的减少。另外，甘肃境内天水、临夏一带的陇中方言、河西走廊武威、酒泉、张掖、敦煌（古河西四郡）一带的河西走廊方言，都是三个调的汉语方言。三调方言遍布全省，这种情况在全国汉语方言中非常少见。由于甘青河湟地区的阿尔泰语言及汉藏语系的藏语都是无声调语言，学术界普遍认为甘肃方言中这种声调减少甚至可能消失的情况系受了当地无声调语言的影响，是语言接触的结果。

特征的消失是指即某一语言由于语言接触而丧失固有的特征。如上文提到甘青河湟地区的东乡语、保安语长期处于汉藏语系的包围之中，最终导致东乡语元音和谐趋于解体。马国良、刘照雄（1988）也指出，东乡语元音既不分松紧（阴、阳），也没有长短的对立；音节末尾的辅音大部分脱落，有的变为n，有的后面加元音转变为音节首的辅音，因而东乡语闭音节只有n结尾的形式。东乡语的音节结构显示出独特的面貌还表现在，由于借入了大量汉语复元音词汇，使得东乡语元音系统繁化，音节类型重组，最终导致东乡语元音和谐趋于解体。

二 结构干扰的机制

词汇借用的主体是母语使用者，他们将汉语的借词带入本族语里。因此，在借用过程中，起重要作用的是语码转换和语码交替，"协商"机制也会发挥作用，而不完全习得并不发生作用。

干扰（一般指转用引发的干扰）与借用不一样，转用引发的干扰，指的是语言转用过程中，语言使用者将其母语的主要语法特征带入其目标语〔Target Language，简称（TL）〕中。这种干扰来源于转用目标语的语言社团对目标语的"不完善学习"。干扰的主体是由熟练掌握接受语的人，将母语的一些语法特征带入接受语汉语中。因此，发挥作用的是不完全习得。除此之外，"协商"机制、"有意为之""耳濡目染"等也会发挥作用。

祖生利〔（2011）关于"古本《老乞大》的语言性质"〕认为，从形成的具体过程和从中发挥作用的机制来看，元代的"汉儿言语"和今天的青甘接触方言也十分相似，即都是官话经由"协商"（Negotiation）、"有意为之"（Change by deliberate decision）、"耳濡目染"（Passive familiarity）等接触机制，吸收了母语非汉语的周边民族在习得汉语过程中所犯的不完全习得（Imperfect learning）错误而形成的。

Thomason（2001）特别指出，在皮钦语和克里奥尔语产生过程中，对优势语言的不完全习得发挥了主要作用；并具体描述了不完全习得者将其母语的干扰特征带入到目标语（Target Language），导致目标语变体产生的语言学过程。

在习得目标语时，学习者把母语里的一些特征以及对目标语的某些特征，特别是有标记的特征（Marked features）带到他们所说的目标语中，形成了目标语变体 TL_2，如元代蒙古人说的"蒙式汉语"、东乡民族说的"东乡汉语"，这时如果处于语言转用中的族群为了保存自己的民族语言，与目标语社团没有融合的话，TL_2 就会固定下来，成为该社团所说的目标语的最终形式;如果该语言转用中的 TL_2 与目标语产生了融合,那么,讲原来的目标语的人跟讲 TL_2 的人又组成了同一言语社团,其语言学的结果就是产生 TL_3,这是两者不同方向的相向融合:使用原目标语的人群从语言转用的人群所说的 TL_2 中借入某些特征。换言之,语言转用人群和原目标语人群,两者会逐渐融入、"协商"出一种共享的目标语变体,作为整个团体的语言。

我们以东乡语为例,东乡族在他们所讲的两种语言东乡语和东乡汉语中,东乡语简称(L1),来自汉语的借用干扰就是大量的词汇干扰;但在该民族所讲的东乡汉语(L2)中,却有很强的形态句法干扰,干扰最多的机制是二语习得。具体过程如图3:

来源语(TL_1)　　　　目标语变体(TL_2)　　　　目标语(TL)

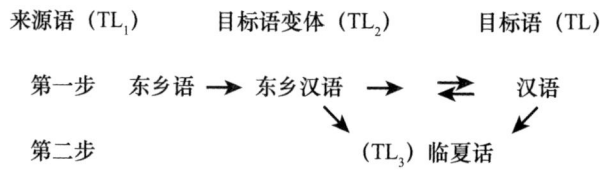

图3　东乡语结构干扰

首先,学习者把自己本族语(东乡语、保安语)的语法特征,如名词的复数和格标记、引语标记、副动词、判断句助动词等保留下来,复制到他们所说的目标语(汉语)变体东乡汉语(TL2)中。在这个过程中,干扰的机制是有意为之。因为语言转用者希望在其目标语里保持原来目标语原本没有的区别特征,其复制的对象是自己母语里和汉语有本质区别的成分,如不同的语序和特殊句式等。所以,那些含有转用社团原先母语保留下来的结构特征的干扰,是有意为之的改变。

其次,语言转用者在学习目标语(汉语)时,由于对目标语的不完善学习所造成的语法上的"偏误",被目标语原来的使用者模仿时,他们的目标语(TL)变体即 TL_2,混合了他们对 TL_1 结构的错误学习,这些错误常常是模型语(M)和复制语(汉语)(R)之间差异最大的成分。

最后,TL_2 和 TL_1 的说话者会通过"协商"(negotiate)机制,重新创造出一种共同使用的目标语形式 TL_3,这种目标语形式将会成为整个人群的语言,并成为他们后代的学习的母语。从发挥作用的机制上看,甘青河湟方言的形成经过了一个"协商"的过程,即原目标语的使用者改变自己的语言去接近语言转用中的那个社团所说的目标语变体,只是这种改变在"东乡汉语"或者是"有意为之",或者"耳濡目染"。

需要说明的是,甘青河湟主要以东乡语、保安语以及土族语为主的蒙古语与汉语的接触,是通过复制来实现语言的改变,改变的主体是以上操少数民族语言的使用者,他们将自己母语中的一些特殊的语法形式,如OV语序、特殊句式和语法范畴等,利用复制语汉语固有的材料,在复制语(R)中重新构建。如甘青河湟方言的格标记,是东乡语、保安语的使用者,利用他们习得的汉语词汇"搭/塔""啦""些"等,仿照自己母语的格标记"-da/ta""-la""-sə",在复制语汉语里创造出的新的语法形式;又如甘肃临潭话用汉语的"给"表达引语标记"-giə"的功能,用"着"表示阿尔泰语的并列副动词标记"-ʤ/ʧ/-zhi/-dʑi/-dʑə/-ʤə"等等,从而造成了对目标语汉语的干扰。

甘青河湟区域存在普遍的多语现象,且互动频繁,致使不同语系的语言结构逐渐趋同,这些结构性特征均由语言接触所导致,并非出于语言自身演变或是继承某一语系所致。所以,它们一直保持自身的种系关系,"各美其美,美美与共"!

罗伯特·迪克森(Dixon, R. M. W; 2010: 28)认为,不同语系表现出共同的区域语言特征,这是长期持续互动和借用过程的结果。正如他所说:"每种语言都有可能与其他语言有两个相似之处:第一个是基因的相似性,它们出自同一种原始语言;第二个是地域的相似性,这是因为各语言在地理上相邻,相互借用造成的。"甘青河湟地区不同类型的语言除了在地理位置上相邻,相互借用造成了一些似是而非、重叠并置的复杂现象。对此,我们要剥茧抽丝,追根溯源,不能被它们的外在形式所迷惑,更不敢望文生训。如方言中的"搭/塔"是向位格"-də"的书写形式;"撒/吵/些"是从比格"-sə"的书写形式;"啦/拉/俩"则是造联格(凭借格)"-ɢala/-la"的书写形式,这些都是不同的地区使用的人群选用不同的用字,是一种异源性标记,是一种只具有语法功能、没有词汇意义的形态标记。

思考与练习

1. 什么是结构干扰？谈谈结构干扰的类型。
2. 结构干的形成机制有哪些？举例说明。
3. 结构干扰的机制与借用有何不同？举例说明。

第 五 章

中介语和混合语

第一节 中介语介绍

一 中介语的基本概念

中介语（interlanguage）这个概念最早是由美国学者 Selinker 在 *Language Transfer*（1969）一文中提出来的[1]。后来，Selinker（1972）又专门发表了一篇题为 Interlanguage（《中介语》）的学术论文，文中指出："学习第二语言（L2）的过程是一个非线性的、碎片化的过程，其特征是某些领域发展迅速，而其他领域则进展缓慢、潜伏甚至永久停滞。这一过程形成了一个被称为'中介语'的语言系统。"[2] 这标志着中介语理论的形成。Selinker 明确指出：

> 中介语指第二语言学习者的一种独立的语言系统，这个系统在结构上处于母语和目标语言的中间状态。[3]

---

[1] Selinker, L. 1969. Language Transfer. *Journal of Educational Research* 8：579 – 584.

[2] Selinker（1972）原文：The process of learning a second language (L2) is characteristically non-linear and fragmentary, marked by a mixed landscape of rapid progression in certain areas but slow movement, incubation or even permanent stagnation in others. Such a process results in a linguistic system known as "interlanguage". 详见 Selinker, L. 1972. Interlanguage. *IRAL-International Review of Applied Linguistics in Language Teaching* 10：209 – 231.

[3] 原文：Interlanguage refers to the separateness of a second language learner system, a system that has a structurally intermediate status between the native and target languages. 详见 Selinker, L. 1972. Interlanguage. *IRAL-International Review of Applied Linguistics in Language Teaching* 10：209 – 231.

Selinker 对中介语的解释包含着两层含义，诚如戴炜栋、蔡龙权（2001）所指出的："根据塞林格（Selinker）的定义，中介语既可以指第二语言学习者在学习过程的某一特定阶段中认知目标语的方式和结果的特征系统，即一种特定、具体的中介语言语（an interlanguage），也可以指反映所有学习者在第二语言习得整个过程中认知发生和发展的特征性系统，即一种普遍、抽象的中介语语言体系（interlanguage 或 the interlanguage continuum）。"[①]

"中介语"概念被介绍到我国以后，国内有学者也将其译为"中间语""族际语""语际语""中继语""过渡语"等，但使用最广泛的还是"中介语"的译名，部分学者也曾对"中介语"作过一些解释。鲁健骥（1984/1993）认为："中介语指的是由于学习外语的人在学习过程中对于目的语的规律所作的不正确的归纳与推论而产生的一个语言系统，这个语言系统既不同于学习者的母语，又区别于他所学的目的语。"[②] 吕必松（1993）进一步拓宽并加深了对"中介语"内涵的认识，他认为："中介语（interlanguage）是指第二语言学习者特有的一种目的语系统，这种语言系统在语音、词汇、语法、文化和交际等方面既不同于学习者自己的第一语言，也不同于目的语，而是一种随着学习的进展向目的语的正确形式逐渐靠扰的动态的语言系统。"[③] 孙德坤（1993）认为："中介语这一概念实际上包含两层意思：第一层意思是指学习者语言发展的任何一个阶段的静态语言状况；第二层意思是指学习者从零起点开始不断向目标语靠近的渐变过程，也就是学习者语言发展的轨迹，这个过程是动态的。"[④]

参照 Selinker 及其他学者有关中介语的讨论，大致可以这样来界定"中介语"：

中介语（interlanguage）是在二语学习过程中，学习者使用的一种介

[①] 戴炜栋、蔡龙权：《中介语的认知发生基础》，《外语与外语教学》2001 年第 9 期，第 2—5、25 页。又见《上海师范大学学报》（社会科学版）2001 年第 4 期，第 113—119 页。

[②] 鲁健骥：《中介语理论与外国人学习汉语的语音偏误分析》，《语言教学与研究》1984 年第 3 期，第 44—56 页；《中介语研究中的几个问题》，《语言文字应用》1993 年第 1 期，第 21—25 页。

[③] 吕必松：《论汉语中介语的研究》，《语言文字应用》1993 年第 2 期，第 27—31 页。

[④] 孙德坤：《中介语理论与汉语习得研究》，《语言文字应用》1993 年第 4 期，第 82—92 页。

于自身母语或本族语（native language）与目标语（target language）之间的语言。该语言是以母语为出发点，向目标语不断接近的过程中产生的，结构上具有一定程度的异源性质、功能上作为特定范围的交际语言。

根据定义，中介语（interlanguage）通常被认为是母语和目标语之间相互作用的产物，反映了学习者试图构建一个逐步接近目标系统的语言系统，它是不完全的、中间的、处于不断变化的状态。

二　中介语的特征

中介语作为学习者一种独立的语言体系，其有着既不同于母语又不同于目标语的特点。那么，中介语到底有哪些特点呢？不同的学者有不同的看法，美国学者 Adjemian（1976）在细化中介语假说时进行了曾分析和讨论过中介语的特征，认为中介语的特点有可渗透性、"石化"现象和反复性。这里，我们参考 Adjemian 及其他学者的一些论述，将中介语的特征归纳概括为以下几个方面。

（一）系统性

中介语跟人类任何自然语言一样，它是一个有着内在连贯结构的系统，不是相关要素的随机拼凑，其在任何阶段都呈现出较强的系统性和内部的一致性。研究表明，中介语在结构上具有一定程度的异源性质，在功能上通常具有作为特定范围交际语言的特点。更确切地来讲，中介语通常具有目标语的词汇和倾向母语的语法结构[1]，它是母语和目标语之间复杂互动的产物，尽管中介语是开放的、可变的，具有逐渐进化的特征，但其在变异中仍然具有较强的系统性[2]。

（二）可渗透性（permeability）

所谓可渗透性，就是中介语可以受到母语和目标语规则及形式的渗

---

[1] Odlin（1989）、Gass & Selinker（1992）等的研究多次证实了母语（L1）知识在中介语（IL）语法构建中起主要的作用。参见 Yip, Virginia. 1995. *Interlanguage and Learnability*: *from Chinese to English*, Amsterdam/Philadelphia: John Benjamins Publishing Company. p. 11.

[2] Rutherford（1984：127）认为，中介语（IL）句法学家的目标是："在句法变异中找到一致性和模式。还有两个附属主题：描述中介语（IL）句法的系统性和解释它。"转引自 Yip, Virginia. 1995. *Interlanguage and Learnability*: *from Chinese to English*, Amsterdam/Philadelphia: John Benjamins Publishing Company. p. 13.

透。研究表明，第二语言习得者的中介语系统是可渗透的，也就是说在中介语发展的任何一个阶段，"构成学习者知识的规则都不是固定不变的而是可以修正的"①。中介语不像其他自然语言一样具有稳定终结的状态，其通常代表一种暂时性的状态，具体表现就是中介语比较容易受到母语和目标语语言系统的影响和干扰，目标语的某些规则或形式有时可能会在中介语中被部分习得或泛化，而母语的某些规则和形式有时则又更容易渗透到中介语的各构成要素中。Adjemian（1976）认为，可渗透性是中介语特有的性质②，通过这种特性可以将中介语与其他自然语言系统有效地区分开来。

（三）"石化"（fossilization）现象

研究表明，二语习得者由于种种原因，大多并不能到达目标语这个理想的终点（即二语习得者很少能在语言学习中达到本族语者的语言能力），中介语发展到了一定的阶段，往往不再继续发展，而是表现出一种停滞不前的状态，这被称为"石化现象"。Selinker（1972）曾指出："石化就是母语的词条、规则和词系统倾向保留在与目的语相关的中介语中，不管学习者年龄有多大，也不管学习者接受的解释和指导有多少，这种倾向都不会改变。"③ Selinker 在 1996 年又重申了其对石化现象的定义，认为："语言的石化现象是指外语学习者的中介语中一些语言项目、语法规则和系统性知识趋向于固定下来的状态，年龄的增长和学习量的变化对改变这种固定状态不起作用。"④ 简单地来讲，"石化"就是指中介语在发展到一定阶段之后，其渗透性丧失，中介语的特征进入持续的稳定阶段。"石化"是中介语在形成发展过程中非常重要的现象，也是中介语的独特性质之一。

---

① ［英］罗德·埃利斯：《第二语言习得概论》，牛毓梅译，商务印书馆 2015 年版，第 61 页。

② 按照 Adjemian 的观点，"中介语的可渗透性特征主要表现在两个方面：一是母语规则向中介语系统的渗透；二是目的语规则的泛化。母语规则的渗透以母语规则的'入侵'为特征，目的语规则的泛化则以目的语规则的扭曲或变形为特征"。详见王建勤《历史回眸：早期的中介语理论研究》，《语言教学与研究》2000 年第 2 期，第 33—42 页。

③ 转引自肖志红：《中介语石化现象与外语教学浅探》，《湖南医科大学学报》（社会科学版）2006 年第 4 期，第 161—163 页。

④ 转引自戴炜栋、牛强《过渡语的石化现象及其教学启示》，《外语研究》1999 年第 2 期，第 11—16 页。

(四) 不稳定性

如前所述，中介语反映了二语习得者试图构建一个逐步接近目标系统的语言系统，它是不稳定的、中间的、处于不断变化状态的。中介语虽然具有自然语言的系统性，但这个系统是不稳定的、开放的、具有逐渐发展变化的特征，其发展具有一定的阶段性。中介语既不属于学习者的第一语言，也不属于学习者正在学习的第二语言，它反映了二语习得者在习得第二语言（或近似第二语言）时所经历的发展阶段[①]，这个阶段具有明显的开放性特征。

由于中介语比较容易受到母语和目标语系统的影响和干扰，具有可渗透性，所以中介语在形成发展中也表现出一定的灵活性。中介语可以说是一个灵活的、不断变化的体系，新的语言规则进入中介语系统后具有极强的扩散能力，中介语系统会处于不断的重组过程。[②] 新的规则不断修正和扩散使中介语呈现出不稳定性和内部多样性，它们共同构成了中介语灵活性的特征。

(五) 反复性

中介语通常会随着二语学习者的学习进展而向目标语逐渐靠近，但在总体上它永远也无法与目标语达到完全一样的水平，甚至由于"石化"现象的存在，有的时候中介语在发展到一定程度后还有可能停滞不前。因此，中介语在向目标语接近的过程中，其总是呈现出动态变化的特征，并非是直线发展的，其间会有反复、曲折，具体表现就是有时某些先前已经被纠正的偏误可能又重新开始有规律地反复出现。[③] 这就是中介语的反复性，它也是中介语区别于一般自然语言的一个重要特点。

三　中介语理论的产生及相关研究

20 世纪 60 年代中期以前，西方在二语习得领域占统治地位的一直是

---

① [英] 罗德·埃利斯：《第二语言习得概论》，牛毓梅译，商务印书馆 2015 年版，第 51 页。

② 辛春雷：《中介语与中介语理论》，《聊城师范学院学报》（哲学社会科学版）1999 年第 2 期，第 122—123、133 页。

③ 毛艳阳：《中介语研究综述》，《青岛海洋大学学报》（社会科学版）1998 年第 1 期；鲁健骥：《中介语研究中的几个问题》，《语言文字应用》1993 年第 1 期，第 93—97 页。

1957 年由 Lado 提出的对比分析（contrastive analysis）理论。该理论注重比较二语学习者的母语和目标语之间的异同，通过比较的异同去预测学习者可能会遇到的困难，并运用一定的策略去帮助学习者避免学习中的错误或将错误降到最低。随着研究的深入，人们逐渐发现了对比分析的局限性：有些对比分析预测可能出错的地方结果在学习中并未出错，而有些预测不可能出错的地方反倒出错了；那些由于母语的干扰引发的错误也并不多见，更多的错误实际上是由过度泛化（overgeneralization）所导致的。这就促使人们开始反思对比分析理论，并积极探索有关第二语言习得的新的理论模式，于是错误分析（error analysis）理论和中介语（interlanguage）理论就逐渐进入人们的视野中。

首先，在充分观照学习者主观能动性的基础上，Corder（1967）率先发表了一篇名为 The Significance of Learner' Errors（《学习者错误的意义》）的非常有影响力的论文。该文从一个全新的角度来认识和看待学习者的错误（error），标志着第二语言习得研究由对比分析阶段发展到了错误分析的新阶段。Corder 在此文中将学习者尚未达到目标语语言能力的二语能力称为"过渡能力"（transitional competence）。Corder 的论述表明，他已经隐约感觉到二语习得并非简单的模仿，也不仅仅是比较母语和目标语的差异或相似之处，还是有一个具有普遍性的"固有大纲"（built-in syllabus）在指导发展二语习得的语言系统，学习者的错误正是违背了这一大纲的体现。Corder 的观点给二语习得研究打开了一个新的思路，让人们认识到学习者才是研究的主体，二语习得研究的目标就是要不断地揭示学习者的学习过程。这些极有创见的看法一定程度上打破了过去对比分析孤立地比较母语和目标语的异同，而不太重视学习者的局限。Corder 的学说已经在向中介语发展，为中介语理论的形成奠定了基础。后来，为了凸显学习者语言的独特性，Corder（1971）还提出了"特异方言"（idiosyncratic dialect）和"过渡方言"（transitional dialect）这样的概念。

"中介语"概念的正式提出大约是在 20 世纪 60 年代末、70 年代初，这与 Selinker 有密不可分的关系。作为二语习得的一种新的理论模式，中介语理论的提出被认为是第二语言习得研究的一个里程碑，打破了此前第二语言习得研究中对比分析（contrastive analysis）、错误分析

（error analysis）的理论束缚，使第二语言习得研究与教学进入了一个新阶段。

Selinker（1969）在论文 Language Transfer 中首先使用了"interlanguage"（中介语）一词，并于 1972 年发表了题为 Interlanguage 的论文，确立了"中介语"这一概念在第二语言习得研究中的重要地位。Selinker（1972）认为中介语是一个自主的语言系统，有自己内在的规律。Selinker 还分析列举了二语习得中形成中介语的五个主要过程：①语言迁移；②目标语规则的过度使用；③训练迁移（即某个规则经过教学指导而进入学习者的系统）；④第二语言学习策略（即"学习者可识别的处理学习资料的方法"）；⑤第二语言交际策略（即"学习者可识别的与本族语者进行交际的方法"）。在这五个过程中，语言迁移和目标语规则的过度使用是中介语产生的重要根源，这五个过程"共同构成了学习者努力内化第二语言系统的方法"①。

Nemser（1971）提出了"近似系统"（approximative system）的概念，"近似系统"是相对于目标语系统而言的，它与 Selinker 的"中介语"相对应。对于"近似系统"，Nemser 陈述了以下基本观点：①"近似系统"在二语习得者语言发展的任何阶段都不同于第一语言（母语）和第二语言（目标语）；②"近似系统"通常会产生一系列的渐变；③在特定的交际环境中，语言能力处于相同发展阶段的学习者其"近似系统"也大体相同。② 因此，在 Nemser 看来，"学习者的语言系统是逐渐接近目标语系统的、不断变化的连续体"，"近似系统是学习者在学习目的语时，实际运用的偏离的语言系统"。③

如上所述，Selinker（1969，1972）、Corder（1967，1971）、Nemser（1971）三位学者几乎在同一时间各自独立地提出了中介语理论假设，尽

---

① ［英］罗德·埃利斯：《第二语言习得概论》，牛毓梅译，商务印书馆 2015 年版，第 58 页。

② ［英］罗德·埃利斯：《第二语言习得概论》，牛毓梅译，商务印书馆 2015 年版，第 58 页。

③ 转引自王建勤：《历史回眸：早期的中介语理论研究》，《语言教学与研究》2000 年第 2 期，第 33—42 页。

管他们各自使用的术语和名称不太一样①，但他们的理论假设却有许多相似之处，他们都认识到了中介语的系统性和不稳定性，认为每一个第二语言学习者在二语习得过程中都在形成自己特有的独立的语言系统。

其次，除上述三位学者在中介语理论研究方面有重要的建树之外，还有其他一些学者也在调查和分析的基础上提出了自己对中介语的一些认识和看法。如：Richards（1971）对 Selinker 提出的"中介语"进行阐释，认为"中介语"是"用来指称学习者通过先天学习策略以及某些启发的作用，在目的语输入的基础上，形成一种变化的，逐步趋于成熟的语言系统"。② Adjemian（1976）赞同 Corder 的看法，认为中介语研究需要注意学习者的"过渡能力"，强调"中介语系统的可塑性"，指出中介语系统与其他自然语言系统一样应被视为一种受语言规则支配的语言行为，中介语语法同样要受到语言共性语法的限制。另外，Adjemian 还非常注重中介语的可渗透性特征，他认为中介语处于母语和目的语的中间，母语和目的语处于渗透的两端，中介语的形成模式是一种双向渗透模式。从性质上讲，母语的渗透是语际间的渗透，目的语的渗透是语言内部的渗透。因此，母语和目的语是中介语产生的两个重要根源。Tarone（1979）把中介语看作使用情景的一系列语体（a set of styles），认为其言语行为随语境变化而变化，中介语与其他自然语言一样，遵守语言普遍性的原则，具有相似的运作原理，那些用于自然语言分析的方式和手段也同样适用于中介语。

总体而言，在 20 世纪 80 年代以前，研究者们大多把中介语视为介于母语和目标语之间的一种过渡性的语言系统，中介语兼有母语和目标语的一些语言特征。随着越来越多的学者对中介语更深入细致的研究，20 世纪 80 年代以后，中介语研究的情况发生了较大的变化，部分中介语研究者逐渐改变了先前对中介语的一些认识和看法。尽管其中有些阐释及理论

---

① 至于"中介语"这一名称缘何能够在早期众多的名称概念中脱颖而出，并能在第二语言习得领域得到广泛的认可和推广运用？据有些学者的研究，可能是因为该名称似乎包含了如下的一些含义："（1）表明了学习者的语言系统处于母语和目的语之间的状态；（2）体现了学习者语言变化速度的不规则，即语言的不稳定性；（3）以'语言'为中心，这明确地显示了学习者的语言运用在本质上是受规则限制的，是一种具有充分交际功能的语言系统。"详见于海军：《二语习得中的中介语理论》，《西南民族大学学报》（人文社科版）2007 年第 S1 期，第 103—105 页。

② Richards, J. 1971. A Non-contrastive Approach to Error Analysis. *English Language Teaching Journal* 25：204–219.

模式还是在早期中介语研究的基础上发展起来的，但也有很多研究无论是在理论上还是在方法上都实现了一定的突破，此时的中介语研究与20世纪80年代以前的研究已经有了较大的分别。① 这方面比较有代表性的研究如：

Corder（1981）在前期研究的基础上对中介语理论及错误分析进行了系统的总结，撰写了 *Error Analysis and Interlanguage* 一书，其主要内容包括"个人特异方言和错误分析，语言习得者的语言描述、解释在习得者错误研究中的作用，错误分析和纠正错误教学，语言连续体和中介语假说，形式简单性和功能简单化等"②。

Tarone（1982）提出了"能力连续体"（capability continuum）模式，该模式从语言变量的角度出发来分析考察中介语，认为二语习得者在语言学习中会产生逐渐变化的不同的系列中介语，它们构成一个连续体，这一系列的中介语反映了学习者在二语习得的不同阶段或情境中所拥有的不同语言能力。

L. White（1983）提出了"参数设置"（parameter settings）模式，该模式的理论基础是乔姆斯基（Chomsky）的"管约理论"（GB）。White认为，学习者在习得母语时会引发一系列的参数设置，在习得二语时，又会把母语参数设置运用到第二语言习得过程中，这就会引发"参数重设"（parameter resettings）。因此，中介语的产生过程其实就是一个不断调整重设参数的过程。

E. Bialystok & M. S. Smith（1985）通过进一步归纳整合，将中介语的不同解释和论述概括为三种基本模式：①Selinker（1972）的"规则组合"模式；②Adjemian（1976）的"渗透"（permeability）模式；③Tarone（1982）的"能力连续体"（capability continuum）模式。③

Gabriel Kasper 等（1993，1996）探讨了中介语语用层面的相关问题，

---

① 参见王永德、盛永生《第二语言习得的中介语理论述评》，《阜阳师范学院学报》（社会科学版）2005年第2期，第54—58页。

② 转引自司联合《中国过渡语研究的现状与前瞻》，《江苏社会科学》2002年第5期，第140—143页。

③ Bialystok, E. & Smith, M. S. 1985. Interlanguage is not a state of mind: An evaluation of the construct for second-language acquisition. *Applied Linguistics* 2: 101–117. 又见王建勤《中介语产生的诸因素及相互关系》，《语言教学与研究》1994年第4期，第105—120页。

涉及中介语语用理解、语言行为的产出、语用能力的发展、语用迁移、交际效果及语用教学等，指出中介语的语用是中介语的第二代混合物。

Ellis（1997：33）结合语言习得心理主义的观点对中介语及相关理论问题进行了探讨，认为中介语系统是"抽象的语言规则系统"，这种抽象的语言规则系统是独立的，它构成了学习者的"心理语法"（mental grammar），中介语通常就是指这种"心理语法"。类似的研究还有其他一些，限于篇幅，兹不赘述。

总之，20世纪八九十年代以后，随着新理论、新方法的不断涌现，中介语研究逐渐进入一个繁荣发展的历史时期。在这个时期，中介语研究的范围日趋扩大，研究内容日益深入，研究方法也更加多样化。

上文，我们分别考察了国外学者有关中介语研究比较有代表性的一些观点和看法。上述的研究表明，尽管不同的学者对中介语可能有不同的认识和理解，但他们所提出的理论主张无疑共同构筑起了中介语理论的坚实基础，也奠定了第二语言习得研究的理论基础。经过众多学者的辛勤耕耘和努力探索，中介语理论日益丰富并且不断发展。

第二节　中介语与语言接触

一　语言接触中的中介语

Thomason（2001）将接触型语言分为两类：一类是皮钦语（pidgins）与克里奥尔语（creoles），另一类是其他混合语。皮钦语和克里奥尔语是两种或更多种语言在一种新的接触情形下产生的，它们没有充分的双语或多语现象，其词汇通常主要来源于一种源语言，而绝大多数结构特征并不是由原先存在的任何单一语言派生出来的，是创造者们将彼此使用的多语言折中形成的。而其他混合语是在只有两种语言接触的状态下产生的，存在广泛的双语现象，语法和词汇大量直接从每一种源语言中获取并加工和调整，所以这两类接触型语言的情形本质上是不同的。下文将要谈到的语言接触中的"中介语"，就和Thomason所讲的接触型语言的第二种类型——其他混合语有密切的联系。

在语言接触中，除皮钦语（pidgins）、克里奥尔语（creoles）之外，"中介语"也是近来被人们频繁提起的与语言接触密切相关的重要概念。陈保亚（1996）在分析德宏傣语与汉语的接触时，指出傣语向目标语言汉语不断靠近和"回归"时的中间阶段——"傣汉语"和"汉傣语"就是中介语，中介语继续发展的方向就是目标语汉语。然而，实际上，语言接触中的"中介语"现象其实并不是真正意义上的"中介语"，称为"近似中介语"或"类中介语"可能会更稳妥一些。因为"中介语"这个概念是主要运用于第二语言习得理论中的一个术语。Ellis（1995）曾评价说："中介语理论是第二语言习得研究的一个恰当的起点，因为这一理论是第一次旨在为第二语言习得提供解释的理论。"[①]由此可见，"中介语"并非是专门从语言接触研究的视角提出来的，而且语言接触中的"中介语"和二语习得中的"中介语"也确有一些不同（具体的不同在后文讨论东乡语和汉语的语言接触时有详细的说明）。但不可否认的是，中介语现象确实也涉及了语言接触，中介语在形成过程中，母语与目标语的交互作用实际上是一种语言接触。意西微萨·阿错（2004）认为，从语言接触研究的视角来看，中介语往往表现为一种语言混合现象，同时也是常见的在短时间内可以集中观察到的语言混合现象。因此，中介语的研究，为近距离观察正在发生中的语言接触过程提供了一个很好的样本和研究机会，对于认识语言混合现象及其机制具有特殊的价值和重要的意义。

　　语言接触中的"中介语"，是非皮钦语或克里奥尔语的其他语言混合现象，它是在两种语言（一个是母语、一个是目标语）接触的状态下产生的。因此，也有人称之为"双语混合"（Bilingual Mixed Language）现象。在这种接触状态下，通常存在广泛的双语现象，这种双语现象一般是单向的而非双向的。另外，与皮钦语和克里奥尔语产生过程中"不完全习得"（imperfect learning）起主要作用不同，在中介语产生过程中，"不

[①] 第二语言习得是当今世界全球化时代非常重要的一项语言学习和实践活动，也是极其复杂的一种人文现象。二语习得研究主要是探索学习者在掌握母语后获得第二语言的过程及其中所蕴含的一些规律，其大约兴起于20世纪60年代末—70年代初，后来逐渐成为一门方兴未艾的交叉学科。该学科以Selinker（1972）提出的中介语理论为独立的标志。Ellis（1995）曾评价说："中介语理论是第二语言习得研究的一个恰当的起点，因为这一理论是第一次旨在为第二语言习得提供解释的理论。"参见杨连瑞等《中介语语言学多维研究·序言一》，外语教学与研究出版社2015年版，第1页；杜学鑫：《中介语与概念整合》，西北工业大学出版社2018年版，第13页。

完全习得"通常不起什么作用。

二 东乡语和汉语的语言接触

Thomason（2001）认为："语言接触中两种语言的类型和差异决定了借用的可能性，源语言可从另一方（接受语）借词，产生词汇变化，而接受语的二语习得者将源语言带进接受语，最先产生的、最主要的干扰特征是结构方面的。"[①] 我们以东乡语和汉语的接触为例。

甘肃省临夏回族自治州东乡族自治县是汉语和东乡语密切接触的重要地区，在该地区使用的语言基本上可以分为三类：东乡语、双语使用者的东乡汉语、汉语河州话（即临夏话）。要想全面了解东乡语与汉语的接触现象，就必须关注这三种循序渐进的语言状况。东乡族各成员之间使用东乡语作为第一交际语，这也是他们的母语（L_1），但随着经济的发展以及汉语教育的普及，越来越多的社会团体在许多正式场合使用汉语方言交际。在东乡语和汉语的长期接触中，东乡语从目标语汉语（TL，即 target language）里大量借入了一些汉语词汇[②]，但东乡语的形态和句法方面却受汉语的影响比较小。东乡族人在学习使用汉语的时候，通常也会把其母语东乡语的某些特征，大多是句法、形态、语序类型等带进所习得的汉语中，对汉语形成结构上的干扰。这些干扰特征汇聚在一起就形成了汉语的一种变体——东乡汉语（TL_2，即 target language2）；同样，生活在东乡地区的汉语使用者出于交际的需要，他们在使用汉语时往往会兼顾到东乡族这一特定的交际的对象，于是也会使用一些由东乡族二语习得者带进汉语的一些东乡语的语言特征（即 TL_2 的一些特征），这样在频繁的交往中，东乡语和汉语的接触就形成了一个言语社团。该言语社团的语言特征混合

[①] 转引自张赪、李文浩《基于类型学的汉语作为第二语言的语法研究》，清华大学出版社2019年版，第128页。

[②] 据马国良、刘照雄（1988）统计，东乡语从汉语吸收的借词约占常用词的4/10，也就是40%；（美国）Field（1997）统计了布和等编的《东乡语词汇》共4522个词，其中汉语借词是1623，占36%，东乡语加汉语的词是161，占3%，汉语加东乡语的词是271，占6%，三项合起来共占45%；钟进文（1997）也认为东乡语中汉语借词高达45%。敏春芳（2018：122）从2009年到2013年连续用5年的时间先后对马国忠、陈元龙1983年开始收集的《东乡语汉语词典》中的10800条词汇进行重新调查，调查的结果是汉语借词达到了58%，话语借词几乎占到了东乡语词汇的一半以上。

了两个语言社团（东乡汉语、汉语）的特征，形成 TL3（在东乡地区就是临夏话），TL3 可以在该言语社团内部发挥所有的交际功能。这一语言接触过程可以用图 4 表示：

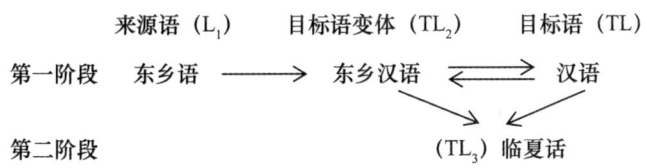

图 4　东乡语与汉语语言接触的过程及引发的语言干扰

根据上面所描述的东乡语和汉语语言接触过程，不难发现，TL₂（东乡汉语）、TL₃（临夏话）与第二语言习得中的中介语性质非常接近，它们都表现出不断接近目的语的过渡性特征，既有系统性，也有不稳定性和反复性。

东乡汉语从结构到功能上表现出的特点：来源上，东乡汉语的来源语东乡语和汉语都是独立的语言，这是东乡汉语形成的基本前提；结构上，东乡汉语的借词有较多的"异源异质"成分，在共时层面上反映的是汉语（也有少量的阿语和波斯语）和东乡语词汇/词缀的交错组合，但是还没有达到深度的结构异源程度；功能上，东乡汉语具有类似东乡族人母语或者母语性的语言特点；独立性上，与任何自然语言一样，东乡汉语拥有一个独立语言的所有特质和全部功能。

从二语习得的实际情况来看，二语习得者不管是否熟练地掌握了目标语，他们都会自觉或不自觉地把自己母语中的一些特征带进目标语中，形成对目标语的母语干扰。当然，语言接触中形成的近似中介语[①]的语言和二语习得中形成的中介语也有不同，那就是语言接触中形成的近似中介语的特点可能会因为某些社会历史的原因而被目标语使用者所接受[②]（正如上面所揭示的，生活在东乡地区的汉语使用者出于交际的需

[①]　像 TL2、TL3 这种语言接触中产生的语言，由于它们与第二语言习得中的中介语性质非常接近，这里我们姑且称其为"近似中介语"。

[②]　张赪、李文洁：《基于类型学的汉语作为第二语言的语法研究》，清华大学出版社 2019 年版，第 128 页。

要，他们也会接受并使用一些由东乡族二语习得者带进汉语的某些东乡语的语言特征）。

第三节　中介语与混合语的异同

一　混合语（Mixed Language）

混合语也是语言接触研究中非常重要的概念。有关混合语的界定众说纷纭。下文先列举在国内外语言学界颇有影响的解释。

（一）国外学者的解释

（1）R. R. K. 哈特曼、F. C. 斯托克（1981）认为："混合语指两种或两种以上语言之间发生深刻的互变结果而形成的语言。这种情况通常发生在数种语言接触（Contact）的地区。如洋泾浜语言（Pidgin）或克里奥尔语言（Creole）。"①

（2）Thomason & Kaufman（1988：12）、Matras & Bakker（2003b）等均认为，混合语言以一种约定俗成的系统方式，将来自一种以上源语言的大量词汇和/或语法材料结合在一起，基本上是完整的，因此，并不一定只有一种母语，而是两种或两种以上。②

（3）［英］戴维·克里斯特尔（1995）认为，"混合语"就是"洋泾浜语"，也叫"暂时代用语""边际语"等。"洋泾浜语是在没有共同语言而又想相互交谈或做生意的人中形成的一种交际系统。""与生成它的母语相比，洋泾浜语往往词汇有限，语法结构简单，功能范围狭窄，它们不属于任何人的母语，但又是成千上万人交际的主要工具。"③

（4）［德］哈杜默德·布斯曼（2003）认为，混合语（Mischsprache）

---

① ［　］R. R. K. 哈特曼、F. C. 斯托克：《语言与语言学词典》，黄长著等译，上海辞书出版社1981年版，第216页。

② 原文：Mixed Languages combine a significant portion of lexical and/or grammatical material from more than one source language, largely intact, in a conventionalized systematic way, and therefore do not unambiguously have only one parent language, but two or more. 转引自 O'Shannessy, Carmel. 2021. Mixed languages. In Evangelia Adamou and Yaron Matras, eds., *The Routledge Handbook of Language Contact*, London/New York: Routledge. p. 325.

③ ［英］戴维·克里斯特尔：《剑桥语言百科全书》，任明等译，中国社会科学出版社1995年版，第510页。

指"通过欧洲各种语言与其他洲当地土语的接触而形成的语言。混合语以某一种自然语言（主要为英语、法语和西班牙语）为基础，并吸收了其他语言的材料，语法一般都被大大地简化"。①

（5）Peter Bakker（2017）认为："有近90%的基本词汇来自于语法（词法、音系、句法）语言以外的语言，并且词汇指向一种隶属关系，形态和句法指向另一种隶属关系，这些语言被认为是混合语言。"②

（二）国内学者的解释

（1）高名凯、石安石等（1963）指出："语言间的相互影响中还有一种非常特殊的现象，这就是所谓'混合语'。它是在某些与外族人接触较多的地区或国境接界的地方可能产生的一种特殊的语言现象，例如我国解放前在广州、上海等地流行的'洋泾浜英语'就是其中之一。"③

（2）叶蜚声、徐通锵（1981/2010）指出："洋泾浜的特点之一在于它是一定场合下使用的特殊语言，没有人把它当作母语来学习使用。但是在一定条件下，它也可能被社会采用为主要的交际工具，由孩子们作为母语来学习。在这种情况下，洋泾浜就变成了混合语，又叫克里奥尔语（Créole，是混血儿的意思）。"④

（3）伍铁平等（1993/2006）认为："'混合语'是creole（克里奥尔）的意译，实际上也是一种'皮钦语'，所不同的是，'皮钦语'只是在特定场合作临时的交际工具，在言语社团内部仍然使用本民族的语言（母语）；混合语则是皮钦语的升格，变成某一地区人民的母语，是同别的语言一样完备的交际工具，有的还有书面形式。"⑤

---

① ［德］哈杜默德·布斯曼：《语言学辞典》，陈慧瑛等编译，商务印书馆2003年版，第336页。

② 原文：There are languages with close to 90 percent of the basic vocabulary derived from a language other than the language of the grammar (morphology, phonology, syntax), and those are considered mixed languages: the lexicon points to one affiliation, the morphology and syntax to another. 详见Bakker, Peter. 2017. Typology of mixed languages. In A. Y. Aikhenvald and R. M. W. Dixon, eds., *The Cambridge Handbook of Linguistic Typology*, Cambridge: Cambridge University Press. p. 217.

③ 高名凯、石安石：《语言学概论》，中华书局1963年版，第246页。

④ 叶蜚声、徐通锵：《语言学纲要》（修订版），王洪君、李娟修订，北京大学出版社2010年版，第236页。

⑤ 伍铁平主编：《普通语言学概要》（第二版），高等教育出版社2006年版，第244页。

（4）意西微萨·阿错（2004）采取功能标准和结构标准相结合的原则来界定"混合语"，认为"一种拥有母语地位而没有单一历史发生学来源的语言，就是混合语"。[①]

（5）董秀芳、张和友等（2017）认为，"混合语"就是"克里奥尔语（créole）"。"克里奥尔语最初的语言形态与洋泾浜完全相同（基本取自殖民者语言的数量很小的词汇、经大幅改造的音系和极简单的语法），两者的区别在于克里奥尔作为母语传递给下一代，已成为某个语言社团唯一的交际语。也就是说，克里奥耳语是作为某个社会群体的母语来使用的、由两种或多种语言混合而成的语言。这种语言实际上就是母语化的洋泾浜语，是一种语言混合形式，区别于洋泾浜语。"[②]

综上所述，国内外学者对于"混合语"存在着不同的理解，反映了人们对"混合语"的不同认识。为了后文讨论的方便，参考学界已有的观点和看法，我们大概可以从以下几个方面来把握混合语的概念：

第一，混合语是两种或两种以上的语言，由于语言接触发生深度融合而形成的一种独立性的语言。

第二，混合语是可以确证"没有单一历史发生学来源"[③]的语言。

第三，混合语以约定俗成的方式将来自于源语言的大量词汇和/或语法材料结合在一起，其词汇与形态/句法分别指向不同的隶属关系[④]，但这并不影响混合语的系统性和完整性。

第四，最为重要的是，混合语具有母语性语言的地位，即它是特定言语社团最主要的交际工具，并且该言语社团的成员会将其作为母语来使用和传承。

根据以上对混合语所作的分析和解释来看，以前学者讨论比较多的克里奥尔语（Créole）是混合语，而洋泾浜语（Pidgin）、"中介语"等显然不能算作混合语，但是，它们也与语言接触有密切的关系，是语言接触研

[①] 意西微萨·阿错：《倒话研究》，民族出版社2004年版，第124页。
[②] 董秀芳、张和友主编：《语言学引论》，北京师范大学出版社2017年版，第370页。
[③] 意西微萨·阿错：《倒话研究》，民族出版社2004年版，第123—124页。
[④] 这是就总的情况而言的，当然，在实际的微观层面，有时词汇系统和形态/句法系统中也表现出与其他源语言少量成分的混合现象。参见意西微萨·阿错《倒话研究》，民族出版社2004年版，第122—123页。

究中不可忽略的重要语言现象。

二 中介语与混合语的区别

如前所述,"中介语"不能算作混合语,但中介语却是一种非常重要的由语言接触引起的语言混合现象,所以,关注中介语研究,还需要厘清中介语和其他混合语的区别。众所周知,中介语概念的出现是基于第二语言习得研究的需要,它与其他混合语分属于不同的研究领域,观察的视角也各不相同。但是尽管如此,中介语和其他混合语都是两种语言之间的一种密切接触状态,也都与语言的发展变化有紧密的关系,因此,在很多方面它们又表现出一些相似之处,具有一定的可比性。通过对中介语和混合语的比较,一方面可以加深我们对二者各自特点的认识,另一方面也可以将二语习得和语言接触研究有机地结合起来,对它们二者的关系进行更为深入全面的考察,进一步明确二语习得中其实也蕴含着特定的语言接触。中介语和其他混合语的区别主要表现在以下几个方面。①

(一)产生动因不同

中介语作为第二语言习得中学习者所使用的语言,它是二语习得的产物,属于第二语言习得研究的范畴。众所周知,语言习得的最终目的是通过学习完整准确地掌握目标语言,进而有效实现交际。而混合语则与此略有不同,根据学界已知的一些混合语案例及相关的研究成果来看,世界上绝大多数的混合语是在极短的时间内发生语言深度接触形成的,所以也有学者将形成混合语的语言接触叫作"深度突发式接触"(意西微萨·阿错 2004:136)。在混合语形成之初,使用混合语源语言的不同言语社团可能由于某些特殊的原因突然就需要交际,而且立刻就要形成有效交际,这对于完全听不懂对方语言的言语社团成员来讲是一个巨大的挑战,这种强大的交际压力(communicative pressure)促使语言直接接触,并且在极短的时间内发生深度融合,最后就形成了混合语这种特殊的语言现象。由此可见,混合语与中介语产生的根本动因是不同的,一个是为了完整准确地掌握目标语言,一个是为了短时间之内有效交际,因此,形成的结果也就

---

① 本部分内容主要参考意西微萨·阿错《倒话研究》,民族出版社 2004 年版,第 140—142 页。

有了一定的差异。

(二) 语言接触的方向性不同

所谓"语言接触的方向性",意西微萨·阿错(2004:166)解释为:"一种语言系统去感知另一种语言系统所传达的信息内容,或者以一种语言系统去表现另一种语言系统所表达的信息内容,这时我们认为由前一种语言向另一种语言发生了语言接触。"语言接触的方向性通常会影响到语言接触的过程和结果。按照语言接触的方向性来分析,混合语形成中的语言接触方向性和中介语形成中的语言接触方向性是不同的,具体差异可以用图5表示:

```
            源语言      源语言     混合语
①混合语      A   ⇌     B     =    C

             母语      目标语     中介语
①中介语      A′  ⟶    B′    =    C′
```

图5 混合语与中介语语言接触的方向性差异

如图5所示,混合语的形成是接触双方的语言(A语言和B语言)共同作用的结果。语言接触中,A、B语言都是源语言,二者没有亲缘关系,彼此不能沟通,但由于某些特殊的原因必须短时间内形成有效交际,则一方面源语言A会积极寻求与源语言B的接触,另一方面源语言B由会积极寻求与源语言A的接触,两者虽然在语言接触的方向性上是相反的,但它们彼此"协商"、互相靠拢,促进两种语言在短时间内深度融合,最后在双方合力的作用下形成一种新的独立的语言C。C语言既不同于源语言A,也不同于源语言B,它是语言A和B不断融合、混合的产物,属于混合语。

中介语的形成则与此不同。在第二语言习得过程中,学习者在已经掌握了母语A′的基础上,要习得第二语言B′(目标语),那么,语言接触的方向性就必然是母语学习者的A′努力向目标语B′靠拢接近,并避免出现习得错误,其间虽然也会表现出母语A′对目标语B′的干扰特征(如"石化"现象的发生就与此有关),但其实际"接触方向"是明确的。最终，母语 A′在向目标语 B′不断靠拢接近的过程中形成了中介语 C′。

（三）形成机制不同

在中介语形成过程中，"目标语规则泛化"① 起着非常重要的作用，是导致中介语产生习得偏误的一个重要诱因；另外，"学习策略"② 的影响也很大。如在二语习得过程中，学习者有可能采取一种简化策略，从而导致中介语出现一些语法方面的错误等③。通过对中介语的研究发现，在第二语言习得过程中，学习者不会在无干扰、无偏误的情况下直接从母语（L1）发展到目标语（L2），在整个过程中始终会伴随着母语规则迁移和目标语规则的泛化，从而产生一系列逐渐趋近却又不同于目标语的中间过渡状态，中介语的这种过渡性和动态性使其成为介于母语和目标语之间的语言变体。

在混合语的形成过程中，有关"目标语规则泛化"的机制基本不起作用，"学习策略"的影响也少，而是"协商"（Negotiation）、不完全习得（Imperfect learning）、"有意为之"（Change by deliberate decision）等接触机制发挥主要作用。说话者会通过"协商""有意为之"创造出一种共同使用的混合语言，这种语言将会成为整个社团独立使用的语言。

（四）语言性质不同

中介语与混合语最根本的不同表现在语言性质上。①中介语是由单一

---

① 所谓"目标语规则泛化"，是指二语习得者在学习第二语言的过程中有时会根据已掌握的目标语知识及规则对所学内容进行类推和概括，并在此基础上建立和验证相应的假设，以构建特有的中介语体系，然而有时概括、类推的目标语规则或用法可能超越了所能接受的范围，进而导致习得出现偏误。参见尹洪山《中介语句法习得的语用研究》，山东大学出版社 2014 年版，第 3 页；王建勤主编《第二语言习得研究》，商务印书馆 2009 年版，第 56 页。

② 所谓"学习策略"，是指二语习得者在学习过程中为了达到学习目标所采取的方法和手段，它贯穿于学习的全过程，具有灵活性和多样性的特点。Bialystock（1981）认为，学习策略大致可以分为四类：形式练习（formal practice）、功能练习（functional practice）、监察（monitoring）、推理（inferencing）。参见尹洪山《中介语句法习得的语用研究》，山东大学出版社 2014 年版，第 3 页。

③ Selinker（1972）指出："学习者的学习策略（strategies of second language learning）也是导致石化的重要原因之一，其中之一是简化（simplification）。"转引自杨文秀《中介语石化现象与口语教学》，《外语与外语教学》2000 年第 9 期，第 33—35 页。

语言走向双语阶段的直接中介，即中介语的起点是单一语言，中介语之后可以是双语阶段。中介语是语言接触过程中的过渡阶段，因此也被称为"过渡语"。而混合语是语言由于在特定接触情形下产生的一种新语言，是接触的结果。②混合语首先是由双语或者多语融合而成，即混合语的起点是双语。③混合语是具有母语性质的语言，它通常是特定言语社团最主要的交际工具，并且该言语社团的成员会将其作为母语来使用和传承。而中介语则不然，它不具有母语性语言的地位，也不会有言语社团将其作为母语来使用和传承。④从语言系统的复杂性和稳定性来讲，混合语与中介语也差别较大。中介语虽有一定的系统性，但还有不稳定性。中介语是语言发展中的过渡阶段，处于逐渐进化、不断变化的过程中。它无限接近于目标语系统，但永远也不能和目标语系统完全一样，因此中介语也具有不稳定性和反复性等特征。

在混合语中，被混合使用的两种语言中的语码则被改造和重组，即使把两种语码剥离出来，也不再是它们各自系统的原样。混合语都具有其所构成的那些语法子系统的特性，而这些语法子系统基本上不能追溯到某一个单一的源语（source language），所以一旦形成就会具有比较强的稳定性，并且能够被独立使用。可见，中介语和混合语在性质特征上也还是有很大的差别的。

总之，对于中介语和混合语的区别，一定要仔细分辨，要明其异同，这样才能更好地彰显它们各自在语言接触研究中的独特性及特殊的研究价值。

三 中介语对于混合语研究的启示[①]

以上讨论了中介语和混合语之间的区别，但实际上也没有理由忽视中介语和混合语之间所存在的一些相似之处。其实，中介语和混合语之间所存在的那些类似的情况反倒为相关研究提供了很多重要的信息。研究表明，中介语现象能够提供给混合语研究的启示是多方面的。关于此，阿错（2004：142）曾总结和概括为：①中介语现象总是先于双语

[①] 本部分内容主要参考了意西微萨·阿错《倒话研究》，民族出版社 2004 年版，第 142—146、195—204 页。

（注意双语，通常指的是两种语言同样熟练），出现在尚未形成双语的时候；②总是和不完全学习有关系；③交际压力与中介语的石化现象。下文就在阿错总结的基础上，对相关问题略作申述。

（一）"中介语中异源结构先于双语"对混合语研究的启示

中介语是在第二语言习得中形成的一种现象或阶段，如前所述，中介语是掌握某种母语的学习者向目标语不断靠拢接近的过渡阶段，其最终发展目标是熟练掌握和使用目标语。根据对中介语的研究，人们发现，二语习得者在向目标语不断接近的，加上自己已经掌握的母语，其结果可能就是最后形成双语。所以，中介语或者异源结构现象是先于双语的。

那么，混合语现象会不会也有可能是先于双语的？即混合语的形成过程可能经历"单语—双语—混合语"的过程？即双语是形成混合语的必经阶段。

"双语是混合语的必经阶段"这个假设不一定成立。因为有了流利的双语交际，就不存在交流障碍，可能也就无须再形成混合语来充当交流的媒介。

（二）"中介语与不完全习得密切相关"对混合语研究的启示

第二语言习得研究表明，中介语的形成是与二语习得者的不完全习得有密切关系的。正如前文所说的，在第二语言习得中，学习者不会在无干扰、无偏误的情况下直接从母语（L_1）发展到目标语（L_2），整个过程会始终伴随着母语规则的迁移和目标语规则的泛化，从而产生中介语这种逐渐趋近却又不同于目标语的中间过渡状态。因此，不完全习得使得中介语无限接近于目标语系统，但永远也不能和目标语系统完全一样。这对于混合语研究来说，也具有重要的启发性。混合语在形成之初，显然也经历了同样的不完全习得的过程。按照前文对混合语形成过程中"语言接触方向性"的分析，混合语的形成是接触双方的语言（A语言和B语言）共同作用的结果。A、B语言作为源语言，它们原本互不隶属，彼此不能直接沟通，但是由于交际的需要，A、B语言互动频繁，产生了接触。一方面，源语言A会积极寻求与源语言B的接触；另一方面，源语言B也会积极寻求与源语言A的接触，而且两种语言要在极短的时间内深度接触并产生融合，如此一来，掌握A、B语言的母语者在彼此学习熟悉对方语言的过程中,肯定存在与二语习得一样的过程,只不过这个过程是双向的,再加上短时间之内必须实现有效交际,那么,彼此的习得也肯定是不完全的。习得者会将自己母语的一些特征,尤其是结构特征自然而然带进习得的母语中。即操 A 语言者习得 B 语言是不完全的,同样,操 B 语言者习得 A 语言也是不完全的,最后形成的混合语必然是既不同于 A 语言系统,也不同于 B 语言系统的混合物。然而与中介语有所不同的是,中介语中的不完全习得最后诱发了中介语的"石化"现象,而混合语产生中形成的这些不完全习得的产物最后被定型,具有了母语性的地位,能在特定言语社团中作为最主要的交际工具使用,并被当作母语传承。可见,无论是在混合语形成过程中,还是在中介语形成过程中,不完全习得都发挥了重要的作用。

(三)"交际压力影响中介语的石化"对混合语研究的启示

在中介语研究中,人们发现"交际压力"(communicative pressure)对于中介语"石化"现象的发生有重大的影响。诚如 Selinker (1972)所说的:"石化就是母语的词条、规则和词系统倾向保留在与目的语相关的中介语中,不管学习者年龄有多大,也不管学习者接受的解释和指导有多少,这种倾向都不会改变。"因此,所谓"石化",就是指中介语发展到了一定的阶段,往往不再继续发展,而是表现出一种停滞不前的状态。

为什么会形成"石化"现象呢?原因是复杂的。有学者研究"石化"现象的发生至少与学习策略、交际反馈、缺乏正确形式输入及交际压力等诸种因素都有关系。这里,主要关注交际压力对中介语"石化"的影响。在二语习得过程中,由于一定的交际压力,迫使学习者可能把尚未完全习得的目标语用于交际实践中,如果掌握目标语的人群采取了妥协的策略,那么学习者就可能在一定的程度上实现交际的目的,其交际压力也就暂时得到了缓解或释放,学习者可能也就失去了进一步学习的动力,于是在学习中就可能采用一些消极停滞的学习策略,这就有可能诱发"石化"现象的发生。在这样的过程中,"交际压力"的存在和缓解会制约着中介语"石化"现象的发生与发展。中介语本来是一个向目标语不断趋近、持续发展的动态语言系统,具有"过渡语"的特征,但由于"石化"现象的发生使得中介语发展停滞不前,甚至最后固化成为一个相对稳定的语言系统。这种现象和混合语形成过程中的某些现象非常相似。在混合语形成过程中也存在类似的"交际压力",而且其对混合语的产生也有重要的影响。甚至有学者认为,混合语现象的产生根本上就是一种特殊"交际压力"作用的结果。

混合语在形成初期,"交际压力"一开始就异常强大。原本互不隶属,两种不同类型的语言突然在一起,加之某些特殊的原因,须在短时间内形成有效交际,这种强大的交际压力迫使形成混合语的各源语言之间必须积极寻求接触,源语言的使用者们甚至都来不及充分完整地去习得对方的语言,于是在不完全习得策略、"协商"和"有意为之"等策略的共同作用下,两种不同类型的源语言在较短的时间内深度接触并融合,形成了类似临时"中介语"的一种语言变体,当这种语言变体用于交际并一定程度上实现了交际目的的时候,语言使用者的交际压力就得到了暂时缓解,这种在源语言合力作用下形成的类似临时"中介语"的语言变体在交际中逐渐被定型下来,一旦具有了母语性的地位,能在特定言语社团中作为最主要的交际工具使用,并被当作母语传承,于是混合语就产生了。这就是"交际压力影响中介语的石化"对混合语形成机制分析提供的重要启示。

小结

中介语(interlanguage)的概念是由美国学者 Selinker(1969)最早提出来的。Selinker(1972)认为:"中介语指第二语言学习者的一种独立的语言系统,这个系统在结构上处于母语和目标语言的中间状态。"参照 Selinker 及其他学者的论述,"中介语"大致可以界定为:在二语学习过程中,学习者使用的一种介于自身母语或本族语(native language)与目标语(target language)之间的语言,该语言是以母语为出发点,向目标语不断接近的过程中产生的。

中介语作为学习者一种独立的语言体系,其有着既不同于母语,又不同于目标语的特点。这些特点主要包括:①系统性;②可渗透性(permeability);③"石化"(fossilization)现象;④灵活性;⑤反复性(不稳定性)。

"中介语"概念的正式提出大约是在 20 世纪 60 年代末、70 年代初中介语理论的提出打破了此前第二语言习得研究中对比分析（contrastive analysis）、错误分析（error analysis）的理论束缚，标志着第二语言习得研究与教学进入了一个新阶段。Selinker（1969，1972）、Corder（1967，1971）、Nemser（1971）三位学者几乎同时提出了中介语理论假设，尽管他们使用的术语和名称不太一样，但他们都认识到中介语的系统性和不稳定性。20世纪80年代以前，研究者们大多把中介语视为一种过渡性的语言系统，认为中介语兼有母语和目标语的一些特征。20世纪80年代以后，部分研究者改变了先前对中介语的一些认识和看法，在研究的理论和方法上都实现了一定的突破。其中，E. Bialystok & M. S. Smith（1985）通过归纳整合，将中介语的不同解释和论述概括为三种基本模式：①Selinker（1972）的"规则组合"模式；②Adjemian（1976）的"渗透"（permeability）模式；③Tarone（1982）的"能力连续体"（capability continuum）模式。20世纪八九十年代以后，中介语研究逐渐进入一个繁荣发展的历史时期，其研究范围日趋扩大，研究内容日益深入，研究方法也更加多样化。

关于混合语，可以从如下几个方面来理解和把握：①混合语是由两种或两种以上的语言由于语言接触发生深度融合而形成的一种独立性的语言；②混合语是可以确证"没有单一历史发生学来源"的语言；③混合语以约定俗成的方式将来自于源语言的大量词汇和/或语法材料结合在一起，其词汇与形态/句法分别指向不同的隶属关系，但这并不影响混合语的系统性和完整性；④最为重要的是，混合语具有母语性语言的地位，即它是特定言语社团最主要的交际工具，并且该言语社团的成员会将其作为母语来使用和传承。

中介语和混合语的区别主要表现在：①产生动因不同；②语言接触的方向性不同；③形成机制不同；④语言性质不同。研究表明，中介语现象对混合语研究的启示是多方面的，其中主要的有：①"中介语中异源结构先于双语"的启示；②"中介语与不完全习得密切相关"的启示；③"交际压力影响中介语的石化"的启示，等等。

思考与练习

1. 举例说明中介语。

2. Corder、Nemser 的中介语理论和 Selinker 的中介语理论有何异同？谈谈你对中介语与混合语的理解。

3. 谈谈中介语产生的过程。

4. 举例说明中介语和语言接触的关系。

第 六 章

语言接触与语言区域

语言区域（linguistic area）也称"语言联盟"（sprachbund）。Trubetzkoy 于 1923 年发表在俄语杂志上的文章首次提出"language union"（语言联盟）这个术语，将保加利亚语看作巴尔干语言区域的一个例子。随后在 1928 年海牙举行的第一次国际语言学家大会上提出的《提案》中再次提及"Sprachbund"这个概念。他的这一定义也通常被看作"语言联盟/区域"这一概念的起源。随后 Velten（1943）将"Sprachbund"一词翻译为"linguistic area"（语言区域），后经 Emeneau（1956）的研究传播开来，逐渐开始在学界流行开来。"语言区域"（linguistic area）、"语言联盟"（sprachbund）、"扩散区域"（diffusion area）、"中位层关系"（adstratum relationship）以及"趋同区域"（convergence area）等名称，其重要特征是指一个地理区域的没有亲缘关系的一些语言之间具有相似的结构特征，这些特征是由于语言接触导致的特征的借用和扩散。

本章首先介绍语言区域的定义以及世界著名的语言区域，其次概述对语言区域及相关现象进行研究的成果，最后以西北甘青河湟一带的"甘青语言区域"为研究对象，介绍语言区域形成的原因、语言区域内优势语言的历史层次、语言区域的共享特征等相关问题。

第一节 语言区域概说

一 语言区域的定义

语言区域的定义，学者们有不同的表述。由于学者们在哪些语言属于某个语言区域、什么语言特征形成了这个区域的共享特征、区域准确的地理延伸在哪里等,还没有完全一致的看法,所以衍生出了各种各样的阐释。Campbell(2006)按时间顺序列出学界中各家对语言区域这一概念的定义和认识,并对大家在定义一个语言区域时所争论的主要问题进行了总结和梳理。下文就以此为基础,对语言区域这一概念的定义进行简要梳理。

国外学者有关语言区域的几个广为引用的重要定义:

(1)在一个由地理和文化历史定义的区域内,几个语言获得若干特别一致的特征,这种一致是由长期的接近和平行的发展决定的。这就是"语言联盟"(Sprachbund)。这是最早使用"Sprachbund"来指称这种并非基于发生学原则的语组(group)。

一组由多个语言构成的语组(language group)在句法方面具有很大的类似性,在形态结构上也有类似性,但是这些语言没有系统的语音对应关系,而且在构成形态单元的音系上没有共同的对应关系,也没有任何共同的基本词汇——这样的语组我们称为语言联盟(Sprachbund)(Trubetzkoy,首届国际语言学会,1928:18)。

(2)"语言区域"(linguistic area)这一术语可以定义为这样的一个区域,在这个区域内包含若干语言,这些语言属于一种以上的语系,但显示出若干共同的特征,而这些特征不见于(至少)一个语系的其他成员。(Emeneau, *Language and linguistic area*, *essays by Murray B. Emeneau* 1980:124)

(3)语言区域是一个包含三个或更多语言的地理区域,它们由于接触的影响具有一些相同的结构特征,而不是偶然因素或从共同祖语继承的结果(Thomason, *Language contact*: *an introduction*, 2001:99)。

(4)当地理毗邻的若干语言共享某些结构特征,而这些结构特征不能归因于共同原始语特征的保留,并且使得这些语言在类型面貌上异于周围的其他语言,那么我们就认为这是一个语言区域(Haspelmath, *The European linguistic area*: *Standard Average European*, 2001:1492)。

(5)"语言区域"(或语言联盟)通常被认为是指地理上具有边界的区域,这种区域包含的语言属于两个或更多的语系,共有一些重要的特征(这些特征不见于该区域以外相同语系的语言);必须具有相当数量的共同特征,而且这些特征应该是比较有特色的(Aikhenvald and

Dixon, *Areal diffusion and genetic inheritance: problems in comparative linguistics*, 2001: 11)。

(6) "语言区域"指的是一种地理区域,在这种地理区域内,由于语言接触和语言借用,区域内的语言共享某些结构特征……语言区域的核心特征是区域内语言之间具有结构相似性(在这个地域里,其中的一些语言是没有联系或至少是没有紧密联系的)。通常认为,这个区域里的语言所共享的这些共同特征的起因是这些特征从一个语言中被借用到其他的另外一个语言中去(Campbell, Areal linguistics, 2002: 729)。

国内学者的相关论述也是见仁见智:

(1) 语言区域(linguistic area)是有共同特点的相邻语言构成的语言群的分布区,它们的区域性特征(area feature)是由语言的接触造成的。(吴安其,《语言接触对语言演变的影响》,2004: 3)

(2) 语言联盟是由于使用两种或几种语言的不同社会,在广泛的交际过程中长期相互接触、相互影响的结果而形成的语言现象,是在一个相互邻接的地区里长期共存的各种语言具有共同的或类似的结构特征的现象。(张兴权,《接触语言学》,2012: 197)

(3) 吴福祥(2016)认为,语言区域具备如下情形[①]: a. 在一个地理区域内有一些语言被使用。b. 这些语言共有一组语言特征;而这些特征的出现或存在不能从发生学关系、沿流(drift)、语言结构和语言演变的普遍制约以及偶然巧合等角度来解释。c. 这组特征不见于该区域之外的语言。d. 因为 b 的存在,这些特征的出现一定是语言接触的结果。(Heine & Kuteva, Language Contact and Grammatical Change, 2005: 174 - 175)

语言区域是指由于语言接触导致的特征的借用和扩散,特定区域内不同语言在音系、形态、句法和语义上逐渐享有一些共同的结构特征(吴福祥《从区域语言学到区域类型学》,2017: 3)。

(4) 所谓"语言区域"(linguistic area)指的是这样一片地域,有三种以上的语言,由于语言接触而非同源关系,具有一系列相同的结构性特征(杨永龙,《导语:语言接触与甘青河湟语言区域特征》,2022: 793)。

---

① 吴福祥:《复制、型变及语言区域》,《民族语文》2016 年第 2 期,第 14 页。

从上面各家对"语言区域""语言联盟"的定义中可以看到,尽管大家对这一概念的侧重点、切入点不同,但都是异曲同工,所见略同。随着对语言区域现象研究的不断深入,也逐渐形成了一些共识,语言区域至少包含如下几个方面的内容。

第一,一个语言区域必须是一个相邻的地理区域。

第二,区域内存在两种或两种以上不同语系的语言,这些语言之间没有直接的亲缘关系或者亲缘关系不是很近。

第三,属于同一语言区域的语言在句法、词法、词汇和音位角度等方面具有相似性或共享结构特征,共享结构特征是由于语言接触所致,没有来源上的联系。

第四,存在长期而又广泛的语言兼用、语言结构特征的借用和扩散过程。

综上所述,"语言区域"是因语言接触所导致的语言扩散或借用等现象,几种没有亲属关系的不同语言产生某些结构特征,而所形成的一个地理区域。

那么,构成一个语言区域到底需要多少共享特征?语言区域准确的地理延伸和边界如何划分;如何通过实证区分谱系树和语言联盟的标准等等,学者们还是各抒己见,存在争议。有些学者认为一个特征就够了,即"单一特征观"(The single-trait view),如 Jakobson(1931),他认为根据"多声调性"(polytonie)这个单一特征来定义巴尔干语言联盟。也有一些学者认为一个语言区域应该展现出一定数量的共享特征,即"多项特征观"(The several-traits view),引入"同言线"(isoglosses)可以作为定义一个语言区域判断标准。此外,也有学者认为这个问题不是一个能给出具体数字作为答案的问题。Thomason(2001)指出:对这个问题的简短回答就是无法给出具体的数字。这个问题就如"需要多少颗沙子来组成一堆沙"这个古老的论争一样——,虽然不能给出一个准确的数字,但是答案的关键之处是它必须是要多于一颗或两颗沙子的。因此,一个语言区域共享特征的准确数量并不是统计学上的概念。一个区域内语言的数量、语系数量、共享特征、区域边界和范围等争议不足以抵挡区域语言学及区域类型学的发展。各种语言区域都不是一个整齐划一的现象。目前,除了世界著名的巴尔干语言区域外,其他著名的语言区域包括中美洲(Campbell, Kaufman, & Smith-Stark, 1986)、亚马孙地区（Aikhenvald, 2002)、澳大利亚（Dixon, 2001)、欧洲（Haspelmath, 2002)、东南亚（Matisoff, 1991, 2001）和"均质欧洲语"（Haspelmath, 2001）等语言区域，每个区域具有共享特征的数量不等。据托马森（2001）的研究统计，巴尔干语言区域（The Balkans）有将近 20 项共享特征，波罗的海语言区域（The Baltic）有 14 项共享特征。其中巴尔干半岛是欧洲最著名的语言区域。包括六种语言，分属于印欧语系的四个语族，即罗曼语族（Romance)、斯拉夫语族（Slavic)、阿尔巴尼亚语族（Albanian）和希腊语族（Greek）。由一些音韵和形态句法上的语言学特征构成了该语言区域的特点，每项特征在多数语言中出现，有些结构性特征，只限于在两三种语言中出现。

共享的区域性语音特征有巴尔干语言区域：（托马森，2001；祖生利，2011）。

（1）都有一个不圆唇央元音。该元音或是一个居中的弱央元音，或是一个高央元音。

（2）存在元音和谐（在重读音节里）。元音和谐的模式在不同的语言里有不同的表现。

分布不太广泛的语音特征有：

（1）在阿尔巴尼亚语和罗马尼亚语中，m 和 n 可出现在词的起首音节。

（2）在阿尔巴尼亚语、罗马尼亚语以及罗曼尼语的一些方言中，i 前的 l 经常脱落。

（3）同样在这两种语言（阿尔巴尼亚语和罗马尼亚语）中，n 和 r 可以交替出现。

（4）在罗马尼亚语、希腊语、阿尔巴尼亚语以及（尽管较罕见）保加利亚语中，出现一种 l 向 r 的演变情形。

（5）在保加利亚语、罗马尼亚语和阿尔巴尼亚语中，非重读音节里的元音 o 高升为 u。

（6）保加利亚语和罗马尼亚语中，出现 i 前的 ea 向 e 演变的情况。（一些在巴尔干语言区域中出现的特征，也可以出现在其他巴尔干斯拉夫诸语言里。）

形态句法方面共享的语言区域特征有：

（1）不定式结构的消失。

（2）后置词。

其他一些巴尔干区域特征还有：

（1）与格和属格在名词性词尾变化中合并为一个。

（2）使用表示"想、欲"（want）义的动词来表示迂说法将来时结构，类似于英语的迂说法将来时结构如"I will go"。

（3）迂说法完成体结构用动词"有"（have）构成，也跟英语的完成体如"I have gone"相类似。

（4）人称代词前后出。

（5）处所和方向结构具有同一性。

（6）还有一种专用以表达11至19这些数目字的结构，翻译成英语就是"one over/on ten"（超过"10"的数）。

在该区域诸语言中还有一些只限于两三种语言共享的特征：

（1）在阿鲁玛尼亚语有一个源于希腊语的复数后缀。

（2）在马其顿语中，受阿尔巴尼亚语的影响所致，经常由与格阳性代词 mu 取代与格阴性代词 je。

（3）在罗马尼亚语中，因受斯拉夫语的影响，产生了一个新的呼格。

以上特征存在于巴尔干区域诸语言所属的不同次类中，并且某项特定的特征具有不同的特殊表示方式。这两种变异类型从区域语言学特征看都是典型的。

托马森（2001）认为，（Maria Koprjevskaja-Tamm）和（Bernhard Wlächli）曾列举出14项波罗的海（The Baltic）①的语言区域特征，其中的两种语言——爱沙尼亚语和拉脱维亚语，在某种形式上具备全部特征。其中语音部分有三项（Thomason 2001；祖生利 2011：39）：

---

① 该语言区域语言属于印欧语系。其中属于波罗的—斯拉夫语支（Balto-Slavic branch）的几个成员语言是拉脱维亚语（Latvian）、立陶宛语（Lithuanian）（这两种语言属波罗的语族）和西北俄罗斯诸方言（属斯拉夫语族）；还有一些在波罗的海地区所讲的属于日尔曼语族的德语方言；属于突厥（Turkic）语族的卡拉依姆语（Kalaim）等。

(1) 有音位语调。

(2) 音位上有长短元音的对立。

(3) 重音固定在词的第一个音节上，该项特征很可能源于日尔曼语族。

句法形态有 11 项：

(1) 宾语用主格形式表示。

(2) 没有表示"有"（have）的动词［英语"I have a book"这样的句子，通常译为"to me (is) a book"］。

(3) 情态动词"必须"（must）的主语用与格或属格来标记，而不用主格来标记。

(4) 非人称结构用被动分词表达。

(5) 用分词形式来表达引证方式（如同英语中这样的句子"John will come to the party；I hear"）。

(6) 除属格（如同英语的"the price of tea"）外，还有部分格（如同英语的"some tea, a cup of tea"）。

(7) 数字用部分格、属格或名词中的宾格形式来表示。

(8) （除了用非基本的 SOV 语序外）还采用基本的 SVO 语序来表示 GN 语序（即领属者前置于中心名词，就像英语的"John's book"）。

(9) 对非动词性谓语使用特殊的格标记。

(10) 没有系词"是"。

(11) 形容词与中心名词须保持数的一致性。

这些区域性特征存在于以上诸语言所属的不同语言中，并且某项特征具有不同的特殊表示方式。

二 区域语言学与区域类型学

(一) 区域语言学

以语言区域为研究对象，区域语言学聚焦于特定地理区域内若干语言在结构上呈现的相似性以及共享特征的跨语言扩散和历时动因，是接触语言学和历史语言学共同关注的一个重要研究领域。

区域语言学和区域类型学是解开某区域内各种语言或各种方言间或是亲缘或是接触之历史谜团的钥匙，可以使我们对某些语言自身的发展历史以及各语言间的相互关系有进一步的认识，这将会对语言的系属划分、发展演变史、历史重构等起到极大的促进作用。

现代意义上的区域语言学始于美国语言学家鲍阿斯（Boas 1917，1920，1929）有关美洲印第安语的研究。鲍阿斯认为在某些实例里很难将发生学的特征和源于接触扩散的特征区分开来，北美印第安语就具有若干共享的结构特征不符合发生学的分类，因此他采用"区域—类型学"的研究模式，通过特定区域内语言的结构特征与其邻近语言的比较来确定相关的结构特征是源于扩散还是源于发生学关系。

区域语言学的研究有两种模式，即"情景主义研究模式"（circumstantialist approach）和"历史主义研究模式"（historicist approach）（Campbell 1985）。"情景主义模式"通常搜罗特定区域内语言之间的若干共享特征，允许由特定环境（circumstances）来隐含扩散的可能性，但不要求有相关的证据，不去寻找可以证明这些特征确为扩散产物的历史语言学证据。"历史主义模式"搜求那些足以证明共享特征源于扩散的具体证据，换言之，这种研究模式需要有历史来证明用来定义语言区域的特征确系借用或扩散而来。[①] "情景主义"区域语言学并不能排除偶然性（chance）、普遍性（universals）以及可能未被发现的发生学关系（genetic relationships）作为对共享特征进行解释的可能性，因而在研究中学者们普遍使用历史证据更为严格可靠的历史主义模式。

区域语言学作为一门古老而又年轻的语言学分支学科，近百年来为语言相似关系和区域语言特征的研究提供了独特的研究视角和重要的框架。随着语言接触学和类型学的不断深入，近些年来一些学者力求将区域语言学和语言类型学的理论和方法结合起来，从而形成区域类型学新的研究框架。

（二）区域类型学

区域类型学在共时研究和历时研究两个维度关注类型学上有价值的语言特征，即差异性特征和相似性特征的区域分布，也就是类型学特征的区域模式（areal pattern）。Dryer（1989，1992）通过简单数理统计，将世界各大语言划分为非洲、欧亚、澳洲—新几内亚、北美、南美、东南亚及大洋洲区域这六大类型学区域。中国的语言和方言主要归入欧亚语言区域和

---

① 吴福祥：《区域语言学综观》，《历史语言学研究》（第六辑），商务印书馆 2013 年版，第 144 页。

东南亚语言区域。此外，Bickel 等（2006，2009）运用高维特征的复杂计算，划分出非洲、欧洲、欧亚、东南亚、喜马拉雅和高加索地区、南澳和南新几内亚高地、澳洲、环太平洋地区这八个类型学区域。

按照 Ramat（2007：X – XII）的说法，区域类型学有两种研究方法：一是 Dahl（2001）主张的"纯粹分布法"（purely distributional approach）。这类研究是以某种语言现象的地理分布模式为导向的，譬如考察小句的基本语序这一类型特征时，需要考察六种可能的基本语序在世界范围内的地理分布，然后对观察到的非均衡和非任意的分布模式进行描述、分析和解释。另一种研究方法是综合历史、文化、语言、地理等视角的"历史类型法"（historical typological approach）。这种研究方法是基于这样的假设：某种地理区域本身就是个历史——文化接触带（contact-zone），因而也是语言接触带。[①]

近 30 年来，由于接触语言学和语言类型学的深入发展，区域类型学逐渐成为研究语言区域现象和语言类型变异最主要的研究框架。

Thomason（2014）认为，语言区域是通过以下几种途径而产生的：①通过贸易和族外通婚的互动交往建立起来的社会网络来实现；②一个地区的本地人通过转说外来语导致出现语言区域；③通过一些小族群不断迁徙到区域内不同地点等均导致语言区域的出现。

第二节　语言区域研究成果

近 30 年来，历史语言学和接触语言学在语言接触引发的语言演变研究方面取得了很大进展，形式多样，研究成果丰硕。

桥本万太郎（1985）以语言事实为基础把汉语分成南北两大区域，并从语言区域特征的角度提出了南北区域推移学说。他认为南北两大区域有着不同的演变历史：北方汉语方言由于受到北方游牧民族语言的影响而产生了历史变异；而南方的汉语方言又因为与壮侗语、苗瑶语等有着密切的关系因此发生了与北方汉语不同的历史变异。桥本将汉语方言的南北差异置于整个亚洲大陆语言区域性差异，以及世界语言中不同结

[①] 吴福祥：《从区域语言学到区域类型学》，《民族语文》2017 年第 6 期。

构间的蕴含性关联的大背景中去考察，因此，得出了许多建设性结论。同时，桥本还从语言地理类型学和语言接触角度出发，指出了南北方汉语因不同的地理环境和语言环境而产生了不同的历史变异，形成了不同的类型特征。并将地理区域以及语言接触等研究方法引入了汉语的研究中，为汉语研究打开了新的视野，为区域语言学的研究指出了一个新的方向。

在桥本之后，我国学者也开始自觉地、系统地运用区域语言学的有关理论对语言区域和相关语言现象进行深入系统地研究。特别是中国境内的西南（桂、滇、黔、川等）和西北（甘、青、新等）是语言接触最为广泛和深入的两个区域，学者们从区域类型学、区域语言学等角度对这两个区域的共时区域特征及其历时扩展过程进行了深入的探究。如陈保亚的著作《论语言接触和语言联盟》（1996），区分"谱系树""语言联盟"的理论和实践标准，即确定联盟的根本标准是：两个语言的接触已经达到了对应接触以及属于实践层面阶曲线法，对历史语言学作了重要的补正。（详见第十章）

余志鸿《语言接触与语言结构的变异》（2000）一文，以古汉语、现代藏缅语、东乡语、东北满语和海南黎语等语言状况为例，指出语言接触会造成语言结构的变异，地理上相邻的语言在长期的接触中会发生语言结构的变异，使得不同类型的语言也出现某种类型上相似的特征。该论文注意到了在语言结构的变异中，哪些是在语言接触过程中借用的，哪些是语言碰撞和融合而造成的底层残余，哪些是历史遗迹的"语言化石"，哪些是新生的语言现象，等等，我们已经很难确认哪些是发生学上有深切关系的语言现象。

黄行《语言接触与语言区域性特征》（2005）以语言地理数据为基础描述了中国不同地区的语言特点，着重分析了因语言接触而引发的语言区域性的趋同变异。文中首先按结构类型以及系属关系在地理上把中国语言分为 OV 型语言区域、VO 为优势语序的语言区域和其他比较复杂的语言区域，如河西走廊和藏彝走廊区域。关于藏彝走廊的语言接触，彝缅语因受汉语的影响由综合语向分析语变化；哈尼语、纳西语等彝语支语言出现 OV 向 VO 的转变，同时也出现了与之相关的语序变化。文中列举了丰富的语言接触以及由接触引发的各种语言演变现象的个案，使学者们对我国语言区域的复杂性和语言接触类型的多样性有了更为全面、深刻的认识。

吴福祥《粤语差比式"X + A + 过 + Y"的类型学地位——比较方言学和区域类型学的视角》(2010) 一文结合区域语言学、语言类型学等理论，探讨粤语差比式的语言共性或普遍的演变机制。文章分析了"X + A + 过 + Y"这种差比式是粤语区别于其他方言的一个显著特征，虽在粤语以外的方言里少见，但南方的少数民族语言（侗台、苗瑶、南亚、南岛）以及境外东南亚语言却普遍使用这种差比式。东南亚语言跟粤语在"过"型差比式上的共享关系，是语言接触导致的区域扩散的产物，而在这个特征扩散中，粤语是模式语和扩散源，其他具有该式的东南亚语言则是复制语。换言之，国内民族语言和境外东南亚语言里"过"型差比式的产生是粤语影响的结果。

陈前瑞、邱德君《汉语方言将来时表达的区域性探析》(2021) 一文，聚焦于汉语方言的句末助词这一附缀或小品词形式（兼及动词词缀，暂不涉及助动词），从区域类型学的角度分析汉语将来时间指称的语法表达形式。作者根据 Chappell (2015/2017/2019) 对汉语方言区域划分的结果，汇聚现有方言文献关于将来时的描述，比较了汉语方言六大区域可单用将来时形式的异同。研究将汉语置于大陆东南亚语言区域和北亚语言区域之间的过渡地带，分析汉语与两大宏观语言区域语言的异同，为汉语时体表达的区域研究探索一条可行的路径，也丰富了学界对汉语各区域语言特征多样性与一致性的认识。

我们（2020）也从语言接触的角度，考察了甘青河湟方言"着"的用法、来源，以及"着"字句的句法特征和形成机制。认为"着"字句的语义类别、语法功能，既与自身的演变发展有关，更与周边 SOV 型语言的接触密不可分。语言接触是引发甘青河湟方言中"着"既表时间顺序，又表假设、衔接、界限等逻辑关系，还可以表补充说明关系的主要原因。接触的机制是二语习得策略，即西北地区的少数民族在学习汉语的过程中，将自己母语的语法特征——终结型的陈述式和连接形的副动词的语法范畴带进了他们习得的汉语中，并对汉语固有的、表动作行为进行持续的"着"进行了重新分析，是语言接触中的"不变之变"：首先是"不变"，汉语语序以及助词"着"是固有的材料，换言之，演变的材料、演变的过程、演变结局看上去都是汉语内部的；其次是某种特殊形式的"演变"——这些现象有的是改变了汉语的语序和句型。最后是引入了汉语语法本身没有的语法范畴。不过，这只是一种不断变化发展的动态过程，它们在语法化进程中会和汉语不断地"协商"、不断地修正自己的错误。类似的文章还有《临夏回民汉语的"S 是+N 是/不是是"句》（2016）、《类型学视野下西北汉语方言"给"字句研究》（2018）、《语言接触视角下甘肃临夏话和东乡语述补结构研究》（2022）、《语言接触视角下甘青河湟方言的前呼后应与重叠并置现象》（2023）等。

第三节　甘青河湟地区的语言区域特征

甘肃省西南部与青海省东南部相连的区域——甘青河湟一带自古以来就是多民族杂居、多元民族文化共生的典型区域，是"中华文化多元一体格局"的缩影。汉语虽然处在与阿尔泰语、藏语交会的前沿地带，但在长期的深度接触过程中，区域内汉语方言和阿尔泰语、藏语在句法方面产生了一些相同或相近的语言特征，少数民族语言相应地也广泛地吸收汉语的词汇。汉语方言和少数民族语言相向而行，逐渐偏离了各自的发展轨道，形成了独特的语言区域。我们称为"河湟区域"。

"河湟语言区域"是语言接触研究的富矿区。特别是近年来，深受国内外语言学者关注。Dwyer（1995）曾分析了循化话的特点，提供了 124 个句子的语料，把中国西北地区叫作语言区域；Slater 在 2003 年出版的专著《土族语语法——一种来自中国甘肃青海语言区域的蒙古语言》（A Grammar of Mangghuer——a Mongolic Language of China's Qinghai-Gansu Sprachbund）中明确提出"青海—甘肃语言区域"的概念，他认为区域形成时间大约不会早于 13 世纪中叶；Nugteren 和 Roos（2006）在分析西部裕固语时也曾提到"甘肃—青海语言区域"；Janhunen（2006，2012）将 Slater（2003）提出的"青海—甘肃语言区域"称作"安多语言联盟"（Amdo sprachbund），因为这些语言主要集中在讲安多藏语的地区，如青海海东和甘肃甘南藏族自治州；徐丹、贝罗贝（2018）称作"中国境内甘青一带语言区域"。

称其"河湟区域"，主要是我们的调查集中在湟水流域和甘青之间的黄河两岸的民族地区。包括：①甘肃临夏回族自治州的临夏市；②甘肃甘南藏族自治州的临潭县；③甘肃东乡族自治县；④甘肃积石山保安族东乡族撒拉族自治县；⑤青海化隆回族自治县（卡力岗人的语言）；⑥青海海北藏族自治州的祁连县（托茂话）；⑦青海门源回族自治县和大通回族土族自治县；⑧青海西宁市的城东区。

一 甘青河湟语言区域的形成与发展

（一）语言区域的基本情况

《后汉书·西羌传》中有"乃度河、湟，筑令居塞"的记载，"河湟"逐渐演变为一个地域概念。甘青河湟一带语言区域包括河湟为中心的黄河上游河曲之地及湟水流域，其范围涵盖黄河上游、湟水流域及大通河流域地区，历史上又称"三河间"。①

从语言研究的角度来看，甘青河湟地区属于文化圈概念，主要指甘肃、青海交界河湟地区具有语言接触共享特征的语言区域。

从地理范围来看，河湟一带语言区域以青海西宁市和甘肃临夏为中心，包括甘肃的临夏回族自治州、甘南藏族自治州一带；青海日月山以东，祁连山以南，黄河流域的有贵德县、化隆县、循化县等，湟水流域的湟源县、大通县、互助县、民和县、门源县等地区。

从民族构成来看，河湟地区历来是多民族杂居之所，汉族、回族、藏族、蒙古族、东乡族、撒拉族、土族、裕固族、保安族等民族比邻而居，或杂居而处。许多主体民族还衍生出诸多文化复合族群，如青海祁连地区的托茂人、青海化隆县的卡力人、青海同仁县保安土族中的"五屯人"、甘肃东乡"唐汪人"（汉族的东乡化、回回化）等。

从语言系属来看，这一区域里有四种语言：一是带有语言接触特征的河湟汉语方言即接触语言。如临夏话、西宁话、积石山方言等。二是

---

① "河湟"分"小河湟""大河湟"两个不同概念："小河湟"是指日月山以东、同仁县以北的黄河、湟水流域；"大河湟"是指日月山以东、祁连山以南的地域，包括黄河上游、湟水流域及大通河流域所构成的整个"三河间"区域，行政区划除青海西宁、海东、海北、黄南、海南全境或部分地区外，还包括河南蒙古族自治县、甘肃省兰州市（红古区）、临夏回族自治州（积石山、永靖等）、天祝县、永登县和甘南藏族自治州（含临潭县等）等地。我们采用"大河湟"的地理概念，以语言研究为核心，并在此地理范围的基础上相应地扩展和删减。

接触程度较高、带有混合性质的唐汪话、甘沟话和五屯话等，也包括少数民族转用的汉语方言，如保安汉语、东乡汉语等。三是汉藏语系藏缅语族的安多藏语和康方言。安多藏语无声调，分布在夏河县、碌曲县、玛曲县和天祝县等地；康方言是有声调的，分布在卓尼县、迭部县、舟曲县的大部分地区。四是阿尔泰语系蒙古语族的东乡语、保安语、土族语、东部裕固语以及阿尔泰语系突厥语族的撒拉语和西部裕固语，这六种语言没有文字。

正是这几种（大约15种）不同关系的语言长期共处于一个地区，密切接触，互动频繁，从而在语言结构上产生了共同特征，形成了一种"语言区域"。

（二）语言区域的语言环境

甘青河湟地区语言成分复杂，既有汉语、藏语等汉藏语系语言，也有土族语、东乡语、保安语等阿尔泰语系蒙古语族语言，还有撒拉语、西部裕固语等阿尔泰语系突厥语族语言。借鉴文化圈的理论，可以划分为四个文化圈：汉回两族构成汉语文化圈；藏族构成藏语文化圈；土族、东乡族、保安族为蒙古语文化圈；撒拉族为突厥语文化圈。语言之间的交流融合以语音、词汇和语法为要素，在这些文化圈之间互为影响、互为渗透。

1. 藏语

河湟地区使用的藏语属于汉藏语系藏缅语族的藏语支，主要操藏语安多方言和卫藏方言。藏语与汉语之间的接触在秦汉时期就已开始。元代以前，河湟地区汉族人口相对较少，藏语属于优势语言，当地的汉族因为交流的需要成为最早的双语人。随着汉族人口的增加，汉语与藏语的接触更加深入，一方面，藏语吸收汉语的许多词汇来丰富自己的词汇系统；另一方面，汉语也不可避免地受到藏语的影响。藏语在河湟一带的影响力较大，土族语、东乡语、保安语、汉语方言中都有一定比重的藏语借词，如："鲁沙尔"（湟中县城，"牲畜的圈窝子"之意）、"多巴"（位于湟中县，意为"岔路口"）、"尖扎"（猛兽出没的地方）、"曼巴"（医生）、"阿客"（喇嘛）、"英达蒙达"（一定）、"玛尼达却"（经幡）、"桑"（神香）等，个别词汇如"阿客"（喇嘛）、"糌粑"（一种主食）、"曲拉"（奶渣）等已进入河湟共同语，成为各语言使用者广为熟知的区域特征词。

2. 阿尔泰语系蒙古语族语言

元朝时期,蒙古语成为河西到河湟一带的通行语言。东乡语、保安语、土族语均从蒙古语分化而来。东乡语保留了诸多中世纪蒙古语语音、词汇、语法特点,说明东乡语是在中世纪蒙古语的基础上发展演变的。语音方面,非词首音节短元音发音清晰,很少出现弱化或脱落;词汇方面,东乡语保留了一些中世纪蒙古语词汇,而这些词汇在现代蒙古语中已消失。语法方面,领格和宾格同形,附加成分是-ni,使用"动词词干 + danə(不能)"这一否定意义的表达式,与中世纪蒙古语完全相同。如"我不能跟你们说"东乡语为"bi(我)tandə(你们)kiəliə(说)danə(不能)"(刘照雄 2007:151)。

保安语分为积石山方言和同仁方言。保安语(以积石山方言为代表)语音方面,存在着与中世纪蒙古语词首 ⇑ 相对应的 ⇑ 和 ×,词尾多保留有短元音。词首元音和词首音节脱落现象比较突出,音节末辅音或整个词中音节脱落的情况也很多。在词汇方面还保留着中世纪蒙古语里曾经使用的一些古老的语词。

土族语又称"察汗蒙古语",土族语不仅保留着现代蒙古语中已消失的古代蒙古语语音和词汇,而且在其宗教信仰方面也加了众多藏语词汇。根据《土族语词典》,现代土族语中的 6000 多个词里,土、蒙同源的共有 2654 条,源于汉语的 820 条,藏语借词 253 条。一般分为互助(包括乐都、天祝)、民和(三川地区)、同仁三个方言区。各个方言在语音、词汇、语法等方面存在着不同程度的差异。①

康家话是居住在青海省黄南藏族自治州尖扎县康杨镇沙里木、宗子拉、巷道三个村子部分回族使用的语言,属于阿尔泰语系蒙古语族语言,更接近于保安语。李克郁(1993)、韩建业(1992)、陈乃雄(1997)等认为康家话在蒙古语族中或保安语中所居的"中间地位",可以把康家语视作保安语的第三种方言——保安语尖扎方言。

亲属语言既然是由原始母语分化发展而来,它们的语音、词汇、语

---

① 马建春:《河湟地区族群语言形态与族群性研究》,《西南边疆民族研究》2009 年,第 14—19 页。

法的同源成分必定具有一系列的对应特点。同源词的语音对应凝结着共同的文化心理、历史轨迹、社会结构、历史亲缘关系等。如："土语词 tolɢuit（头），在同语族词里 tɔlɢœ（蒙）、toloʁui（东裕）、təroŋ（保），它们都延伸出'首领、酋长、领头人'等新义新概念。"① 此外，保安语词首的 x 和 f，既与元代蒙古语词首的 ⇑ 对应，又与土语、东乡语词首的 x 和 f 对应。而保安语的固有词多保留词末短元音，这与蒙古书面语、土族语、东乡语一致。土族语的［tɕʰə］"你"和蒙古语的［tʃi］"你"同源，辅音的差别表现在前者是不送气的舌面前辅音，后者则是送气的舌叶辅音；元音的差别是前者是舌面央展元音，后者是舌面前高展元音。从蒙古语族各语言间的互相接近程度看，土族语同东乡语、保安语比较接近。

3. 阿尔泰语系突厥语族撒拉语

撒拉语属于阿尔泰语系突厥语族西匈语支的乌古斯语组，与其同语族的语言还有乌兹别克、土库曼、维吾尔、哈萨克等。撒拉语主要分布在青海循化撒拉族自治县的北部河谷地带，以及化隆回族自治县的甘都镇、甘肃积石山保安族东乡族撒拉族自治县等地区。撒拉语属于黏着语，有丰富的形态特点，语言内部比较一致。撒拉语调名词具有数、格、人称领属、有定与无定等形态变化；动词有时、体、态、式、传据、情态范畴等；形容词名物化后还有数、格和领属人称的变化；数词也有数、格和领属人称的变化。撒拉语同样长期处于汉藏语系语言的包围之中，深受汉语和藏语的影响，形态和功能在弱化。

4. 回族话

我国回族"以地域论，西北最多，以时代说，元明为盛"。西北地区的回族是以元朝时期信仰伊斯兰教的入华西域色目人为主，融合了多民族成分"华化"而成，他们在"华化"的过程中逐渐放弃了原用语而转用了汉语。我国回族是集体转用汉语的民族。西北民族地区的回族以临夏话为交际语，早期使用过小儿锦，内部使用经堂语。

历史上，河湟地区的回族使用的语言包括阿拉伯语、波斯语、蒙古语等，由于元代蒙古语的特殊地位以及东来色目人与蒙古人的密切关系，回

---

① 席元麟：《从土族语词汇看其文化的多元性》，《青海民族学院学报》1993 年第 1 期。

回色目人也多掌握蒙古语，民间还转用较为通用的"蒙式汉语"——词汇主要来自汉语，而语法主要是汉语和阿尔泰语不同程度和形式的折中和混合。元末明初以来，以蒙古语为共同语言的信仰伊斯兰教的蒙古军和"回回军"的后裔与从内地而来的汉族和操汉语的回族产生了大融合，汉语已经成为回族的通用语言，回族共同体也最终形成。但处于河湟一带的回回人因宗教信仰和相近的民族来源，始终与周围信仰伊斯兰教的、操阿尔泰语蒙古语族的各民族保持密切联系，其语言不同程度地受到影响，"蒙式汉语"及"汉儿言语"这些中介语形式还能较多地保留，充分体现了阿尔泰语和汉语之间的相互影响。

　　回族话作为汉语的附属语，是以阿拉伯语、波斯语为代表的伊斯兰文化与本土汉语的结合。除宗教语场合用阿拉伯语、波斯语借词、伊化汉语词汇外，回民汉语与汉语在语音、构词、语法等方面，也有一些差异。如：临夏话中的舌尖中音［t］［tʰ］在跟齐齿呼相拼时，回腔变读为舌面音［ȶ］［ȶʰ］，从而使舌面音的音节大大超过舌尖中音的音节。端组四等个别字的声母在介音［i］前颚化成［tɕ］组，回汉有差别，如临夏话第三人称回汉腔都有两套，第一套回汉腔不同，汉腔单数念［tɕiə²⁴³］，复数念［tɕiə²⁴³ məŋ²¹］，回腔单数念［i⁴² tɕiə²⁴³］，复数念［i⁴² tɕiə²⁴³ məŋ］。① 西宁回民话只有两个单字调，老派回民［ʂ］声母拼合口韵，而汉民是［f］声母，如"说"汉民话读［fɔ］，回民话读［ʂɔ］。回民汉语与汉民汉语在语法上也有差异。据张安生（2007）的研究，西宁回民话的语法表现出明显的 OV 语序特征，动词有与阿尔泰语动词的陈述形/陈述式、连接形/副动形、兼役形/形动形相似的形态特征；西宁回民话、汉民话都有引语标记，但是引语句的句式也与回民话有区别，汉民话只有句尾的"-说"，一般不用"-说着"。②

　　（三）语言区域形成的原因

　　桥本万太郎（2008）指出，语言历史上的演变，大部分不是由该语言内在的因素引起的。那么，比亲属关系更重要的是跟周围语言的互相影

---

　　① 兰州大学中文系临夏方言调查组，甘肃省临夏州文联：《临夏方言》，兰州大学出版社1996年版，第177页。

　　② 张安生：《西宁回民话的引语标记"说着""说"》，《中国语文》2007年第4期。

响，和作为其结果的整个结构的区域性推移和历史发展。① 从语言区域形成的地理、历史因素和不同语系语言碰撞融合来看，甘青河湟一带语言区域形成大致在 13 世纪蒙古人入主中原以后。语言接触是河湟一带语言区域形成的动因和结果，特殊地理生态、多元人为环境及少数民族的演变历程，共同造就了河湟语言区域的形成和发展。

1. 地理生态

从地缘上看，河湟地区处于青藏高原与黄土高原的交界地带。祁连山支脉、大坂山、拉鸡山和黄南山岭谷相间，依次形成了大通河谷地、湟水谷地和黄河谷地。近乎东西走向的高大山脉，成为河湟流域重要的自然地理分界线。各民族以黄河、湟水干流及相关支流水系为据，沿河流而居，灌溉农业和高原畜牧业成为因地制宜的经济生产模式。因此，河流谷地和高山草原的地貌格局使得河湟地区成为一个相对独立的地理空间，既为各民族经济往来、民族宗教文化传播提供生态条件，也造就了对外交往的障碍，使得语言可以在相对封闭的条件下深入接触。

2. 多元人文环境

河湟地区作为多种文化的中转、过渡地带，具有十分明显的多元性特征，存在三大文化系统、四种文化类型、近十种民族文化成分。② 从族群角度来看，河湟地区从历史上到现在始终是多元族群的混居地。各少数民族有的历经曲折，延续至今；有的则相互融合，形成新的民族；有的形成与主体民族呈现一定区别的跨文化族群，诸如"托茂人""卡力岗人""家西番"等。从宗教信仰来看，这一区域有汉族儒道文化、伊斯兰文化和藏传佛教文化，族际间的宗教文化结成了两个比较密切的互动圈：一是藏族、土族和汉族之间的互动圈；二是回族、东乡族、保安族和撒拉族之间的互动圈。以物质资料的生产方式来划分，河湟地区形成了游牧文化、农耕文化、商业文化以及手工业文化。多元宗教贯通多元民族，多元民族与多元宗教文化共构了河湟地区的表里结构。不同民族在长期交往中彼此理解、相互融通，显性符号的共享，诸如龙、凤、狮子等符号，使得民族与宗教呈现出多样性。因此，多元人为环境为民族融合、语言的兼收并包

---

① 桥本万太郎：《语言地理类型学》，世界图书出版公司 2008 年版，第 56—79 页。
② 段继业：《河湟多元文化的起源、价值与现实》，《青海社会科学》2002 年第 5 期。

提供了一个独特的文化地理空间。

3. 多元民族政权

河湟地区自古以来为多族群迁移、繁衍、聚居、角逐之地。先秦时期，这里是西羌人活动的中心，部落繁多；秦汉以来，鲜卑人大量进入青海并建立吐谷浑王国；魏晋南北朝时期，东胡族系的匈奴、鲜卑诸部进入黄河上游地区，也有匈奴、羯、氐及东羌等曾迁移于此；7世纪中叶，吐蕃兴起，特别是"安史之乱"后，整个陇右、河湟地区尽陷于吐蕃；北宋时期，散居在河湟地区的吐蕃人建立了唃厮啰政权。公元1227年，蒙古军队攻破河州，吐蕃人势力在河湟地区渐渐衰弱，直到元朝灭亡，蒙古人一直控制着河州地区。随着蒙古人的西征南下，大批中亚、波斯等地的穆斯林因征调、随军、经商等原因进入内地，"西域亲军""探马赤军""屯戍人户"等"回回军"和蒙古军在河湟一带屯聚牧养。元朝建立后，先后派蒙古宗室中较早信仰伊斯兰教的西平王系、安西王系、西宁王系常年驻守青海。此时，大多数回回色目人和信仰伊斯兰教的蒙古人继续保留了自己的宗教信仰，并在以后的演变中成为甘青一带回族先民的一部分；也有一部分屯留湟水一带的蒙古人和当地土著融合，形成了今天的土族；还有部分色目人、蒙古人进入了高山险阻的东乡地区，通过相互融合，发展成为今天的东乡族。

明初开始，汉族重新成为统治民族。禁"胡风""胡俗""胡语"等，使得蒙古人势力逐渐衰弱。"军屯""民屯""商屯"的实行改变了河湟地区的民族格局。长江东部、安徽北部等汉族移民大量进入湟水谷地，大通、门源、祁连等地屯垦屯牧的汉族成为多民族格局中的重要一支。一些来自山陕等地的经商者定居青海，来自关中、江南、华中等地的回族进入河湟一带。此外，茶马互市贸易以及逐渐兴盛的民间贸易，也促进了河湟少数民族和内地而来的汉族之间的互相融合。甘青河湟地区民族数量众多，历史悠久，语言不一，形成了"各美其美，美美与共"的格局。各族人民和睦相处，荣辱与共，语言自然也相互影响、交融渗透。

4. 语言接触引起语言变异

语言接触是河湟一带语言区域形成的动因，也是不同系属语言演变发展的方向。汉语和非汉语的接触和交融会波及接触语言的任何一方，使某个语言特征在语音、词汇和语法各个层面由源语迁移到受语之中，使得汉语方言和少数民族语言的母语模式都偏离了各自的发展轨道。

河湟地区的汉语虽然是优势语言，但也不可避免地从周边少数民族语言中吸收一些词汇，或者用汉语的材料去表达这些词汇，以便和少数民族顺利进行生产、生活方面的沟通交流。一些借自少数民族语言的借词在汉语中已落地生根，语音被当地汉语方言完全同化，日常频繁使用，逐渐成为区域共同语词汇。例如，常用的蒙古语借词有"morjr"（冒儿，马）、"yamary"（伢马，山羊）、"pela"（颇拉，公牛）、"ʃaka"（夏嘎，羊踝骨）、"xatag"（哈达，敬礼的薄纱）、"bashi"（把式，有手艺专长的人），等等。常用的藏语借词有"tsamba"（糌粑，用青稞炒面制成的一种主食）、"tɕʰəra"（曲拉，奶渣）、"ɤgormo"（古录毛，钱）、"ɤmanpa"（曼巴，医生）、"gantang"（冈趟，步行）、"akhə"（阿卡，和尚）、"ala-bala"（阿拉巴拉，一点点，马马虎虎）等，这是汉语吸收民族语言的词汇，最常见的是汉语输出大批词汇。积石山保安语中汉语借词20世纪50年代调查显示汉语借词比例为40.4%（大墩，词汇总数3020个），20世纪80年代为58.11%（甘河滩，词汇总数3624个）。[①] 保安语的汉语借词数量已接近总数的一半，且已大量渗透至保安语最为稳固的基本词汇和核心词汇层面，影响深度可见一斑。东乡语的情况也是如此。根据我们2012年的调查统计，东乡语中汉语借词占到了58%。汉语借词涉及日常用语、基本词汇、文化词、新词术语等，特别是诸多汉语虚词的借入给东乡语语法带来了一定的影响。东乡语在汉语影响下语音系统已经发生了较大的变化，与蒙古语有了明显的区别：单元音数量变少，复元音数量增多；舌尖后音 tʂ、tʂʰ、ʂ 融合了东乡语固有的舌叶音 tʃ、tʃʰ、ʃ；增添舌面音 tɕ、tɕʰ、ɕ；保留词首辅音 f。

尽管河湟一带各少数民族借用了大量的汉语词，但是句法基本保持了原有特点，并不会使整个语言结构产生系统的、结构性变化，反而随着借用范围的扩大与河湟汉语方言在"协商"中逐渐趋同。比如，随着少数民族语言对汉语词的广泛借用，汉语判断句系词"是"也融入东乡语中，在固有的判断句中形成"叠置"现象。例如：

---

① 陈乃雄：《保安语的语音和词汇》，《西北民族研究》1990年第1期。

ənə ʂɯ anani-mini　　xəbao wo.（刘照雄2007：136）
这　是　妈妈－领格）　荷包 助动词
这是我妈妈的荷包。
budan uliə idʑiəkuni ʂɯ iəwa wo.（刘照雄2007：153）
饭　　不　吃人　　是月娃 助动词
不吃饭的（人）是婴儿。

　　来自汉语的判断系词"ʂɯ（ʂi）"（是）与东乡语固有的判断句式"……wo"组合，构成了特殊的判断句"ʂi……wo"，共同承担表示判断。这种混合判断句作为 SOV 结构和 SVO 结构的混合形式，对东乡语来说，从汉语借入的判断动词只能起辅助作用，无法代替固有的判断动词，借自汉语的判断动词"ʂɯ"可以省略，固有的"wo"始终稳固。

　　语言接触的双向性也决定了汉语中必定会留下诸多少数民族语言特征。阿尔泰语系蒙古语族语言、突厥语族语言及藏语虽说属于不同语系、不同语族，但在语序类型上都是 SOV 结构，后置词发达。河湟汉语方言较多地吸收了这些邻近的非汉语的句法形式，以至于影响到了汉语句法的根基，使得汉语和非汉语在句法结构方面有一系列趋同特征。

二　河湟汉语方言的格局

　　河湟汉语方言是位于甘青一带语言区域中心的汉语方言的统称。这一区域主要指湟水流域和甘青之间的黄河两岸地区，具体包括了甘肃临夏回族自治州各县市和青海海东市、西宁市各县区以及海南、黄南两个藏族自治州沿河区域。河湟汉语方言是生活在上述区域汉族和回族共同使用的语言，同时也是这一区域少数民族对外交际的通用语言。河湟汉语方言涵盖区域较广，区域内的汉语方言语言系统普遍具有一定程度的混合特征，但内部各方言点之间存在不同程度的差异。

　　（一）混合特征

　　从语言系统看，河湟汉语方言普遍具有一定程度的混合特征，语音和词汇系统基本源于汉语，与北方汉语大致相同；而语法系统不同程度地表现出 OV 型语言的特征，与区域外的汉语方言差异明显，但与周边阿尔泰语言和藏语相似，语法框架接近阿尔泰语言和藏语。下文以临夏话为例，观察河湟方言的混合特征。

声调以两声调和三声调为主。与河湟区域内汉语方言声调普遍较少的规律一致。声调的归并和减少与周边无声调的少数民族语言影响有关。桥本万太郎（2008）曾指出，汉语音节音调（声调）的数量由南向北不断减少。南方方言声调数量多可能与南方少数民族语言声调丰富有关，如贵州、广西的侗语有 15 个声调，云南东南部台语之一的剥隘语有 10 个声调。① 甘青河湟方言声调为 2—3 个，数量减少也与无声调民族语的影响有关。

词汇方面，临夏话词汇基本都是汉语词汇，有少数藏语和阿尔泰语借词。回族话有一定数量的阿拉伯语和波斯语借词、伊化汉词。这些词汇与宗教活动和宗教文化相关，大多是音译借词，还有少数混合词（合璧词）。伊化汉词则是采用汉语语素材料，赋予新的意义。

语法方面，临夏话与周边阿尔泰语言和藏语具有一系列平行特征。如 SOV 语序、后置格标记、复数标记"们"用于无生命名词、连接型"V 着 V"结构、增宾和形态致使结构"V 给"、后置式从属语标注类型的引语标记，以及后置状语从句标记、"有"表示存在、处所义等。

杨永龙（2019）认为，河湟地区汉语方言具有四个共同的特点：一是当地人使用的母语，而不是用作临时交际中介的皮钦语；二是以 SVO 的汉语或汉语方言与 SOV 型阿尔泰语或安多藏语相互接触而产生的；三是汉语是词汇供给语，相应的语音系统也与北方汉语基本相同，混合性语法特征与 SOV 型语言一致，SOV 型语言是语法结构的供给者；四是总体看汉语是强势语言，是发展演变的方向。②

（二）内部差异

河湟汉语方言是一个涵盖范围较广的概念，包括甘青两省湟水流域和甘青之间黄河两岸的多个县市。这些方言点的方言从语言系统的构成看，都在一定程度上具有接触导致的混合特征，但具体到每个方言点还各有不同，存在明显的内部差异。这种差异既表现在不同方言点之间语言的混合

---

① 桥本万太郎：《语言地理类型学》，余志鸿译，世界图书出版公司 2008 年版，第 85 页。
② 杨永龙：《甘青河湟话的混合性特征及其产生途径》，《民族语文》2019 年第 2 期。

程度不同，混合特征来源不同，也表现在不同方言点之间混合性句法特征的具体表现形式不同。

河湟汉语方言内部的混合程度并不一致。如分布在青海黄南藏族自治州同仁县隆务乡的五屯下庄、五屯上庄和江查麻村的五屯话是一种混合程度极高的汉语方言。意西微萨·阿错（2004）认为五屯话已经发展至"混合语"阶段，是一种以汉语为基础，受藏语强烈影响而形成的混合语，五屯话完全符合异源结构语言的特征，具体如表6。①

表6　　　　　　　　五屯话混合特征（意西微萨·阿错2004）

不同的语源 不同的结构	结构		要素	
	语法	语音结构	词汇	语音格局
来自汉语	−	+	+	−
来自藏语	+	−	−	+

五屯话语音系统主要以汉语语音为主，也有藏语成分，如有一些复辅音声母和不常见于汉语方言的音位 cç 和 ɬ 等。一般认为五屯话有过声调，但长期受藏语影响，声调退化，逐渐转变为靠重音辨义。词汇，尤其是基本词汇，以汉语词汇为主，但表达的词义或构成方式却受到藏语和周围其他语言很大影响。根据陈乃雄对3000个词记音材料的统计，汉语词汇近65%，藏语词汇占20%，汉藏混合词占5%，还有一部分目前还不能确定来源的词。② 语法方面，五屯话是一种SOV型语言，具有黏着型语言的特征，名词有数、格范畴，动词有体、态、式等。五屯话还表现出明显的"作格型"语言特征，动词有主客观对立的情态范畴，这都是藏语语法的典型特征。

除五屯话外，河湟地区还有一些接触混合程度较高的方言。如唐汪话、周屯话和甘沟话等。徐丹（2018）将唐汪话和甘沟话视为"汉语变体"，认为唐汪话目前还不是混合语。句法结构的特殊性并不足以完全决

---

① 意西微萨·阿错：《倒话研究》，民族出版社2004年版，第214页。
② 陈乃雄：《五屯话初探》，《民族语文》1982年第1期。

定语言性质，音系和核心词汇的对应起着更为关键的作用。① 周晨磊（2016）认为青海贵德的周屯话，语言接触程度较深，语法结构变异明显，接触程度深于西宁话和唐汪话，略浅于五屯话，是一种语言接触程度较深的混合型汉语方言。② 我们认为周屯话也可以说是"汉语变体"的一种。这些汉语方言往往带有更多的异源性成分。

河湟地区还有大量接触混合程度略低、混合来源不同的汉语方言。这些汉语方言基本保持着北方汉语的语音和词汇系统，语法结构方面具有一系列与阿尔泰语或藏语相一致的语言特征。这些方言点的源语影响程度有所不同，在藏族相对集中的区域，如青海海南，以及黄南藏族自治州的贵德、同仁等地，汉语方言受藏语影响更为明显；在甘肃临夏，以及靠近临夏的地区受阿尔泰语言影响更为明显等。

此外，河湟汉语方言语法特征由于涉及多个参项，各方言点间的具体表现不完全相同。如 OV 语序，有些方言点 OV 语序相对严格，如甘沟话、临夏话、积石山方言等；有些点则 OV 语序和 VO 语序并存，如西宁话等。又如"把"等前置词，在甘沟、积石山等地基本未见出现，一般使用格标记"哈"标记受事或与事，而西宁话、唐汪话则有"把……哈"这样的前、后置词并用的叠置结构。再如格标记，不同方言点使用的格标记形式也有所不同，特别是从格标记差异较大，张安生（2013）对河湟地区的格标记有过详细说明，可以参见其研究。

杨永龙（2019）指出："如果跳出河湟地区，从更大的范围来看中国整个西部和北部地区，从河湟到秦晋，再到北京，许多语法特征既有区别又有联系，可以构成一系列程度有别的渐变连续系统。"③

（三）河湟汉语方言形成

河湟汉语方言的语言系统普遍具有一定的混合性特征，这是汉语方言与藏语、阿尔泰语言相互接触引发的语言演变的结果，最主要的途径是转用引发的干扰，双语人在这一过程中起到了重要作用，机制主要是语法复制，也有少量语法借用。

---

① 徐丹、贝罗贝：《中国境内甘肃青海一带的语言区域》，《汉语学报》2018 年第 3 期。
② 周晨磊：《青海周屯话参考语法》，博士学位论文，南开大学，2016 年，第 18 页。
③ 杨永龙：《甘青河湟话的混合性特征及其产生途径》，《民族语文》2019 年第 2 期。

1. 形成途径

以往学者通过对河湟汉语方言的研究，基本达成共识：河湟汉语方言的形成是语言接触的结果，其混合性特征的形成受到周边阿尔泰语言和藏语的影响，或二者兼而有之。关于河湟汉语方言混合性特征的产生途径有两个维度需要特别注意：一个是来源与演变方向，要明确来源语和目标语；另一个是演变过程，要分清是借用还是转用。

Thomason 根据受语是否保持和"不完善学习效应"是否出现，将语言接触引发的演变分为"借用"（borrowing）和"转用引发的干扰"（shift-induced interference）。借用是外来成分被语言的使用者带进了该语言社团的母语，母语被保持，但因为增加了外来成分而发生了变化。转用引发的干扰是语言转用过程中语言使用者将母语的特征带入学习的目标语之中。借用和转用引发的干扰在特点和后果上有明显的差别，可以概括如表 7。①

表 7　　　　　　借用和转用干扰的主要区别（吴福祥，2007）

借用	转用引发的干扰
语言保持	语言转用
没有不完善学习效应	具有不完善学习效应
干扰引入者一般是受语的母语使用者	干扰引入者一般是源语的母语使用者
源语通常是强势社团的语言	源语多半是弱势社团的语言
词汇干扰先于结构干扰，且前者占优势；结构干扰蕴含词汇干扰	结构干扰先于词汇干扰，且前者占优势；结构干扰不蕴含词汇干扰
接触时间越长、双语制程度越高，则结构干扰的可能性越大、种类和层次越多	转用过程时间长、双语制程度越高，则结构干扰的可能性越小、种类和层次越少

通过对河湟汉语方言的调查，可以发现绝大多数方言中的借词很少，语法结构特征的干扰成分较多。主要源于语言转用引发的干扰，而非借用，源语为藏语或阿尔泰语言，目标语为汉语。

---

① 吴福祥：《关于语言接触引发的演变》，《民族语文》2007 年第 2 期。

河湟汉语方言混合性特征的产生途径不是单一的。最主要的途径是藏语或阿尔泰语的使用者放弃原有语言而转用汉语，受母语语法特征干扰，将一些语法特征带入所习得的汉语之中。暂不论源语是藏语还是阿尔泰语，由于二者都具有相同的 SOV 语序和与之相和谐的一系列形态句法特征。使用藏语或阿尔泰语的母语人在放弃母语转用汉语的过程中，按照转用引发干扰的等级，最有可能的结果就是保留藏语或阿尔泰语的形态句法特征，而非词汇。

语言接触对语言的影响主要有借用和干扰两类。借用一般少数民族语言从汉语引进词汇；干扰则是接受语，如汉语的语法演变受到了少数民族语的影响。

如：东乡族也称为"撒尔塔"（Sarta）。在所讲的两种语言东乡语和东乡汉语中，东乡语（L_1）来自汉语的借用干扰包含大量的词汇干扰；但在该民族所讲的东乡汉语（L_2）中，却有强烈的形态句法干扰，这是语言转用引发的干扰。

东乡语和保安语汉语借词占 58%。随着汉语借词源源不断，接受语随之增加许多与固有成分相悖的外来成分，从而动摇了接受语的内部系统。这时候适应机制就会对借入成分进行适当的调整和改变，使借词本族语化。如：东乡语中的汉语名词借词需加汉语词缀"kei/客""-jia/家""bao/包"，双音节的动词汉语借词需加东乡语的助动词（东乡语 giə、保安语 gə），这些附加成分，对汉语来说是多此一举，画蛇添足，但对黏着语的东乡语构词而言是必不可少的。

将汉语借词带入东乡语里的人，绝大多数是以东乡语为母语的人，并且是能说流利汉语的双语使用者，因为他们至少要理解所借用的汉语词汇的意义和特征。因此，在借用干扰过程中起重要作用的是语码转换和语码交替。语码转换是双语人指在同一次对话交谈中使用两种甚至更多的语言变体。是从其他语言中吸收本语言没有的词语填空，填补词汇空缺。在东乡语、保安语里可以看到，新概念都是借用汉语的词来表达，包括文化词、核心词和功能词，都能够轻而易举插入一个既存的东乡语结构格式中，用来表示这个新的概念，同时会伴有语音的本族语化。有时是有意为之（Deliberate decision）。这种演变模式即语码转换。

语码交替（Code alternation）是由双语人在某种特定语境下使用其中

一种语言,在另一种截然不同的语境下使用另一种语言。由于语言接触的广度和深度不同,语码交替的程度也各不相同。面对外来的"异质"成分,出于语言的本能,就会保全自己的语言格局。这时候"协商"(Negotiation)机制也会发挥作用。如母语已有一个和借词语义相近或相同的词,借词就要跟原有的词互相协商,借词和固有词两种形式往往并存。诸如汉语借词"ioutiau""油条"和固有词"ioubudan""iou"(油)加固有词"budan"(饭)并存使用。干扰,指的是语言转用过程中语言使用者将其母语的语法特征如名词的格标记、动词的体、态、式范畴带入他们所习得的目标语中(Target Language),下文简作("TL"),正如甘青河湟地区的方言用"搭/塔""啦"对应蒙古语族的与-位格"-da/ta"、工具格"-la"一样,东乡汉语、唐汪话也用"些"对应东乡语的从比格标记"sə",从而对目标语汉语造成了干扰。干扰特征不会一蹴而就,最少需要两次或三次逐渐完成(见图6)。

来源语(TL$_1$)　　目标语变体(TL$_2$)　　目标语(TL)

第一步: 东乡语　→　东乡汉语　　←　汉语

第二步:

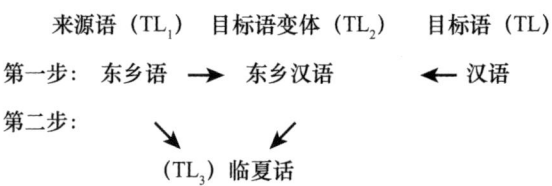

(TL$_3$)临夏话

图 6　目标语汉语干扰渐完成

首先学习通过把母语（L$_1$）的结构迁移到目标语的形式中,来保持母语的特征和其他一些模式,形成目标语变体（TL$_2$）,如东乡汉语。TL$_2$或固定下来成为该民族最终所讲的目标语变体形式,或 TL$_2$ 和 TL$_1$ 还会通过"协商"产生一种共享的目标语形式,而这种目标语形式将会成为整个社团的语言,如河州话。

干扰的机制是二语习得。河湟汉语方言的形成是一个相对复杂的过程,不同方言点间的情况并不完全一致,个别特殊点如混合语五屯话,很可能是语言突变的结果;而连片的方言区域则还是在语言长期深度接触中逐渐形成的。深度借用有些触发了语言转用,而转用引发的干扰是河湟方言形成的主要途径。杨永龙(2019)将这一过程作了简示:

(a) 源语(SL)【通过借用】 >

（b）源语的不同变体（SL$_1$ > SL$_2$ > SL$_3$）【通过转用】＞
（c）目标语的不同变体（TL$_1$ > TL$_2$ > TL$_3$）＜【通过妥协】
（d）目标语（TL）

河湟汉语方言的不同方言点大致都处于（c）的不同阶段。一些方言更接近汉语，异源性语法特征较少，而另一些则具有更多的异源性语法特征，混合程度更高，但都是汉语的方言变体。

河湟汉语方言形成的过程中，双语人发挥了至关重要的作用。语言接触是特定的语言个体或语言社团同时熟悉并且使用一种以上的语言，这是一个社会学状况。在这一过程中，双语人发挥着重要的作用。甘青民族地区，自古以来就是少数民族频繁活动的区域，历史上一些时期，少数民族人口总数甚至超过汉族。即使在今天，一些地区仍是少数民族人口占优势。根据2017年统计，临夏回族自治州少数民族人口占总人口的59%，其中积石山县的大河家镇少数民族人口达到总人口的85%。甘青河湟民族地区少数民族人口众多，数百年来，多以大杂居、小聚居的形式与汉族杂居相处，交往密切，少数民族兼用甚至转用汉语现象普遍。正是这些少数民族将SOV型母语的结构特征不断带入所习得的汉语之中，造成底层干扰，最终形成了具有混合性特征的汉语方言。需要注意的是河湟地区的双语人主要是少数民族，这是由汉语长期以来的优势地位决定的。河湟地区的双语人主要是少数民族，他们是语言接触的载体。这些具备双语能力的少数民族在与汉族交流或是与语言不通的少数民族互相交流时，使用或转用的是带有母语干扰特征的汉语。由于少数民族人口数量众多，汉族也在一定程度上接受了这些"错误"，双方不断"协商"，相互"折中妥协"，逐渐形成了今天带有明显少数民族语言结构特点的河湟汉语方言。由于汉族使用或转用少数民族语言的人数十分有限，因此早期汉语对少数民族语言的影响主要表现为词汇"借贷"，句法结构上的影响相对较少。但近年来，随着汉语语势的不断增强，大量词汇进入少数民族语言，并对固有词进行替换，数量巨大且成系统的词汇"借贷"不可避免地对少数民族语言的语音和语法产生影响，使之发生一定程度的改变。

2. 演变的机制

Heine & Kuteva通过一系列研究构建了一个理论模型，用于揭示语法结构和语法意义跨语言迁移的内在过程。按照二人的理论，接触引发的语法演变可以分为语法借用和语法复制。语法借用是一种语言（源语）的语法语素迁移到另一种语言（受语）之中。语法复制是一种语言（复制语）仿照另一种语言（模式语）的某种语法模式，产生出新的语法结构或语法概念。语法复制可以进一步分为接触引发的语法化和结构重组。接触引发的语法化是一种语言（复制语）对另一种语言（模式语）的语法概念或是语法概念演变过程的复制，结构重组是一种语言（复制语）对另一种语言（模式语）语法结构的复制。结构重组又包括重排、择一和消失三种。①

通过考察，我们发现河湟方言语法演变中有少量的语法复制。学界大多认为河湟汉语方言普遍使用的工具、伴随格标记"啦"与阿尔泰语系蒙古语族的相关格标记有着清晰的对应关系。徐丹（2018）也指出"啦"就是一种实体"借贷"，即这里所说的语法借用。"啦"来自土族语的工具伴随格"-la"。② 莫超（2010）指出河湟汉语方言表示时间界限的"塔啦"可能源于东乡语副动词"-tala"，③ 也是一种语法借用，但进入河湟汉语方言后功能发生了一定的变化。"搭""塔""搭啦"可能是"塔拉"语法复制后发生的语音简化和音变的结果。

河湟汉语方言语法方面最为普遍的演变机制还是语法复制，既有接触引发的语法化，也有语法结构的复制。如方言最显著的语法特征——小句的 SOV 语序，这种语序的变化属于典型的语法结构复制中的结构重组，在重排机制的作用下发生。模式语为藏语或阿尔泰语，小句优势语序为 SOV，复制语为汉语，对应的结构式语序为 SVO。少数民族在转用汉语时，依照模式语，即其母语中的 SOV 语序对汉语原有小句基本成分的语序进行重排，从而形成了河湟汉语方言 SOV 型的基本语序。这种接触引发的语法演变不是孤立的，常会引起连锁式的连续演变。从模式语迁移而来的特征进入复制语后可能进一步引起一系列的后续演变，河湟方言就是

---

① 吴福祥：《结构重组与构式拷贝——语法结构复制的两种机制》，《中国语文》2014 年第 2 期。
② 徐丹：《甘青一带语言借贷的历史层次及模式》，《民族语文》2018 年第 6 期。
③ 莫超：《东乡族汉语中的"些""有""啦哒/哒啦""阿哈"的用法及来源》，《甘肃高师学报》2010 年第 6 期。

这类情况的典型代表。小句基本成分的语序通过重排发生变化之后，由于动宾语序是语言最基本的语序类型，决定着语言中其他结构的语序，河湟汉语方言基本语序的改变对语言面貌产生了关键性影响。方言普遍使用的后置型的格标记、状语从句标记、助动词、引语标记、标句词等都与小句的 OV 语序有关。另外，河湟汉语方言也有语言接触引发的语法化，如复数标记"们"用于生命度较低的动植物名词，以及无生命名词后表复数、"有"表示处所的功能的形成，都是受到双语人母语影响而发生的功能扩展。值得注意的是河湟汉语方言在进行语法复制时，复制少数民族语言语法结构时，常常会使用汉语中与之功能相同、语义接近或相关，语法位置相近且语音近似的语言材料，如"V 着 V"结构中的连接型标记"着"，祈使标记"V 给"中的祈使标记"给"等。

（四）河湟汉语方言与藏语和阿尔泰语言的关系

从河湟地区的民族起源、地理位置、汉族与少数民族的关系和不同语系语言碰撞融合来看，河湟汉语方言的形成与其主体民族有对应的层次。

1. 藏语的影响

从汉至宋金，主要有羌人、吐谷浑人和吐蕃人等居住在河湟地区，相较而言，藏族在河湟地区生活更久远，藏语对这一带语言的影响是第一层次的。从唐代大规模的藏汉接触开始，到元代操阿尔泰语的族群大规模进入，在这近 600 年间，吐蕃文化占有主导地位，使用民族语言的族群逐渐放弃自己的语言，改换为带有民族语（主要是藏语）特征的汉语方言，这就使得藏族的句子结构和汉语的语音、词汇融合成一个带有接触性特征的汉语方言体系。

河湟汉语方言中有一些特殊的语法现象与藏语十分相似，这很有可能是藏语作为底层语言的一种印记。如临夏话的远指代词、形容词和副词可以通过语音的拉长来表示意义、程度的加深和强调。藏语的远指代词、形容词和副词也具有相同的功能。例如：①

（1）普通话：那是文化馆，再往前那是学校。

---

① 谢晓安、华侃、张淑敏：《甘肃临夏汉语方言语法中的安多藏语现象》，《中国语文》1996 年第 4 期。

　　　　　临夏话：兀是文化馆，再前头兀——是学校。
　　　　　藏语：kæ wən hwa kwan ret, kæː ɬ op tʂa zək ret。
　　　　　　　　那 文 话   馆 是， 那 学 校 一 是。

　　学校是远指，所以藏语对应的"那"会拉长语音，在临夏话表示远指的"兀"会拉长语调。

　　（2）普通话：快点洗衣服，洗好了挂得高高的。
　　　　　临夏话：衣服快快——洗下，高高——地挂下。
　　　　　藏语：kon dʑə rəmbeː tɕʰi, tʰomboː ɕi a kʰu。
　　　　　　　　衣 服 快快 洗   高高   挂

　　藏语中"rəmbe""tʰombo"拉长时所表示的程度越深。河州话形容词"快快""高高"也是拉长语调。
　　这种用法在甘肃的临潭、迭部等地区也普遍存在。莫超（2007）《甘肃临夏方言的程度标记法》认为，拉长语音来表示程度的用法跟少数民族语言和习俗有关。在安多藏语中，音长具有重要的区别义功能，可以通过声音的延长来强调程度的加强。① 此外，藏语 SOV 型语序特征和河湟汉语方言的句子结构相似，都可以附加格标记和其他一些助词来表示不同的语法意义，指明句子成分之间的语法关系。如：

　　（3）藏语：tɕʰə rgot kə tsʰə len waŋ taŋ zək.②
　　　　　　　 开水（具格） 衬衣 泡 了
　　　　　河湟话：开水俩（啦）那个衣裳啊泡给了。
　　　　　普通话：用开水泡湿了那件衣服。
　　（4）藏语：moʔmoʔ sa ka tʂɛʔ sa ka?③
　　　　　　　 馍馍 吃吗 米饭 吃吗

---

① 莫超：《甘肃临夏方言的程度标记法》，《西北成人教育学报》2007 年第 4 期。
② 周毛草：《玛曲藏语研究》，民族出版社 2003 年版，第 164 页。
③ 金鹏：《藏语简志》，民族出版社 1983 年版，第 102 页。

河湟话：馍馍吃哩吗米饭吃哪？
普通话：吃馍馍还是吃米饭？

例（3）中，藏语表示状态、方式、工具材料等的格助词与河湟汉语方言的格助词俩（啦），无论是位置还是语法意义都能一一对应，都显示出 SOV 型语言的句法共性。例（4）中，河湟话和藏语的选择问句结构类型非常相似，都是以疑问语气词为句法标志并且对应严整，这两种不同系属语言在表达方式上的不谋而合，恰恰说明河湟汉语方言与藏语之间存在着某种历史关系。

2. 蒙古语的影响

元朝时，除了大批阿尔泰语族人群（主要操蒙古语和突厥语）进入河湟地区往外，还有从中亚地区来到河州的色目人等。这些人尽管来源不同，语言不一，但都和睦相处，荣辱与共。随着各民族的频繁互动、密切融合，掌握和学习蒙古语是当务之急。

该地还逐渐形成了一种词汇主要来自汉语，语法则是汉语和阿尔泰语不同程度的折中和混合的中介语——"蒙式汉语"。这种中介语成为人们争相学习效仿的对象，包括这一时期生活在河湟地区的汉族人、河湟地区的蒙古人和色目人，他们为了和当地土著汉族、藏族等交流，不得不学习效仿这种"蒙式汉语"。蒙式汉语的广泛使用，对以后河州话的形成和发展产生了重要的影响。随之，入华的西域色目人、留居西北的蒙古人在习得汉语方言的过程中，又将阿尔泰语的部分语言要素带入河湟方言中，形成了在汉语基础上，藏语、蒙古语、突厥语言接触影响的新的河湟方言。这些新的河湟方言也不同程度地保留在了历代相传的文献中，如经堂语。西北经堂语中除了存有大量的阿拉伯语和波斯语的词汇底层之外，还有一些结构上的特征，如用"上""里边""根前"等方位词充当格标记形式，用"着""啦"作为假设从句标记。（敏春芳，2015）

3. 汉语的影响

自汉代开始，历代都有移民进入河湟地区，经过一千多年的不断移民，元代河州地区的汉族虽形成了一定的规模，但不具优势。明代以后，大批的汉族移民进入河湟地区并改变了当地的民族格局。在这种强大的政治、文化压力下，留居河湟地区的蒙古人、色目人为了交际的需要随之逐渐转用汉语。大量蒙古语的使用者在转用汉语的过程中，仍需要"蒙式汉语"发挥中介语的作用。在蒙式汉语广泛使用的语言环境中，少数民族在学习并转用汉语的过程中，总要受到母语的结构干扰，就会产生似是而非的语法错误，如 SOV 语序。这种 SOV 结构从使用民族语言的角度来看是完全正确的句法结构。在不妨碍交际的情况下，共同语并没有对这种看似错误的目标语变体进行规范，那么这种"语法错误"的宾动结构就会对周围转用社团产生一定影响。随着转用人口数量的增多，汉族所讲的汉语也在与少数民族所转用的汉语互相"协商"，逐渐融合。这种不完全习得的"语法错误"作为目标语的变体逐渐固定下来，成为河湟地区通行的带有转用者母语特征的目标语变体。

总之，河湟汉语方言的形成，早期主要受到藏语的影响，在河湟地区形成了带有 SOV 语言干扰特征的方言；元代以后，主要受到阿尔泰语的影响，SOV 型语言不断叠加，并保持了大多具有阿尔泰语言的干扰特征。因此，河湟汉语方言的形成，是藏语和阿尔泰语两个 SOV 型语言影响叠加的结果，藏语是第一层次的影响，蒙古语为第二层次，汉语为第三层次。

三　甘青河湟语言区域的共享特征

甘青河湟语言区域是西北语言接触最集中的区域之一[①]。如前所述，该地区大约有 15 种以上语言，分属汉藏语系和阿尔泰语系。区域内共有的语言环境使得汉藏语系的汉语、藏语和阿尔泰语系诸语言之间互动频繁，互相影响，结构趋同，产生了一系列共享特征：除了声调减少和量词减少外，既有体词性的数范畴和系统的格范畴；也有谓词性的时体、式范畴和态范畴，还有副动词等形式。

（一）借词增多

借词是语言接触的开始，语言融合的关键。也是区域内的常见的组成

---

① 我们调查的主要对象是该地区方言。所用语言资料，有些引自《中国少数民族语言简志》，引用有关文献资料时，引文用字按照原文；田野调查材料按照《中国少数民族语言简志丛书》的标音习惯（所引的语料均标明来源，未标明出处的为笔者调查所得）。东乡语以甘肃东乡族自治县的东乡语为主，保安语以甘肃积石山县的保安语为主。

部分，这是因为各语言在地理上相邻，相互借用。借词最明显的特征是阿尔泰语的东乡语、保安语从汉语借入大量的词汇。据陈乃雄（1990）的调查，甘肃甘河滩的保安语中，汉语借词为58.11%；敏春芳（2018）调查的东乡语中，汉语借词也占58%，借词中不仅有文化词、核心词，还有功能词和词缀。东乡语、保安语两者对汉语的借词均根据黏着语的特征要进行改造，使借词本族语化。借入的词汇均是由以少数民族语为母语的人带入该语言中的。

（二）声调减少

汉语早在周秦时期就有声调，到南北朝时期，汉语的声调确定为"平上去入"四个调。在现代汉语方言中，南方汉语的声调数普遍比较多，大多数南方汉语方言有七八个声调；东北至陕西关中一带的汉语方言基本是四个声调。但甘肃方言多数只有三个声调。甘肃境内天水、临夏、武威、酒泉、张掖、敦煌（古河西四郡）一带的河西走廊方言，都是三个调的汉语方言（张文轩、邓文靖2008）、李蓝（2020）、敏春芳（2022）。可以说，三调方言遍布全省，还在甘肃和青海发现了只有两个声调的方言（雒鹏1999），其是目前全国汉语方言调查唯一发现并确定只有两个声调的方言。

从全国汉语方言的分布情况看，这两种声调类型只出现在甘肃、宁夏、青海、新疆四省区，区域特征非常突出①。

声调数量少并趋于减少，这是甘青河湟方言在语音方面的一个突出特点。声调减少除了声调的合并外，与周边没有声调语言的影响不无关系。因为甘青河湟方言周边的阿尔泰语言及汉藏语系的藏语都是无声调语言。我们认为，声调减少，是受了当地无声调语言的影响。

（三）量词减少

甘青河湟方言量词也少。我们可以说"一个衣服/一个裤子/一个袜子"，也可以说"一个电脑""一个书""一个笔"，还可以说"一个牛/

---

① 在历史上，宁夏和青海长期与甘肃同属一省级行政单位，青海1928年从甘肃分出，宁夏直到1958年才从甘肃分出，三省区关系历来极其密切。从方言分区看，陇中型方言实际是一个有独特语言特点，横跨甘、宁、青、新四省区，使用人口超过一千万，分布范围约占全国六分之一的大型方言。通过对比可以断定，东干语中的三声调方言就是陇中型方言。

一个羊/一个鸡"等,一个"个"似乎可以"个"所有名词。王双成(2015)对西宁方言量词"个"表示名量和动量的特殊用法作过较为详细的阐述。他说"西宁方言量词'个',不论是动量用法还是'名+个'语序及其指称功能都有鲜明的'个'性"。的确如此,我们将"个"的搭配范围概括为表8形式。

表8　　　　　　　　甘青河湟方言名量词"个"的组合范围

范围	"个"的搭配范围
指人名词	阿姨个、老师、病汉、联手、尕娃、大人、女[ni]孩[xa]等
动物名词	尕鸡娃、狗娃、羊、达蝶蛾儿(蝴蝶)、老虎、鞋[xei]地板等
植物名词	花儿、果树、苞谷、洋芋、葱等
无生名词	桌子、盖碗子、调羹儿、主腰子、房子、桥、楼、河等
抽象名词	睡梦、饭量、营干、风水、思谋、瞎气、路程、毛口等

通过表8可以看出,甘青河湟方言能够与量词"个"搭配的名词有生命度较高的指人名词,生命度低的动物和植物名词,还有无生命名词和抽象名词。

甘青大多河湟方言只有一个量词"个"。声调减少和量词减少一样,是受到周边民族语言没有量词的影响,是语言接触的结果。甘青河湟周边的阿尔泰语系语言以及安多藏语没有量词。

(四) 复数标记"们[mu]"

复数标记在汉语历史中有一个复杂的发展过程,唐代之前主要用词汇手段,在表人的名词后面加上表示"等、类"的词语,表达复数。唐代以后逐渐发展出表示复数的词缀,如"伟""懑""每"等,但仍然基本上只用于表示人的词汇。

阿尔泰语系作为与汉语不同类型的语言,它有完整的复数表达系统,对复数的表达既不区分生物与非生物,也不区分人与非人。元白话同样反映出蒙古人学习汉语的过程中在复数表达上,因为母语的干扰而造成的困惑。

如东乡语数的形式有单数形式和复数形式,单数在形式上跟名词词干形式相同，复数的标志是-la（保安语是-lə）。例如（刘照雄 2007）：

单数	复数
kun 人	kun-la
mori 马	mori-la
mutun 树	mutun-la
ʂɯrə 桌子	ʂɯrə-la

东乡语复数附加成分-la 可以加在名词"人"的后面，也可以加在动物"马"之后，还可以加在无生命的"树""桌子"之后。

甘青河湟方言中的"们［mu］"是一种内部具有一致性的区域性特征。学术界曾进行过广泛深入的研究。兰州大学中文系《临夏方言》（1996）、莫超（2004）、雷汉卿（2008）、徐丹（2011）、杨永龙（2014）等通过对各地"们"的复杂用法的研究，揭示出"们"是一种内部具有一致性的区域性特征。"们"可以加在指人名词后，也可以加在动植物名词、无生命可数名词、抽象名词的后面，还可以加在亲戚称谓后表示一辈人。例如：

（1）园子里麻雀们叫哩，花儿的［tɕi］味子也呛哩，蝴蝶们也飞哩，房子里进去是，一呱是金银拉下的［tɕi］东西们，眼睛耀［rao］哩，直接是可一个地方。

（2）唐汪川种的［tɕi］庄稼们不多，多的［tɕi］是杏［xeŋ］树们。

（3）兀个的［tɕi］虫草生意红火着，钱们大把大把着使唤呢，阿早条件们好着。

（4）丫头们啦夔粘［ran］，兀个们的［tɕi］事情多呗。

（5）墙上五摸六道的阿个们画的［tɕi］。

"们"不仅加在了动物的"麻雀""蝴蝶"之后，而且也加在了无生命的植物"庄稼""杏树"之后，也加在了不可数的物质名词"钱"和抽象名词"条件"之后，还可加在指示代词"兀个（那个）"和疑问代词"阿个（谁）"后面。

甘青河湟汉语方言还有一个重要的特点就是复数标记"们"和量词"个"共现，数量结构和指量结构中均有存在。例如：

（6）开立素_人名_<u>三四个尕娃们</u>有哩，像［tɕiə］担子重着。

甘青河湟方言复数"们"覆盖了动、植物名词和无生命名词在内的所有名词，应该是受到了语言接触的影响。但是，东乡语名词前面有数词修饰时，名词复数的标志一律省用，即名词的数量结构和复数标记不同现。如 haron kun"十（个）人"，tawun mori"五（匹）马"。

甘青河湟方言复数标记"们"和量词"个"却能共现，应该是两种不同类型语言接触后引发的语法成分的重叠，是 VO 型的汉语和 OV 型的阿尔泰语相互融合的结果。

（五）定冠词和不定冠词

甘青河湟方言除了指示代词"这个"有冠词用法外，"个"也表示说话双方都知道具体所指的某个事物。"个"前既不出现数词"一"也不出现指示词"这"，单独充当名词的有定限定词。如甘肃临夏话的例子：

（7）个笔不见了。（这/那只笔不见了。）
（8）个衣裳俊。（这件衣服很漂亮。）
（9）个手机不是个东西，害死人呢。（手机这东西不是个好东西。）

上述句子中的"个"都是表有定，指"这个"，所修饰的名词基本都是单数。

"个"处在主语的位置上，单独做论元，直指或回指一个有定对象或行为事件。例如：

（10）个是什么书？
（11）个书尕王的［tɕi］是。
（12）个人不成，再薆黏［ʐɑn］。（这个不好，再不要联系了。）

"个"出现在有定的定名短语中,且在领属定语或关系从句等定语跟核心名词间,充当临时的定语标记,相当于普通话"的"。如:

(13) 尕马个书/咬人个狗/吃人个鬼

有时名词可以省去不说,"个"成为有定的定名短语中的指称代词。例如:

(14) 小张个/红红儿个/圆圆儿个/咬人个

甘青河湟方言的"个"类似于定冠词的用法,是周边非汉语指示代词"这个"脱落了"这"的结果,与量词"个"没有来源上的关系(阿尔泰语系没有量词)。需要说明的是,甘青河湟方言的定指标记"个"只能表示近指,不能用于远指[①]。方梅(2002)曾指出:汉语的定指标记有着两种不同的虚化途径。一是北京话模式:指示代词"这个"结构中的量词"个"脱落,表近指的指示词"这"词义弱化,随后进一步虚化为定指标记;二是南方方言模式:指示代词"这个"结构中的指示词"这"脱落,量词"个"的表量义弱化,随后虚化为定指标记,以吴语、粤语为代表。[②]

从语言类型学的视角看,这两种不同的虚化途径是指示词发达型语言和量词发达型语言的不同处理手段。北方方言是指示词发达,它是由近指指示词虚化为定指标记;南方方言则是量词发达,由量词虚化为定指标记。值得注意的是,甘青河湟方言中的"个"作为定指标记,具有南方方言量词的显赫特征。这种现象引人注目,发人深思。这也促使我们再次关注"个"的使用特点。

[①] 由于近指在心理上的距离要小于远指,对说话人来说,近指指向的一般都是更为熟悉、在视力所及范围内的,所以在虚化的过程中,近指和远指具有不对称性。
[②] 方梅(2002)通过对北京话共时系统中"这""那"的用法描写,论述了指示词用法的虚化轨迹和虚化背景,认为北京话中的指示词"这"已经产生了定冠词的语法功能,而这正是指示词在篇章中"认同用"进一步虚化所产生的结果。

甘青河湟方言定指标记"个"的来源：吕叔湘、江蓝生（1985）认为指示词"个"是六朝时开始出现于南方的口语词，在现代吴语区方言里还得到广泛的反映。刘丹青（2002）指出："'指示词→定冠词→类指标记'是英语和北京话共有的语法化路径。量词功能发达的南方方言，如吴语、粤语等，是由量词虚化出定冠词用法，进而用作类指标记，体现了一项重要的类型差异。"①

那么，甘青河湟方言的量词"个"具有定指性，为何是一个例外？要解决甘青河湟方言中这些特殊的语法现象，还需要联系该地区周边的少数民族语言。像东乡语等阿尔泰语系蒙古族语言中的指示代词与定冠词同形，即用指示代词直接作定冠词。例如：

（15）tʂi ənə ʂuni niə udʐə!（布和 1986：154）
　　　你　这　书　一　看
（16）mini ənə giənni dʐiu ənə jə-Gala gaudaʁanə.（布和 1986：97）
　　　我　这　病　就　这　药－凭借格　好使动态
（17）tʂini ənə moridə dʐaŋ Gadawo ʂa?（布和 1986：201）
　　　你　这　马　掌　挂　啥

上述诸例中的东乡语中近指代词"ənə"都不表距离的远近，而是用来表示说话双方都知道的具体所指的某个事物。如例（15）翻译为"你要看的是这本书"，例（16）中的"我的这个病就是要吃这个药就能好"，例（17）中的"你给这匹马挂掌了吗"等，例（16）中的两个"ənə"都是指示代词"ənə"在这里作定冠词。指示代词"ənə"作定冠词，这是其一。

最关键的是，东乡语指示代词"ənə"在当地汉语中，可以翻译成"这"，如"这书、这病、这马"，也可以翻译成"这个"，如"这个书、这个病、这个马"，还可以省略指示代词"这"，只剩下"个"，如"个书、个病、个马"，就成了"个＋名词"的类似量名结构格式。那么，此时的"个"既不是量词（东乡语没有量词），也不是中古时期的指示代词

---

① 刘丹青：《汉语类指成分的语义属性和句法属性》，《中国语文》2002 年第 5 期。

"个"的复活，而是代词"这个"省略"这"的结果。吕叔湘、江蓝生（1985：201）指出："这个"，在特殊情形之下会省去"这"而单说"个"，但"那个"没有类似的现象。"这"字之后如果是一般量词，这也不省。① 两位先生所指的"特殊情形"是指"个"用在三身代词尤其是"你"之后，则"这"就会省略。如甘青河湟方言的例子：

(18)（你）个人憂跟。(你不要和他来往。)
(19)（你）个钱拿上。(你拿上这个钱。)
(20)（我）个话没听说。(我没听说过这个话。)

据此可知，甘青河湟方言用在三身代词，尤其是第二人称"你"之后的"个"，表定指，不是量词"个"的功能，而是少数民族语言指示代词"əne（这个）"在特殊情形下省略"这"的结果。

（六） 系统的格标记

VO 型的汉语和 OV 型的蒙古语在语法手段上明显的不同，是汉语使用前置介词，不使用后置的格标记。如元白话中使用不同于汉语表达手段的格标记，也成了元白话与当时汉语的一个主要区别。这些格标记一般都被认为是来自蒙古语的干扰所致。甘青河湟方言有成系统的后置的格范畴，其中宾格和与位格的标记是"哈[xa]/啊"。例如：

(21) 头口啊挡着哩。
(22) 你阿个哈那本书给给了？

从比格标记形式为"搭[ta]、啦[la]、些[ɕie]／[ʃie]"。例如：

(23) 那昨个些做脱了。(他从昨天开始做了。)
(24) 这是兰州搭/啦带者来下的。(这是从兰州带来的。)

---

① 吕叔湘、江蓝生（1985：201）指出，指示词"这个"发展为"个"，有两个条件：1) 量词是"个"，"这"之后如果是一般量词，"这"也不省；2)"个"一般用在三身代词尤其是"你"之后。

(25) 尕张尕王些大。（小张比小王大。）

工具格、伴随格标记形式为"啦［la］、两个［liaŋ kɛ］、俩［lia/la］"，如：

(26) 我钢笔啦写。（我用钢笔写。）
(27) 我他两个不去。（我不跟他去。）

除了宾格，与位格标记"哈"是汉语方位词"下"的白读记音外（就跟"行"是"上"的白读记音）①，其他如工具格和伴随格的"啦/拉"，与位格的"搭/塔"、从比格的"些/撒/啥"都可以在阿尔泰语系语言中找到对应关系（见敏春芳2014）。

总之，不管是"撒/吵/些""啦/拉/俩"，还是"搭/塔"都是异口同声，它们是不同时期不同地区使用的一种形态标记而已。这种不见于其他汉语方言的"宾＋介"结构，也是由于受到区域内阿尔泰语系语言格标记的影响。

（七）领有动词表判断

不同的语言使用不同的词来表达各种语法手段。汉语用动词"有"表示领有，如"我有一本书"；用系词"是"表示判断，如"我是老师"；用动词"在"表示处所，如"我在学校"。

东乡语属于阿尔泰语系蒙古语族，bi 和 wo 均表示"有""是"两个义项。如《东乡语汉语词典》（马国忠、陈元龙2012：39、460）对两者的解释：

bi 的基本义为动词，1）有；2）是
wo 的基本义为动词，1）是；2）有

---

① 祖生利（2011）考察了汉语方位词对译蒙古语静词的格附加成分的两个主要原因：①汉语方位词的后置性特征与蒙古语静词的变格成分一致。②宋元时期汉语方位词词义虚化，与蒙古语静词的变格成分有相通之处，从而选用汉语方位词对应所白话汉译中的"格"标记。

东乡语是典型的 OV 型黏着语，wo 的基本义为动词"是"，可表领有，单独作谓语。例如：

(28) zhanshifudə dʑiu mu ɢadʐa wo.（张师傅有九亩地。）
　　　张　师傅　九　亩　地　有

(29) ətɕiə-də niə niənəiɡiədə ɢua kuan biəri wo giənə.（布和 1986：95）（从前，听说一位老奶奶有两个儿媳妇。）
　　　从前　一　奶奶　两　媳妇　有　听说

(30) ənə kaladzi dʐunbula ɚʂiɡiə torundʐu wo.（这一篮子馒头有20个左右。）
　　　这　栲栳子　馒头　20个左右　有

(31) iʁa-sə fuɡiə niə əndəʁi wo.（有个比碗大的鸡蛋。）
　　　碗　大　一　鸡蛋　有

(32) noɣon duandzi ɡondʐəliə wo.（有绿色缎子被子。）
　　　绿色　缎子　被子　有

以上五例中：(28) 为物权领有，物权领有的领有者对领有物具有使用、支配或是处置的权利和资格。例 (29) 为关系领有。"有"表示关系领有时，领有者和领有物之间具有相互依存的社会人际关系，"孩子、朋友、老师"等，这种领有是一种不可让渡的关系，一般情况，领有者不能随意取消或改变这种领有关系。例 (30) 是表示整体的领有。例 (31) 和例 (32) 中的"有"表示特征性状，领有者具有或呈现出某种质地、颜色等特征。

"领有"动词语法化为系词。各类语言断定某个对象具有或不具有某种性质或属性，通常使用"是"表示。如汉语"我是老师"，英语"I am a teacher"。

OV 型的东乡语判断句主语和谓语之间不用系词，而是在谓语之后加助动词 wo 表示判断。例如：

(33) bi lauʂi wo.（我是老师。）
　　　我　老师　是

(34) zhangmin lisi-ghala yang guanxi wo？（张明和李四是什么关系？）
　　　张 明　　李 四　　什么关系　　是

有时，汉语的系词"是"与东乡语表示判断的"wo"前后呼应，组成"VO + OV"的混合格式。例如：

(35) mini niərə shi zenaibai wo.（我的名字叫则乃拜。）
　　　我的　名字　是　则乃拜　是
(36) zhangmin shi beijing kun pushi wo.（张明不是北京人。）
　　　张 明　　是　北京　人　不是　是

最后一例是否定式判断句。句末"pushi + wo"格式，是汉语的否定语气词"pushi"和判断的助动词"wo"的重叠并置（敏春芳，2016；2022）。

布和（1986；184）指出，wainə"是、有"，还可经常用来表示存在、占有的意义，可以单独回答问题，也可以用在形容词谓语后面，赋予判断意义。

(37) hə usu qaluŋ wainə u wo?（布和1986；184）（那个水热吗不热？）
　　　那　水　热　有　没有
(38) bidʐiən aʂiɢɑlɑ ɢɑu wainə.（我们都好。）
　　　我们　大家　好　有

"领有"动词发展为系词的区域类型特征。"领有"义动词发展为系词，在阿尔泰语系蒙古语族的保安语、土族语和东部裕固语中不乏用例。例如：

(39) 保安语：ndʐɑlə ndəgədə ŋɢɑgətɕiən nəgə ji.（清格尔泰、陈乃雄1987：258）（嘉罗是个贪吃的人。）
　　　嘉罗　非常　喜欢吃　一个　是

(40) 土族语：pǔ moŋqol kʻuŋ i/a.（刘照雄 1982：235）
　　　　我　土族　人　是　我是土族人。

(41) 东部裕固语：tɕʻɪnə sɹɤəi hana qatɕiarə kʻūpai？（刘照雄 1982：236）

　　　你 妻子 哪里 地 方 人　是　（你妻子是哪儿的人？）

　　　tʻere lantʂou kʻūpai.
　　　他　兰州　人是　（他是兰州人。）

在甘青河湟方言中①，"领有"义动词用作肯定和判断的现象也偶有用例。例如甘肃临夏话：

(42) 哈比布年纪轻轻的就糖尿病，遗传有哩。
(43) 阿爷你今年80有啦。（爷爷你今年有没有80岁？）
(44) 阿娜法图曼哈说了有，没说的［tɕi］不是。
　　　［妈妈骂了法图曼（人名），并不是没骂。］

据张军（2005）研究，青海五屯话也有类似的说法，如：

(45) ŋo ɬoma hə jɤ.（张军 2005：197）
　　　我　学生　是 有　（我是学生。）
(46) ʝi xe ŋo də be jɤ ŋan də gaga də hə li.（张军 2005：197）
　　　这鞋 我的 不是 有 我　的 哥哥的 是 哩。
　　　（这鞋不是我的，是我哥哥的。）

无论是肯定性的判断句例（45），还是否定性的判断句例（46），

---

① 我们调查的对象主要是湟水流域和甘青之间的黄河两岸民族地区的回族话。本文所指的甘青河湟地区，包括甘肃临夏回族自治州的临夏市，积石山保安族东乡族撒拉族自治县。青海省海东市民和回族土族自治县、化隆回族自治县、循化撒拉族自治县，海北藏族自治州的祁连县（托茂话）、门源回族自治县和大通回族土族自治县，以及青海西宁市的城东区。

"是/不是"与"有"重叠并置。

总之，wo（是）和 bi（有）既可以表达"有"，也可以表达"是"。同属阿尔泰语系蒙古语族的保安语、土族语，突厥语族的撒拉语等也用"有"表示"是"，或用"是"表示"有"。领有动词语法化为系词，表示判断，既有"认知因素"，也有"句法语义因素"的影响，是语义不断"扩展"和"语境泛化"的体现。

至于当地汉语方言中，用"有"表示判断是语言转用过程中的母语干扰所致。

（八）副词远离动词

甘青河湟方言包括笔者经常交谈时，副词并不是用在动词前作状语，而是用于句首，修饰整个小句。例如：

(47) 再阿姨个的话嫑听。（再别听阿姨的话。）
(48) 再别吵了，悄悄个。（别再吵了，安静。）
(49) 你把柄没有是，再胡嫑说。（没什么证据，就不要乱说。）

"还""格外""确实"等副词也没有紧跟着修饰的对象，位置相对比较自由。例如：

(50) 还掌柜的个喜讨不下，傢一老黑着个脸。（还讨不上老公的喜欢，他一直黑着脸。）
(51) 傢们可一卦核酸做去了。（他们全都又去做核酸了。）
(52) 你的尕娃好好不学，尽整天玩。（你的儿子不好好学习，整天尽玩。）
(53) 这个不算了着，还比这小的两三个有哩。
(54) 尕女孩把外学的好。（姑娘学的格外好。）
(55) 阿姨个的开开实话长下心疼。[姨姨的开开（人名）长得确实漂亮。]

否定副词后置于所否定的对象。例如：

(56) 我连你不去。(我不跟你去。)
(57) 东西乱不要放。(不要乱放东西。)

我们在经堂语①中也报道过类似的情况。例如：

(58) 从他们的手写的那个上头，人再不罪刑他们！(1·2/《柏格赖》40页)
(59) 再别叫他们在（库夫雷）里边奔忙的那些人。(6·5《玛依代》/45页)
(60) 他们说："人在你来到我们的这件事情之前伤害我们，与你来到我们之后再还伤害我们。"(9·7《艾尔拉福》/15页)

例(58)"人再不罪刑他们"即，真主不再惩罚他们。例(59)"再别"按照汉语的习惯，正确的顺序应该是"别再"。例(60)"再还"，汉语要说成"还再"。

东乡语的副词 pusə "又、再"都远离动词，例如：

(61) tʂɯ irəwu dula bi pusə uliə ətʂumnə. (刘照雄 2007：154)
　　 你　来　缘故 我 再　 不　去　（由于你来的原故我不再去。）

(62) bidʑiən niə ɕiəni niə gan taisən dulanə funiɤɤən baogu idʑiələ pusə uilə irənə.
　　 我们　 每　晚上　一 火　放　缘故 狐狸　苞谷 吃　 再 不 来

---

① 经堂语指的是明清时期，经师们用当时的汉语（"蒙式汉语"）翻译阿拉伯语或波斯语文献，形成的一种特殊的汉语变体。其面貌特征、性质、形成过程与历史上的"汉儿言语"、今天的临夏话、西宁话等西北民族地区接触方言十分相近（敏春芳 2016）。本章经堂语引自马振武的《经堂语、阿拉伯文、小儿锦对照本》(简称"对照本")。引文前面是题名，引文后是"对照本"的卷和章以及"对照本"的页码。如《乃哈里》："此后他们亏己的那些人看见而杂不啦，人（真主）他们上不减轻，他们人不姑容他们。"(14·16/59—61页)(《古兰经》十四卷第十六章，"对照本"第59—61页。文中不再一一注明。)

［由于我们每夜点一次火（的原故），狐狸不再来吃玉米（苞谷）了。］（刘照雄2007：154）

（63）tʂɯ uiku dula bi pusə uliə ətʂɯnə.（刘照雄2007：169）
　　　你　来缘故　我再　不　去。［由于你来了，我不（再）去了。］

副词 pusə "又、再" 都在否定词的 "不" 的前面，构成 "pusə uliə ətʂɯnə（再不去）" "pusə uilə irənə（再不来）" 的格式，而不是汉语的 "不再去/来"。东乡语 dau "还是" 也是远离动词，甚至出现在句首。例如：

（64）dau bi niə amaŋ matadʐi wo.（布和1986：230）
　　　还 我 一 话　忘记　了　［我还忘了一句（话）］。

（65）mataŋ godʐia idʑiəkuni busuandʐə dau mani aʁaliladə çiŋladʑi idʑiəʁanə.（布和1986：197）
　　　咱们各家　吃　不算者　还 咱们 亲属们　请着 吃。（不但咱们自己吃，还要请咱们的亲属们来吃呢。）

busuandʐə "不但"（借自汉语的不算者）出现在前一分句句尾，dau "还" 出现在后一分句句首，也是远离动词。

由此可见，副词远离动词的情况是受到周边语言的影响所致。同样，否定副词 "不" 后置于否定对象之后，应该也是受到了阿尔泰语的影响。例如东乡语：

（66）hə kun dʐondʐia maimai liao gaodə uliə giənə.（刘照雄2007：129）
　　　那人　庄稼　买卖　了　好　不　做（那个人庄稼、买卖啦不好好地干。）

（67）bi darasun otʂɯ danə.（刘照雄2007：158）
　　　我　酒　喝 不能　（我不能喝酒）

（68）bi tandə kiəliə danə.（刘照雄2007：151）

我你们　说　不能　（我不能跟你们说。）

例句中的否词词"uliə（不）""danə（不能）"都后置于否定对象。如果是否定静词或形动词的，否词词也是置于静词或形动词的后面。同样是东乡语的例子：

（69）hə kun mini gaga puʂɯ wo.（刘照雄2007：150）
　　　那人　我　哥哥　不是（那个人不是我哥哥。）

（70）tʂɯ mini ana puʂɯwo.（刘照雄2007：150）
　　　你　我的 啊娜 不是　（你不是我的妈妈。）

类型学研究发现，在SVO语言中，否定标记倾向于分布在动词之前。（Dahl1979；Dryer 2008）。SOV语相反，除了东乡语否定词位于动词之后；土耳其语否定词也位于动词之后，例句来自Göksel & Kerslake 2004：271；乌兹别克语当动词有状语修饰时，状语位于动词之前，否定词位于最后，例如：

（71）土耳其 Ağaç-lar-ı　kes-me-yecek-ler.
　　　　　　树－复数－宾格　砍倒－否定－将来时－第三人称复数
　　　　他们不会把树砍倒。

（72）乌兹别克语 a. narsalar-ni　tartibsiz qo'y-ma.（乌兹别克语）
　　　　　　　　　东西－宾格　　乱　　摆－否定
　　　东西不要乱摆。
　　　b. u ish-ga o'z vaqtida kel-maydi.
　　　　他　班－宾格　按时　上－否定
　　　他不按时上班。

（九）语序类型

主语、动词谓语与宾语在句子中的顺序是语言类型学家划分语言类型的重要参项之一。汉语自古以来就是"S+V+O"这种"主语+动词谓语+宾语"的语序类型。现代汉语方言中，从南方到北方，绝大多数方言也是这种类型，但在甘肃青海一带的汉语方言中却出现了"你饭哈吃，水哈喝"（你吃饭喝水）"我你啊看来了"（我看你来了）等"倒装句"。"我是老师"这句话，也可以说"我老师是"，还可以说"我是老师是"SVOV 的混合句型。由于甘青的阿尔泰语言及藏语都是 SOV 句型。例如：

（73）蒙古语：bii ən mœr-IIg ɯnǎn.
　　　　　　　我　这　马　　骑　（我骑这匹马。）
（74）东乡语：tʂɯ mini ʂu-ni udzə!
　　　　　　　你我的　书-宾格　看　（你看我的书。）

卓尼县藏巴哇藏语：

（75）ŋɛ¹³ sa¹³ma⁵² tʰu¹³-to⁴⁴.
　　　　我　饭　吃-进行体　（我正吃饭呢。）
（76）ŋo¹³tso⁵² dzʴɛ⁵² tʰu¹³-to⁴⁴.
　　　　我们　茶　喝-进行体　（我们正喝茶呢。）

从上面的例子我们看到，蒙古语、东乡语、土族语和藏语均为稳定的 OV 语序。我们认为甘肃方言中的这种特殊句式是汉语受当地少数民族语言影响的产物，不是汉语自身发展演化的结果。

（十）从句标记"是/着"

河湟方言一般很少使用关联词，而是在前一分句的末端使用关联标记"是"或者"着"。"是/着"字句在河湟方言中比比皆是。其中"是"用于前一分句的末端，除表示假设或时间外，据兰州大学中文系临夏方言调查研究组和甘肃省临夏州文联编《临夏方言》（1996：206—207），"是"还可以表示条件关系、转折关系或顺承关系等。

（77）你官当上是我们嫑忘过。（你要是当官了，不要忘掉我们。）
（78）你我哈好是我你哈好呢。（只要你对我好，我就对你好。）
（79）衣裳贵是舍不得穿了。（这件衣服太贵了，所以我没舍得买。)

(80)我你哈看个来是没钱着。(我想过去看你,但是没有钱。)

例子中的"是"可以换成"着",语义不会发生改变。

阿尔泰诸语言的副动词假定式附加成分标记是"sa/sə/sɛ"的"-s+元音结构"(敏春芳 2017)。"是"[ʂʐ]也是"-s+元音结构",临夏话用于前一分句的末端,表示各种复杂关系的,是用汉语固有的成分"是"对译阿尔泰语副动词标记"sa/ə/ɛ"。元代汉语常借用一些固有词语,如"呵""时""行"(上)等来模拟蒙古语结尾词或后置词,因而这些词带了与一般用法不同的语法功能,就不能用原有的词语意义去解释。

张建(2011)考察了中国境内五大语系 116 种少数民族语言偏正复句的关联标记模式,得出语序类型、附置词、复句关联标记之间的蕴含共性(PO 为后置词,PR 为前置词):

OV⟷PO > 前句 – 关联词,后句
VO⟷PR > 前句,关联词 – 后句;
　　　　关联词 – 前句,后句;
　　　　关联词 – 前句,关联词 – 后句

换句话 OV 型语言复句的关联标记只有一种:通常居于前一分句的末端;而 VO 型语言的关联标记有三种模式,三种模式的共同点是关联标记均不居于前一分句的末端,而是在分句句首。那么甘青河湟方言中的"是/着"用于前一分句的末端,表示各种复杂关系的用法,是 OV 型黏着语普遍存在的语法特征。

(十一) 引语标记

甘青河湟接触方言引语句比普通话复杂得多,引语句的类别、语法标记、来源等都有独特之处。例如:

(81)家明早北京去哩说/是。(他说:"他明天去北京。")(甘肃临夏话;《临夏方言》1996)

226　◆　语言接触研究导论

　　（82）俍［tɕiə］说不来说。（他说："他不来。"）（西宁话；程祥徽1980）

　　（83）你叫啥名字说着，我"索索"说［fɔ］着［tʂɔ］说［ʂu］着［tʂɛ］。［你叫啥（4）名字？我叫索索。］（西宁回民话；张安生2007）

　　（84）王村长啊好消息一个大家啊说［fo］给说［ʂu］着［tʂɛ］。（王村长给大家通知一个好消息。）（西宁甘沟话；杨永龙2015）

　　（85）人家不去［tɕʰi］给。（他说："我不去。"）（甘肃临潭话；敏春芳2014）

　　①六例不同引语句的顺序与汉语语序相反，均为"言说内容＋言说词（引语标记）"；②引语标记两大类："说"（"说着""说着叫着""说给说着"，"是"说的语音弱化形式）类和"给"类。

　　"给"类需要结合蒙古语族语言的引语标记（Quotative marker），就能找到和汉语"给"的对应关系。以普通话"他说：'我不去'"为例：

　　（86）tere kümkün：bi očiqu ügei geǰü keleǰei（geǰei）。（清格尔泰，1991：335）
　　　　　那　人　　　我　不去　引语标记　　说

　　（87）hə kiəliəwo："oruŋ uliə ətʂinə" giənə。（布和1986：177）
　　　　　他　说完成体　　"我　不去"　　引语标记

　　引语句的语序和汉语相反，是"言说内容→引语标记＋言说动词"，引语标记紧跟言说内容，句尾是"言说动词"。需要说明的是，引语标记是一种特殊的虚义动词，汉语里没有相应的词。因此，在译成汉语的时候，一般会采取音译和意译两种"对应规则"。

　　音译，是双语人对两种语言在语音上相近采用的对应关系，如用汉语的"给"音译蒙古语的引语标记，用汉语的"给"对应蒙古语的引语标记，例（85）直译为"他（俍）不去［tɕʰi］给"。这也是一种"填空法"方法（gap-filling approach），即学习者在使用目标语汉语时，利用自己母语里的材料填补目标语知识的空缺,其中最常见的就是插入词汇。如引语标记就是利用自己母语里的材料如将东乡语的"-giə"插入他们所习得的汉语里。

除语音上的对应外,还可以采取语义上的对应,即用汉语虚化了的言说义动词"说"意译。① 凡此种种,导致即使完全相同的一句话,甘青河湟方言就有不同的表达方式。例如:

(88) 普通话:他说:"我不去"。
　　　甘肃临潭话:人家不去〔tɕʰi〕给。
　　　甘肃临夏话:傢〔tɕiə〕不去〔tɕʰi〕是。
　　　青海甘沟话:傢不去〔tɕʰi〕说〔fo〕着〔tʂo〕。
　　　青海西宁话:傢不去〔tɕʰi〕说〔fo〕着〔tʂo〕说〔ʂu〕着〔tʂɛ〕。

甘肃临潭话的"给"是采用音译的"对应规则";甘肃临夏话中的"是"、青海西宁话和甘沟话的"说着/说着说着"采用的是意译的"对应规则",它们都是不同时期、不同地域采用的不同对应策略:或用语音近似的成分音译,或用汉语语法意义和功能相似的成分意译。所以,就出现了用"说"("说着""说着叫着""说给说着")"给"等标记引语的形式。因此,此祈使句句末的"给"是东乡语等阿尔泰语言祈使标记的记音字,仅仅具有语法功能的形态标记。

(十二) 祈使标记"给"

我们先看几例甘青河湟方言的祈使句:

(89) 坐给了坐给,覅去〔tɕʰi〕。(叫你留下你就留下,不要回来。)(西宁话)

---

① 如青海方言(程祥徽 1980)和西宁话(张安生 2007)。马树钧(1984)指出,临夏话中的引语标记是"是","是"是"说"的弱音减音形式。马树钧指出:"是"由"说"演变而来,是"说"的变体,因词义虚化而导致了语音的弱化:语音从"〔ʂuo〕"变为"〔ʂʅ〕";词义从表示具体概念变为主要起语法作用。

（90）你钢笔啦写给！（叫你用钢笔写！）（临夏话）

（91）卡的［tɕi］王老师茶倒给。（赶快给王老师倒茶。）（新疆话）

（92）把书给₁他给₂给₃。（把书给他。）（兰州话，刘公望1986）

四例中的"给"虽与它前面的动词组成了类似汉语的"V＋给"格式，此"给"我们认为是祈使标记，并不是汉语的"给"。

蒙古语动词形态丰富、变化复杂，有体、态、式等语法范畴，其中"式"范畴分陈述式和祈使式，且不同的人称分别用不同的形态标记，如东乡语第三人称希望式的形态标记是"giə"，表达说话人希望别人来进行某项活动。例如：

（93）hə ətʂɯ-giə！（刘照雄2007：145页）
他去 祈使标记　让他去！
直译：俫去［tɕʰi］给。

（94）hə ənə uiliəni giə -giə！（同上）
他 这 事　做 祈使标记　　让他做这件事情！
直译：兀俫这事做［zu］给。

（95）hə-la　ətʂɯndu-giə.（同上）
他们复数 去共同态祈使标记　让他们（一起）去！
直译：俫们［mu］去［tɕʰi］给。

（93）—（95）三例中的"giə"是东乡语动词表示希望的附加成分。有意思的是"giə"和汉语"给"的方言读音（甘青河湟方言"给"读［giə］或［gə]）相似，且"给"在现代汉语中词义泛化，组合自由，高频使用（江蓝生，2012）。所以，用"给"匹配和对译附加成分"giə"就是最佳选择。我们把蒙古语祈使式句概括为表9。

表9　　阿尔泰语言祈使式形态标记的句法功能（敏春芳：2018）

阿尔泰语系		形态标记	例句
蒙古语族诸语言	蒙古语	-g	dəŋ ɷntărbăl ɷnt（ǎ）r–（ǎ）g.（道布：34页） 灯　熄　熄　引语标记　灯如果灭就让它灭吧。
	东乡语	-giə	tʂɯ hə ualadəshanlian giə.（刘照雄2007：160页） 你　他　二人　商量 引语标记　你跟他二人商量！
	土族语	-lagə/gə	te ntəraa-lagə ə(ntəraa-gə).（照那斯图1982：200页） 他 睡 引语标记　让他睡。
	保安语	-gə	ndʐasə natə-gə.（布和、刘照雄1982：350页） 他们 玩 引语标记　让他们玩吧！
	东部裕固语	-gani	here xarədʒə gere-gani.（照那斯图1982：399页） 他　回 副动词 来 引语标记　让他回来！
	达斡尔语	-tgai	iin jau-tgai!（仲素纯编著，丁石庆修订：285页） 他 走 引语标记　让他走！

此表一目了然，蒙古语族语言祈使式附加成分为"-g＋元音"，与汉语的"给"音同音近（保安语是-gə，土族语是-lage/ge，东部裕固语是-gani）。换句话说，甘青河湟方言祈使句句末的"给"应该不是汉语"给"。如上举例（89）—（92）例，特别需要强调的是例（92）"把书给他给给"，一句出现了三个"给"，第一个"给"是介词，句末的两个"给"重叠在一起，需要仔细辨析，我们认为句末的"给"是少数民族语言祈使式（希望式）标记"giə"的音译；第二个动词"给"才是汉语固有的，表示给予的"给"。句末的两个"给"，是固有的与外来的重叠并置，二者应该没有历史发展上的来源关系。以下三例甘青河湟方言中的"给给"皆然。

（96）你这点钱我的［tɕi］阿娜啊给给。（你把这点钱给我的妈妈。）

（97）你兰州去［tɕʰi］是丫头哈学费给给。（你去兰州的话给姑娘把学费给了。）

（98）你尕娃哈方便面给给是不闹了。（你给孩子给方便面的话他就不哭了。）

(十三)"把"字句

"把"字句是汉语的一种重要句式,河湟方言的"把"字句类型丰富多样:"把"字句的句法结构和语义特点各不相同。除了与普通话共有的处置义"把"字句、致使义把字句外,河湟方言"把"字句还有以下四种类型:

第一,主语不出现的"把"字句。句中主语不出现,有"把 + O + VP"格式,"把"字后面的宾语或施事或受事,VP 可以是动词性短语,也可以是形容词性短语。例如:

(99) 把你算个啥!(你以为你是谁啊!)
(100) 把傢想了个美。(他想得美!)
(101) 把你能行得很。(你能得很啊。)

"把"字宾语多为指人名词或代词,"把"字宾语是后面 VP 的施事或当事,其后 VP 通常为动宾短语或动补短语,对前面名词进行陈述。

第二,谓语动词不出现的"把"字句。格式为"S + 把 + O"句中没有谓语动词,其中的 S 由第一人称单数"我"充当。如:

(102) 我把你这个不胎害!(我把你这个不争气的孩子!)
(103) 我把你个瞎怂!(我把这个坏蛋!)
(104) 把个畜牲!(把这个畜牲!)

"S + 把 + O"句式常出现在责骂或是怪罪别人的场合,此类"把"字宾语主要表达说话者的态度或感情,一般表示贬义。

也有"S + 把 + O + 动量短语",用于表示 S 对 O 实施了或将要实施某个动作。如:

(105) 阿大把我一脚。(爸爸踢了我一脚。)
(106) 我把傢一捶。(我打了他一拳。)

第三,主语、宾语相同的"把"字句。此格式为"你/把你 V",主要用于口语对话中，句法结构特殊、主观性较强、语境化程度很高。如：

（107）我们走了，你把你忙。(我们走了，你忙你的。)
（108）你把你走，我们等一呱了再看。(你走你的，我们等一会儿再说。)

主语和宾语是同一个词，都是第二人称代词"你"或者"你们"，动词具有动作性和持续性的语义特点。"把"对其宾语不产生影响，没有"处置"功能，该"把"字句的信息焦点表现在动词上，强调了动作的继续性。

第四，"把"字比较句。比较句有四个基本构成要素：一是比较主体（A），二是比较标记、基准，三是比较对象（B），四是比较结果（X）。普通话中的比较句通常是"比较主体+比+比较对象+比较结果"，河湟方言的比较句式是"主体+对象+哈/啊+结果"，比较标记的"哈/啊"放在了比较基准之后。如：

（109）像的尕娃马建哈大。(他的儿子比马建大。)
（110）冰箱电视啊贵的多俩。(冰箱比电视贵得多。)
（111）家里外前啊热的多。(家里比外面热得多。)

除此之外，河湟方言还有一种"把"充当比较标记的比较句，它就是"A+把+B+X"。因为"把"字在河湟方言中有提前宾语的作用，所以它可用来介引比较对象。如：

（112）开开的［tɕi］模样把像阿娜上［ʐɑŋ］不到。(开开不如她妈妈。)
（113）祖力哈的［tɕi］家务把像新姐头上不到。(祖力哈不如她嫂子。)
（114）尔萨把像兄弟大的个没［mi］。(尔萨没有他弟弟个子高。)

"把"字比较句一般用于否定句中，表示比较主体不如比较对象，如果是肯定性的比较句，则用"哈/啊"。

河湟方言"把"字比较句语序跟普通话相比也存在差异，普通话是比较结果在比较对象之后，而河湟方言"把"字比较句则是比较结果出现在比较对象之前。

类型学研究结果表明：VO 型语言比较句的语序为"结果＋对象"，比如像英语；OV 型语言的语序为"对象＋结果"。河湟方言的比较结果出现在对象之前，符合 VO 型语言的语序，而汉语刚好相反。

（十四）比较句

比较句是西北地区语言接触研究中关注的热点问题，语序类型中所提到比较句通常指差比句。OV 型语言的差比句更多使用"比较基准＋比较标记＋比较结果"语序。如东乡语：

（115）"dʐasun-sə tʂɯGan".（刘照雄 2007：133）

（雪－sə＋白）比雪白。

（116）"mori-sə Gudʑin".（刘照雄 2007：133）

（马－sə＋快）比马快。

VO 型语言则更倾向于"比较结果＋比较标记＋比较基准"语序。例如英语：

（117）Taller than him（比他高）。

（118）Whiter than snow（比雪白）。

西北地区的差比句研究主要关注两方面内容：一是差比句的结构类型，二是差比句的结构来源。

第一，差比句的结构类型。西宁汉语方言和临夏汉语方言的基本语序都为 SOV 型，与周边的藏语、东乡语、土族语的基本语序相吻合。西宁汉语方言具有地域性特征的差比结构的语序为"比较主体＋基准＋比较标记＋形容词"，其中"哈"作为比较标记，附加在比较标准之后，有时"哈"在语流中会弱化为"啊"。如：

（119）这个娃娃长着快啊，哥哥哈大哈着。（王双成 2009）

（这个孩子长得真快，都比哥哥高了。）

（120）今年冬天啊年时啊冷者。（安丽卿 2019）

（今年冬天比去年冷。）

临夏汉语方言的特色差比结构与西宁汉语方言相同，使用"A + B + 哈 + X"结构，与西宁方言有所不同的是，西宁话中的比较标记习惯使用附置词"啊"，而临夏话更倾向于"哈"，如：

（121）临夏方言：傢的尕娃我的哈/啊大。（他的孩子比我的大。）

（122）临夏方言：摩托自行车哈/啊快。（摩托车比自行车快。）

第二，差比句结构的来源。关于西宁话和临夏话差比句"比较主体 + 比较基准 + 比较标记 + 形容词"结构的来源，目前学界持有两种不同的看法：一是"比较主体 + 基准 + 比较标记 + 形容词"是在阿尔泰语系语言的影响下产生的。"哈"是宾格标记，是方位名词"下"的白读记音。二是王双成（2009）倾向于"比较主体 + 基准 + 比较标记 + 形容词"这一差比结构更多是受到安多藏语的影响，甚至土族语和保安语中的这一结构也可能是受到藏语的影响。总之，是受到语言接触的影响。

（十五）V1 着 V2 结构与副动词的关系

在"V1 着 V2"连动结构中，"着"连接的是两个动词性的词组，表示两个动词之间的逻辑关系。例如：

（123）你我哈一老来着服侍着。（你经常来照顾我。）

（124）我刚 [tɕiaŋ] 抱着娃娃着出门俩。（我刚要抱着孩子出门呢。）

（125）汽车开着过去了。（汽车开过去了。）

（126）雪压着树股子一呱跌着下 [xa] 来了。（雪压得树枝全都掉下来了。）

我们认为"V1 着 V2"中的"着"表示"……的时间"、表示各类补语成分，既是汉语史的遗留，也有阿尔泰语言副动词的影响。

阿尔泰语系副动词是动词的连接形式，连接两个动作之间的前后顺序和时间关系。如东乡语的并列副动词的标记是-zhi/-dʐɯ-dʐi[①]，蒙古语族其他语言的副动词附加成分大同小异，均为"-dʒ/tʃ/-zhi/-dʑi/-dʐə/-dʒə"，详见表10：

表10　　　　　　　　蒙古语族语言并列副动词附加成分

语族	语种	并列副动词附加成分
蒙古语族	蒙古语	-dʒ/tʃ
	东乡语	-zhi
	保安语	-dʑi
	土族语	-dʐə
	东部裕固语	-dʒə

从表格可以看出，副动词附加成分"-dʒ/tʃ/-zhi/-dʑi/-dʐə/-dʒə"与"着"的读音相近。因此，当地方言就选用"着"对译副动词附加成分。我们以蒙古语族的土族语和保安语为例：

(127) 土族语：tə rədʐə　tɕaldzənə auadʐə dʑidʐa. （他来的时候把纸拿走了。）
　　　　　　　　他 来副动词　纸　带副动词 走
方言：他来着纸拿着走了。

(128) 保安语：tɕi rədʑi　bə besdə. （你来的话我高兴。）
　　　　　　你 来副动词　我 高兴
方言：你来着我高兴。

与上述相关的问题是，东乡语、土族语、东部裕固语的并列副动词不仅连接两个动词，还可以将动词和后面的形容词连接在一起，蒙古语并列

[①] 东乡语并列副动词，刘照雄《东乡语简志》记为"-dʐɯ"；布和《东乡语和蒙古语》记为"-dʑi"。甘肃少数民族语言文字工作办公室于1999年制定了一套"东乡语记音符号"，符号的字母及读法与《汉语拼音方案》完全一致，记为"-zhi"，《东乡语词典》记为"-zhi。引文用原文，讨论用"-zhi"。

副动词没有这种用法（布和 1986：166）。例如：

(129) 东乡语：ene budag ijie-zhi andutuno wo.（这饭吃得很香。）

　　　　这　饭　吃　副动词　香　完成体
　　直　译：这饭吃着香。

(130) 土族语：pudʐg sur-dʑə saina.（学得好。）

　　　学　习副动词　好
　　直　译：学着好。

(131) 东部裕固语：ene moorə jawə dʒə turɣen bai.（这匹马跑得快。）

　　　　　　这　马　跑副动词　快　完成体
　　直　译：这匹马跑着快。

东乡语、土族语和东部裕固语的"zhi""dʑə"和"dʒə"都是并列副动词，后面分别连接的是形容词"香""好""快"，表示的是动作完成的结果和程度，这种用法近似于表示补充和说明的述补结构，"着"相当于结构助词"得"。如例（125）和例（126）。

(132) 雪压着树股子一呱跌着下来了。（雪压得树枝全都掉下来了。）

(133) 个阵子大着鸡蛋啦像哩。（冰雹大得像鸡蛋。）

(134) 阿早你背着起来呢么［mu］背不着起来？（现在你背得起来吗背不起来？）

换言之，甘青河湟方言述补结构常常用"着"。"着"尽管出现在动词之后，但和以前的用法相比，其语义指向了后面，表示的是补充说明该动作结果如何或动作完成的程度。

综上所述，甘青河湟方言的"着"对译并列副动词"dʒ/tʃ/-zhi/-dʑi/-dʑə/-dʒə"，表示两个动词的时间顺序，逐渐语法范围逐渐扩大，其后可以连接形容词，使用功能、语义上都少了许多限制。

（十六）OV"着"

甘青河湟方言的"着"常出现在动词后或句子末尾，构成"OV 着"格式，不表示动作的进行。例如：

（135）我们这里一呱苞谷种着。（去年我在这里都种的杏树。）
（136）肉们买去着一挂冻着说着。（买肉去时，发现肉全都冻住了。）
（137）人家们稀不富着呢，金砖铺路着呢。（人家特别富有，路是用金砖铺的。）

蒙古语族语言动词根据功能和出现的位置，分为终结型、连接型和多能型三大类。终结形的动词主要是祈使形式和陈述形式，其中陈述形式有三种形态标志：完成体、进行体和未完成体。如东乡语进行体-dʐɯwo/-tʂɯwo（简写为-dʐwo/-tʂwo）（刘照雄，1982；布和，1986）。例如：

（138）bi tʂɯn niə ɕinni pʻitʂɯ-tʂuo。（刘照雄 1982）
　　　　我 正 一 信 写 -进行体。（我正在写着一封信。）
（139）niə kun ɢondə doula tʂuo。（刘照雄 2007：161）
　　　　一人 山里 唱歌 进行体。（一个人在山里唱着歌。）
（140）futʂuɣudu həni irəsəndə bi budan idʑiə-dʐɯwo。（刘照雄 2007：145）
　　　　昨天 他 来 我饭 吃 进行体

从以上例句可以看出："-tʂuo/-dʐuo"和汉语助词"着"的语音形式和语法意义接近，所以，直译时也用"着"对应。需要说明的是，二者的句法位置不同，现代汉语的体标记"着"是动词词尾；而东乡语的"-tʂuo/-dʐuo"是动词的时体标记，属于"结束式"形式，始终出现在句子的末尾。如上述例句中的"信写着""唱歌着""饭吃着"等，是西北地区的少数民族，在学习汉语的过程中，将自己母语的语法特征——终结性的祈使句的语法范畴带进了他们习得的汉语中，给汉语固有的、表动作进行的"着"赋予了新的功能和用法。

小结

综上所述，我们先将河湟方言的区域特征概括为 15 条，这些特征是我们深入调查并进行过讨论的。事实远比这 15 条多，有些是我们观察到还没有深入研究的特征，比如有"远指代词与第三人称代词相同""疑问句中的特指问和选择问"等问题，相信随着调查的不断深入，调查范围的不断扩大，还会发掘更多的共享特征。

需要说明的是，这些特征不是"河湟区域"所有语言都具有的，有些在多数语言中出现，有些结构性特征，仅仅在两三种语言中出现。从共享特征的内部分布看，不同地区对某一个共享特征也有不同程度的差异。如 SOV 特征涉及很多参项，并非在每个地区每个参项都完全一样；再比如河湟汉语方言的格标记，不同地区的类别和标记形式也存在一定的差别，即便是同一标记形式，在不同方言区域具体标记的论元还有一定的差异，它们只不过是异口同声罢了。

语言区域产生的缘由是经接触引发的演变而形成的，因此经历的时间越长，扩散的范围越广。因此，由语言接触导致的种种演变会在不同的时间出现在不同的语言中，朝不同的方向传播扩散，最终对不同的语言数量和不同的语言组群发生效力。甘青河湟方言的部分语法特征已传播扩散到兰州等汉族人居多的中心城市，如在兰州话中第三人称代词"那"，"把"字句等，例如：

> 那的个子把你高下［xa］一截子呢！
> 那把我不管。
> 我把你两脚。
> 把我急了一身汗么［man］。
> 喝上酒就把你舒［fu］坦了。

把字句尤其表现得尤为明显。尽管兰州话中很少用宾格标记实现 SOV 语序，但是大量使用汉语的"把"字句将宾语提前，形成了和普通话不同的"把字句"结构。

以上特征大多数是由于语言转用而引发的干扰。这种干扰来源于语言的使用者对目标语的"不完善学习",是学习者将自己母语的语法特征带入了目标语,从而造成了对目标语的干扰。

  语言是互动的,每种语言都有可能与其他语言有相似之处。或同构同源,或同构异源。同构同源是来自同一种原始语言;同构异源是因为各语言在地理上相邻,相互影响所致。甘青河湟方言两种完全不同类型的语言长期共存,密切接触,表现出 OV 语序、名词的数范畴、格范畴,动词的时体、式范畴等系列的结构特征,属于同构异源,是语言长期互动的结果。对这些由于接触导致的一些复杂现象,我们还要深入调研,剥茧抽丝,如此,才能揭开语言的真实面貌。

思考与练习

1. 什么是语言区域?谈谈你对语言区域共享特征的理解。
2. 谈谈某一语言区域的共享特征。
3. 归纳某一语言区域特征的形成机制与演变方式。

第七章

语言接触与语序类型

语序是表示语法结构、语法意义的重要语法手段。因此，在语言接触和类型学的研究中，语序是一个重要话题。一般情况下，形态越丰富的语言语序越自由，如印欧语系语言有比较丰富的词形变化，很多语法意义通过形态变化来表示。反之，形态越简单的语言，语序越不自由。因为语序本身是一种语法手段，语序的改变会影响句法成分的句法地位，进而影响语义表达。

Greenberg（1963）提出的 45 条语言共性中，涉及 30 种语言，遍及欧亚非澳和南北美六大洲的极大语系，汉藏语系、印欧语系、阿尔泰语系、闪—含语系、芬兰—乌戈尔语系、南岛语系、尼日尔—刚果等语系，还有日语和朝鲜语。Greenberg 在 1966 年修订时增加了 142 种语言，所关涉的主要语序类型有：SVO 语序、介词和宾语语序、形容词和名词语序、领属性定语和名词语序、关系小句和名词语序、指示词和名词语序、数词和名词语序、程度词和形容词语序、状语性主从连词和从句语序词缀位置等。

Dryer（1992）进一步扩大考察样本，收集不同谱系、地域和类型的语言，建设了包含 625 种语言材料的大型数据库，建立语序关联模式，改进和谐性统计模型。通过不断调整整合，最终归纳出包括小句基本语序在内的 16 条语序关联。这 16 条语序关联成为众多研究的基础。

值得一提的是，Greenberg（1966）的抽样语料中没有汉语。汉语作为一种 SVO 语言，许多语序呈现出不和谐性，是 Greenberg 语序共性的例外。随着研究的不断深入，越来越多的学者注意到汉语并非典型的 SVO 型语言。桥本万太郎（2008）认为，整个汉语区的语序从中国南部到北部呈现出由 VO 结构向 OV 结构逐渐过渡的状态。① 金立鑫（2016）核查了由 Dryer 提出的 16 对与 VO 和 OV 语序相关的句法结构，研究证明，普通话属于较为典型的 VO – OV 语序混合型语言。形成该混合语序类型的基本动因：一个因素是语言自身的，系统内部的动词主宾格与施通格四分类型的作用；另一个因素是语言接触的影响，即中国北方处于以 OV 语序为主的阿尔泰语序与南部以 VO 语序为主的南岛语系之间，民族的迁徙和人口的流动形成了不同类型之间语言的接触和互融，由此产生了中国境内各方言呈现出从北至南由 OV 语序向 VO 语序逐渐过渡的分布状态。而在此基础上建立起来的跨方言性质的标准语也不可避免地携带有 VO-OV 混合型语序的特征。② 金立鑫的这一观点与桥本万太郎（2008）的观点一致。桥本万太郎立足东亚大陆语言事实，认为现代汉语方言呈现出世界罕见的由南至北或从北向南的语言结构的类型推移，并提出了"北方汉语阿尔泰化"的观点。

刘丹青（2003/2015）指出汉语自古以来小句基本语序为 SVO；但从跨方言角度看，东西两端的汉语方言（东端的吴语和西端的甘青河湟方言）受事前置语序十分常见，在语序类型上偏离 VO 语序。吴语和甘青河湟方言受事前置在类型上存在重要差异：吴语受事前置的语序是受事型话题结构扩展的结果；甘青河湟方言的受事前置是真正的 OV 语序，是受到相邻语言 SOV 语序影响的结果。③

汉语语序类型的特征：①汉语普通话虽然不是 SOV 语言，但存在较多 SOV 语言特征；②汉语不同方言拥有 OV 和 OV 的特征的程度不同：南方方言是具有较多 SVO 语序的东南亚/南亚诸语言，像苗瑶、壮侗是比汉语有更多 SVO 特征的语言，南岛语也是更典型的 SVO 语言。而北方方言，尤其是甘青河湟方言，是典型的 SOV 语序。

---

① 桥本万太郎：《语言地理类型学》，余志鸿译，世界图书出版公司 2008 年版。
② 金立鑫：《普通话混合语序的类型学证据及其动因》，《汉语学习》2016 年第 3 期。
③ 刘丹青：《吴语和甘青河湟方言受事前置语序的类型比较》，《方言》2015 年第 2 期。

相较于普通话，甘青河湟方言①处于 OV 型的阿尔泰语系和藏缅语族接触地带，几种没有亲属关系的不同语言，长期共处，密切接触，语言结构上产生共同的特征，如 SOV 语序、后置格标记，动词的体、态、式范畴等，显示出与阿尔泰语、藏语平行特征，表现出更大程度的阿尔泰化。

本章以 Dryer 的 16 项语序为参照，按照与名词性成分有关的语序、与谓词性成分有关的语序、与小句和简单句，以及复杂句有关等语序类型，讨论语言接触对语序类型的影响。

第一节　与名词相关的语序类型

名词在语序类型中有着重要的地位，句中动词、形容词、数词、指示词和附置词等都跟名词有直接关系。在 Dryer 提出的 16 对关联项中，与名词性成分有关的有五个参项：①名词与领属语的语序；②名词与冠词的语序；③名词与附置词的语序；④名词与复数词的语序；⑤名词与关系从句的语序。其中"名词与关系从句"的语序与复杂句式有关，我们将与"复句与相关语序"放在一起讨论。本节分析与名词性成分有关的四种语序。

一　名词与领属语的语序

领属语和名词之间的语序和两项基本语序相关：VO 语序还是 OV 语序、前置词还是后置词。VO 语序语言一般采用前置词，倾向于"名词 + 领属语"语序；OV 语序语言采用后置词，倾向于使用"领属语 + 名词"语序。类型学家对 VO 和 OV 语序与名词和领属语之间的对应关系进行了调查统计，得出如下结果：

OV 语序中，领属语 + 名词的共有 112 种

---

① 本章所指的甘青河湟地区，主要是湟水流域和甘青之间的黄河两岸的民族地区。我们调查的主要地区包括：1）甘肃临夏回族自治州的临夏市；2）甘肃临夏回族自治州的临潭县；3）甘肃东乡族自治县；4）甘肃积石山保安族东乡族撒拉族自治县；5）青海省海东民和回族土族自治县；6）青海化隆回族自治县；7）青海海北藏族自治州的祁连县（托茂话）；8）青海门源回族自治县和大通回族土族自治县；9）青海西宁市的城东区。

OV 语序中：名词 + 领属语的共有 12 种
VO 语序中：领属语 + 名词的共有 30 种
VO 语序中：名词 + 领属语共有 63 种

从统计结果可以看出，OV 型语言中较多采用"领属语 + 名词"语序，VO 型语言较多采用"名词 + 领属语"。虽然也有例外，但这种倾向性整体上还是十分明显的。

Croft（2003：240）对前置词/后置词与名词—领属语之间的对应关系进行了调查统计。① 得出如下结果：

前置词中：领属语 + 名词的共有 22 种
前置词中：名词 + 领属语的共有 70 种
后置词中：领属语 + 名词的共有 150 种
后置词中：名词 + 领属语的共有 10 种

这一结果与 OV/VO 语序和名词—领属语之间的结果基本平行。

汉语 VO 型语言，前置词，遵守"定语必据主宾前"原则，则是"领属语 + 名词"的语序。甘青河湟方言则完全符合"领属语 + 名词"这一 OV 型语言的类型特征。例如：

哈三的书包【拥有或暂时的领有】
我的磕膝盖【整体－部分或者部件】
尕西木的弟弟【亲属关系】
尕尕的毛口【人、动物、物品的属性】
尕什子的铺子【方向和处所】
马建的英语老师【相关性】
黑板上的字瞭不着的尕娃们【名词化】

---

① Croft, W., Typology and Universals, 2nd edn, Cambridge: Cambridge University Press, 2003: 240.

甘青河湟方言的领属标记为"的",表述拥有或领有、整体－部分、亲属关系、人事物的属性、方向和处所、相关性,以及名词化等各种领属关系,领属语全部位于相应的名词之前,组成"领属者＋的＋名词"结构。

甘青河湟方言这种"领属语＋名词"的语序与 OV 型语言的藏语的语序相同。藏语的领属结构一般在中心语和领属定语之间加领格助词,有格范畴的代词用领格形式。例如甘南藏族自治州卓尼县藏巴哇藏语:

ŋi¹³　ma¹³mɐ¹³（我的妈妈）
我的　妈妈
ɲɨ¹³　kə¹³kə⁵²（他的哥哥）
他的　哥哥

甘青河湟区域的阿尔泰语系表示人称领属和普通领属的语序有所不同：人称领属的语序是"名词＋人称领属语"。如东乡语是典型 OV 语序,名词的领属范畴分为人称领属和反身领属两种。

东乡语第一人称名词在人称领属语的前面,也可以在后面。第一人称领属形式,单数用 mini；复数用 bidʑiənni（排除式）和 mataŋni（包括式）。例如：

ɑdɑ-mini　我的父亲
阿达－我的
gɑji-mini　我的哥哥/mini-gaga 我的哥哥
哥哥－我的
gɑji-bidʑiənni　我们的哥哥
哥哥－我们的
gɑji-mataŋni　咱们的哥哥
哥哥－咱们的

除第一人称外东乡语、保安语、撒拉语等语言的领属结构都使用"领属语＋名词"语序,例如：

东乡语：həni biəri（他的妻子。）
　　　　他的 妻子

东乡语：ṣudʐi-ni kiəliəsənni（书记说的话。）
　　　　书记－的 话

蒙古语：tan-ɛɛ nər xən bee?（您叫什么名字？）
　　　　您－的 名字 谁

保安语：tɕi bəda-nə kətə nəgə rə ju!（请你到我们家来啊！）
　　　　你我们－的 家 一 来 语气词

土族语：xaran taavun-nə sara pugəlii va.（十五的月亮是圆的。）
　　　　十 五－的 月亮 圆 是

上述例句中下划线的名词"ṣudʐi-ni kiəliəsənni（书记的话）""tan-ɛɛ nər xən（你的名字）""bəda-nə kətə（我们的家）""xaran taavun-nə sara（十五的月亮）"等格式中，领属语都在相应的名词前。换句话说，阿尔泰语系东乡语领属语和名词之间的语序有两种：表示人称领属时，人称领属可前可后；表示非人称领属时，人称领属位于名词前。

藏语和少数民族语言的领属语一般均位于名词之前，组成"领属语＋名词"的语序，与 OV 语序相和谐。

二 名词与冠词的语序

冠词（article）是一类数量少但使用频率较高的虚词。冠词不能独立使用，只能与名词一起说明名词所指的人或事物。王力（1980：462）指出："西洋所谓冠词，是一种特殊的形容词，放在一般的名词前面。它们的作用是显示后面跟着的词是属于名词性质，因此即使不是名词（不修饰名词的形容词、不定式动词等），只要紧跟在冠词后面，也就带有名词性质。"

冠词可以分为不定冠词、定冠词、否定冠词、部分冠词和零冠词（即不用冠词），其中不定冠词和定冠词是最常见的两类冠词。

不定冠词（indefinite articles）与名词连用，表示名词短语在语用上是无定的，不能确指的事物，具有泛指或类指的功能。根据语言中不定冠词存在与否及其具体形式，世界范围内的语言可分为五类：第一类是不定冠词与数词"一"不同形（不考虑历史源流），比如英语的"a/an"，英语中的不定冠词"a/an"来自数词"one"；第二类是不定冠词与数字"一"同形，"一"直接被用作不定冠词，如德语；第三类是不定冠词由名词的不定词缀构成，如 Korowai 语（分布于新几内亚、巴布几内亚和印度尼西亚等岛屿）；第四类是没有不定冠词但有定冠词，如 Kutana 语（分布于北美西部）；第五类是既没有不定冠词，也没有定冠词，如波兰语。

据《语言结构的世界地图集》[①] 统计显示有不定冠词的语言在欧洲比较普遍，从中非、西非、中东延伸到缅甸的亚洲地区、新几内亚东部、太平洋、墨西哥和中美洲等地相对集中，不定冠词没有显示出明显的区域分布特征。没有不定冠词的语言分布也同样广泛，除墨西哥和中美洲以外的美洲较为普遍，澳大利亚和北亚地区也相对集中。

定冠词（definite articles）表示后面的名词所代表的事物是有定的，表示特指、专指。根据语言中定冠词存在与否及其具体形式，世界范围内的语言分为五类：第一类是定冠词与指示代词不同形（不考虑历史源流），如英语的定冠词使用"the"，指示代词使用"this/that"；第二类是指示代词与定冠词同形，即直接使用指示代词作定冠词，如德语；第三类是定冠词由名词上的不定词缀构成，如埃及的阿拉伯语；第四种是没有定冠词但有不定冠词，如 Brahman 语（分布于新几内亚和巴布几内亚）；第五种是既没有定冠词也没有不定冠词，如 Cherokee 语（美国印第安语的一种，分布在北卡罗来纳州和田纳西州）。

在欧洲，定冠词与指示代词不同形，特别是在西欧以及从西到东横跨中非的广阔地带、太平洋、中美洲等地，还有一些语言散布在其他地区，但在亚洲大部分地区、南美洲和除西海岸外的北美相对少见。指示代词用作定冠词的语言非常分散，美国比较常见，欧洲比较少见。定冠词由名词的不定词缀构成的语言在欧洲部分地区较常见，还分布于从斯堪的纳维亚半岛延伸至俄罗斯北部的地区、巴尔干地区、中东、西北高加索等地。没

[①] Matthew S. Dryer. 2013. Indefinite Articles. In: Dryer, Matthew S. & Haspelmath, Martin (eds.) The World Atlas of Language Structures Online. Leipzig: Max Planck Institute for Evolutionary Anthropology. (Available online at http://wals.info/chapter/38, Accessed on 2019-12-02.)

有定冠词的语言在世界大部分地区都很常见，尤其是在亚洲和南美洲，而西欧以及横跨非洲和撒哈拉南部边界的狭长地带是定冠词很少出现的两个地区。从土耳其到印度的亚洲地区，有不定冠词但没有定冠词的语言很常见。

冠词虽然被看作名词的修饰语，但在语序上，冠词往往与动宾结构的动词对应，而名词则与宾语对应。因此，VO 语言多用"冠词 + 名词"的语序，OV 语言多用"名词 + 尾词"。换言之，VO 语言中冠词较为常见，与名词组合时一般出现在名词之前；OV 语言中冠词则较少，若有冠词则倾向于放在名词之后，但这一语序关联并不十分严格。

印欧语言中常用定冠词和不定冠词来表示名词的有定和无定。如：英语"the girl（这个女孩）"是有定的，"a girl（一个女孩）"是无定的。

汉语没有典型的冠词，汉语表有定无定可以采用多种方式，比如数量词组后面的名词往往是无定的，指量词组后面的名词往往是有定的。此外还可通过语序和虚词来表示名词的有定，如汉语"客人来了。（有定）"/"来客人了（无定）"。

王力（1980：464）指出，由于西文的影响，现代中国的书报不知不觉地运用着无定冠词，一般用"一个""一种"之类。① 吕叔湘（1999：157）认为，汉语的"（一）个"是一个表数量兼表无定的冠词，应用范围比英语的无定冠词更广，可以用于非名词乃至于不在名词地位的词，又可以把数量的观念从名物方面转移到动作方面来。② 英语、法语的不定冠词来源于表示数量意义的"一"。方梅（2002）指出，北京话的"这""一"发展出了类似定冠词和不定冠词的用法，"这"已经由指示词演化出定冠词的用法，"一"则发展出不定冠词的用法。③ 刘丹青（2002：416）指出"指示词＞定冠词＞类指标记"可以看作英语和北京话共有的语法化路径。倒是一些量词功能发达的南方方言，如吴语、粤语，在上述路径的前一段表现出与北京话的差异。这些方言不是由指示词，而是由量

---

① 王力：《中国现代语法》，香港：商务印书馆 1943 年版，第 37 页。
② 吕叔湘：《汉语语法论文集》，商务印书馆 1999 年版，第 157 页。
③ 方梅：《指示词"这"和"那"在北京话中的语法化》，《中国语文》2002 年第 4 期。

词虚化出定冠词用法，进而用作类指标记。①

甘青河湟方言除了指示代词"这/兀"有冠词用法外，"个"也有类似冠词用法。在表示定指和特指时一般使用指量结构"（这/兀）个＋名词"进行表述；表示泛指和类指时主要使用"光杆名词＋们"的形式，也可以使用"个＋名词"的形式，一般表近指。其出现的语法环境主要有以下几种。

第一，"个"前既不出现数词"一"也不出现指示词"这"，单独充当名词的有定限定词，如甘肃临夏话的例子：

(1) 个笔不见了。（这/那只笔不见了。）
(2) 个衣裳俊。（这件衣服很漂亮。）
(3) 个手机不是个东西，害死人呢。（手机这东西不是个好东西。）

上述句子中的"个"都是表有定，指"这个"，所修饰的名词基本是单数。

"个"主语的位置，单独做论元，直指或回指一个有定对象或行为事件。例如：

(4) 个是什么个是？（这个是什么？）
(5) 个书马建的［tɕi］是。（这本书是马建的。）
(6) 个人不成，再嫑黏［zɑn］。（这个不好，再不要联系。）

第二，"个"出现在有定的定名短语中，充当临时的定语标记，相当于"的"，出现在领属定语或关系从句等定语与核心名词之间。如：

(7) 尕张个书/咬人个狗/讨厌个尕娃。

名词也可以省去不说，"个"成为有定的定名短语中的指称代词。

---

① 刘丹青：《汉语类指成分的语义属性和句法属性》，《中国语文》2002年第5期。

例如：

(8) 小张个/红红儿个/圆圆儿个/咬人个。

从上面论述可以看出，"个"扩展的范畴不仅有指称、量化和称代的功能，而且还有类似关系代词、定语标记等功能。它的句法语义功能相当于其他语言许多种范畴的表达手段。

从语言类型学的视角看，这两种不同的虚化途径其实是指示词发达型语言和量词发达型语言的不同处理手段。北方方言是指示词发达，它是由近指示词虚化为定指标记；南方方言则是量词发达，由量词虚化为定指标记。①

方梅（2002）指出，汉语的定指标记有着两种不同的虚化途径。一是北京话模式：量词脱落，表近指的指示词词义弱化，随后进一步虚化为定指标记；二是南方方言模式：以吴语、粤语为代表，指示词脱落，量词的表量义弱化，随后虚化为定指标记。

值得注意的是，甘青河湟方言中的"个"作为定指标记（只能表示近指，不能用于远指②），具有南方方言量词的显著特征。这种现象引人注目，发人深思。也促使我们再次关注"个"的使用特点。

定指标记"个"的来源。要解决甘青河湟方言中这些特殊的语法现象，还需要联系该地区周边的少数民族语言。东乡语等阿尔泰语系蒙古族语言中的指示代词与定冠词同形，即用指示代词直接作定冠词。例如：

(9) tşi ənə şuni niə udzʅə! 你看一下这本书！（布和1986：154）
    你 这 书　一 看 你看一下这本书！

---

① 吕叔湘、江蓝生（1985：244）认为指示词"个"是六朝时开始出现于南方的口语词，在现代吴语区方言里还得到广泛的反映。刘丹青（2002：416）指出，"'指示词→定冠词→类指标记'是英语和北京话共有的语法化路径。量词功能发达的南方方言，如吴语、粤语等，是由量词虚化出定冠词用法，进而用作类指标记，体现了一项重要的类型差异。"

② 由于近指在心理上的距离要小于远指，对说话人来说，近指指向的一般都是更为熟悉、在视力所及范围内的，所以在虚化的过程中，近指和远指具有不对称性。

直译：你个书看。

（10）mini ənə giənni dʐiu ənə jə-Gala gaudaʁanə. 我这个病就是要用这个药来治好。（布和1986：97）

　　　我　这　病　　就　这药－凭借格 好动态

　　直译：我个病就是要用个药治好。

（11）tʂini ənə moridə dʐʐaŋ Gadawo ʂa?（你给这匹马挂掌了吧?）（布和1986：201）

　　　你　这　马　　掌　挂　　啥　（布和1986：201）

　　直译：你个马掌子挂了吧?

上述诸例中的东乡语中近指代词"ənə"都不表距离的远近，而是用来表示说话双方都知道的具体所指的某个事物。例（9）翻译为"你要看的是这本书"，例（10）中的两个"ənə"都是指示代词，"ənə"在这里作定冠词。"我这病就是要用这药治。"其他例句以此类推。

东乡语的指示代词"ənə"作定冠词毋庸置疑。"ənə"当地汉语翻译成"这"，如"这书、这病、这马"，也可以翻译成"这个"，如"这个书、这个病、这个马"，还可以省略指示代词"这"，只剩下"个"，如"个书、个病、个马"，就成了"个+名词"的类似量名结构。那么，此时的"个"既不是量词（东乡语没有量词），也不是中古时期的指示代词"个"的复活，而只是代词"这个"省略"这"的结果。吕叔湘、江蓝生（1985：201）指出："这个"，在特殊情形之下会省去"这"而单说"个"，但是"那个"没有类似的现象。"这"字之后如果是一般量词，"这"也不省。①"特殊情形"是指"个"用在三身代词尤其是"你"之后，就会省略"这"。例如甘青河湟方言的例子：

（12）（你）个人覅跟。（你不要和他来往。）

（13）（你）个钱拿上。（你拿上这个钱。）

---

① 吕叔湘、江蓝生（1985：201）指出，指示词"这个"发展为"个"，有两个条件：①量词是"个"，"这"之后如果是一般量词，"这"也不省；②"个"一般用在三身代词尤其是"你"之后。

（14）（我）个话没听说。（我没听说过这个话。）

据此，甘青河湟方言用在三身代词，尤其是第二人称"你"之后的"个"表定指，是当地方言翻译少数民族语言指示代词"ənə（这个）"，并在特殊情形下省略"这"的结果。与量词（阿尔泰语系没有量词）"个"没有来源上的关系，是语言接触的影响。

阿尔泰语系东乡语中指示代词和定冠词同形。另外，我们还发现了数词"niə（一）"可以表数量兼表无定的冠词用法。例如：

（15）bi niə dosini otʂiralə ətʂinə.（我去会见一位朋友。）
　　　我 一　朋友　会见　去未完成体
（16）niə kuŋdə dʐiu doloŋ otɕin wo qiənə.（某人有七个孩子都是女儿。）
　　　一　人　七　孩子　女儿　有 引语标记
（17）niə ɕiənidə-ni hunturasə niə dʐaudʐiŋ dʐaudʐiliəwo.
（有天夜里睡觉，做了个梦。）
　　　一　夜里-位格的 睡觉-从格 一 梦 做 了 完成体

上述诸例中的"niə（一）"分别与名词"人""朋友""夜晚"连用，并非表示"实数"，而是表名词短语在语用上是无定的，具有泛指或类指的功能，是表无定的冠词。东乡语不定冠词与数字"一"同形，与汉语的北京话的"一个"有相同的发展轨迹，具有类型学上的共性。

综上所述，甘青河湟方言的"个"类似于定冠词的用法，可以出现在名词前，也可以出现在名词后，位于名词后时"一"不能省略；"个+名词"构成有定名词短语，如"个天气""个尕娃""个铺子"等等，这里的"个"是指示代词"这个"脱落了"这"的结果，与量词"个"没有来源上的关系，是语言接触过程中的"底层干扰"；数词"一"类似不定冠词的用法，是"一"的语法化结果所致。

三　名词与附置词的语序

附置词（adposition）包括前置词和后置词，也常称为介词。附置词不能单独作句子成分，它与名词、代词等名词性成分结合，表示该名词性成分与句中动词的语法或语义关系，附置词与格标记功能相似。所以有些语言附置词的功能可以通过格形态实现。

《语言结构的世界地图集》根据附置词和名词的语序，将附置词分为五种：①后置词；②前置词；③插入型附置词；④使用超过一种以上附置词类型；⑤没有附置词。

Dryer 对世界范围内 1142 种语言动宾语序和前后置词的使用进行了统计分析，得出如下结果：

VO 语序：前置词 456 种

VO 语序：后置词 42 种

OV 语序：后置词 472 种

OV 语序：前置词 14 种

OV 型语言使用后置词，VO 型语言更倾向于使用前置词。

VO 型语言最具代表性的是英语，如 "in the glass" "on the table" "by the bus" 中的前置词 "in" "on" "by"，组成 "动词＋联系项＋名词" 的结构。

汉语虽大多使用前置词，也有采用后置词。普通话前置词大多是由动词虚化而来，而后置词则是方位名词的虚化。汉语中的方位词有的从古代汉语的名词到中古时期已经开始虚化，表现为搭配范围扩大、词类特征逐渐消失，向着后置词方向发展。另外，汉语中还有其他来源的附置词，如"似的、以来、来"等，以及前置词和后置词共同组成的"框式介词"（circumposition），如"在……里""跟……似的"等。

OV 型语言常用后置词，比如甘青河湟方言区域内的藏语和阿尔泰语。东乡语中就有表示比较、估量、原因、提示等意义的一系列后置词。例如东乡语：

(1) mutuŋ dʑiərə　（在树上）
　　树　　上

（2）uidʑiən məliə （在门前）
　　　门　　　前
（3）mauɚ mutu （像猫一样）
　　　猫儿　一样

OV 语言中，介词的最佳位置在 N 和 V 之间，组成"名词+联系项+动词"的结构，以名词位置为参照点，联系项也就被视为后置词。例如东乡语：

（4）dʐula *mutu* çiniə wo.（像灯一样灭了。）
　　　灯　一样_{后置词} 熄灭 _{完成体}
（5）tʂui *tʂiɡiə*　taʂi　wo.（有拳头一般大的石头。）
　　　锤一样_{后置词} 石头　有
（6）ɢura bausan *dula* tɕiəntɕi kuitɕiəʁə wo.（因为下了雨，天气变凉了。）
　　　雨　下原因_{后置词} 天气　凉快 _{完成体}

甘青河湟方言前后置词的使用情况与普通话使用前置词不一样，大量使用后置词，前置词反而较少使用。《临夏方言》（1996：183—184）指出，临夏话介词极少，常用介词的数量不到普通话介词的十分之一。[①]

我们在近几年的调查研究中发现，甘青河湟方言尽管前置词和后置词并存，但前置词数量较少，后置词使用频率更高。即便是前置词"比""除过""照着"等，也常常需要和后置词"啦"搭配使用。例如：

（7）你靠什么啦吃饭呢？（你凭什么吃饭呢？）

甘肃临夏话还有一个前置词"带"，它的用法较为复杂。例如：

[①] 兰州大学中文系临夏方言调查研究组：《临夏方言》，兰州大学出版社 1996 年版，第 183—184 页。

(8) 尕娃带家里看电视着。(孩子在家看电视呢。)
(9) 我带兀个树杈拉跘倒了。(我被那个树枝跘倒了。)
(10) 傢带房上［zɑŋ］价跳下来了。(他从房顶上跳了下来。)
(11) 阿娜们带六点上［zɑŋ］价跌办开了。(妈妈他们从六点开始操办了。)

"带"在第(8)例介引处所，相当于"在"；第(9)例引出动作施加者，表被动，相当于"被"；第(10)例和第(11)例表示动作行为的起点，前者是处所的起点，后者是时间的起点，都相当于"从"。除了例(9)外，其余例句中的"带"都可以省略，且不影响句意的表达。其他三例还有后置词"里""上""价"。这些句子中的后置词是必不可少的，而前置词则没有强制性。

甘青河湟方言与小句 OV 语序类型一致，主要采用后置词。除与普通话相同的后置词外，还有一些后置词的"格助词"。因为格和介词（前置或后置）都是人类语言介引名词短语，使之成为谓语状语的基本手段，两者有的有来源上的联系。常见的如"哈/啊""上""搭/塔""拉/啦"等，既体现了 OV 型语言特征，也与方言小句的优势语序相和谐。为了能够说明问题，各举一例。

(12) 你饭哈吃，水哈喝。(你吃饭，喝水。)
(13) 钢笔啦写。(用钢笔写。)
(14) 土话啦说。(用东乡语说。)
(15) 马老师兰州搭/塔来了。(马老师从兰州来了。)
(16) 尕娃掌柜的啦一搭去［tɕʰi］了。(儿子和丈夫一起去了。)

我们对汉语方言中的"格"标记与相对应的少数民族语言，如东乡语、保安语、土族语进行了跨语言对比，发现除了作为宾格，与位格的"哈"是汉语方位词"下"的白读记音外，记作"哈"已约定俗成。其余方位词的后置性特征与蒙古语静词的变格成分一致，可以在阿尔泰语系语言中找到对应关系。如凭借格和伴随格"啦/拉"与东乡语造联格-ʔala、保安语-ʔalə，土族语-la 相对应；"搭/塔"与东乡语、保安语、土族语和东部裕固语的向位格"-də"对应;"些"与东乡语从比格"-sə"对应等,是一种"对应规则"(Correspondence Rules),也是两种语言在语音对应关系上的自觉或不自觉的反映。其一,甘青河湟方言用虚化了的汉语方位词"下/哈"作为宾格和与格标记,用汉语音同音近的"搭/塔""啦/拉"等,音译少数民族语言格标记。其二,格标记在不同的地域选用的汉字并不一致,不管是"啦""些""搭",还是"俩""撒""塔",都是异口同声,是在语言接触过程中出现的一种没有词汇意义的形态标记。因此,不能望文生训。

四 名词与复数词的语序

复数词(plural clitic)是表示复数意义的独立的词。Dryer 对 1066 种语言名词的复数形式进行了考察,发现其中 98 种语言无复数标记(no plural),有复数词的语言有 170 种,占总数的 15.9%。有复数表达方式的语言,编码方式可以概括为 8 种:复数前缀(plural prefix)、复数后缀(plural suffix)、复数词干变化(plural stem change)、复数音调(plural tone)、复数完全式重叠(plural by complete reduplication of stem)、混合形态复数(morphological plural with no method primary)、复数词(plural word)、复数附着形式(plural clitic)。

使用复数后缀的语言广泛分布于世界各地,出现在 513 种语言中,在东南亚和大多数使用南岛语的地区则较少使用复数后缀。使用复数前缀最集中的地区是非洲,特别是在非洲大陆南部的班图语中,以及尼日尔—刚果其他分支的语言,印度尼西亚和菲律宾附近地区的南岛语族语言也有使用复数前缀。复数前缀在整个欧洲大陆、亚洲,以及从危地马拉南部延伸到整个南美洲的广大地区基本不存在。以声调作为表示复数的主要手段的四种语言都分布在非洲。

复数词(plural word)实际上是独立的词,属于名词短语的核心成分。在 OV 语序的语言中,复数词常常后置于名词;VO 语序的语言中复数词则常前置于名词。汉语没有独立的复数词,只有与之功能相同的复数标记"们"。

Dryer 将普通话中的"们"视为复数后缀(plural suffix),也有学者认为汉语普通话"们"的附着程度介于附着性较强的后缀和独立性较强的助词之间。"们"和复数词在复数意义的表达上功能相同，但二者语法性质不同，区别在于复数词是独立的词，可以单独使用，只存在于世界上的少数语言之中；而"们"不是独立的词。

甘青河湟方言的复数词尾"们"的复杂用法，学术界曾进行过广泛深入的研究，揭示出"们"是一种内部具有一致性的区域性特征："们"可以加在指人名词后，也可以加在动植物名词、无生命可数名词、抽象名词的后面，还可以加在亲戚称谓后表示一辈人。例如：

（1）阿早红园里雀［tɕiao］们叫着，蝴蝶们也飞哩，空气们好呗。
（2）唐汪川庄稼们种的［tɕi］不多，多的［tɕi］是杏［xeŋ］树们。
（3）㑚的［tɕi］个生意红火着，钱们大把大把着使唤呢，阿早条件们好了。
（4）丫头们啦要粘［ʐan］，兀个们的［tɕi］事情多呗。
（5）国庆上你们阿塔些们转个去哩。

"们"分别加在了动物的"雀""蝴蝶"和无生命的植物"庄稼""杏树"，以及不可数的物质名词"钱"和抽象名词"条件""空气"之后，"们"覆盖了动植物名词和无生命名词在内的所有名词，也覆盖了与数范畴有关的所有生命度等级。

我们曾将"蒙式汉语""汉儿言语"和甘青河湟方言中复数词尾"们"进行了对比研究，发现"蒙式汉语""汉儿言语"在时间接近，但从复数词尾"们"的类型上来说，两者存在区别；甘青河湟方言和"蒙式汉语"属于同一种类型，在无生命名词、指示代词（疑问代词）、"VP的"，以及"数量词+N（们）"五个参项上完全一致。

这种现象应该是受阿尔泰语系语言的影响所致。可以参考东乡语复数的标志是-la（刘照雄，2007：130）。例如：

单数　　　　　　　　　复数
kun 人　　　　　　　　kun-la

mori 马   mori-la
mutun 树   mutun-la
ʂɯrə 桌子   ʂɯrə-la

东乡语复数附加成分-la 可以加在名词"人"的后面，也可以加在动物"马"之后，还可以加在无生命的"树"和"桌子"之后。甘青河湟方言"们"的复杂用法是语言接触所致。

第二节　与动词相关的语序类型

Dryer（2007）提出的16对匹配参项中，与谓词性成分有关的参项共五项：主要动词与助动词的语序、动词与附置词短语的语序、动词与方式副词的语序、形容词与比较标准的语序以及比较标准与比较标记的语序[①]。其中前三项是与动词有关的参项。后两项是与形容词相关的参项，我们先讨论前三项与动词有关的参项。

Dryer（1992）曾经将动词与否定助词、动词与时体助词的语序也纳入考察，但此后进行了修订，他指出这两项与动宾之间没有关联，因此将其排除在考察范围之外。

一　动词与助动词的语序

助动词（auxiliary verb）是协助主要动词（main verb）构成谓语的词，也叫辅助动词，用来构成时态和语态，除情态助动词外，其余一般没有词汇意义。VO 和 OV 语序与主要动词和助动词的语序之间有倾向性的对应关系，类型学家调查了有时体助动词的71种语言。VO 型语言的助动词倾向于出现在动词之前，而 OV 型语言助动词一般后置于动词。

　　VO 语序：助动词 + 动词 28 种
　　VO 语序：动词 + 助动词 4 种

---

① Dryer. Matthew S. 2007. Word order. In Timothy Shopen（eds.）, Language Typology and Syntactic Description, Vol. 1, Cambridge University Press.

OV 语序：动词 + 助动词 36 种

OV 语序：助动词 + 动词 3 种

英语常用的基本助动词有"be、have、do"等，它们可以协助构成主要动词表示时态、语态、否定和疑问等，常用的情态助动词有"will/would、can/could、shall/should、may/might、must、need、dare、ought to"等。这些助动词在英语中只能出现在主要动词之前，表达语法意义，构成"助动词+动词"的语序，呈现出 VO 型语言的特征。

汉语的时体意义主要是通过位于动词后的体标记"着""了""过"等表示。汉语中有表示情态的助动词，能愿动词如"能够、可以、可能、应该、敢、肯、得、必须"等，分别表示客观的可能性、必要性和人的主观意愿。用于主要动词、形容词之前，符合 VO 型语言的语序倾向。汉语和英语在情态范畴上有一致性，都是以情态动词作为情态的表达方式。

甘青河湟方言的情态助动词有两类：一类与普通话相同，位于主要动词之前；另一类助动词是后置于动词。如"下"（[xa]）是甘青河湟方言中最常用的表示情态的助动词，出现在动词之后，显示出 OV 型语言的特征。如：

（1）你们一挂大学考上下哩。（你们都能考上大学。）

（2）兀么大的房子你还住不下吗？（那么大的房子你还住不下。）

（3）这两天不受活，我再地里去［tɕʰi］不下。（这两天不舒服，我不能去田里了。）

（4）再几天就开学哩，尕娃铺子里来下啦是？（再过几天就开学了，孩子从铺子里能不能回来？）

（5）兀家一顿三四碗吃下下哩。（他一顿能吃三四碗。）

（6）我这点事哈做下下哩。（我这点事情能办到。）

（7）尕娃的宴席上你来下下啦？（儿子的结婚典礼，你能来吗？）

"下"及其否定形式"不下"出现在动词或动补结构等动词性成分之后，表达的是主观意愿、胆量、能力等一种可能，如普通话的"能""敢""会"。后三动词后两个"下"连用，第一个"下"是结果补语，第二个"下"为能愿助动词,相当于普通话的"能"或"敢"。

另外,"成""要"在甘青河湟方言中虚化为语气助词,表示情态。"成"可以表示动力情态的"可以、能够、愿意",也可以表示道义情态的"允许、应该"。例如:

(8) 我的命啦尕娃换是成哩。(我的生命换取孩子的性命是可以的。)
(9) 学里走上去是成哩。(去学校可以走着去。)
(10) 我把你央及个是成啦不?(我可以麻烦你一下吗?)

"成"表示动力情态,相当于普通话的"能、可以""愿意"。甘青河湟方言中,"成(不成)"表示情态时,前面常会出现表示假设关系的从句标记"是"。如上所举例子。

甘青河湟方言的"要"也可以用来表示道义情态。例如:

(11) 兀几个题做完的要哩。(那几道题要做完。)
(12) 再阿么了着一碗饭吃上的要哩。(必须吃上一碗饭。)
(13) 你的阿姨个看去的要哩。(你得去看看你妈妈。)

"要""成"经常用在主要动词词干形式之后,表示对行为动作的主观态度,赋予"能够做到""不能做到""必要做"等情态意义。两者匹配的对象是句中的动词 V,而不是句中的宾语 O,因此,它们是助动词而非动词。其次是"要""成"后面必须要有语气词"哩/俩","要哩"已成为一个固定的格式被高频使用,也就是这类句子必须是语气词煞尾,否则不能成立。如果句尾用"要"表示情态,前面的动词性短语必须加"的"来名词化,构成"VP + 的 + 要"句式。

需要强调的是,动词"要、需要"语法化为强制语气是一种比较普遍的现象,具有跨语言特征。Heine & Kuteva(2002)列举了不少语言中"要/需要"义动词的相关现象,如英语的 need(to)不定式 > 强制语气标记。巴斯克语(Basque)的 behar 是表示"需要""必须"的普通名词,behar 与及物助动词结合则具有情态标记的功能("不得不""必须")。例如巴斯克语（Heine & Kuteva 2002：293）：

(14) diru- a *behar* d- u- t.
钱 – 限定词 需要 现在时 – 助动词 – 第一人称：单数：作格
我需要钱。

(15) etxe- ra joan *behar* d- u-t.
房子·向格 去：完整体 需要 现在时 – 助动词 –
第一人称：单数：作格
我必须回家。

豪萨语（Hausa）的 kàmātà："需要""应该"，动词 > 义务情态标记。例如：

(16) (Hausa; Herms 1987：87; Ma Newman 1990：178)
ya ka_māta_ mu tafi.
第三人称：阳性：单数 需要 第一人称：复数 去
我们必须走。

阿科里语（Acholi）的 myero "需要""适合""恰当""适当" > o-myero（第三人称单数过去时形式），表示必要和强制语气的义务情态标记，认识标记。例如：阿科里语（Acholi; Bavin 1995：121 – 2）。

(17) ci omyero en o- cwal jami- ni weng
接着 必须 他 第三人称：单数 – 拿 东西 – 指示词 所有
loca kulu.
越过 河
接着他必须把所有这些东西拿过河。

(18) in omyero i- cam mot.
你 必须 第二人称：单数 – 吃 慢慢地
你应该慢点吃。

这是"要""需要"语法化为强制语气，表达情态意义的跨语言类型特征。

甘青河湟地区周边的藏语和阿尔泰语言也是用后置的助动词表示情态，显示出与 OV 型语言相和谐的语序。东乡语表示情态的助动词均位于动词之后，组成"主要动词 + 助动词"语序。

二 动词与方式副词

副词的英语名称为"adverb"，充分显示了副词是动词"附置词"的性质。副词可以附置在动词前后，不同语言有不同的编码方式。类型学家对 128 种语言 VO 和 OV 语序与动词和副词语序之间的对应关系进行了调查统计，得出如下结果：

VO 语序：副词 + 动词 14 种
VO 语序：动词 + 副词 44 种
OV 语序：副词 + 动词 64 种
OV 语序：动词 + 副词 6 种

OV 型语言中副词倾向前置于动词，形成"副词 + 动词"的语序；VO 型语言中副词倾向后置于动词，采用"动词 + 副词"语序。

汉语副词作为一种个性强于共性的词类，其内部各成员在搭配方式、语法功能、意义指向和语用特点等各个方面都存在着显著的差异。程度副词、范围副词、时间副词、方式副词、否定副词，以及语气副词等使用频率高、用法多样。其中方式副词主要用来对相关行为状态进行描述刻画，在句法上可以充当动词的状语，句中的位置比较固定，只能出现在动词之前，如"跑步去""快快吃""大声唱"等，对相关行为的状态进行描述。甘青河湟方言与普通话一致，方式副词一律前置于动词。例如：

（1）你带过儿门啊关上个。（你给我顺便把门关上。）
（2）像拌下的馅［ȼyan］子碎零八散地捏不着一处儿。（他拌的馅儿零零碎碎地捏不到一起。）

(3) 像糊里抹搭日鬼下的，阿早说不成。（他随随便便做的，糟糕的说不成。）

(4) 今儿阿姨个家来着水汤八叽地说不罢。（今天小姨到我家来没完没了地说个不停。）

以上各句中的方式副词不管是单独使用，还是跟结构助词"地"联合使用，无一例外全部出现在动词之前，显示出 OV 型语言的特征。甘青河湟地区阿尔泰语都是 OV 型的"方式副词+动词"。这里试举几例东乡语的例子：

(5) hə iawu-dʐɯ irə wo. （他走着来了。）
他 走 副动词 来 完成体

(6) hə kidənə uarada-dʐɯ saodʐɯwo. （他喊着坐着。）
他 家 喊 副动词 坐 进行体

(7) bi tori-dʐi tori-dənə qɑri irəwo. （我转了转回来了。）
我 转并列副动词 转并列副动词 回 来了。

少数民族语的方式副词后需要附加并列副动词-dʐɯ，表示动作发生的先后顺序、动作发生的方式等，方式副词均前置于动词，符合 OV 型语言的语序特征。值得一提的是普通话和甘青河湟方言相类似，也是 OV 型的"方式副词+动词"的格式。

三 动词与附置词短语

在动词和附置词短语（adpositional phrase）格式中，附置词的主要功能是连接动词和名词，名词通常表达动词发生的时间、处所、结果、受益者或协同者等。VO 型语言附置词短语倾向后置于动词，组成的格式是"动词+附置词短语"；OV 型语言中附置词短语则倾向于在动词之前，组成"附置词短语+动词"格式。如英语，附置词短语多在动词之后，"sit in the classroom""stand on the platform"。汉语附置词短语既可以出现在动词前，也可以出现在动词后，如：

(1) <u>教室里</u>坐满了学生/学生都坐<u>在教室里</u>。

汉语中的附置词短语主要是介宾结构。介宾结构经历了一个由动词后向动词前的迁移过程。先秦、西汉时期处所的介宾结构（即附置词短语）成分大多位于中心语之后，如"克段于鄢""娶于申""战于长勺"等。汉代以后汉语的介词短语由"动词＋附置词短语"变为"附置词短语＋动词"语序。

汉末六朝时期出现大量介宾结构前置的情况；六朝时"介词＋工具""介词＋受事"已基本前移至 VP 前；唐五代介宾结构继续前移，"介词＋处所"位于 VP 前，尤其是表示工具、对象、方式的附置词短语几乎都位于 VP 前，只是表示动作行为终结时间的介宾结构位于 VP 之后。普通话表示处所的介宾短语可以出现在动词的后面，像"坐在炕上"，一般需要后置词"上"组合搭配，更常见的是介宾短语出现在动词之前"在炕上坐"。

甘青河湟方言中，附置词短语前置于动词，无论是使用前置词还是后置词，附置词短语大多出现在动词性成分之前。例如：

(2) 老汉家<u>靠擀毡着</u>过生活着哩。（老人靠擀毡为生。）
(3) 傢的阿达<u>为了兀些金子着</u>答应了。（她的父亲为了那些彩礼答应了。）
(4) 一挂<u>往教室外面</u>走。（向教室外面走。）

这是前置词与名词性成分组成的附置词短语，后置词与名词组成的附置词短语，同样位于动词之前。例如：

(5) 你<u>老师啦</u>好好说。（你跟老师好好说。）
(6) 阿娜<u>东乡搭</u>来了。（妈妈从东乡回来了。）
(7) 明早<u>四点上</u>［ʐɑŋ］封斋哩。（明早四点封斋，得早点睡觉。）
(8) 尕娃<u>这会塔</u>家里还没来。（小孩到现在还没归家。）

后置词与名词性成分组成后置词短语，例（5）表示动作行为的对象；例（6）表示动作行为的处所；例（7）表示动作行为发生的时间；例（8）表示动作行为终结的时间。

小结

本节主要围绕 16 对匹配参项中与动词性成分有关的三项内容展开，分别对动词与附置词短语的语序、动词与方式副词的语序、主要动词与助动词的语序进行了探讨。整体看来，在这些与谓词性成分有关的参项上，甘青河湟方言表现出明显的 OV 型语言的语序特征。

关于动词与附置词短语的语序，VO 型语言的附置词短语倾向后置于动词，OV 型语言的附置词短语倾向于在动词之前。甘青河湟方言附置词（前置词和后置词）与名词性成分组成的附置词短语大多出现在动词前，只有介词"着"介引的附置词短语出现在动词后。一些普通话中出现在核心动词成分后的附置词短语，方言中也基本出现在动词之前，且具有很强的强制性。

关于主要动词与助动词的语序，OV 型语言的助动词一般后置于动词，而 VO 型语言的助动词则倾向于出现在动词之前。甘青河湟方言的助动词主要是情态助动词，可以分为两类：一类是出现在动词后的"下"，可以表示动力情态和道义情态，显示出 OV 型语言的特征；另一类是前置于动词的助动词，如"应该""可以""可能"等，与普通话相同。总而言之，甘青河湟方言"主要动词 + 助动词"和"助动词 + 主要动词"的语序并存，但"主要动词 + 助动词"的语序更具优势。

关于动词与方式副词的语序，OV 型语言中副词倾向于前置于动词，形成"副词 + 动词"的语序，VO 型语言倾向后置于动词，采用"动词 + 副词"语序。甘青河湟方言动词和方式副词的语序与普通话相同，方式副词只能前置于动词，表现出 OV 型语言的语序特征。

第三节　与形容词相关的语序类型

在 Dryer（2007）的 16 项句法配置中与形容词和比较句相关的有两项：一是比较基准和形容词；二是比较基准与比较标记的语序，都与比较句相关。

广义的比较句包括平比句、差比句和极比句三种，其中差比句是语言类型学研究的重要参项，因此，我们所说的比较句主要指差比句。差比句包括四个基本要素，除比较主体外，有表示属性的形容词、比较基准和比较标记，这三项的语序，与动词与宾语的语序、附置词的类型都有密切关系，是语序类型研究的重要指标。OV 型语言的差比句倾向于使用"比较基准＋比较标记＋形容词"的语序。如东乡语：

（1）tşusun-sə　　xulan.（比血红。）
　　　血－比较标记　　红

而 VO 语言的语序则完全相反，使用"形容词＋比较标记＋比较基准"的语序。如英语：

（2）taller　than me.（比我高。）
　　　高　　比　我

如此看来，汉语的比较句是"比我高"，是前置词和后置词的混合语序。

一　比较标记与比较基准

类型学家研究表明，OV 型语中比较标记出现在比较基准之后。还是上例"比血红"：

（1）tşusun-sə　　xulan.（比血红。）
　　　血－比较标记　　红

比较标记"-sə"在比较基准"tşusun 血"之后。甘青河湟方言"他我哈高"中，比较标记"哈"在比较基准"我"之后，符合 OV 型语言。VO 型语言的比较标记一般出现在比较基准之前，如汉语的"他比我高"中的比较标记"比"在比较基准"我"前。这与 VO 型语言倾向于使用前置词一致，而 OV 型语言倾向于使用后置词相关。

古代汉语、现代汉语的差比句与"比较标记和比较基准"的语序一致，比较标记始终位于比较基准之前。如在"季氏富于周公"（《论语·先进》）结构中，比较标记"于"位于比较基准"周公"之前；在"我比他高"中，比较标记"比"也位于比较基准"他"之前。

古代汉语差比句的比较标记是介词，其中"于"最常用，且从上古汉语一直沿用至唐代；现代汉语差比句的比较标记多使用介词"比"。古代汉语和现代汉语，比较标记形式不同，但比较标记均位于比较基准之前，表现出 VO 型语言的共性。

甘青河湟方言的比较标记和比较基准有两种语序类型。

一种比较标记与普通话相同，前置于比较基准。在介词"比""把"为比较标记的差比句中，形成"比较标记（比/把）＋比较基准＋形容词"的比较句结构。例如：

(2) 唐汪川的杏［xeŋ］比洋糖还甜。（唐汪川的杏子比水果糖还甜。）

(3) 唐汪川的杏［xeŋ］把洋糖甜的不到。

这类句子中，比较标记"比"前置于比较基准"羊糖"，显示出 VO 型语言的语序特征。

另一类语序类型是比较标记后置于比较基准，特别是在格标记"哈""啦""些/撒"作为比较标记的差比句中，形成"比较基准＋比较标记＋形容词"的结构，表现出了 OV 型语言的特征。例如：

(4) 傢［tɕi］我哈/啊高下［xa］一截子。（他比我高很多。）
(5) 摩托自行车哈/啦快。（摩托车比自行车快。）
(6) 尕娃丫头啦活泛些。（男孩比女孩灵活。）
(7) 掌柜的有的时候啦比是差得远。（比起丈夫在的时候，还差得远呢。）
(8) 微信啦打电话是方便些。（微信比打电话方便。）

比较标记"哈/啊/啦"后置于比较基准，这是典型的 OV 型差比句的结构类型。"啦"多与比较动词"比"搭配使用，表示"和……相比"，"啦"的这种用法是伴随格标记进一步引申的结果，由平比句发展到差比句。

甘青河湟方言的两套比较标记系统中，比较标记和比较基准的语序正好相反，呈现出两种不同的语序类型：以介词"比"和"把"的比较标记位于比较基准之前，表现出 VO 型语言的语序特征；而以格标记"哈""啦""啊"的比较标记却位于比较基准之后，表现出 OV 型语言的语序特征。这种情况也不难解释，因为甘青河湟方言周边的阿尔泰语系语言是典型的黏着语，差比句是 OV 型语言。以东乡语为例：

(9) ənə baodəi əndʐɤɛ-sə undu wo. （小麦长的比驴高。）
　　这　小麦　驴－比较标记　高　是

(10) ənə orou iantan-sə　tɕiən wo. （这杏子比水果糖还甜。）
　　这　杏　洋糖－比较标记　甜　是

(11) tʂɯ ma-sə　　tsunmin wo. （你比我聪明。）
　　你　我－比较标记　聪明　是

例中的比较标记"-sə"均在比较基准"驴""洋糖""我"等之后。东乡语差比句中。甘青河湟方言中以格标记"哈""啦""啊"为比较标记的差比句语序与东乡语差比句语序有一致性。

二　比较基准与形容词

Dryer（1992）基于 100 多个语组 625 种语言的统计发现，32 种 VO 型语言中，31 种的语序为"形容词+比较基准"，英语"He is taller than me（他比我高）"中，形容词"taller"前置于比较基准"me"，符合 VO 型语言。在所调查的 36 种 OV 型语言中，有 29 种语序为"比较基准+形容词"，东乡语"tʂɯ ma-sə tsunmin（你比我聪明）"，形容词"tsunmin（聪明）"后置于比较基准"ma（我）"。

汉语"他比我高"中，形容词"高"也是后置于比较基准"我"，并且是唯一作为 SVO 语言却使用"比较基准+形容词"语序的语言。古今汉语差比句在"比较基准和形容词"的语序上相反。古代汉语差比句中的形容词常出现在两个比较项之间，组成"形容词+介词+比较基准"格式，如"（季氏）富于周公"。所以，古代汉语的比较句符合 VO 型语言的比较语序，而现代汉语的比较句是 SVO 型和 SOV 型语言的混合。

甘青河湟方言差比句是由介词"比""把"和格标记"哈/啊/啦"两套比较标记系统构成，两类"比较标记和比较基准"的语序相反，但各类差比句中的形容词均位于比较基准之后，表现出了 OV 型语言的语序特征。

(1) 傢我哈大下［xa］四五岁哩。（他比我大四五岁。）
(2) 尕娃丫头啦活泛些。（男孩比女孩灵活。）

甘青河湟方言差比句的否定形式，通过对比较结果的否定来实现，形容词同样均位于比较基准之后。例如：

(3) 成绩期中啦高不下［xa］，刚［tɕiaŋ］及格［kei］。（成绩不比期中高多少，刚及格。）

甘青河湟方言周边的藏语和阿尔泰语言差比句中，比较基准也全部位于形容词之前，显示出与 OV 型语言的高度一致。在这些语言的差比句中，比较主体和比较基准在结构上有简单和复杂之分，但比较基准和形容词的位置是固定的：形容词总是在比较基准之后。如东乡语：

(4) mori-sə　Gudʑi.（比马快。）
　　 马 比较标记　快形容词
(5) bi tʂə-sə　　undu　wo.（我比你高。）
　　 我 你比较标记　高形容词 助动词
(6) ənala haron-sə　　olon　wo.（这些比十多。）
　　 这复数 十比较标记　多形容词 助动词

东乡语的从格标记"-sə"，除了表示动作行为的起点，离开或经过的地点、索取的来源外，还表示比较，表示该名词所表达的人或事物用作和某种性质或状态比较的对象。比较的结果形容词"快""高""多"一律在比较基准之后。从周边的藏语和其他阿尔泰语言可以窥见一斑。例如：

（7）玛曲藏语：hjar　khi ȵən kar　nəp　mɔ　wti na　raŋgə.①
　　　　　　　 夏天　 的 白昼　　晚上 比较标记　长

（夏天的白昼比夜晚长。）

（8）蒙古语：ən gʊtal tər gʊtl-ɑɑs　gəŋ ix.②
　　　　　　 这 靴子 那 靴子 比较标记 更　大

（这双靴子比那双靴子更大。）

（9）保安语：ənə　awu　na -sə　undər o.（这个男孩比我高。）
　　　　　　 这　 男孩 我 比较标记　高 是

（10）土族语：tɕə aama -sa-nə　ndur a.（你比他妈妈高。）
　　　　　　　你 妈妈 — 比较标记　 高 是

（11）撒拉语：men an -dən aruχ dən.（我比他瘦。）
　　　　　　　我 他 比较标记 瘦　 是

不管是 OV 型的藏语，还是东乡语、保安语、土族语、撒拉语等阿尔泰语言的比较句，形容词一律在比较基准之后，符合 OV 型语言"比较基准+比较标记+形容词"比较结构语序倾向，甘青河湟方言差比句与之高度相似。

小结

关于形容词与比较标准的语序，类型学研究认为 OV 型语言的差比句倾向于使用"比较标准+比较标记+形容词"的语序，而 VO 型语言则倾向于使用"形容词+比较标记+比较标准"的语序。甘青河湟方言差比句中比较主体语序相对灵活，但比较标准始终出现在形容词之前，表现出

---

① 李云兵：《中国南方民族语言语序类型研究》，北京大学出版社 2008 年版，第 55 页。
② 例句（94）—（98）来自陈新义《中国北方阿尔泰语言语序类型研究》，中国社会科学出版社 2015 年版，第 209、211 页。

OV 语言的语序倾向。古今汉语差比句在比较标记和比较基准的位置保持一致，甘青河湟方言有两套比较标记系统，相应地也有两种语序类型。以介词"比"和"把"的比较标记均前置于比较基准，呈现出 VO 型语言的语序特征；以格标记"哈""啦"和"啊"的比较标记均后置于比较基准，呈现出 OV 型语言的语序特征。甘青河湟方言周边的藏语和阿尔泰语言差比句中，比较标记在比较基准之后，甘青河湟方言中以格标记"哈""啦""啊"为比较标记的差比句，显示了与周边的藏语和阿尔泰语言 OV 型语言的一致性。但是古今汉语在"比较基准和形容词"的语序明显不同，周边藏语、东乡语和其他阿尔泰语言的形容词都位于比较基准之后，甘青河湟方言各类差比句与之高度相似，也呈现出 OV 型语言的语序特征。

第四节 与小句相关的语序类型

一 动词与宾语的语序

类型学关注的语序主要为主语 S（subjective）、动词 V（verb）和宾语 O（objective）三个成分之间的排列顺序，动宾结构 VO 处于核心的地位，如果忽略主语，SVO、VSO 和 SOV 三种类型可简化为 VO 和 OV 两类。VO 和 OV 被当作所有语言的两大类型，其他结构的语序都是这两种类型下的具体特征。Greenberg 在基本语序方面确定了两个最基本的参项：一个是介词，包括前置词和后置词；另一个就是宾语位置，分为 VO 型和 OV 型。VO 语序是核心居前语言的特征，如英语，而 OV 语序是"核心居后语言"。

汉语在先秦时期就不是语序类型单一的语言，人称代词作否定句的宾语、疑问代词作动词或介词的宾语时，宾语都前置于动词或介词。现代汉语小句语序类型和古代汉语的差别突出表现为两点：一是有借助前置词"把"的受事前置句；二是没有古汉语中条件明确的代词宾语前置。

20 世纪 50 年代以前，汉语语法学普遍以语义为标准确定"主语－宾语"格式，采用"宾语前置""倒装"的说法来解释各种受事位于动词前和句首的现象，以及施事位于动词后的现象，同时也普遍承认以受事为主语的被动句的存在。如黎锦熙（1933）以"变式的宾位"为题系统地提出了"提宾"说。他所说的"提宾语到动词前"，包括"把"字句、

"连"字句，不用任何虚词"提宾"的同时，动词后用代词复指等。吕叔湘（1942）、王力（1943）在语序方面，仍多沿用黎锦熙的按语义分"主语—宾语"的分法，一方面对前置的受事成分采用"宾语前置"分析，另一方面把动词后的施事分析为主语的后置。

Dryer（2013）对1376种语言的基本语序进行了调查，除189种语言的基本语序不明确，其余各类具体分布如表11：

表11　　　　　　　　　世界语言基本语序统计

基本语序	VSO	SVO	VOS	SOV	OVS	OSV
语言数	95	488	25	564	11	4
1376种所调查的语言中所占比例（%）	6.9	35.5	1.8	41	0.8	0.3

从表11中可以看出，世界语言中，SOV和SVO是两种最常见的语序，在加入VSO语序后，这三种语序类型占调查语言的96%以上。其余三种，特别是OVS和OSV两种语序仅存在于极少数语言中。

从《语言结构的世界地图集》可以看出，SOV型语序占主导的地区主要分布在除东南亚、中国和中东以外的亚洲大部分地区、新几内亚除北部海岸的其他地区、澳大利亚以及除太平洋西北部和中美洲以外的绝大多数北美地区。而SVO语序占主导地位的语言主要分布在撒哈拉以南非洲的大部分地区、从中国和东南亚向南延伸到印度尼西亚和西太平洋地区，以及欧洲及地中海沿岸。

甘青河湟地区民族众多，历史悠久。方言和语言资源极为丰富。从汉代开始，这里就是汉民族的政治经济中心之一，对汉民族历史和语言的发展起过重要作用；同时这个地区在过去的10多个世纪里，长期与阿尔泰民族接触融合，这里不仅是汉藏交会点，而且逐渐成为阿尔泰民族如东乡族、撒拉族、土族、蒙古族、裕固族等的聚居点。正是这几种没有亲属关系的不同语言长期共处于一个地区，密切接触，从而在语言结构上产生了共同特征，形成了典型的"语言区域"特征，像SOV语序。甘青河湟方言的小句SOV与SVO两种语序并存，并以SOV语序为优势语序。当小句为单及物结构时，此时宾语一律出现在动词前。例如：

(1) 我这个人啊没爱［nai］着。（我不喜欢这个人。）
(2) 你我啊想啦不?（你想我吗?）
(3) 唯主的你哈襄助哩。（真主会保佑你。）
(4) 你兀家哈说的［tɕi］挂!（你对他说一下!）

句中只有一个宾语为动作行为涉及的直接对象，不管宾语是名词或名词短语，还可以是代词，一律前置。在上例各种句式包括陈述句、疑问句和祈使句中，OV 语序均为优势语序。下划线的是宾语在动词前，其后使用宾格标记"哈/啊"，具备了宾格标记的 OV 语言。

二 系词与表语的语序

系词（copula）和表语（predicate）的基本语序一般与动词和宾语的语序相一致。VO 型语言中系词和表语的位置是"系词+表语"，如英语和汉语"我是老师"；OV 型语言则为"表语+系词"的"我老师是"的格式。

甘青河湟方言中，系词与表语的语序和动词与宾语的语序一样，表现出 OV 型语言的语序特征。

我们曾讨论了甘肃临夏话的"S 是+N 是/不是是"句中判断句的几种类型。肯定形式的三种类型：

(A) OV 型：傢［tɕiə］我的［tɕi］哥哥是。（她是我的哥哥。）[1]
(B) VO 型：傢［tɕiə］是我的［tɕi］哥哥。（她是我的哥哥。）
(C) 混合型1：傢［tɕiə］是我的［tɕi］哥哥是。（她是我的哥哥。）

否定形式的四种类型：

---

[1] 本章所用语言资料，有些引自《中国少数民族语言简志》，引用有关文献资料时，引文用字按照原文；田野调查材料按照《中国少数民族语言简志丛书》的标音习惯（所引的语料均标明来源，未标明出处的为笔者调查所得）。东乡语以甘肃东乡族自治县的东乡语为主，保安语以甘肃积石山县的保安语为主。

（A1）OV 型：你我的［tɕi］阿娜不是。（你不是我的妈妈。）

（B1）VO 型：你不是我的［tɕi］阿娜。（你不是我的妈妈。）

（C1）混合型 2：你是我的［tɕi］阿娜不是是。（你不是我的妈妈。）

（D）混合型 3：你是我的［tɕi］阿娜不是。（你不是我的妈妈。）

临夏话判断句肯定、否定的七种句型，既存在 OV 型的"表语 + 系词"，如 A 组；又存在 VO 型的"系词 + 表语"，如例 B 组。其他三种句式则是 OV + VO 语言的混合结构。如例 C 组，第一个"是"和 VO 型中的"是"句法位置相同，是汉语的"系词 + 判定语"一般语法形式；而句尾的"是/不是是"则是受到 OV 型语言的影响。

"S + P + 是/不是"格式是"表语 + 系词"的语序。例如：

（1）像我的阿娜是。（她是我的妈妈。）

（2）兀个笔我的［tɕi］不是。（那支笔不是我的。）

（3）我故意的不是。（我不是故意的。）

"是"在主语和表语之间以及表语之后重复出现，前呼后应。肯定形式为"S + 是 + P + 是"，否定形式为"S + 是 + P + 不是"，否定词"不"只能出现在表语后的系词"是"之前，而不能出现在主语和表语之间的"是"之前。例如：

（4）阿哥是怕人的人不是。（阿哥不是怕人的人）

（5）我是老师不是老师，我是学生是。（你是学生吗？）

（6）锅里的是手抓不是，搭上的是包子。（这个锅里蒸的不是羊肉。）

例中第一个"是"显然是汉语固有的系词。对于句末的"是"，学者们见仁见智，有认为是汉语系词的虚化，也有认为是语言接触的产物。

阿尔泰语系是典型的 OV 型黏着语，判断句主谓之间不用系词，而是在谓语之后加助动词表示判断。例如蒙古语族的东乡语和土族语：

(7) 东乡语：bi tʂɯ/hə tuncian kʻun wo.（我/你/他是东乡人。）
　　　　　我 你/他 东乡 人 助动词
(8) 土族语：pu moŋqol kʻuŋ　i/ɑ.（我是土族人。）
　　　　　我 土族　人 助动词

例（7）和例（8）少数民族语言的判断句式，句尾均有表示判断的助动词"wo""i/ɑ"。如果用汉语的"是"对译助动词，会直译成"我（你/他）东乡人是"；"我土族人是"。句末的"是"是东乡语"wo"、土族语"i/ɑ"助动词的对译。因此，甘青河湟方言判断句句末的"是"是蒙古语判断句式的语法复制和仿造。有时，经常会出现"系词+表语+助动词"的混合格式。例如东乡语：

(9) ənə ʂi mini ɢau dosi　wo.（他是我的好朋友。）
　　　他　是我的 好 朋友 助动词
(10) mini　niərə　ʂi　abudu　wo.（我的名字叫阿布都。）
　　　我的　名字　是　阿布都 助动词
(11) hə　ɢuala ʂi　niə　nasuŋ wo.（他们俩是同岁。）
　　　他　两个 是　一　年龄 助动词

三例中主谓之间既有借自汉语的判断词"是"，句末也有东乡语表判断的助动词"wo"，组成了VO和OV叠加并置的SVOV格式。直译就是"他是我的好朋友是"。其他两例以此类推。

值得一提的是否定式判断句，同样借用汉语的"puʂɯ"（不是）加固有的助动词构成，组成"puʂɯ+助动词"的混合形式。如东乡语：

(12) hə kun mini ɢaɢa puʂɯ wo.（刘照雄2007：151）
　　　那 人 我的 哥哥 不是 助动词
　　（他不是我哥哥。）
(13) tʂɯ mini ana puʂɯ　wo.（刘照雄2007：151）
　　　你 我的 母亲 不是　助动词

(你不是我的妈妈。)

(14) ənə ʂɯ huajisən puʂɯ wo. （刘照雄 2007：158）
　　 这　是　画的形动词 不是　助动词

在例（13）"puʂɯ wo"格式中，"puʂɯ"是汉语的否定词"不是"，句末仍加助动词"wo"，如前面所述，如果将助动词"wo"对译成"是"，则会构成"不是+是"的格式，句末会出现两个"是"重叠并用的现象。最后一例直译就是"这是画的不是是"。句中的三个"是"各司其职，各有其来源，反映了语言接触的不同层次。

第一个"是"是系词，是比较近的层次，是受普通话影响的反映。

第二个"是"附着于否定词"不"后，"不是"整体否定静词和形动词，其借自汉语，但保留了原来民族语 OV 语言的语序。

第三个"是"与前两个"是"显然语源不同，是蒙古语判断助动词的对译，而不是汉语的系词。

河湟方言"S 是 + P + 不是是"判断句式，是在汉语 VO 语言"系词+判定语"前提下，先用汉语的"不是"表示否定，又用汉语的"是"对译蒙古语等后置判断助动词，最终繁衍出的一种创新结构。

这种结构出现在汉语自身系统内很难解释，但放在该地区的大语言环境中，应该是甘青河湟地区不同历史时期，汉语和阿尔泰语两种语言逐渐渗透、混合的结果。

可以将甘青河湟方言中判断句按照真正发挥系词作用的"是"的位置分为 OV 型和 VO 型两类。我们概括为如表 12 形式。

表 12　　　　　　　　　甘青湟方言判断句类型

	系词判断句句式	肯定形式	否定形式
OV 型	系词后置式	S + P + 是	S + P + 不是
	前后并用式（主要形式）	S + 是 + P + 是	S + 是 + P + 不是
	多层叠加式	S + 是 + 副词/助动词 + 是 + P + 是	S + 是 + 副词/助动词 + 是 + P + 不是

续表

	系词判断句句式	肯定形式	否定形式
VO 型	系词前置式（使用频率较低）	S + 是 + P	S + 不是 + P
	前置连用式（使用频率极低）	S + 是 + 副词/助动词 + 是 + P	S + 是 + 副词/助动词 + 不是 + P

从上表显示，甘青河湟方言判断句中 OV 型"表语 + 系词"和 VO 型"系词 + 表语"的语序均有存在，但"表语 + 系词"的 OV 型使用频率远远高于"系词 + 表语"的 VO 型，这也与方言小句的动宾语序类型一致。

系词"是"在甘青河湟方中比比皆是。不仅表示判断，还可以表示条件关系等各类逻辑关系。可以用在表示假设、因果、让步、转折等逻辑关系的状语从句末尾，相当于普通话中后置的"如果""因为""即使""虽然"等，"是"的功能比较宽泛，具体的逻辑关系，见如下例子：

（15）你好好学是大学上下［xa］下［xa］哩。（你如果好好学的话，大学上得了。）

（16）你浪［tɕʰi］去是阿早去［tɕʰi］。（你如果想玩的话，现在就去玩。）

（17）阿爷没来是舍不得吃。（爷爷还没回来，所以我没舍得吃。）

（18）我来是你哈央及个。（我来是为了麻烦你。）

这几例中的"是"分别表示条件、假设、条件、因果、目的等逻辑关系。

系词语法化为条件词是一种比较普遍的现象。甘青河湟方言"判断"义动词兼表条件义的区域性特征外，Heine & Kuteva（2002）也列举了不少语言中系动词的相关现象。错那门巴语（藏缅语族）jin^{35}："是"由判断动词发展为条件连词 jin^{35} ni^{53} "如果"。例如（Heine & Kuteva 2002：

126）：

  （19）nA³¹ neŋ⁵⁵ nAm³⁵ tshoʔ⁵³ cuʔ⁵³ jin³⁵ ni⁵³ ŋA³⁵ rA⁵³ tshoŋ⁵⁵ do⁵³ cɛʔ³⁵ cuʔ⁵³ men³⁵.
    明天　　雨　下　　如果　　我们　开会　去（后加）助动词
    如果明天下雨，我们就不去开会。

另外，系动词语法化为接续词也非常普遍。如瓦伊语（Vai）的 á mu "（这件事）是"虚化为 ámu，ámo "后来""然后"，叙述体文本中的接续标记。例如（Heine & Kuteva 2002：126）：

  （20）áwā　　　dókēa,　　ámo　　ā　　　　fá
    第三人称：　单数 枪击　后来　第三人称：单数死
    他枪击了他，他就死了。

绍纳语（Shona）的 ndi（强调系动词，黏着语素）+不定式发展为"后来"，同主语接续标记。例如（Heine & Kuteva 2002：126）：

  （21）a　ndi- ɓaɓa a-　　　　　　　　uya Ẓino uno.
    系动词—父亲 关系小句标记：第三人称：单数－来　刚刚　现在
    是爸爸刚来过。

  （22）b　ʋa-　　　　　ka-　oneka ndo- ku- enda zvavo.
    第三人称：复数—过去时—道别 系动词—不定式—走 他们的路
    他们道别后就上路了。

Hopper & Traugott（1993：179）认为系动词结构是条件连接词的来

源之一。如斯瓦希里语（Swabili）i-ki-wɑ"（这件事）是……";① 日语 nɑrɑ 中的"是";奇卡索语（Chikasaw）中的（h）oo"是"等都有类似的语法化倾向。

三 疑问词与小句的语序

一种语言疑问助词在句中的位置往往与该语言的总体语序有关。涉及全句的疑问小词或词缀，在前置词语言中居于句首，在后置词语言中居于句末。Dryer（1992）也指出"疑问功能词前置于句子的语序倾向于 VO 语言，而疑问功能词后置于句子的语序倾向于 OV 语言"。② 也就是说，VO 型语言疑问助词倾向于出现在句首，如古汉语，OV 型语言疑问助词倾向于出现在句末。

《语言结构世界地图集》对 884 种语言的极性问句（是非问句）中疑问助词出现的位置分为六类：①句首疑问助词，共 129 种语言；②句尾疑问助词，共 314 种；③疑问助词位于句中第二位置，即出现在第一个词或结构之后，共 52 种；④其他位置，疑问助词出现在句首、句尾和第二位置之外的位置上，共 8 种；⑤疑问助词可以出现在前四类位置中的两种位置上，而没有哪一种占主导，这种类型还包括在不同位置上出现两个不同疑问助词的语言，共 26 种；⑥无疑问助词，共 355 种。

汉语的疑问助词最常见的形式是出现在句末，在 VO 语言中是少数。上古汉语典型的疑问助词"乎""邪""欤"一般和疑问代词"其""何""奚"等搭配使用，疑问代词出现在介词或动词之前，疑问助词位于句末。如：

(1)《诗》曰："孝子不匮，永锡尔类。"其是之谓乎？——《左传·隐公元年》

现代汉语普通话是非疑问句中"你是老师吗？"的"吗"是最典型的

---

① 斯瓦希里语 i-ki-wɑ（1 类名词 + 如果 + 系动词）本来的意思是"如果（这件事）是……"。

② Dryer, M. S. The Greenbergian Word Order Correction. *Language*, 1992.

附缀性助词，语音上总是附着于句子的最后一个词上，如"你吃饭了吗？"，"吗"虽然附着在宾语名词"饭"之后，但句法上"吗"与全句发生关系，与其附着的词语并没有结构关系。

汉语的疑问助词除位于句末的"吗"外，吴福祥（1997）注意到，"VP-Neg（否定）"句式中句末否定成分"不""没"也属于疑问助词。从表面格式看来，汉语"VP-Neg"问句似乎是"VP-Neg-VP（你吃饭吗不吃饭）"问句的缩略形式。其实不然，汉语的"VP-Neg"结构出现很早，最早可追溯至西周时期，之后随着"VP-Neg"结构语法化程度的加深，句末成分经历了"不→无→麽"的语法化过程，而"麽"就是句末语气词"吗"的前身。① 因此，"VP-Neg"疑问句的句末成分"不""没"等应视为标示疑问的助词。

甘青河湟方言疑问助词显示出 OV 型语言的语序特征（与普通话相同），疑问助词主要用于是非问句，出现在句尾。例如：

(2) 你吃饭了没？（你吃饭了吗？）
(3) 你好着没［mi］/啦？（你还好吗？）
(4) 你阿达的消息有没/啦？（你的父亲有消息吗？）
(5) 尕娃学里没去吗？（儿子没去学校吗？）

甘青河湟方言是非疑问句常用的疑问助词"啦""吗"，其中"啦"既可以出现在肯定形式中，也可以出现在否定形式中；"吗"只能用在是非问句中，不能用在特指问、选择问和正反问句中。甘青河湟方言中"没""啦""吗"同样也只出现在是非问句句尾。是非疑问句的句法结构与陈述句相同，即没有表示疑问的结构或疑问代词，表示疑问的功能主要由句尾的疑问助词和语调承担。

汉语普通话特指问句句末可以添加"呢"，如："你做什么呢？"但很多学者认为这里的"呢"并不承担疑问范畴的表达，不能标示特指问句的疑问语气。特指问句的疑问语气标示不是在句法层面实现的，而是在词

---

① 吴福祥：《从 VP-neg 式反复问句的分化谈语气词"麽"的产生》，《中国语文》1997 年第 1 期。

汇层面通过疑问代词来实现的。选择问句和正反问句则更多的是通过结构来实现，甘青河湟方言也是如此，选择疑问句更为常用。

阿尔泰语言中疑问语气词同样位于句末。东乡语疑问语气词有：u（～nu）、la、ba、şa 等。疑问语气词 nu 是 u 的一种变体形式，用在判断助动词 wo"是，有"的后面；疑问语气词 la、ba、şa 同汉语虚词"啦""吧""啥"有来源上的关系。判断句中，东乡语疑问语气词经常跟表示辅助意义的判断助动词 wo 或 wainə 结合在一起，组成为合成谓语形式。所以当它们表示疑问时，必须将疑问语气词用在作为合成谓语辅助成分的 wo 或 wainə 后面。例如：

(6) tşi　　ɡɑu　　wɑin（ə）u？　　（你好吗？）
　　 你　　 好 判断助动词　 疑问助词？

东乡语 ba（借自汉语的"罢"）也表示疑问的语气，例如：

(7) tşɯ　　həndə　　kiəliəwo　　ba？（你跟他说了吧？）
　　 你　 他 － 向位格　 说 － 完成体　 语气词

保安语、土族语和撒拉语中疑问助词也同样位于句末。甘青河湟方言与周边民族语言的疑问助词均位于是非疑问句句末，表现出 OV 型语言的语序特征。

小结

动词和宾语之间的语序（VO 或 OV）与众多其他成分的组配顺序密切相关，动宾之间的顺序决定着语言中其他结构的顺序，是一种语言指标性的结构顺序，称之为基本语序类型，而系词和表语的语序往往与动宾语序相同。因此围绕甘青河湟方言小句动词—宾语、系词—表语两组语序展开。通过调查研究，我们发现甘青河湟方言动词和宾语、系词和表语两组成分的语序都是 OV 型和 VO 型并存，其中 OV 语序为优势语序。

系词与表语的语序同样也有 OV 型和 VO 型两类。"是"的来源是汉语固有的系词"是"，句法位置发生了变化，语法功能也逐渐分化，也有语言接触的影响。按照句中真正的系词与表语间的语序，可以将系词后置式"S+P+（不）是"、前后并用式"S+是+P+（不）是"和多层叠加式"S+是+副词/助动词+是+P+（不）是"归为 OV 型；系词前置式"S+（不）是+P"和前置连用式"S+是+副词/助动词+（不）是+P"归为 VO 型。OV 型使用频率远远高于 VO 型，也与方言小句的OV 型语序类型一致。

关于疑问句中疑问助词的位置：类型学家发现在多数情况下，使用前置词的语言中，疑问助词居于句首，使用后置词的语言倾向于出现在句末。甘青河湟方言与普通话在疑问助词的语序上是一致的，只能出现在句末，表现出 OV 型语言的特征。同时疑问助词只能用在是非问句（极性问句）中，不能用在特指问、选择问和正反问句中。

第五节　与复句相关的语序类型

Dryer（2007）提出的 16 对关联匹配项中，与复杂句有关的语序参项为三项：从句与主句的语序、从属连词与从句的语序以及标补词与补足语的语序。我们将"从句与主句的语序"与"从属连词与从句"结合在一起讨论，另外还有一项是"名词与关系从句的语序"也与复杂句有关，因此我们也放在一起。分为"名词与关系从句的语序"、"标补词与补足语从句的语序"，以及"主句与从句，包括从属连词与从句的语序"三部分。

一　名词与关系从句的语序

关系从句（relative clause）是名词短语的修饰语之一。把小句中某个名词性成分取出来作为核心名词，小句的其余成分作为修饰语修饰该名词，该修饰语就是"关系从句"。可以提取出来的成分可以是主语、直接宾语、间接宾语、旁格，等等。

在 VO 语言中，关系从句一般在名词的后面，如英语；而汉语上古、中古时期普遍使用的关系从句标记有前置的"之"和"所"，还有后置的"者"；到了近代汉语渐渐衰落，取而代之的是新兴的关系从句标记"底"，关系从句在名词之前。OV 语言中，关系从句既可能前置也可能后置。类型学家对名词与关系从句的语序进行了调查和统计，得出如下结果：

OV 语序：关系从句 + 名词　132 种
OV 语序：名词 + 关系从句　113 种
VO 语序：关系从句 + 名词　5 种
VO 语序：名词 + 关系从句　416 种，其他：213 种

汉语的关系从句在名词之前，这在 VO 语言中也是极少见的，仅有五种，除了汉语，还有粤语、客家话、白语和阿美语。刘宁生（1995）认为偏正结构中的中心语和修饰语的认知基础是目的物（Figure/Trajector/Target）和参照物（Ground/Landmark），汉语存在"参照物先于目的物"的语序原则，决定了修饰语位于中心语之前的语序。① 如汉语的描写性形容词、指代词和数词也位于中心名词前，即修饰语位于中心语前。

甘青河湟方言和普通话一致，关系从句标记由"的［tɕi］"引入，组成"关系从句 + 名词"格式，表现出了典型的 OV 语言的特征。例如：

（1）舅爷家的奴海这个事办到下［xa］哩。（舅爷家的奴海这个事情办到呢。）
（2）你阿爷念的经啊嫑乱动。（你不要随便翻爷爷念的经。）
（3）这二两肉是站下［xa］吃牛肉面的兀个人的。

例（1）关系从句在句中充当主语，"奴海（人名）"是共同论元，既是主句的主语，也是从句语义上的主语，"舅爷"是"人"，句法上的修饰语。甘青河湟方言句内成分一般也使用 OV 语序，关系从句位于被关系化的名词之前，其他两例依此类推。

甘青河湟方言可被关系化的成分主要是主语和宾语。针对主宾格语言共同论元在关系从句中可能的功能，Keenan 和 Comrie（1977，1979）总

---

① 刘宁生：《汉语偏正结构的认知基础及其在语序类型学上的意义》，《中国语文》1995 年第 2 期。

结出一个可及性等级序列:

主语功能 > 宾语功能 > 间接宾语 > 旁格 > 领有者功能 > 比较结构中的比较基准。①

值得一提的是,甘青河湟方言可被关系化的论元为间接宾语及其左边的主语和宾语,而旁格、领有者、比较基准很难被关系化。例如:

(4) 兀个庄子住下的<u>人们</u>一挂兀个事知道。(这个村庄来过的人都知道了那个故事。)
(5) 我这个消经小儿经看下的<u>人</u>哈没见过。(我没见看懂这本经书的人。)
(6) 我人们看过的这个<u>消经</u>没听过。(我没听过人们看过的这本经书。)

例(4)被关系化的成分充当主句主语,后两例被关系化的成分充当主句的宾语。

总之,甘青河湟方言名词和关系从句的语序与普通话一致,为"关系从句+名词"的语序,呈现出 OV 型语言的特征。关系从句标记"的",可被关系化的论元成分有主语、直接宾语和间接宾语,具体使用与普通话基本相同。表现出 OV 型语言的特征。

二 标句词与补足语的语序

标句词(complementizer)是指引出补足语小句的语法标记,使用名词化标记加在宾语从句之后,起着标句词的作用。名词从句充当句子动词的主语或宾语论元时,可以和主句构成框式结构,也就是"补足小句结构"。很多语言补足语从句必须使用专用的标记,称为"补足语小句标记",简称为"标句词"或"标补词",如英语的"that"。

---

① Dixon, R. M. W. Basic Linguistic Theory, Volume 2, Grammatical topics. Oxford University Press, 2010: 320.

标句词是整个从句的核心，属于动词的匹配项。而从句是宾语的匹配项，因此，标记从句之间的语序往往和动词与宾语的语序一致。如 VO 型语言的英语，标句词"that"位于从句之前；而 OV 型语言中的标句词一般后置，位于从句末尾。

古代汉语出现在主语和谓语之间，取消句子独立性的助词"之"实际上就是让小句充当了补足语从句。普通话的主语从句可以直接处于主语位置，后面接主句谓语，没有从句的突出特征，也不需要标记形式。宾语从句也可以直接出现在谓语动词之后，如"我看见马兰去医院了"。

随着研究的深入，近年来研究者发现汉语中也有类似的标句词。方梅（2006）认为北京话的"说"有虚化为标句词的用法①。施伟伟（2015）指出，宁波方言"讲"在语法化机制的推动下发展出准标句词的用法②。黄维军、岳立静（2021）指出，安徽黟县方言中言说动词"讲"虚化为标句词③。也就是说上述方言中的"说"等发展出了标句词的语法功能。

甘青河湟方言虽然没有严格意义上的标句词，但有两种成分具有标句词的功能。一种是组合形式"的+哈"，但"的""哈"并非处于一个层次之上，还不是一个凝固的词，其功能类似于标句词；另一个是"说"，"说"类作为标句词的功能比较典型，主要用于言说义动词以及含有认为、知道、希望等义的思想感知类动词所带的宾语从句中。

（一）名词化标记"的［tɕi］哈"

甘青河湟方言中"的［tɕi］"作名词化标记，常以组合的形式在句中共现。出现在及物动词所带的宾语从句之后，使从句名词化。此时，从句充当谓语论元的补足语小句，是核心动词的宾语。例如甘肃临夏话：

（1）我茹给叶钱拿下［xa］的哈看着了。（我看见茹给叶拿了钱。）

---

① 方梅：《北京话"说"的语法化》，《中国方言学报》第 1 辑，商务印书馆 2006 年版。
② 施伟伟：《宁波方言"讲"的传信功能及其语法化》，《浙江外国语学院学报》2015 年第 5 期。
③ 黄维军、岳立静：《安徽黟县方言言说动词"讲"及其语法化》，《方言》2021 年第 3 期。

(2) 阿爷我昌都去［tɕʰi］的哈不知道。(爷爷不知道我去昌都。)

(3) 我尕马啦做买卖的哈定下［xa］了。(我决定和小马做生意的事情定了。)

三例中"的哈"均扮演了标补词的角色，出现在了表示发现义、以为义、决定义和言说义动词所带的宾语补足语从句之后，"的"作为名词化标记，使从句名词化后充当动词的宾语，"哈"则为宾格标记。"的""哈"共现，且位于宾语从句之后，在句法位置和功能上类似标句词，但二者并不在一个层次上，更不是一个凝固的词，不能视为标句词。

(二) 标句词"说"

甘青河湟方言"说/是""说（着）"可以用于言说义动词所带的宾语补足语从句句末，故，也称为"引语标记"。甘肃河州地区的引语标记是"说"，青海一带的引语标记是"说［fo］/说［fo］着［tʂo］/说［ʂu］着［tʂɛ］"。例如：

(4) 普通话：他说他不去。(间接引别人的话)

(5) 西宁话：傢［tɕiə］说［fo］着傢不去/说。

(6) 临夏话：傢［tɕiə］说不去［tɕʰi］/是。

(7) 西宁话：傢［tɕiə］我的［tɕi］阿妈"阿么着还不来？"说［ʂu］着［tʂɛ］。

(8) 临夏话：傢［tɕiə］我的［tɕi］阿娜问着"阿么还不来是？"

(9) 普通话：她问我妈妈"怎么还不来"？(转述别人的话，直接引语)

(10) 西宁话：说的张明这一期儿病下了说。

(11) 临夏话：听说张明这两天病哈着里是。

(12) 普通话：听说张明最近病了。(表示听闻)

以上例句中的"说""说/说着"表示言说、听闻、称谓和表示想要、愿望等情态意义，与引语标记的语法功能一致，只是形态不一。因此，出现了同一句话在不同的地域有不同的说法。我们从甘青河湟方言和周边少数民族语言之间的对应关系,来考察引语标记的类型特征、形成机制和句法特征。还以普通话"他说:'我不去'"为例。

(13) 普通话:他说:"我不去"。
(14) 蒙古语:tere kün bi očiqu ügei ge<u>ĵü</u> keleĵei (ge<u>ĵei</u>)。
　　　　　那人　我不　去 引语标记进行体　说 (清格尔泰,1991:335)
(15) 东乡语:hə kiəli<u>əwo</u>:"oruŋ ulia ətʂinə" <u>giənə</u>。(布和 1986:177)
　　　　　他 说 完成体　　我　　不　　去　　引语标记
(16) 保安语:nəgə kuŋ ədgə çi ga<u>dʐə</u>。(陈乃雄,1986:246)
　　　　　那人　　不 去　引语标记

这是典型的表言说内容的例句。蒙古语的引语标记是"-ge"、东乡语是"-giə"、保安语是"-ge",标记形式大同小异,但均置于宾语从句句末,组成了"言说内容+引语标记+言说动词"的结构顺序,跟汉语"言说动词+言说内容"的语序相反。从以上用例的对应关系来看,言说内容后面的"说"/说着",是引语标记的对译,用虚化了的言说动词"说"意译引语标记。此"说"相当于英语的标补词"that"。又如:

(17) 普通话:娶一个像我这样的媳妇。
　　东乡话:bi mutu imutu niə biəri agi <u>giə-dʐɯ</u> kiəliə <u>dʐiwo</u>
(布和 1986:226 页)
　　　　　我一样 像 一 媳妇 娶 引语标记-副动词　说 进行体
　　直　译:"我一样像的媳妇娶上"说着说着。
(18) 普通话:老师说:"他不来。"
　　东乡语:laoshi hə uliə irənə <u>giə-dʐɯ</u> kiəliə <u>dʐiwo</u>.
　　　　　老师 他 不 来 引语标记-副动词 说 进行体
　　直　译:老师不来说着说着。

例中，既有言说动词"kiəliə"（说），又有引语标记"giə"。如上所述，引语标记"giə"对应成言说动词"说"的话，就会出现真正的言说动词"kiəliə"（说）和引语标记"giə"（对应成"说"）两个"说"的重叠并置。两个"说"一个是引语标记的对应形式，一个是东乡语言说动词的翻译。

言说动词演变为引语标记是一条常见的语法化路径，且具有跨语言类型学特点。Heine & Kuteva（2002）列举了不少语言"言说"义动词语法化为标句词的现象。比如埃及语（Egyptian）的 rd̠："（为了）说"，相当于英语的 that。例如（Heine & Kuteva 2002：358）：

(19) 埃及语 'iw. 'i　　　　　　　rh̠. kw' i　　　　　　rd̠
　　　小品词：第一人称：单数 知道：第一人称：单数 不定式 说
(20) h̠nw. f　　　　pw.
　　　他休息的地方　　这
　　　我知道这是他休息的地方。

像夸米语（Kwami）gó 的动词"说"、库泊陀语（Kupto）的 ngó "说"、科兰科语（Koranko）的 kó "说"等，均加在心理过程动词后等发展为标句词，相当于英语的标句词 that。又如巴卡语（Baka）pe 也是动词"说"，发展为引介宾语小句的标句词。例如（Heine & Kuteva 2002：359）：

(21) ma　　　　　pe mɛɛ̀ bèlà kɛ̀!
　　　第一人称：单数 说 做：祈使式 工作 指示词
　　　我说：做这个工作！
(22) mɑ　　　　　à　　nyì　pe　ʔé　　　dɔ.
　　　第一人称：单数体标记 知道 标句词 第三人称：单数来
　　　我知道他来。

此外，加族语（Ga）的 kɛɛ́ "说"，是由动词 ákɛ́ 虚化为宾语小句从属连词；戈卡纳语（Gokana）的 kɔ "说"，由动词虚化为接在言说动词、心理动词、感知动词（"知道""想""看得出""害怕""看见""听见"）后面的补语成分标记；伊多马语（Idoma）的 kɑ "说""说话"，发展为"想""知道""听见"后面的小句从属连词；赞德语（Zande）的 yá "说""想"，发展为动词 ya，相当于英语的 that。例如埃维语（Heine & Kuteva 2002：360）：

(23) me-   bé   me-   wɔ e.
第一人称：单数 - 说　第一人称：单数 - 做 它
我说：是我做的。

(24) me-   dí   bé   máfle
ɑwuɑ
第一人称：单数 - 想（说）第一人称：单数：虚拟语气：买衣服
ɖe-   wó.
一些 — 复数
我想买些衣服。

埃维语（Ewe）的动词 bé "说"，发展为了引介宾语小句的标句词。除此之外，"说"发展为标补词的情况在世界语言中，屡见不鲜，俯拾即是。

如埃菲克语（Ehk）的 ke "说"，由动词发展为标句词；约鲁巴语（Yoruba）的 kpé "说"也发展为标句词；扎昌语（Dschang）的 ɤɛ "说"、伊博语（Igbo）的 ká "说"、豪萨语（Hausa）的 cê "说"、尼泊尔语（Nepali）的 bhan- "说"、查穆令语的 rungma "说"，等等都是如此。

另外，汉藏语系的苗语（Hmong）中的（hais）tiɑs "说"和高棉语（Khmer）的 thɑɑ "说"也发展出了标句词的用法。

还有土耳其语（Turkish）diye 的"说"、蒙古语（Mongolian）的 ke-men："说"等，均发展出相似的功能，都是"言说义"动词语法化为标句词的跨语言类型特征。

综上所见，甘青河湟地区方言的宾语从句根据标补词的不同可分为两类：一类由"名词化标记'的'＋宾格标记'哈'"标记，"的"加在小句后将其名词化,"哈"再加在小句之后标记它的宾语身份,不过"的哈"不是典型的标补词;另一类由"说(着)"标记,作为补足小句准标补词的"说(着)"是从其引语标记功能进一步语法化发展而来的。

三 主句与从句,包括从属连词与从句的语序

世界范围内较多语言的主句和从句的位置比较自由,但不同的语义类型也会对语序造成影响。Greenberg(1963)指出,在条件句中,正常的语序是从句位于结论之前。汉语普通话也不例外,例如"只要你努力学习,就能考上好大学","只要你努力学习"是条件,"考上好大学"是主句、是结果,条件从句在主句之前。VO 型语言倾向于使用前置的从属连词,OV 型语言则倾向于使用后置从属连词。VO 型语言的英语 because、if、when 等从属连词均为前置型,普通话也主要使用前置的从属连词。汉语表示原因的复合词有"因为……所以……",表示条件的"只要……就……",标记假设的"如果……就……"等,状语从句均在前,主句在后。例如:

(1) 只要他努力学习,就能够考上好大学。

甘青河湟方言是 OV 型的从属连词后置,最常见的语序是"状语从句+标记+主句",尤其是使用后置状语从句标记时,主句位于从句之后。例如:

(2) 你我哈好是我你哈也好哩。(你对我好的话我就对你好。)
(3) 价钱贵着我再买不下。(价格太贵了,我不买。)

状语从句主要使用后置形式的"是""着"标记,两者均可表示条件、假设、原因、让步、转折等逻辑关系,其中"是"是最主要的标记之一,用在表示假设、因果、让步、转折等逻辑关系的状语从句末尾。例如:

(4) 我昨个蛮出门是,钱就丢不下。(如果我昨天不出门的话,钱就不会丢了。)

(5) 你但官当上是我哈蹇忘过的。(你要是当官了，不要忘掉我。)

(6) 你乖是阿娜你（哈）心疼呢。(只要你乖，妈妈就会疼爱你。)

(7) 法图曼一直书念着是打发迟了。(法图曼一直在读书，所以出嫁的迟了。)

(8) 阿达家里有是兀家不敢来。(因为父亲在家里，他不敢来。)

以上例句中的"是"均出现在从句句末，表示假设、条件、原因等的逻辑关系，相当于普通话的"假如"，或"……的话"。有时候"是""但"搭配使用，如例（5）"但"是方言中常用的一个前置从属连词，出现在表示假设的条件关系从句的句首或从句主语之后，相当于"一旦……如果"，"但"在条件从句中常常与"是"搭配，使从句的逻辑关系更明确。"是"可以出现在条件状语从句之后，"V 是 V 嘛"结构，构成谓语动词的重叠。例如：

(9) 雨下是下嘛，我们还是地里去的要哩。
（就算明天下雨的话，我们也要去地里。）

"是"表示让步的用法相对受限，为加强与假设语义关系的区别，方言中"是"用于让步状语从句时，一般常和"嘛"连用，其后常出现"罢嘛"，"罢"有"作罢""拉倒"的意思，从而凸显句子的让步关系。

甘青河湟方言状语从句标记"是"是时间名词"时"语法化的结果，由表示时间进一步法化为表示假设，这一语法化路径在世界语言中具有普遍性。

(一) 甘青河湟地区从属连词"着"

"着"在甘青河湟方言中用法复杂、功能发达。除保留普通话"着"的全部用法外，也可表示小句的并列关系、条件关系、顺承关系等。例如：

(1) 我兰州去着把傢见了。(我去兰州的时候看见他了。)

（2）你大学考上着对象谈是成哩。（你要是上大学了就可以谈对象。）

（3）阿娜有着日子好过些。（若有妈妈的话，日子就好过点。）

"着"连接两个分句，分别表示两个小句之间的顺承、条件关系。甘青河湟方言"着"作为从属连词的用法既与汉语自身的发展演变有关，也与语言接触密切相关。

（二）少数民族语言并列副动词与"着"的关系

"着"与阿尔泰语系语言并列副动词有关。并列副动词是动词的连接形式，连接两个动作之间的前提、条件、假设等逻辑关系，其功能相当于名词的格。东乡语并列副动词是-dʐi/dʐɯ[①]，表示同相连的另一个行为动作同时发生，或者一前一后相继发生，也就是同另一个动词处于并列关系。前后两个行为动作既可以发自同一个主体，也可以发自不同的两个主体。例如：

（1）东乡语：jəu oliəsi-dʐi　jəu gondʐiənə.（布和 1986：165）
　　　　　　又　饿 并列副动词　又　冻。
（2）土族语：tɕi rə-dʐə⊃ tɕaldʐənə aua-dʐə　ɕdʐidʐa.（他来的时候把纸拿走了。）
　　　　　　他来 – 并列副动词 纸　带 – 并列副动词 走
（3）保安语：tə rə-dʐi⊃　　bəbesdə.（你来的话我高兴。）
　　　　　　你来 – 并列副动词　我 高兴

表示另一个行为动作的进行方式或发生的原因，也就是同另一个动词以状述关系相连。例如东乡语：

[①] 东乡语并列副动词，刘照雄《东乡语简志》记为"-dʐɯ"；布和《东乡语和蒙古语》记为"-dʐi"。甘肃少数民族语言文字工作办公室于1999年制定了一套"东乡语记音符号"，符号的字母与读法与《汉语拼音方案》完全一致，记为"-zhi"，《东乡语词典》记为"-zhi"。引文用原文，讨论用"-zhi"。

（4）bi jawu-dzi hətʂə wo.（我走累了。）
　　我 走－副动词 累了

（5）fuzhukadu bi nie daifu qingla-dzɯ nie jiancha gie wo.
　　昨　天 我 一 大夫 请－副动词 一 检查 做 完成体
　　直译：昨天我一个大夫请着检查做了。（昨天我请大夫并做了检查。）

并列副动词还可以重叠使用，表示延续进行的意义，并同后面的动词组成状述关系。例如：

（6）bai-dzi bai-dzi ʂiʁara tʂilawo.（站着站着腿发酸了。）
　　站着 站着 腿　酸了。

（7）ənə ɢuaru du bau-dzi　bau-dzi giəla dalə tɕijiwo.
　　这 雨　天 下－副动词 下－副动词 房子 漏 起来了
　　（这两天连续下雨，结果房子都漏起来了。）

例中东乡语的"-dzi"、土族语中的"-dʑə"和保安语的"-dʑi"都是并列副动词的标记形式，蒙古语族其他语言的副动词标记基本上大同小异，如出一辙，均为"-dzi/-dʑə/-dʑi"形式，连接两个动词的前后顺序。语音形式和语法功能与汉语的助词"着"近似。因此，少数民族在习得汉语的时候把自己母语中的副动词对应成相应的汉语的"着"，"着"类似副动词的用法，相当于并列连词。

（三）并列连词表达从属连词的跨语言共性

并列连词表达从属连词义是一种普遍的现象。除阿尔泰语系语言并列副动词兼表从属连词的区域性特征外，Heine & Kuteva（2002）也列举了不少语言中并列连词的相关语法功能。像明格利亚语（Mingrelian）并列连词 da（"和"）发展为条件小句标记；明格利亚语 do（"和"）也可以用作表示"一……就"的时间连词；逊语（!Xun；北方方言）并列连接词 ta（"和"）既可以用作原因小句标记，同时也可以用来引导其他类型的状语小句。例如（Heine & Kuteva 2002：51）：

（!Xun, northern dialect；Bernd Heine，田野笔记）

(1) yà- ndu'à ke ǃxòlù dóngí ta̱ diisá
1类名词- 指示词 过去时 骑上 驴子 并列连接词 系动词：慢

ta̱ 'ú.
并列连接词 走

他慢慢地骑着驴。

(2) yà /oa tcí ta̱ yà ɦa ≠èhi.
1类名词 否定 来 并列连接词 1类名词 进行体 系动词：病了

他没来是因为他病了。

邹语（台湾南岛语系）ho："和，并且"，并列连词发展为状语小句标记。例如（Heine & Kuteva 2002：5）：

(3) m- i- ta butaso e- Pasuɣa (ho)
AV- 已然 第三人称单数 狠狠 主格 巴苏亚（如果）

m- i- ta eobako ta oko.
（AV- 已然 第三人称单数） 打：AV 斜格- 小孩。

（巴苏亚如果打小孩，他会狠狠打。）

并列连词用作从属连词是由语境诱发的变化，这在很多语言里都有表现，也折射出一个更普遍的演变规律：由小句连词演变为从属连词，且具有跨语言共性。

小结

本节主要围绕16对关联匹配中与复杂句有关的3个参项展开，"名词与关系从句"的语序"标补词与补足语从句"的语序，"状语从句，包括主句与从句"的语序。值得注意的是，甘青河湟方言的三项参项在一定程度上都显示出了OV型语言的语序特征。

关于名词和关系从句的语序，在VO型语言中，关系从句倾向于后置于名词；OV型语言中，关系从句既可能前置也可能后置。甘青河湟地区的河湟方言名词和关系从句的语序与普通话一致，为"关系从句+名词",更倾向于 OV 型语言。关系从句中使用"的"作为标记,可被关系化的论元成分有主语和宾语,使用情况与普通话基本相同。

宾语从句中的"标句词+小句"的语序在 OV 型语言和 VO 型语言中都有出现,而"小句+标句词"的语序则倾向于出现在 OV 型语言中。甘青河湟方言没有严格意义上的标句词,但有两类成分具有标句词的功能,一个是组合形式"的+哈",另一个是"说(着)"。

"的+哈"格式中的"的""哈"并非处于一个层次之上,更不是一个凝固的词,只是功能类似标句词,而非标句词。

"说(着)"除用作引语标记外,也可以作为标句词,主要用于言说义动词及含有认为、以为义的思想感知类动词所带的宾语从句中,有标句词的功能。这两类成分一般均出现在状语从句的句尾,与 OV 型语言更为接近。

在状语从句,包括主句与从句的语序方面。从句与主句的语序,世界范围内很多语言从句和主语的位置相当自由,但不同的语义类型会对语序造成影响。VO 型语言中从句位于主句之后更为常见,OV 型语序语言中,从句位于主句之前更为常见。甘青河湟方言状语从句和主句的位置相对固定,在自然状态下,无论使用后置还是前置的从句标记,状语从句均位于主句之前。关于从属连词与从句的语序:VO 型语言倾向于使用前置的从属连词,OV 型语言则倾向于使用后置从属连词。甘青河湟方言倾向于使用后置的状语从句标记,常用的有"是""着",由并列连词表达从属连词,不仅是 OV 型语言的特征,而且还具有跨语言共性。

思考与练习

1. 简述语言接触对汉语名词性相关语序类型的影响。
2. 总结不同方言中,定指标记的来源及其形成机制。
3. 举例说明语言接触对混合型小句类型的影响。

第 八 章

接触语言与其他语言学

语言接触是语言间普遍存在的一种"联盟关系",是社会语言学的一种;而接触语言是由于语言接触导致的一种结果,是一种特殊的语言变体。因此,接触语言也吸引了不同语言学流派的关注。语言学家在自身理论背景下,将接触语言当作理论的"试验田",进行广泛深入研究。下文尝试介绍功能语言学、形式语言学和认知语言学三大流派对接触语言的研究。

第一节 接触语言学与功能语言学

功能语言学的重要分支是语法化理论,语言接触会引发语言成分的功能变化。近年来,语言接触与语法化的关系逐渐成为历史语言学、接触语言学普遍关注的热点问题。有关语言接触与语法化的研究成果层出不穷,其中既有专题性的讨论,也有理论模型的建构,比较有代表性的如:Heine(2012)、Harris & Campbell(1995)、Breu(1996,2004)、Kuteva(1998,2017)、Aikhenvald(2002)、Heine & Kuteva(2005,2020)等的研究成果。

在语言学史上,自梅耶(Meillet,1912)提出"语法化"(Grammaticalization)概念后,大多数语法化研究似乎都有一个预设,即语法化是语言内部的自身发展过程,与语言接触无关,甚至互相排斥。然而语言接触研究表明,语法化过程的产生源于语言内在的因素,也可能源于语言外部的接触,语言接触和语法化并不是相互矛盾和相互排斥的,两者相互影响,相辅相成。不少语言中的语法化过程是由语言接触所诱导或驱动的。

在语言学研究中,通常把由语言接触所导致的语法化过程称为"接触引发的语法化"(contact-induced grammaticalization),以此来区别语言内部自身所产生的语法化。

一 接触引发的语法化

Heine & Kuteva(2020:94 - 95)指出:"接触引发的语法化是由于一种语言对另一种语言的影响而发生的语法化过程。"[①]

另外,根据 Heine & Kuteva(2003,2005,2006)的研究,接触引发的语法化隶属于语法复制(grammatical replication)的范畴,可以从他们所构建的接触引发的语言迁移模型体现。具体情况如图 7 所示:

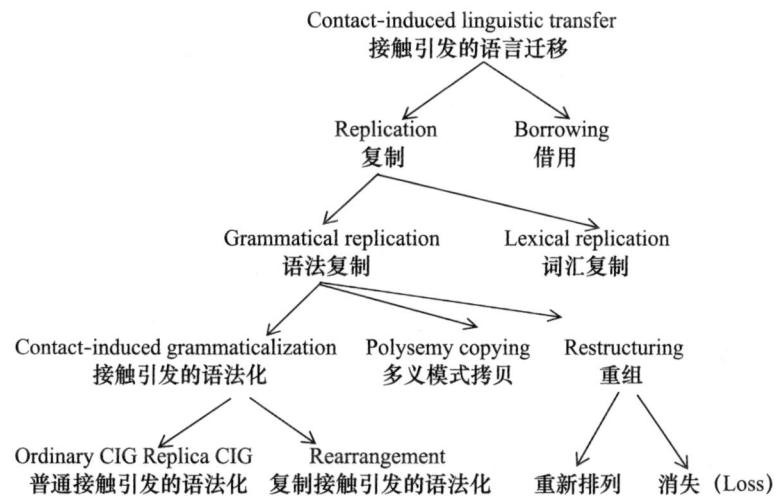

**图 7 Main types of contact-induced linguistic transfer
(CIG = contact-induced grammaticalization)**[②]

---

① 原文 Contact-induced grammaticalization is a grammaticalization process that is due to the influence of one language on another. 详见:Heine, B. & T. Kuteva. 2020. Contact and Grammaticalization. In Raymond Hickey ed. *The Handbook of Language Contact*, *Second Edition*, Chichester:John Wiley & Sons Ltd.

② 该图转引自 Heine, B. & T. Kuteva. 2020. Contact and Grammaticalization. In Raymond Hickey ed. *The Handbook of Language Contact*, *Second Edition*, Chichester:John Wiley & Sons Ltd. p. 94. 其中,汉语为笔者翻译。

所谓语法复制,是指"一种语言仿照另一种语言的某种语法模式,复制出一种新的语法结构或语法概念"。① 在语法复制中,接触引发的语法化是主要的类型之一。如图 7 所示,语法复制包括:接触引发的语法化(Contact-induced grammaticalization)、多义模式拷贝(Polysemy copying)、重组(Restructuring)。

二 接触引发的语法化的基本类型

根据上图的理论模型,接触引发的语法化(Contact-induced grammaticalization)主要包括两种类型:普通接触引发的语法化(Ordinary CIG)、复制接触引发的语法化(Replica CIG)。

(一)普通接触引发的语法化

说话者通过借鉴语法化的普遍原则或概念策略而将模型语言中的某些语法概念或结构迁移到复制语中,形成一个等同于模型语言中的相应范畴,这叫普通接触引发的语法化。Heine & Kuteva(2005:81)指出,普通接触引发的语法化主要涉及如下机制:

a. 说话者注意到模型语言 M 中有一个语法范畴 Mx。

b. 他们根据 R 语言中可用的使用模式,在 R 语言中创造了一个等效的范畴 Rx。

c. 借鉴普遍的语法化策略,使用构式 Ry 来发展 Rx。

d. 将 Ry 语法化为 Rx。②

我们举例说明普通接触引发的语法化。如甘青河湟方言普遍存在"言说"义动词"说"用作引语标记的情况。但引语标记是阿尔泰语中常见的语法范畴,汉语里没有相应的语法范畴,对译成汉语的时候,一般会用汉语

---

① 吴福祥:《语法化的新视野——接触引发的语法化》,《当代语言学》2009 年第 3 期;《语言接触与语法复制》,《百色学院学报》2013 年第 5 期;《语言接触与语法演变》,《西南交通大学学报(社会科学版)》2020 年第 4 期。

② Heine, B. & T. Kuteva. 2005. *Language Contact and Grammatical Change*, New York: Cambridge University Press. p.81. 汉语翻译参考了吴福祥《语法化的新视野——接触引发的语法化》,《当代语言学》2009 年第 3 期。

语法功能相同的词意译，那么，采用虚化了的言说动词"说"的语法化模式意译引语标记就是最佳选择。如第六章"语言接触与语言区域"的第 10 条引语标记中的例句"傢说不来说"，句尾的"说"就是引语标记，其来源是"说"的语法化结果。

甘青河湟汉语"言说"义动词用作引语标记，是对周边少数民族语言的语义关联模式和特定句法格式的复制，产生的动因是语言接触，即民族语的使用者，从自己的母语模型语中复制了引语标记这个语法范畴，再利用汉语中的言说动词"说"，构成了与模型语言对应的语法范畴。进而与周边 SOV 模型语言中的引语标记出现在同一个句法槽中。语法范畴就是后置的引语标记。

这一演化过程与 Heine & Kuteva（2005：81）所归纳的普通接触引发的语法化所涉及的主要机制高度吻合，展示了普通接触引发的语法化的一些典型特征。

（二）复制接触引发的语法化

说话者通过复制模型语言中相关的演变过程，在复制语中创建一个新的使用模式或范畴，该模式或范畴等同于模型语言中的相应范畴，即复制接触引发的语法化。复制接触引发的语法化与普通接触引发的语法化不同，它复制的不是一个语法概念，而是一个从模型语言转移到复制语言的语法化过程。在接触引发的语法化中，此种类型更为常见。Heine & Kuteva（2005：92）指出，复制接触引发的语法化主要涉及如下机制：

a. 说话者注意到在模型语言 M 中有一个语法范畴 Mx。

b. 他们使用自己语言 R 中可用的材料，在语言 R 中创建了一个等效的范畴 Rx。

c. 使用 [My > Mx]：[Ry > Rx] 的类推公式，复制了他们认为在模型语言 M 中曾发生的语法化过程。

d. 将 Ry 语法化为 Rx。[①]

[①] Heine, B. & T. Kuteva. 2005. *Language Contact and Grammatical Change*, New York：Cambridge University Press. p. 92. 汉语翻译参考了吴福祥：《语法化的新视野——接触引发的语法化》，《当代语言学》2009 年第 3 期。

关于复制接触引发的语法化比较有代表性的例子是我们（2022）所揭示的甘肃临夏话和东乡语述补结构的产生过程。① 甘肃临夏话述补结构补语标志使用助词"着"，不使用助词"得"，而东乡语作为典型的黏着语，也出现了类似的述补结构。这两种不同类型的语言出现了相同的结构，这种情形的出现既有语言自身发展的原因，同时也与语言的密切接触有很大的关系。研究表明，东乡语和汉语属于接触强度较高的两种语言，东乡语、土族语、保安语等与汉语频繁互动的少数民族语言使用者，他们注意到模型汉语中有用"着"充当述补结构补语标志的语法范畴，于是将汉语"着"的用法复制到自己母语的副动词附加成分-dʐɯ上，由于东乡语等并列副动词结构中V_2的位置上可以出现自动词和形容词，因此东乡语结构式"V_1-dʐɯ+V_2"变为"V_1-dʐɯ+自动词/adj"，再加上并列副动词附加形式-dʐɯ和汉语的"着"读音相近，而且"着"在汉语史上也曾表动作的结果或状态，因此，东乡语等与汉语频繁互动的少数民族语言的使用者利用汉语［"着">述补结构的补语标志］：［副动词附加成分-dʐɯ>述补结构的补语标志］类推公式，复制了他们认为在模型汉语中曾发生的语法化过程，并最终将副动词附加成分-dʐɯ语法化为述补结构补语标志，使得典型的黏着语也出现了类似汉语的述补结构。从东乡语的这个案例来看，东乡语述补结构补语和补语标志"着"的形成明显涉及复制接触引发的语法化。

三 语法化区域（Grammaticalization Areas）

在语言接触过程中，一个语法复制的过程可能会影响三种甚至更多的语言，从而产生一个语法化区域。当一组地理上相邻的语言由于语言接触而经历了相同的语法化过程时，语法化区域就存在了。吴福祥、金小栋（2021）指出，甘青河湟方言中有些附置词具有"伴随—工具（—方所）"等多功能模式，这些多功能模式并非语言自身独立演变的结果，而是在与周边阿尔泰语言长期深入的语言接触中，复制了阿尔泰语言"伴随—工具（—方所）"这一多功能模式，进而导致多功能模式区域扩散，

---

① 敏春芳、付乔：《语言接触视角下甘肃临夏话和东乡语述补结构研究》，《当代语言学》2022年第6期。

进而形成了典型的语法化区域。另外，上文所举甘青河湟地区的东乡语、土族语、保安语等与汉语频繁互动的少数民族语言的使用者，将汉语"着"的用法复制到了自己母语的副动词附加成分-dʐ/dʐɯ/dʑi/dʑə/dʑə上，使东乡语、土族语、保安语等出现了类似汉语的述补结构，在一定的意义上它们也形成一个语法化区域。

Heine & Kuteva（2005：183）："在语言接触中，语法化区域可能以两种不同的方式出现：要么存在从模型语言 M 到复制语言 R_1 的复制，然后复制语言 R_1 再次充当另一种复制语言 R_2 的模型；要么过程直接从模型语言 M 引向两种不同复制语言 R_1 和 R_2。在这两种情况下，共时结果是相同的，即语法化区域由三种语言 M、R_1 和 R_2 组成。"[1] 据此，语法化区域的迁移模式是：

a. M > R_1 > R_2
b. M > R_1
  > R_2

第二节　接触语言与形式语言学

语言是随着人群的流动而相互接触的，有人的地方就有接触，有人的接触的地方就有语言接触，可以说世界上不存在"纯"的语言。接触语言最大的特点在于其"异质性"，在于语言的"不纯"。

索绪尔在《普通语言学教程》中提到，语言是一个符号系统，"语言既是一个系统，它的各项要素都有连带关系，而且其中每项要素的价值都只是因为有其他各项要素同时存在的结果"。语言接触不仅意味着各项语言要素的借用和转用，还意味着语言系统层面的调整、变化甚至转换。

语言的系统性体现在语言成分之间的制约关系和语言的层级系统。形式语言学是语言学理论中最重视语言系统性的理论之一，形式语言学的理论基础之一的"二分法"（binary branching），强调大的语言单位是由小

---

[1] Heine, B. & T. Kuteva. 2005. *Language Contact and Grammatical Change*, New York: Cambridge University Press.

的语言单位两两合并（merge）构成的，并且这种组合并非任意的，而是有选择和制约的。句法上的次范畴（subcategoriation）认为，不同的语类所选择的次范畴是确定的，例如介词后面只能接名词性成分，而不能接动词性成分，这是由介词的次语类特征决定的；形式语义也强调两个进行组合的成分在语义上必须是相配的，否则会造成语义错配（mismatch），组合不能成立。比如汉语中，一般不说"三个学生们"，是因为数量短语"三个"的语义类型是< <e，t>，<e，t> >，因此不能和语义类型为<e>的"学生们"进行语义组合。

一 形式语言学理论需要接触语言验证

接触语言相对于语言分析理论而言具有独特意义，形式语言学理论需要接触语言的材料验证所提出的语言模型，而接触语言需要形式语言学的理论，二者相辅相成，相得益彰。形式语言学使用的基本研究方法是演绎法，即在一般原则或定理的指导下，根据已知的事实和数据，推导结论。当新发现的事实和数据与结论不符时，则需要提出更准确的结论解释更广泛的事实。

从目前语言接触研究的结果来看，接触语言的特点之一是语言系统变得错综复杂而不全是"简化"。如来自于两种不同系统，表达相同语法范畴的成分同时出现在同一种接触语言中，我们（2022）将这种现象称为"重叠并置"；或者由于语言接触，增加了一些语法范畴，或者一些语言中原有的语法范畴被替换甚至省略。这些现象有的改变了汉语的语序和句型，有的则是引入了汉语本身没有的语法范畴，"重叠并置"导致语言系统复杂冗繁。由于语言的经济原则，"重叠并置"会朝着不同方向继续发展：一是随着语言接触，一些成分逐渐消失，只保留一种表达形式，因为语言接触中的重叠并置只是语言发展中的过渡阶段，最后一般会走向归一。归一的结果，在语法化中的重叠新旧两种，常常选择新的。在语言接触中的重叠并置，固有的和外来的，常常选择固有的，即本土的战胜外来的，在发生语言接触的社会历史条件消失之后，汉语固有的格式重新成为主要或唯一的形式。二是其中某一种语音、语法成分意义逐渐不为后人所知，成为一个无意义的成分。三是同一范畴的不同表达形式分工合作，各司其职，其中一种语法形式在其他因素如语法化的影响下，发展出了新的语法功能。当然，我们也看到个别例子里重叠似乎被固定下来，成为一种凝固形式，如"给给"，这种情况很少见，而且也不能排除这只是一个还没有完成归一的重叠过程。

这三种语言接触现象中，前两种是系统的选择，后一种是系统的发展。如果这三种变化的具体过程符合形式语言学的基本假设，即语言有一种默认的参数设置（default settings），那么对于验证形式语言学的理论是一种机遇。反过来，无论是对表层语还是底层语的说话人来说，接触语言都是母语使用者不完全习得（imperfect learning）的结果，但是对于下一代的儿童来说，就是作为母语习得的一种新的语言。意味着儿童需要提取两种语言中的参数和特征，再整合到一种新的语言中。这些现象对形式语言学理论而言，既是"机遇"，也是"挑战"。

接触语言也得到了很多形式语言学家的关注。如新加坡英语（Singlish）是克里奥尔语的代表之一，新加坡式英语的语法带有十分强烈的地方化特征，有借自英语、坦米尔语、闽南话、广东话、潮州话、华语和马来语等各种元素，它的发音也很独特。简单地说，新加坡式英语就是英文词汇加上混合语法后，再以中文为主体的语气和语调来说出的一种英语形式。新加坡国立大学包智明教授对新加坡英语进行了系统的研究，在剑桥大学出版社出版了 *The Making of Vernacular Singapore English：System, Transfer, and Filter*（《新加坡英语的形成：系统、转换和过滤》）。这本书的核心理论是转换和过滤理论，这种理论认为表层语言/提供词汇的语言（Lexifier language）承担了过滤器的作用，如图8所示。

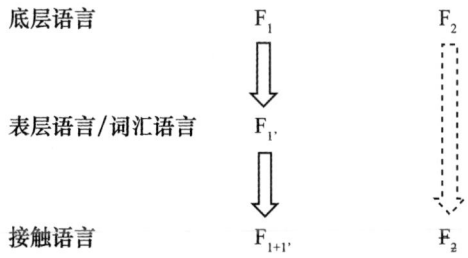

图8 "转换－过滤"理论图示（Bao 2015：13）

在底层语言中的特征 F_1 如果在表层语言中有相对应的成分 $F_{1'}$，那么在接触语言中则会有带有F_1和$F_{1'}$的意义和功能的成分$F_{1+1'}$。如果在表层语言中不存在对应F_2的成分，那么在接触语言中也不会出现F_2。通过提供形态句法成分，表层语充当了过滤器的角色，选择能否进入接触语言的成分和结构，决定了底层语言转换的成功与否。这一模型至少说明了两点：一是对于表层语言有对应特征的接触语言来说，这一模型认为接触语言的特征是底层语言和表层语言特征的叠加；二是对于表层语言不存在对应特征的语言来说，这一模型认为接触语言不会出现底层语言的特征。如果以西北接触方言为例，这一模型似乎还有待商榷，有待证实。

语言接触的结果往往在类型差异上表现最为明显。汉语和英语的一大类型差异在于汉语一般被认为是话题突出型语言（topic-prominent language），而英语是主语突出型语言（subject-prominent language）（赵元任1968，Li & Thompson 1976），这两种语言在话题的表现上有很大差异，汉语的话题结构非常显赫，有以下五种类型。

a. 汉语式话题（Chinese-type topic），这种话题的特点是话题成分并非说明成分的论元，而是一个自足的句子，例如"那场火，幸好消防员来得快""那些孩子，学得好"。

a. 多重话题，这种话题的特点是话题部分属于说明部分的论元成分，且每一个话题都约束一个变量，是说明部分的论元，例如"昨天₁，李₂，我 e_1 看见了 e_2""这件事，李，我告诉过 $e_1 e_2$"（下标1、2表示话题，与之对应的 e_1 和 e_2 表示与话题形成约束关系的变量）。

b. "一对多"话题，与多重话题相对，这类话题句只有一个话题但是与说明中的多处论元变量对应。例如"榴莲_话题，张三喜欢吃 e_1，可是不愿意买 e_2"。

c. 空话题，这类话题没有语音形式，但是可以从语境中推断出来或者作为问句的回答，例如"张三说李四不认识 e""张三喜欢苹果吗？——e 喜欢 e"。

d. 英语式话题，这类话题是汉语和英语共有的类型，对于英语来说是仅有的话题类型，话题成分是说明部分的论元，被提前到了话题位置。例如"吴，e 认识我""这些话，我不相信 e"。

汉语比较常见的五种话题中，英语只有第五种话题，其他形式在英语中的对应形式都是不合法的。但在新加坡英语中，以上五种话题都是规范的，例如：

汉语式话题：［my family］（我的家庭）
　　　　　　［everybody is educated in English］（每个人都受英语教育）

多重话题：［to my sister］（给我姐姐）
　　　　　　［sometime］（有时候）
　　　　　　［e speak English］（说英语）

"一对多"话题：that fish$_i$［I bought e$_i$ last week］,［e$_i$ spoiled already］（那条鱼，我上周买的，已经坏了）

空话题：（Mandarin）［but if they speak to me, I will speak］. 但是如果他们对我说的话，我会说（指语境中谈到的"普通话"）

英语式话题：［three months］（三个月）
　　　　　　［we have to wait for e$_i$］（三个月，我们必须等）

但是，新加坡英语中的话题结构并不是对汉语话题结构的简单复制，而是与表层语——英语进行了融合，且话题结构在句法层次上高于主谓结构，如图 9 所示。

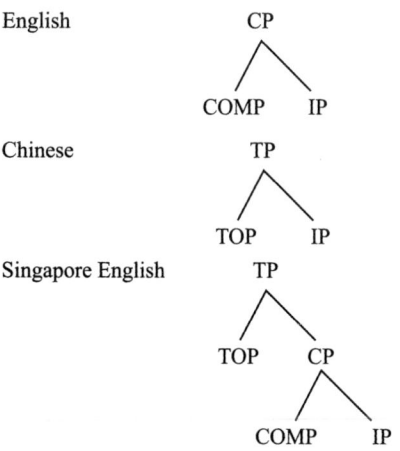

图 9　新加坡英语话题结构

英语的句子结构如图 9 所示，是标句词短语，由标句词（COMP）作为核心与小句 IP 进行组合构成。与之相对，汉语则是话题短语，由话题（TOP）作为核心与小句 IP 进行组合。新加坡英语融合了英语和汉语两种结构，构成了新加坡英语中的话题—主语结构，且话题的位置高于标句词短语位置，二者不能互换。这证明系统此时进行了调整和重构，不是任意的。例如：

  a. [$_{TOP}$ Changi beach], [$_{COMP}$ what bus]$_i$ do you take e$_i$
  a'. * [$_{COMP}$ what bus]$_i$, [$_{TOP}$ Changi beach], do you take e$_i$
  b. [$_{TOP}$ That car over there]$_i$, [$_{COMP}$ why] you don't polish e$_i$
  b'. ? [$_{COMP}$ Why], [$_{TOP}$ that car over there]$_i$, you don't polish e

从形式语言学的角度来看，语言接触中的这一现象为验证形式语言学的理论提供了积极的证据，证明了语言系统的层级性以及层级之间的相互制约关系。

二 语言接触需要形式语言学的理论指导

每一种语言或多或少都有接触的影响，接触语言学一般被认为是社会语言学的分支，对接触语言进行本体研究时，学者一般先从结构主义或者功能主义的框架切入。近年来，采用形式语言学的研究方法或者框架研究接触语言成为一种新的尝试，形式语言学的研究方法也会被接触语言研究借鉴。

下文介绍采用形式语言学的"最小对立"测试方法，研究甘青语言区域内临夏方言"们"。

甘青河湟语言区域中"们"的使用发生泛化，除了可加在离散名词后，还有两类特殊用法。第一类是加在单数可数名词，甚至具有唯一指称事物名词后，如下例（1）中的名词都是独一无二的，但依然可以加"们"，甚至与"一个"共现。

  （1）a. 日头们把人晒坏了。（太阳把人晒坏了。）（兰州及周边，莫超 2004：96）
    b. 脸们洗咔去哨。（去洗一下你的脸。）（兰州及周边，莫超 2004：96）

c. 我阿妈妈们身体太瓢。(我的妈妈身体很差。)(青海乐都，雷汉卿 2008：122)

d. 一个老汉们满，连尕娃拉不如。(你一个老人家连个孩子都不如。)(河州地区，徐丹 2011：15)

另一类是加在不可数名词后，包括不可数的抽象名词和物质名词，例如：

(2) a. 杨会计的算力_{计算能力}们实话_{的确}好啊。(青海乐都，雷汉卿 2008：122)

b. 学技术来者办工厂，贡献们大。(甘肃临夏，徐丹 2011：12)

c. 山上的雨水大得凶，沟里的水们一挂_{全部}下来了。(甘肃临夏，兰大中文系 1996：157)

对这种语言现象，目前主要有"复数说""词缀说""话题标记说""评价标记说"四种观点。①。学者们普遍认为"们"的特殊用法是甘青地区阿尔泰语与汉语语言接触的结果。我们考察了阿尔泰语中复数标记"-lar"的用法，发现它不仅可以表复数，还可以表达"约量、尊敬、整体、强调"等主观义（Göksel, Aslı, and Celia Kerslake 2004），通过最小对比测试，我们发现甘肃临夏话"们"也有相同意义。

"们"加在数量短语和时间短语等后表示"大约""左右""大概"等意义的用法在临夏话中相当普遍，老年人和年轻人都会使用。比如例(3) 和 (4) 中数量短语"三个""五块"加上"们"时表示约量，去掉

---

① 杨永龙（2014：240）认为，青海甘沟话中"一些不可数名词，比较抽象的名词后面也能加上'们'表示复数"，如"'风们'是指一阵一阵的风"。也就是说，不可数名词后的"们"可以对不可数名词进行个体化，变成可数名词。雷汉卿（2008）观察到，青海乐都话的"'们'在指人的名词后面表单数，在动物、植物名词后面表复数，在可数而无生命的物质名词后面既可以指单数也可以指复数"，"们"用在抽象名词后并不表示单复数，只显示出"们"作为词缀的特点。徐丹（2011）认为"们"可以充当话题标记。莫超（2004）则认为兰州及其周边地区的"们"$_3$ 具有表达"戏谑、幽默、轻蔑、嘲弄等附加义"。"们"可能和表达主观态度相关，是一种评价标记。

"们"后表示确数,"们"不是无意义的词缀。"们"既可以用于句尾,也可以在句中,参见例(5)。

"们"表约量:

(3) a. 来了三个们。(来了大概三个。)
　　b. 来了三个。(来了三个。)
(4) a. 这个笔五块们要哩。(这支笔要五块钱左右。)
　　b. 这个笔五块要哩。(这支笔要五块钱。)
(5) a. 这个电脑差不多八千块们。(这个电脑大概八千块钱。)
　　b. 八千块们的个电脑。(大概八千块钱的电脑。)

"们"表尊敬、亲近:

阿尔泰语系突厥语族的土耳其语中的复数标记 lar/ler 可以加在单数代词或单数身份名词后表示尊敬。我们考察了临夏话中亲属称谓,如"爷爷""后妈""媳妇""尕兄弟_{弟弟}""掌柜的_{丈夫}"和具有唯一指称的"省长""市长",村里的"队长""阿訇"等社会关系名词,发现并不是所有具有唯一指称的表人名词都可以加"们",近亲的单数亲属名词后以及"阿訇"后可以加"们",单数的其他社会关系名词如"省长""市长"等后通常不能加"们"。这说明"们"的使用是有限制的。因为省长、市长和队长与村民心理距离较远,而近亲亲属和穆斯林的阿訇对回民来说心理距离较近,因此我们认为此时"们"表达的是亲近的意义。

(6) a. 我阿奶们的体子好得很。(我奶奶的身体很好。)
　　b. 我后妈(*们)的身体瓢得很。(我后妈的身体差得很。)

"们"表整体:

在维吾尔语中,只有唯一指称的身体部位名词(如鼻子、嘴巴等)后也可以加复数标记,突出整体性,如例(8):

(7) baʃ-lir-im,　　　bɛl-lir-im　　　aʁr-iwatidu.
　　头—复数—我的 腰—复数—我的 疼—第三人称正在进行时

直译:"我的整个头、整个腰都疼。"(李圕 2017:46)

临夏话的"们"也可以用在"脸"等表身体部位的名词后面(9a),但是并不是所有的情况下"脸"后面都可以加"们",如(9b)(9c),这也说明"们"并不是无意义的词缀。从例(8)(9)的测试中我们发现:当"们"加在身体部位名词后无法表整体时,句子不成立。如(8b)(8c)蚊子咬一口不可能是整张脸,长了一个痘痘也不可能覆盖整张脸,因此不能加"们",这说明临夏话中的身体部位名词后加"们"也具有表示整体的意义。除了身体部位名词,例(9)中的"书包"也只有一个,"们"此时同样表整体。

(8) a. 你脸(们)洗干净些。(你把整个脸洗干净点。)
　　b. 我的脸(*们)哈蚊子叮给了一下。(我的脸被蚊子叮了一下)。
　　c. 脸(*们)长了一个痘痘。(脸上长了一个痘痘。)
(9) a. 你的书包(们)哈雨淋湿了。(你的书包被雨淋湿了。)
　　b. 你的书包(*们)有一个洞哩。(你的书包有一个洞呢。)

"们"表强调或夸张:
"们"可以加在具有唯一指称的名词如"日头"后,但不是任意的。从例(10a)看,当"日头"的谓语部分是对太阳及其影响进行评价的成分,"们"可以出现。但是例(10b)"们"不能用在对客观事实的陈述语境中。例(11)中月亮后可加"们",一方面表示月亮圆的程度高,但更主要的是表达天气好。被调查人认为这句话用在农忙时节,可以表示天气好适合劳作;但用在"月亮距离我们很远"这种语境中,"月亮后"不能加"们",因为月亮距离远不会对说话人造成影响。因此,我们认为这种对立正是因为"们"表达的是夸张或强调的意义,指事物的属性及其程度给人带来的影响,常含有主观的感情色彩。

(10) a. 日头们把人晒坏了。(太阳把人晒坏了/太阳特别好。)

b. 日头（*们）啦月亮（*们）一大里一起不出来。（太阳和月亮不会一起出来。）

(11) a. 今晚上的月亮们圆得很。（今天晚上月亮特别圆。）

b. 月亮（*们）我们拉离着远得很。（月亮离我们很远。）

"们"表示夸张或强调理论上并不局限于加在"日头""月亮"这样具有唯一指称的名词后，只是在单数或不可数名词后"们"的非复数的用法下，"们"的这种语义更能够凸显出来。例（12）（13）中"酒量""房价"用在评价性语境中都能加"们"，但是用在客观陈述的语境中则不能加，也同样说明"们"和主观评价有关。

(12) a. 你的酒量们好啊。

b. 他的酒量（*们）一瓶啤酒的个。

(13) a. 兰州房价们高的很。

b. 兰州房价（*们）八千一平。

临夏话"们"除了表复数，还可以表示约量（模糊）、尊敬、亲近、整体、强调等语义，"们"的这些用法不限于用在具有唯一指称的名词之后，只是用在这些词后排除了复数的意义，评价性语义更加凸显出来。这些用法都可以在阿尔泰语突厥语族语言中找到来源，与阿尔泰语系复数标记 lar/ler 的非复数用法基本一致，不是汉语自身发展的结果，是语言接触的产物。

此外，我们发现，不论是阿尔泰语的 lar 还是甘青河湟方言中的"们"，原生意义可能并不是表达复数，而是表达"大"这个核心意义，与语言中小称标记的意义（Jurafsky 1996：542）相对，可以定义为大称标记。

表13　　　　　　　小称标记与临夏话"们"语义对比

小称标记	临夏话"们"	小称标记	临夏话"们"
亲近	亲近	程度减弱	强调、夸张
约量、模糊	约量、模糊	部分	整体
轻视	尊敬	少量	复数/大量

由此我们也猜测,"复数"可能并不是一个原生的语义、句法范畴,而是由表"大称"这一语用功能语义化和句法化而成的,仅仅是因为尊敬、亲近、整体、强调等语用意义可被取消,不影响句子真值;复数意义具有真值条件意义,增或删会影响句子的真值,因此在语言中被强化并保存下来,成为一种显赫的语法范畴。

以上所述,我们将形式语言学最小对比的研究方法运用到了西北接触方言中"们"的语用意义测试上,这是一次新的尝试。

此外,接触语言学中,有关语言接触的深度问题,形式语言学也可以提供一些研究思路,尤其是对接触语言的性质,形式语言学具有独特的优势。从接触语言学的角度来看,皮钦语和克里奥尔语有一个相对明确和可操作的标准,即是否被儿童作为母语习得(Bakker,1997;Thomason,2003)。目前具有混合性质的甘青接触语言已经有数百年的发展历史,被儿童作为母语习得,性质较为稳定,完成了克里奥尔化的过程,但是,对于克里奥尔语和混合语的区别,目前为止学界没有一个约定俗成的标准。

世界范围内混合语数量极少,世界上公认著名的混合语包括加拿大的 Michif 语、科尔多曼群岛的 Mednyj Aleut 语、厄瓜多尔的 Media Lengua 语等(Matras & Bakker 2003)。在孙宏开、胡增益、黄行(2007)主编的《中国的语言》里将倒话、五屯话、唐汪话列为混合语。但是除了倒话之外,其他学者对中国境内是否存在混合语持审慎的态度,杨永龙(2015)确认了甘沟话的接触性质,认为属于甘青汉语方言,本质上还是汉语。我们(2016)也认为临夏话属于汉语;徐丹(2018)也认为,如果从借用的程度来看,唐汪话混合程度与五屯话和倒话相比是最低的,还没到混合语的程度。

对接触语言性质的判定,目前来说主要有:定量和定性两种思路。定量思路主要通过考察词汇和语法项的借贷比例考察接触的深度,认为借贷比例越高接触程度越深,这是目前主流的研究思路。比如 Bakker 和 Mous(1994)认为,词汇借贷达到 90%,可以称为混合语。单凭词汇借贷程度还不能反映一个语言的混合度,必须结合研究句法方面的借贷状况,才能看清一个语言的混合度。但问题是语法系统非常丰富,究竟选择哪些语法项进行考察?此外,如果借贷比例越高接触程度就越高的话,那可以推测,百分之百的借贷就是两种语言的最高程度的接触了,这显然是不符合常理的。因为如果一个语言 100% 的语言成分都是借贷的，那么我们可以说该语言已经彻底被另一个语言替代而不是混合了。

接触语言的混合程度不能只依赖定量的比例，还需要从定性的角度补充更多语言接触的细节。如果回到判定皮钦语、克里奥尔语还是混合语，学者们除了关注语言接触中产生的新语言现象，更关注是否有一种新的语言产生（Matras 和 Bakker 2003：12）。定性思路是判断接触语言如何融合源语言的不同元素，形成一种既对立又统一的语言。

目前学界公认的混合语——加拿大和美国边境的 Michif 语中，动词词汇、动词屈折、动词语序等形式来自 Cree 语，而名词词汇、屈折以及语序等形式来自法语的系统。如表 14 所示。

表 14　　　　　　　　　　Michif 混合特征

源语言	Cree 语	法语
词汇（Lexicon）	动词	
	少量名词	名词
		形容词
屈折（Inflection）	动词屈折	名词屈折
功能词（Function words）	人称代词	
	Cree 语部分名词的所有格	名词所有格
	指示词	
		定冠词
		不定冠词
	不定代词	
	部分否定词	大多数否定词
	大多数副词	少量副词
		数词
句法	动词短语语序	
		名词短语语序
	部分从属	部分从属
	联合结构	联合结构

Michif 语之所以被认为是典型的混合语，显然不是因为借贷比例高，

而是两种语言的系统有机融合到了一种语言当中。

目前中国境内被公认为达到混合语程度的是甘孜藏族自治州雅江县的汉藏混合语"倒话"。倒话之所以被称为混合语，是因为它解决了不同语言系统接触后产生的冲突，实现了新的"对立统一"。意西微色·阿错（2001：110）提到，"完全用一种语言的语法系统去组织另一种语言的词汇是不可能彻底实现的，这必然会引起许多冲突、对立的因素；而这种结合的实现则必然和必须产生解决这些冲突与对立的手段。……进而冲突的解决和对立的统一，也就必然地形成了倒话自身独有的特色"。阿错文中所提到的倒话的"对立统一"主要体现在"倒话的各种语法手段语法范畴在结构和功能上与藏语严整对应，但是表现这些语法手段的具体形式成分却往往能从语义和语音上找到来自汉语语素的痕迹，而承担着的是相应语素在汉语中完全不可能具有的语法功能"（意西微萨·阿错，2001：117）。这在语言接触的机制中被称为"协商"（negotiation）机制。

语言接触时，两种语言的"协商"的确反映了不同语言系统之间的互动关系，是语言接触深度的表现，我们称为"系统间协商"（negotiation between language systems）。但是我们认为这种协商只是单一的、列举式的，无法确定是否对整个语言系统产生了影响。判断一种语言自身是否为混合语，还要考虑到语言要素之间的关系，语言内部不同来源的成分在一个系统内是否自洽。

语言是符号系统，两种语言，尤其是系统差异较大的语言发生接触时，源自不同系统的语言要素必然会产生冲突和对立，但是，接触后经过内部系统调整，语言构成了一种不同于源语言（source languages）的任何一方，但是系统内部自洽的语言，这才算一种新的语言，即混合语。

混合语的形成是语言接触的结果，伴随着语言现象的革新、重构与筛选，并最终保留在一种语言中，这与生物的进化演变具有相似之处。乔姆斯基（2022）提到物种进化演变有三个阶段。第一个阶段是革新阶段。某些基因发生了破裂，有可能是基因突变或者基因转移，或者个别细菌意外吞食某种微生物从而变成真核细胞，也就是复杂生命的基础形态。所以是基因破裂带来了新生事物。第二个阶段，即重构阶段：大自然以最简约的方式重新设计出一套满足自然法则的新系统。进化的第三个也是最后一个阶段是筛选阶段，自然选择使得物种的多样性有所减少，那些适应性更强的生物种类最终生存了下来。

语言之间发生接触时会产生大量不同于任何源语言的新现象，物竞天择，这些新的语言成分也会在新的系统中进行重构并且通过大浪淘沙的筛选过程，一部分适应整个系统的被保留下来，一部分不适应系统的被排除出去。语言的系统性直接体现在语言的层级性以及层级之间的关系上。语言作为一个层级系统，它通过属于纯形式的音位层次的分级组合和属于音义结合体的符号层次的分级组合，产生无穷多的形式，来表示人类交际所需的无穷多的意义（袁毓林，2022）。索绪尔提到，"在同一种语言内部，所有表达相邻近的观念的词都是互相限制着的……由于它们的对立才各有自己的价值。……上面所说的关于词的一切，也可以应用于语言的任何要素，比如应用于语法实体"。语言内部各个要素之间是相互影响和制约的，我们在观察一个共时系统中的某个语法现象时，往往需要与别的语法现象联系起来进行分析。

形式语言学是一种注重语言层级，以及层级之间关系的理论。在形式句法上，通过二分的层级结构，将各类语法范畴按照层次关系排列在句法树上，某些句法范畴间具有严格的先后顺序，例如表达主观性的 CP 范畴一定在命题层之上。形式句法理论中，通过二分的层级结构，将各类语法范畴按照层次关系排列在句法树上，句法上的层级关系，最主要的体现就是句法位置的排列，或者说语序问题。

除了句法上的层级关系，根据"句法—语义"界面理论，各个层级的语法成分对应着不同的语义，可以进行语义的形式组合，如果两个成分的语义类型不匹配，就是不合法的。比如汉语中"三个这些人"不合法，是因为"三个"的语义类型是 $<<e,t>,<e,t>>$，只能选择一个表示特征的谓词性成分（语义类型为 $<e,t>$）而不能是论元性的成分，而"这些人"的语义类型是 $<e>$，无法进行语义组合。

西北接触语言的接触双方分别属于不同分支结构类型，汉语为 SVO 语言，核心词在前，右分支结构；阿尔泰语系为 SOV 语言，核心词在后，左分支结构。在小句 IP 层面，两种语言就有着绝对的语序差异，可以最直观地观察到语言系统的内部调整。

三 形式框架下的接触语言学研究需要注意的问题

自 20 世纪 50—60 年代以来，形式语言学认为，只要是人的大脑中存在的、能够被人类习得（can be acquired by human beings）的内在语言（internal language），都具有同等地位（Chomsky, 1986: 23）。接触语言一般被当作社会语言学的研究对象，当接触语言被儿童作为母语习得，这种语言就拥有了独立地位，就可以在形式语言学这一框架下进行研究。

桥本万太郎（1983）曾提出北方"汉语阿尔泰化"，尤其是我国的甘青民族地区，是阿尔泰语系、藏缅语族与汉语密切接触的语言区域。阿尔泰语系语言是中心语在后的语言，小句基本语序为 OV 语序，这和中心语在前的 VO 语序的汉语正好相反。尽管甘青河湟方言被看作汉语官话方言的分支，在进行形式语言学的分析时常采用右分支结构。实际上甘青河湟方言的优势语序是 OV，需要采取左分支结构分析；还有一些言受到 OV 语序的影响，存在 SVOV 的混合语序，因此对混合性质的接触方言①材料进行形式语言学的空间还较大。

我们以西北接触方言的一项区域性特征——"们"的特殊用法为例。如上文第六章"甘青河湟方言的语言区域特征"中讨论的，甘青河湟方言中"们"除了可以加在表人名词之后，还可以加在几乎所有名词性成分后。这是受到阿尔泰语影响的产物。例如：

(1) a. 表人名词：巴巴（叔叔）们、尕王们、学生们、个家们
    b. 表物离散个体：树们、牛们、桌子们、日头们
    c. 表物非离散个体：空气们、肉们、茶水们
    d. 表物抽象名词：道理们、价格们、条件们

临夏话等尽管存在两种语序，但是"们"的特殊用法只能出现在 OV 语序中。在 VO 语序中，非表人名词后不能加"们"，如例（2）和例（3）。

---

① 本章所说具有"混合性质"并不表明它是混合语，混合语在接触语言学中有特定含义。我们将受到阿尔泰语等接触影响的甘青河湟方言概称为西北接触方言。

(2) a. 我爱看书。
　　b. 我书们爱看。
　　c. ＊我爱看书们。
(3) a. 我爱拍照片。
　　b. 我照片们爱拍。
　　c. ＊我爱拍照片们。

此外，格标记也是和 SOV 语序相和谐的，在 SVO 语序中，格标记也不能存在。

(4) a. 狼羊哈_宾格标记_吃了。（狼吃了羊。）
　　b. 狼吃了羊。
　　c. ＊狼吃了羊哈。

"们"的特殊用法的使用限制说明 OV 语序及阿尔泰语其他特殊语法现象处于一个系统，即 OV 语序与甘青河湟方言中异源性用法相和谐。

最后，研究时不能只关注表层结构，要考虑句子的语义。如，甘青河湟方言否定词"不"置于否定的对象后面。分析下文例（5）中"话"的指称，就可以发现它们差异不只是"不"的位置，而在于整个结构。(5a) 甘青河湟方言中的"话"是无指的（non-referential），不是句子的话题。而（5b）的普通话中的"话"是有定的（至少是有指的），指的是说话双方共知的某一段话，此时的"话"是话题成分。刘丹青（2015）提到吴语的 OV 语序是话题优先导致的，而甘青河湟方言 OV 是小句基本语序，表层结构相似都是 OV 语序，但是形成机制是不同的。

(5) a. 但话胡霎说是，也人得罪不下。（临夏话）
　　b. 如果话不乱说就不会得罪人。（普通话）

这种对比在例（6）中更为明显：当否定结构充当句子修饰语时，临夏话（6a）真正对应的是普通话（6c）的结构，说明此时临夏话的"东西"是无指的,与(6b)中"东西"性质不同。

(6) a. 物件们胡囊买的女人好。(临夏话)
    b. ?物件囊乱买的女人真是好女人。(普通话)
    c. 囊乱买物件的女人真真好。(普通话)

因此,甘青河湟方言"物件(东西)乱不要买"和普通话的"东西不要乱买"在表层结构看只是否定词"不要"位置的不同,实际上二者不属于同一结构。这也是甘青河湟方言受到阿尔泰语影响产生了不同于话题提前的 OV 结构,"不"的特殊语序与 OV 语序是相和谐的,应该在 OV 系统中分析。阿尔泰语是中心语在后的语言,与中心语在前的汉语正好相反。

因此,对甘青河湟方言进行形式分析时,需要考虑到甘青河湟方言的接触问题。要判定所研究的语法现象处于阿尔泰语 OV 系统还是汉语 VO 系统。此外,还需要考察句子成分的语义性质,否则会做出错误的分析。

第三节 语言接触与认知语言学

形式语言学认为语言的结构是先天的、内在的,存在于人的大脑中的一种机制。构式语法认为构式是约定俗成的"形式-意义"(conventionalized pairing of form with meaning)。构式语法的核心观点是,语法和词汇之间不存在严格的区分,需要使用构式网络来捕捉语法知识。构式语法这一特点使其特别适用于分析语言接触现象。下面以得克萨斯德语(Texas German)中的语言接触现象为例。

标准德语中,没有对应于英语-ing 形式表达进行时,要表达进行时,有三种方式:一是使用常规的现在时标记即可,如例(1);也可以使用词汇形式 gerade,相当于"现在",如例(2);还可以使用组合形式 sind am(是在……过程中),如例(3)。

(1) Sie   jagen
    他们   狩猎

(2) Sie   jagen   gerade
    他们   狩猎   现在

(3) Sie   sind   am   jagen
    他们   是 – 第三人称复数   在……过程中   狩猎

得克萨斯德语是一种德语和英语的接触语言，在表达现在时，既有源于德语的形式 sind，也有来自英语-ing 形式的简缩形式 -in。

(4) Sie   sind   Waschbärn   jachtin
    他们   是 – 第三人称复数   浣熊   狩猎 – 进行

  如果使用形式语言学的分析方法，无法解释一种语言中表达同一语法范畴的两种不同成分为何同时出现。在构式语法看来，英语中进行时后缀 -ing 附加在动词词干上表达进行时，动词词干和进行时标记都是构式，即形式与意义的配对。换句话说，英语-ing 构造通常与进行时的意义相关，并具有一个开放的空位，可以选择一个动词词干构造，以赋予它特定的含义。同理，德语情况也是类似的，存在自身表达现在时意义的"形式—意义"配对。

  语言接触现象可以看作具有多种语言构式"库存"（repertoire）组合的结果。在库存中，多语人可以选择在交际环境中合适约定俗成的、可接受的、常见的语言形式。

  英语和得克萨斯德语都有动词。英语还有进行时标记"-ing"，得克萨斯德语则没有。但是，在得克萨斯德语使用者与英语双语者的情况下，他们不仅有两种语言共同拥有的动词结构，而且他们可能还会选择从英语中挑选独特的结构，并将其与得克萨斯德语结构相结合，因为独特和共同的结构都是整体双语库存的一部分。换句话说，如果形式和意义在正确的语境和适当的重叠情况下，得克萨斯德语可以将进行时标记"-ing"用于标记得克萨斯德语动词的进行时。此外，对于一些使用者来说，"-ing"进行时标记似乎不再是独特的，而是已经发展成为他们双语库存中的共同结构。这是接触引起的结构性变化的一个例子（Hilpert 2013）。这个过程的结果可以用图 10 来简单表示，Clyne（2003）称为形态转移。

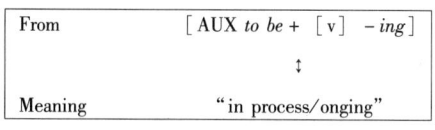

英语的进行体结构

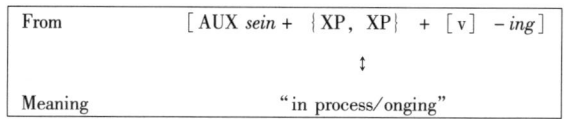

附在得克萨斯德语动词词根上的进行体标记 ing

图 10

动词是得克萨斯德语双语使用者共同的结构，因此它是访问英语独特结构库存的入口。通过这个共同结构，可以在特定的语境中使用英语进行时结构来标记得克萨斯德语动词，表达进行时的意义。

构式语法应用于语言接触研究有三大优势。首先，语言接触带来的结构结果很少局限于语言结构的一个层次，而通常涉及语言系统不同的内容。构式语法的非模块化特性有助于在统一框架中捕捉这种接触现象，比如词汇—句法转移，并提供理论上合理且经验证实的分析。其次，语言接触往往对语言元素的形式和意义都产生影响（如语义句法转移）。由于构式语法是建立在语言系统由构式组成的思想基础上，构式被定义为"形式—意义"配对，因此适合处理接触现象的形式和语义（包括语法和语用功能）。最后，构式语法不仅可以分析语言接触的结构结果，同时也可以深入探讨在接触情况下起作用的转移机制。

语言接触常常会诱发相关语言发生变化，接触引发的演变可能导致的后果主要有：特征的增加（Addition of features）、特征的消失（Loss of features）、特征的替代（Replacement of features）。根据托马森的观点，语言接触导致语言演变的类型大致可以分为"借用"（borrowing）"转用引发的干扰"（shift-induced interference）。这些引起语言变化的机制吸引了不同语言学流派的关注。

从基础机制来看，语言接触引发语言演变的主要机制包括语码转换（Code-switching）、语码交替（Code-alternation）、被动熟悉（Passive familiarity）、"协商"（Negotiation）、第二语言习得策略（Second-language acquisition strategies）、双语者的第一语言习得（Bilingual first-language acquisition）、蓄意决定（Deliberate decision）等。

接触引发的语法化是由于一种语言对另一种语言的影响而发生的语法化过程。接触引发的语法化（Contact-induced grammaticalization）主要包括两种类型：普通接触引发的语法化（Ordinary CIG）、复制接触引发的语法化（Replica CIG）。在语言接触过程中，语法复制的过程可能会影响三种甚至更多的语言，从而产生一个语法化区域（Grammaticalization Areas）。

从形式语言学的角度来看，像英语等右分支结构中，中心语在前（head initial），属于 SVO（主语—谓语—宾语）语言。对于中心语在后（head final）的 SOV（主语—宾语—谓语）语言来说，这一层级的方向正好相反。那么，当 SVO 语言和 SOV 语言发生语言接触时，两种截然不同的语言系统中的同类成分如何取舍、竞争就成了一个值得探讨的问题。形式语言学认为人的大脑有一套统一的语言机制，语言接触虽然导致了语言变化，但是语言变化依然是在这一套机制中的变化，无法脱离语言机制的制约。需要说明的是，利用形式语言学理论研究语言接触，尤其是我国西北地区的语言接触问题，需要对语料进行仔细甄别。

认知语言学是目前汉语学界最受瞩目的语言学理论之一，构式语法在研究接触语言方面具有独特的优势，但目前主要是国外语言学界的研究，从认知角度解释语言接触机制的研究报道还较少。因此，我们期待从更多角度解释汉语语言接触的研究成果。

第九章

汉语史上的语言接触

语言接触是语言发展的动因之一,汉语有悠久的历史,在汉语发展的历史过程里,伴随着社会的发展变化,汉语与周边其他语言密切接触。中古译经和元白话是汉语史上出现的最重要的两次语言接触。接触现象的出现都是从操其他语言的人学习使用汉语开始的。中古的西域僧人为了传播佛教进入中国,从文献记载看,早期的僧人很多不懂汉语,到中国后才开始学习汉语翻译佛经;元白话同样是元蒙时期,为了交流不得不学习汉语,造成了汉语历史上又一次大规模的语言接触。这两类现象都是汉语的不完全习得者,在学习过程中把母语的一些特征带进了汉语。中古后期参与译经工作的汉人如玄奘,同样地在翻译作品中比原文较多地使用了佛经原文的特征,如表示原因的"故""所"字被动句、疑问助词"云何""N1+N2+是"判断句等;同样元白话是元代使用的汉语受蒙古语的影响,是一种夹杂蒙语词汇和句式的汉语。本章介绍中古译经和元代直译体文献中的语言接触现象。

第一节 中古译经与语言接触

在中古译经与语言接触方面,我们简单介绍汉译佛典因语言接触引发的语法现象、语法复制类型以及同素逆序词的"梵汉对勘"等问题,前两种主要介绍朱庆之、朱冠明(2006,2009)以及龙国富(2008)的研究成果。

一 汉译佛典因语言接触引发的语法现象

中古译经是汉语和印欧语系语言梵文、巴利文的接触现象。梵语和汉语是两种不同的语系,梵语是印欧语系印度语族的一种语言,属于屈折语,形态变化纷繁复杂,如名词有三种性(阳性、阴性、中性)、三种数(单数、双数、复数)和八个格;动词有时、体、式范畴等。汉语是孤立语,没有复数、词性、词格和时态等屈折变化,语法表达手段主要靠虚词和词序。这种类型上的巨大差异在翻译文献里表现得淋漓尽致。据朱庆之、朱冠明(2006,2009)等的研究表明,在汉译佛典中,因语言接触所引发的语法复制类型涵盖19个方面:①人称代词复数;②呼格;③"所"字被动句;④"已"表完成体;⑤"N1 + N2 + 是"判断句;⑥"取OV"狭义处置式;⑦语气副词"将无";⑧疑问助词"云何";⑨分句末"故"表原因的;⑩表领属的"自";⑪排它标记"除舍";⑫话题转移标记"复次";⑬反身代词"自己";⑭时间疑问代词"久如";⑮"若A若B"结构;⑯表任指的"何";⑰"与"的特殊用法;⑱并列成分后置;⑲话题—评论式受事主语句。①相信随着研究的不断深入,还会发现更多的语法复制类型。

二 中古译经佛典语言接触引发语法复制类型

语言接触涉及一个很重要的概念——语法复制。根据 Heine 和 Kuteva(2005)、Jenkins(2002)的观点,语法复制是指复制语(目的语)(replica language,简称"R")、模仿模型语(来源语)(model language,简称"M")的某一语法演变模式,而创造出的一种新的语法概念或语法结构。语法复制包括语法概念的复制,也包括语法结构的复制。在语法复制过程中,复制形式由模型语(M)(来源语)提供,复制过程由复制语(目的语)(R)实施。由模型语提供的复制属于模式范畴(model category,简称"MX"),由复制语实施的复制属于复制范畴(replica category,简称"RX")。

通常,复制语(目的语)(R)受模型语(来源语)(M)的影响,

---

① 朱庆之:《汉译佛典语文中的原典影响初探》,《中国语文》1993 年第 5 期;朱庆之、朱冠明《佛典与汉语语法研究——20 世纪国内佛教汉语研究回顾之二》,《汉语史研究集刊》2006 年第 9 辑;朱冠明《中古佛典与汉语受事主语句的发展——兼谈佛经翻译影响汉语语法的模式》,《中国语文》2011 年第 2 期。

通过语法复制方式，获得某种新的结构或新概念（Rx）。当然，新的结构或新概念（Rx）大多也并非全新。"新结构或新概念（Rx）"实质指的是建立在复制语（目的语）中已存在结构（Ry）基础之上的结构或概念，语法复制实质指的是促使 Ry 迁移变成 Rx。

龙国富（2008）根据模型语中 My > Mx（即语源演变为结果）演变的存在与否，认为由语言接触引发的语法复制类型可以分为两类：一类是概念型语法复制；另一类是过程型语法复制。概念型语法复制指的是在语言接触中，复制语（目的语）对模型语中语法概念和语法范畴的复制；过程型语法复制指的是在语言接触中，复制语对模型语中语法演变过程的复制。下面就此两类语法复制类型，分别予以讨论。

（一）概念型语法复制

概念型语法复制分为以下步骤（Heine & Kuteva, 2003：533）：

第一步，在模型语 M 中发现 Mx 语法概念或语法范畴；

第二步，在复制语 R 中发现一个在语义和结构上与模型语中的语法概念或语法范畴 Mx 相关的结构 Ry；

第三步，依照语法演变策略，复制一个与模型语中语法概念或语法范畴 Mx 对等的 Rx；

第四步，仿照模型语 Mx，利用复制语结构 Ry，创造出新的语法概念或语法范畴 Rx。

（二）过程型语法复制

基于语言接触，语言使用者习惯把模型语（来源语）中的某一现象的语法演变过程复制到复制语中，从而使复制语中某一现象的语法演变过程与模型语相同。过程型语法复制分为以下步骤（Heine & Kuteva, 2003：539；2005：92）：

第一步，语言使用者从模型语中找到一个由语源发展成为结果，即由结构 My 演变为语法概念或语法范畴 Mx 的语法现象；

第二步，利用复制语某一结构 Ry，依据 My > Mx 的演变模式，创造出一个与模型语对等的语法演变新模式，即 Ry > Rx；

第三步，利用"My > Mx：Ry > Rx"类推公式，将曾经发生于模型语中的一个语法演变过程予以复制。

该类语法复制的关键是在复制语中创造 Ry > Rx 这样一个新的语法演

变过程。并需要用处所/时间前置词 after 来表达。在 17 世纪前后，爱尔兰语言使用者针对英语语法，将处所结构式"X is after Y"演变为最近完成体的演变过程又重新予以复制（Harris，1991：205）。

以上两种类型的语法复制表明，在概念型语法复制中，语言使用者最为关注的是模型语中结构式的演变结果，即语法概念或语法范畴 Mx 是语言使用者的重点关注对象。

在过程型语法复制中，语言使用者更多关注的是模型语中结构式的演变过程，即由源头语到语法概念或语法范畴的语法变化（My > Mx）演变过程是关注重点。以上两种类型语法复制的产生，都跟模型语有关。模型语中原有的语法概念或语法范畴 Mx，就是这两种类型语法复制产生的直接原因。

龙国富（2008）通过梵汉对勘发现，佛典中确实有绝大多数用例都属于概念型语法复制这一类型，都是通过复制梵文佛典中原有的语法概念和语法范畴 Mx 得来。在概念性接触引发的演变中，如果模型语原本存在有某个现存结构式，那么复制语就会采取复制模型语中现存结构式的手段，获得一个新结构式。如汉译佛典中多项连接词"若"的用法，属于佛典语言接触引发概念型语法复制这一类型的最典型用例。就梵汉佛典翻译而言，梵文佛典是模型语（M），汉译佛典是复制语（R）。如梵文佛典中有一个多项连接词 vq（Mx），出现在表示并列多项名词的后面，起连接作用。

汉译佛典在对梵文佛典中多项连接词 vq 进行翻译时，采取了复制的手段。这样，一方面，促使汉译佛典中新的连接结构"若 + A + 若 + B……"（Rx）句式的产生；另一方面，是对本土文献中连接结构只限于两项连接成分的语法范畴的突破。可见，汉译佛典中"若"从表两项连接演变为表多项连接的用法的出现，源于汉译佛典对梵文佛典中多项连接词 vq 语法范畴的复制（龙国富，2008）。

三 同素逆序词的"梵汉对勘"

当译者将"印度的摩揭陀语、梵语以及古代中亚、西域诸语言"翻译成汉语的时候，外来的新思想、新概念、新事物进入中土，需要一大批相应的汉语双音词来表达。一个外来的新词语，被翻译成目标语时，其意义和用法会受到各种干扰。这种干扰可能来自译者翻译风格和语用习惯，也可能来自翻译策略，还可能来自汉译佛典语法规则本身。

如敦煌文献，尤其是与佛经有关的文献中出现了大量的同素逆序词，对此，我们（2019）认为，可以从语言接触的角度，进行"梵汉对勘"，追根溯流。因为梵文中有大量复合词。释惠敏（2011）将梵语复合词的构成方式归纳为"六离合释"（或称六合释）：相违释（并列复合语）、依主释（限定复合语）、持业释（同格限定复合语）、带数释（数词限定复合语）、邻近释（不变化复合语）、有财释（所有复合语），即六种梵文复合词的解释法。① 其中的"相违释"，印度梵文学家称此类复合词为"dvandva"（pair or couple 成双成对之意）。汉传佛教称为"相违释"，如，《大乘法苑义林章》卷一《总料简章》："相违释者，名既有二义，所目自体各殊，两体互乖，而总立称，体各别故，是相违义。"指的是将两个或两个以上意义相反（自体各殊，两体互乖）的词连结在一起，组成一个并列复合结构，也就是由意义相反的词根语素组成的并列式复合词。梵语中这种联合式复合词的构成方式主要以音节为主，结构规则如下：以元音 i 或 u 结尾字置前；以元音开头且以元音 a 结尾字置前。例如：

汉梵同序例：

  汉语：手足   梵语：手足→pāi-pāda（手与足）②

汉梵逆序例：

  汉语：诵读   梵语：读诵→pari-ava-√āp（读与诵）

---

① 释惠敏：《汉译佛典语法之「相违释」复合词考察——以玄奘所译〈瑜伽师地论〉为主》，《法鼓佛学学报》2011 年第 8 期。
② 本章的梵–汉对勘得到了中国社科院语言研究所姜南副研究员的帮助，特此向她表示感谢。

（一）音节少者置前

汉梵同序例：

   汉语：日夜   梵语：日夜→diva-rātrim（日与夜）

汉梵逆序例：

   汉语：男女   梵语：女男→strī-purusa（女与男）
   汉语：上下   梵语：下上→mdv-adhmātra（下与上）
   汉语：苦乐   梵语：乐苦→sukha-duḥkha（乐与苦）

梵语中两个亲属名称形成并列复合语时，前字末以 ā 形式（主格单数）连结后字。例如：

   汉语：父母   梵语：母父→mātā-pitarau（母亲与父亲）
   汉语：妻子   梵语：子妻→putrā-dāra（子与妻）

梵语两个亲属名称组成的并列复合词中，既有汉语同序的"父子"，也有和汉语逆序的"母父"和"子妻"。

梵语与汉语并列结构语序规律各有特点。汉语是单音节语言，节奏明朗，音节容易对应；梵语是多音节语言，元音分单元音、二合元音、三合元音。语音特点使梵语并列结构的词序有其自身规律，长度规律在梵语并列复合式的语序中占强势。比如音节少者置前，如上所举，"女男""下上""乐苦"等，梵语与汉语之间的音节排序差异会造成同素逆序词的产生。

词序与形态变化有密切的联系。形态变化越多的语言，其词序越灵活；无形态变化的语言，词序相对比较固定。汉语是典型的分析型语言，词序相对固定，词序改变，意义也往往随之而变；而梵语有着丰富的形态变化，通过形态标记表达各种语法意义，词序比较灵活。通过词的形态就可以辨别梵语的词类，在句中的地位以及与其他词的关系等，即使词的位置发生变化，也可以表达原来的意思。

(二) 语言接触影响下同素逆序词形成的机制

根据 Thomoson（2001）的观点，影响语言接触程度的因素有：标记性成分状况、不同语法特征的等级状况、源头语和接受语语序类型的相似状况。其中，不同语法特征的等级状况指的是由词汇、句法、派生形态以及屈折形态构成的等级链，即"非基本词汇→句法→派生形态→屈折形态"。排在最左边的成分是"非基本词汇"，结构疏松，结合不够紧密，位置也不稳定，还没有凝固在一起；位置越靠右的句法、派生形态和屈折形态，其结构越来越紧密，结构化程度也越高。跨语言的接触中，即便在语言接触程度不深的情况下，非基本词汇是最容易被借用和复制的，汉译佛典即是如此。

汉译佛典将来源语——梵语翻译成接受语的最初阶段，一般是直译，即采用来源语的结构模式，接受语理应将来源语的意义表达充分，语句不得随意增减，语序力求照搬直译。因此，梵语中的新名词、新概念比较轻易地复制和移植到汉译佛典中。从东晋开始，译师们提倡用直译和意译相结合的方式翻译，同素、逆序词不断涌现。既有符合梵语语法结构的兽鸟、下上、乐苦等逆序词，也有符合汉语和梵语的饮食/食饮、虚空/空虚、神通/通神、皆尽/尽皆、常时/时常等词。另外，汉译佛典中因语言接触而引发的语法变化，既涉及语法特征的产生，也涉及语法特征的消失。汉梵语言相互接触过程中，源头语——梵文存在比较典型的语法结构或语法模式，必然会导致接受语——汉语中一些特征的产生、语法功能或语法模式的增加。如敦煌愿文和变文中有"男女""女男"两种逆序词的用法。例如：

S. 3914《结坛发愿文》："贤者以（与）优婆夷、清信<u>女男</u>表□□□：□（唯）愿心恒佛日，福竭嵩山，意切宗乘，财盈满堂。"①

S. 4624《发愿文范本等》："营逆修十供清斋，今则某七为道。生不作福，没后难知未尽。少无<u>男女</u>，老复孤遗，莫保百年。"②

---

① 黄征、吴伟校注：《敦煌愿文集》，岳麓书社1995年版，第595页。
② 黄征、吴伟校注：《敦煌愿文集》，岳麓书社1995年版，第124页。

以上两例是敦煌愿文的用例,"男女"一词习见,但也有逆序词"女男"的用法。再看敦煌变文的用例:

<u>男女</u>稍若病差,父母顿解愁心。人家父母恩偏煞,於<u>女男</u>边倍怜爱;忽然<u>男女</u>病缠身,父母忧煎心欲碎;<u>女男</u>得病阿娘忧,未教终须血泪流。……直待<u>女男</u>安健了,阿娘方始不忧愁。才见<u>女男</u>身病患,早忧性命掩泉台。①

在这段"父母恩重经讲经文(一)"中,"男女""女男"前后变换使用。我们前面分析了梵文中"strī-purusa(女男)"一词属于音节少者前置例,译师将其直译为"女男";另一方面,由于汉语单音词的语义特征和男尊女卑的传统观念,又组成"男"在前,"女"在后的"男女"格式。因此,"男女""女男"同时并存使用,不同类型的语言在结构上的差异可见一斑。在特定历史条件下,当使用不同语言的人互相接触影响,在表达同一种语义时,可以有两种不同的选择,最简单的方法就是选择既有的结构模式,这些都是在翻译的文献中从原文中带来的一些特征,这些特征在汉语历史发展的长河中,有的很快消失,有的产生一定影响,在汉语中留下了"底层"。

所以,在敦煌愿文和变文与佛经有关的文献中,同时出现"男女/女男"两种用法就不足为怪了。但是,语言接触的必然结果只能是一种形式,而不可能是两种形式长期并存使用。由语言接触而产生的并存共用形式,基本上在接触条件消失以后,归并为一种格式。语言接触中的归一,汉语语法史上,基本是本土的战胜外来的,汉语固有的格式在发生语言接触的社会历史条件消失之后,淘汰掉新的格式,重新成为主要或唯一的形式。

第二节 元代直译体文献中的语言接触

元代蒙古语和汉语发生了大规模的语言接触。有大量的直译体文献。

---

① 黄征、张涌泉校注:《敦煌变文校注》,中华书局1997年版,第977页。

直译体文献是蒙古人所说的以"蒙式汉语"为口语基础的。"蒙式汉语"指元代蒙古人所说的一种汉语民族变体，是元代语言强烈接触的产物之一。元代的"蒙式汉语"集中地反映在元代白话碑文及《元典章》《通制条格》等典籍里保存的大量直译体语料中。白话碑文是一种刊刻在碑石上的白话文牍，多为元代统治者颁发给寺院道观的各类旨书，如懿旨、令旨、法旨等。白话碑多用回鹘式蒙古文或八思巴字写成，译成白话汉语，具有鲜明的直译体特征。元代白话碑文、《元典章》中的语言接触现象，我们主要介绍祖生利的相关研究成果。

一 《元典章》中的语言接触现象

《元典章》《经世大典》《通制条格》等是元代汉文载籍中有大量译自蒙古语的白话公牍，这些白话公牍的语言虽然采用了元代汉语的口语元素，但同时也掺杂了大量的蒙古语成分，具有鲜明的混合语特点。

《元典章》是各地地方官吏汇抄的有关政治、经济、军事、法律等方面的圣旨、法律文书以及司法部门所判案例的汇编。正集六十卷，大约至治元年（1321）颁行；新集不分卷，至治二年（1322）颁行。《元典章》现今保存比较完好，通行的有元刻本和沈刻本两种版本。记录的是元代口语的书面语。由于受蒙古语底层的影响，产生了一些与汉语不一致的现象。以下是祖生利（2001）的研究结果：

1. 句末助词"有"

元白话中的"有"有一种特殊的用法，位于句末，表示判断。如：

（1）杀胡总管时，和贼每一处入去来，不曾下手有。（《元典章·刑部》）

（2）如今，也可札鲁忽赤里重囚有呵，立着蒙古文字，交俺审问有，是人命的勾当有。（同上）

祖生利（2001）认为，该类"有"主要是复制、移植蒙古语助词 a-、bü-的结果。a-、bü-在蒙古语中既可以作动词，也可以作助动词，辅助表示时体。

2. 方位词后置表示对象、处所等

元白话中采用后置的方位词表示对象、处所等，常用的方位词有"根底""上/行"。如：

(3) 俺根底与文书来。(《元典章·户部》)
(4) 民户里贼寇生发呵，俺收捕了，他每行分付与有。(《元典章·刑部》)

蒙古语是有格标记的语言，其名词和代词用不同的格来标记其在句中与其他词的句法关系，汉语没有与之相对应的语法范畴，在元白话中采用后置的方位词来对应蒙古语的各种格标记。

3. 方位词"上/上头"位于分句句末，表示原因

(5) 如今管城子官人每不肯用心提调的上头，逃走的驱口每也不首出来有。(《元典章·刑部》)

祖生利(2004)认为，这种表示原因的后置词"上，上头"是"直译中古蒙古语表示原因的后置词-tula 和形动词工具格附加成分-ar/-bar"。

4. 语气词"呵"位于分句句末表示假设

据孙梅青(2006)的考察，用"呵"表示假设在元代以前就已经出现。元代继续使用，同时数量有所增加。如：

(6) 似这般有罪过的歹人每放了呵，被害的人每，冤气无处伸告，伤着和气。(《元典章·刑部》)

5. 引用标记"么道"

(7) "是那般有。如今只依着那体例与呵，碍甚事？"么道，圣旨了也。(《元典章·户部》)

引用一句话结束的时候，使用"么道"作为引语标记。

综上,《元典章》中的各种特殊语言现象,在《经世大典》[①] 中则采用了不同的表现手段。《经世大典》更接近"纯汉语",不用或少用上述这些受蒙古语影响而产生的语法手段。

二 元白话中的语言接触现象

元白话是一种夹杂蒙语词汇和句式的汉语。其中《老乞大》是元、明之际,韩国早期高丽、朝鲜两朝人学习汉语最重要、最权威的汉语会话教科书,反映了当时的元白话口语[②]。

1998年年初,韩国庆北大学南权熙教授在大邱市整理一处私人藏书时发现了古本《老乞大》(旧本、原本等),认为刊行于朝鲜太祖(1392—1398)至太宗(1400—1418)年间,大致相当于中国的明初。古本《老乞大》是外国人学汉语的会话书,内容讲述的是一个朝鲜人去元大都做买卖的经历,以日常对话的形式,语言接近当时的口语。所反映的语言是元朝时语。与翻译本、谚解本所反映的明代汉语全然不同,具有鲜明接触语言特征的语言风貌。蒋绍愚(2005)认为,使人们听到了"真正是元代后期的白话,闻到那种'泥土味'"对于汉语历史语言学还是接触语言学。对于口语材料相对匮乏的元代汉语研究来说,无疑是珍贵的材料,是"研究语言接触的极好材料"。

李泰洙(2003)根据四个不同版本《老乞大》的语言对比,指出14世纪中叶到18世纪中叶的汉语中出现了一些新成分、新功能和新格式。新成分如句末语助词"有";新功能如动物名词等后加复数词尾"每"、方位词具有格助词用法;新格式如SOV、OV句的大量出现等(李2003:98—101)。曹广顺、陈丹丹(2009)对古本《老乞大》的特殊语言现象

[①] 本章所使用的《经世大典》的语料,全部来自《永乐大典》残卷,其中有关元代驿站的部分保存得比较完整,即《经世大典·站赤》。而《元典章》的"户部"也详细记载了有关驿站的供给和管理的规章制度,二者在内容上有很多相同或相似的地方。

[②] 本文使用的《老乞大》四种是竹越孝整理的。竹越使用的四种本子是:
【旧】〔旧本〕老乞大,『元代汉语本《老乞大》』(庆北大学校,2000)
【翻】〔翻译〕老乞大,『原本老乞大谚解(全)』(亚细亚文化社,1980)
【新】老乞大新释,『奎章阁资料丛书语学篇(二)』(首尔大学校奎章阁,2003)
【重】重刊老乞大,『奎章阁资料丛书语学篇(二)』(首尔大学校奎章阁,2003)
再次向竹越表示衷心的感谢。

作了统计、分析与论证，认为"元白话确实受蒙古语影响，产生了一些异于汉语标准语法的特殊语言现象"（2009：108—123）。这些语言现象也是孤立语和黏着语之间差异最大的地方。

祖生利（2011）《古本〈老乞大〉的语言性质》一文，认为古本《老乞大》语言的特征、性质、形成的过程，与今天青海汉话、甘肃临夏话、唐汪话等西北接触方言颇为相似，它们都产生于汉族、蒙古族、回族、藏族等多民族长期密切接触的环境中，由于缺乏流利的双语人而产生的一种中介语。这种中介语言的词汇供给语是汉语，而语法则是汉语同蒙古语等语言的不同程度的融合。在成为融合后的言语社团日常生活的第一语言后，它们都多少已经"克里奥尔语化"了。

祖生利（2011）在《古本〈老乞大〉的语言性质》一文，总结归纳了古本《老乞大》里的15种蒙古语语法干扰特征：

1. 复数词尾"每"的特殊用法
2. 第一人称代词复数严格区分包括式和排除式
3. 方位名词的格标记用法
4. 句末使用祈使语气词"者"
5. 语气词"呵"作为假设从句标记
6. 句末动词"有"的大量使用
7. "上／（的）上头"的原因后置词用法
8. 表答允之辞"那般者（呵）"的大量使用
9. 表确定的句末语气助词"也者"的使用
10. V1 着 V2 结构
11. "不 VP 那甚么"反诘句
12. "像"义动词后置的比拟式
13. 一些副词的异常语序
14. 大量存在 SOV 语序
15. 大量存在蒙汉混合结构

这里列举的古本年《老乞大》由接触所导致的干扰特征，可以从元代大量的以"蒙式汉语"为口语基础的直译体文献中找到充足的证据，在此不再赘述。

第三节 甘青河湟方言与元白话特殊语法比较

甘青地区有着复杂的民族成分和语言成分。除了汉藏语系的汉语和藏语，主要是阿尔泰语系诸语族的语言。在甘肃的临夏、甘肃东乡的唐汪，青海的民和、甘沟、五屯等地形成了独具特色的语言现象，呈现出显著的"区域特征"。如：OV 语序类型；成系统的格标记形式；句末特殊助动词"是""有"的用法；引语标记"-giə"（给）；假设从句标记等等（详见第六章）。无独有偶，这些特殊语言现象在元白话中的"蒙式汉语""汉儿言语"中也是随处可见。

一 相同之处

首先，甘青河湟方言和元白话有着相似的接触环境和对象，都是阿尔泰语系语言和汉语两大语系之间的接触。甘青河湟方言和元白话一样，都是在语言接触过程中，汉语中掺进了不同类型的语言成分。从地区的民族和语言成分来说，元代大都作为全国政治和文化的中心，同时也是汉族、蒙古族等多民族集中的地区之一；甘青地区同样是少数民族尤其是操阿尔泰语系语言的民族居住地区之一。因此两种不同类型的语言长期密切接触，产生具有混合特征的语言，相似的接触环境和对象往往产生相近的语言学后果。

元代的"蒙式汉语""汉儿言语"以及甘青河湟方言构成一个语言接触的连续性，三种语言现象是处在这个连续性的不同阶段，他们的对比能够为语言类型学的研究提供一个跨时代、跨地域，普方古三者结合的材料。

其次，形成机制相同。从形成的具体过程和发挥作用的机制来看，元代的"汉儿言语"和今天的甘青接触方言也十分相似，即都是官话经由"协商"（negotiation）、"有意为之"（change by deliberate）、"耳濡目染"（passive familiarity）等接触机制，在"不完全习得"（Imperfect learning）汉语过程中，吸收了母语的语法形式（祖生利 2011）。

在语言接触历史中，元明时期是蒙古语和汉语发生大规模语言接触的时期，形成了"蒙式汉语""汉儿言语"。"蒙式汉语"是蒙古人对标准汉语（纯汉语）不完全习得的产物。他们在习得目标语即标准汉语的过程中，由于受到母语底层的干扰而出现种种不合汉语规则的说法。早期"蒙式汉语"的词汇和句法表现出个体差异，许多句法现象各有差异；但其中共同的、反复出现的特征，则被固定下来，成为民族特征。而接触的另一方，处于优势地位的"纯汉语"，经由"协商"等机制，接受"蒙式汉语"中某些特征性的成分，最终形成一种既不同于"纯汉语"，也不完全同于"蒙式汉语"的语言，即"汉儿言语"。汉儿言语的词汇以汉语为主，语法多保留蒙古语特点，也有两种语言句法的妥协折中。

最后，产生语言学结果相同。元白话和甘青河湟方言对当时汉语的影响都主要体现在语法上，形成了诸多区域性特征，并且都留下了宝贵的口语材料。元白话有直译体文献和会话体文献，甘青地区有活生生的汉语方言等，这有利于对其进行比较研究。如果我们将甘青河湟方言、"蒙式汉语""汉儿言语"置于同一研究平面，就会发现它们三者之间诸多相似的特点。

江蓝生（2009）指出，"真正能集中反映'汉儿言语'遗风流绪的是甘肃、青海、宁夏、陕西、新疆等甘青地区的汉语方言。把古代'汉儿言语'跟甘青地区方言语法的描写材料相比较，能够清楚地看出二者之间的血缘关系，因此完全可以说：甘青河湟方言就是'汉儿言语'的活化石。"祖生利（2011）指出，与其说甘青河湟方言是"汉儿言语"的遗风流绪，不如将其视为接触的类型学后果合适。并认为"相似的接触环境和对象往往产生相近的语言学后果"。也就是说，甘青河湟方言和元白话中的特殊语法现象，是语言接触下的类型学结果。

甘青河湟方言和元白话中都存留了宝贵的口语材料：元白话有直译体文献和会话体文献，甘青地区有"活化石"的汉语方言富矿。因此，我们将甘青河湟方言、"蒙式汉语"和汉儿言语的类型置于同一研究平面。下面是甘青河湟方言、"蒙式汉语"和汉儿言语类型列表（15）：

表 15　　　　　语言接触视角下特殊语法现象的类型对比

类型	特殊语法现象语言	甘青河湟方言	汉儿言语	"蒙式汉语"	普通话
们	无生命名词+每（们）	+	+	+	−
	指示代词+每（们）	+	−	+	−
	VP的每（们）	+	−	+	−
	并列名词分别加每（们）	+	−	+	−
	数量词+每（们）	−	−	+	−
语义格	受事格	+	+	+	−
	与事格	+	+	+	−
	同事格	+	−	+	−
	比较格	+	−	+	−
	工具格	+	+	+	−
	处所格	+	−	+	−
	依据格	−	+	+	−
语序类型	OV-VO	+	−	+	−
	核心动词−附置短语	+	+	+	+
	前置词−后置词	+	−	+	−
	名词−领属语	+	+	+	+
	形容词−比较标准	+	+	+	+
	动词−方式状语	+	+	+	+
	助动词−主要动词	+	+	+	+
特殊助词和动词	者	+	+	+	−
	着	+	+	+	−
	呵	+	+	+	−
	么道	+	−	+	−
	上/上头	+	+	+	−
	有	+	+	+	−

综上所述，在25项特殊语法现象中，甘青河湟方言有23项与"蒙式汉语"相同，甘青河湟方言和"蒙式汉语"虽然在时代和空间上差距巨大，却有着如此高的相似度；有15项与"汉儿言语"相似；仅有5个参项中与汉语普通话类似。这种有意思的现象足以说明：其一，甘青河湟方言和"蒙式汉语"高度相似，都属于OV黏着语型；"汉儿言语"介于普

通话和"蒙式汉语"之间。其二,"汉儿言语"尽管与"蒙式汉语"在时代和地域上更为接近,但是与"蒙式汉语"的相似度却远不如甘青河湟方言,证明"汉儿言语"与"蒙式汉语"两者之间有本质的区别;这种本质上的差异与共性,是由语言接触过程中的底层语言决定的。"蒙式汉语"和"汉儿言语"尽管都是语言接触的产物,但"蒙式汉语"的底层是蒙古语;"汉儿言语"的底层是汉语。

李崇兴、祖生利、丁勇(2009)认为,元代的"蒙式汉语"是元代蒙古人所说的一种汉语民族变体。本质上应属于一种以汉语为上层语言(superstrate language),以蒙古语为底层语言(substrate language)的皮钦汉语(Mongolian Pidgin Chinese),它的词汇主要来自北方汉语,语法则主要来自蒙古语。"蒙式汉语"的材料集中地反映在元代白话碑文,以及《元典章》《通制条格》等元代直译体文献中,并有着现实的口语基础。

元代的"汉儿言语"指的是元代后期在蒙古语影响下而形成的流行于大都等北方地区的北方汉语变体。"汉儿言语"是以北方汉语为词汇供给,同时吸收其他民族语的部分词汇,语法上则融合了契丹语、女真语、蒙古语等阿尔泰诸语言的语法特征,是一种克里奥尔化的语言①。反映"汉儿言语"的口语材料主要有古本《老乞大》《朴通事》等。

元代纯汉语、"蒙式汉语"、汉儿言语之间的关系,我们可以用图11来表示。

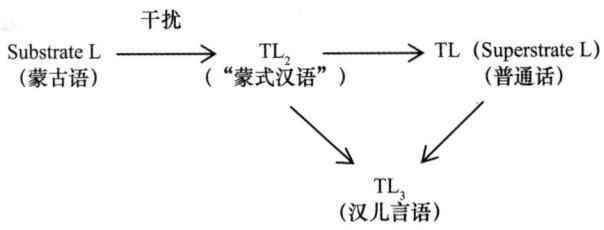

图11 元代纯汉语、"蒙式汉语"、汉儿言语之间的关系

显而易见,"蒙式汉语"是蒙古人对普通话不完全习得的产物,是少

---

① 中国辽、金、元、清历代的官话分别为契丹语(蒙古语族一支)、女真语(满语前身)、蒙古语、满语,发生地域或影响范围主要在北方。

数民族在习得汉语的过程中，由于受到母语底层的干扰而创造出的种种不合汉语规则的说法。"汉儿言语"则是"蒙式汉语"和普通话接触的结果。祖生利（2004）指出，元代的"汉儿言语"不是通过北方汉语跟蒙古语直接接触形成的，而是通过与"蒙式汉语"的接触，吸纳了其中若干有代表性的蒙古语干扰特征而形成的。"汉儿言语"同普通话相比，其中掺入了较多的异质成分，并不完全符合汉语的语法规范；同"蒙式汉语"相比，"汉儿言语"里面的蒙古语句法表现要简单规整得多，"蒙式汉语"和汉儿言语都是由语言接触造成的语言改变，是语言接触的产物。

我们重复一下前面的话题，如果假定甘青河湟方言是在汉族与少数民族接触过程中，双方通过学习对方语言，最终形成的一种交际使用的中介语，那么甘青河湟方言可能是以汉语为底层，在接触过程中，受阿尔泰语特征的影响，借用了新的语法特征①。这显然不符合甘青河湟方言的实际情况。事实上，临夏话、西宁话、积石山方言等甘青河湟方言的语法系统，属于"转用引发的干扰"。干扰的引入者一般是源语的母语使用者，具有不完全学习效应。换句话说，甘青河湟方言是操民族语言的母语使用者，在不完全学习效应时，将自己母语的结构特征，不自觉带入了目标语中。所以，甘青河湟方言和"蒙式汉语"有着同样的语言底层。

二 甘青河湟方言接触语言的复制模式

Heine & Kuteva（2005，2008）在讨论语言接触造成的语言改变时，把由语言接触引发的语言变化分为借用和复制两种。"借用"是指形式或者音义单位转移的过程，包含接触导致的某种语音形式的转移。"复制"即"转用引发的干扰"，指的是二语习得者在构建自己的目标语语法时，通过把母语中的语法形式包括语序、句式、语法范畴等，投射到目标语中并进行重新分析。其实"复制"则是一种创新机制，是指复制语的用户利用自己母语里的原始语言材料，仿照模型语的某种模式，在其习得的语言里创造出一个新结构②。语法复制包括"语法意义复制""语法结构复

---

① "借用"机制为"词汇干扰先于结构干扰，且占优势"，"源语通常是强势社团的语言"，并且"没有不完全学习效应"。

② 参阅 Heine & Kuteva 2005 和 Heine 2008。

制"两方面。语法意义复制是指一个语言（复制语）对另一个语言（模型语）的语法概念或语法概念演变过程的复制，语法结构复制是一个语言（复制语）对另一个语言（模型语）语法结构的复制。

（一）语法意义复制

1. 语法概念的复制

如东乡语中的-ɕiə 和东乡汉语的"些"属于语法概念的复制。东乡语复数形式-ɕiə，是指复制语东乡汉语对模型语东乡语等甘青河湟方言复数"些"（-ɕiə）的语法概念的复制。复制的过程为：首先，在模型语东乡汉语中找到"些"这样一个表示复数的语法概念或语法范畴。继而，在复制语母语东乡语中存在一个在语义和结构上与模型语中的语法概念或语法范畴相关的结构，依照语法演变策略，复制一个与模型语中语法概念或语法范畴对等的结构，而创造出新的语法概念或语法范畴。东乡语为黏着语，构词依据丰富的形态变化，词缀的借用现象屡见不鲜，比比皆是，所以东乡语的复数附加成分也会借自汉语的复数"些"。

而东乡汉语中"些"表示从比格标记，这是复制语——东乡汉语对模型语——东乡语从比格这一语法概念的复制，复制了东乡语从比格附加成分-se，其功能相当于介词"在""从""跟"，表示方向、对象、时间和比较等意义。东乡汉语中的"-se"无论从语序还是语法功能看，都和周边的东乡语、保安语、土族语等蒙古语族语言的从比格具有共性，与东乡语等阿尔泰语言里的从比格附加成分同音，是语言接触的结果。

2. 语法结构的复制

我们通过比较发现，在概念性接触引发的演变中，如果模型语原本存在某个现存结构式，那么复制语就会采取复制模型语中现存结构式的手段，获得一个新结构式。如东乡汉语中多项连接词"着"的用法，属于东乡汉语接触引发概念型语法复制这一类型的典型用例。就东乡语和东乡汉语而言，东乡语是模型语（M），东乡汉语是复制语（R）。如东乡语中有一个并列副动词-zhi 出现在表示并列多项动词的后面，起连接作用，相当于名词的格；东乡汉语在对东乡语中多项连接词-zhi 进行对译时，采取了复制的手段。复制的过程是：一方面促使东乡汉语中新的连接结构句式的产生；另一方面也是对东乡汉语等甘青河湟方言中不同连接结构用于不同的连接成分的语法范畴的充实和突破。东乡汉语中"着"从表两项连接演变为表多项连接的用法的出现，源于东乡汉语对东乡语中并列连接词-zhi 语法范畴的复制。如：

你站着起来呢么站着不起 起［tɕʰiɕ］来？
风刮着树上的叶子一呱跌着下［xa］来了。
街［kɛi］上去了着东西买上着就回着来了。

"着"译自东乡语中的-zhi，原本只是连接两个动词之间逻辑关系，但在东乡汉语中，却可以用第一个被连接成分之后，不仅表示并列关系，还可以表示选择、假设、条件、原因等各种关系的情况。

"A 着 + B 着"结构语法复制步骤如下：首先，是东乡语存在连接两个动词的附加成分-zhi，即有并列连接结构"A + -zhi + B"。我们在甘青河湟方言中发现表示动态助词的"A 着"结构，并找出其与甘青河湟方言中"A + -zhi + B"结构功能的相似性，然后，遵循语法演变策略，利用甘青河湟方言的"+ A 着"结构，对东乡汉语"A + -zhi + B"结构进行复制并加以创新，复制出"A 着…… + B 着"结构。该结构的复制是通过对复制语中原结构的利用，创造出新的"A + 着…… + B 着"结构，同时，该结构的语法范畴可以扩展到多项以及各种语言关系的连接，连接的内容由动词扩展到形容词。事实上，东乡语中没有经历连接词-zhi 从表实义发展到连接多项的语法意义的演变过程，可见东乡汉语中"A + 着…… + B 着"结构语法复制，并不是东乡语中-zhi 的演变过程的复制，而是-zhi 表连接语法概念的复制。具体来说，就是东乡汉语利用甘青河湟方言"A 着 + B"结构而创建出一个与东乡汉语中"A + -zhi + B + -zhi……"结构相当的表多项连接的新句式。相对于东乡语而言，东乡汉语中出现的这种新结构式并非真正意义上的"新"，因为它的原型毕竟是东乡语中原本就有的某个现存结构。

在概念型语法复制中，语言使用者最为关注的是模型语中结构式的演变结果，即语法概念或语法范畴是语言使用者的重点关注对象。而语法结构的复制是由于语言使用者，把模型语中某一现象的语法演变过程复制到复制语中，从而使复制语中的语法演变过程与模型语相同。在语法结构复制语中，语言使用者关注更多的是模型语中结构式的演变过程，即由源头语到语法结构的语法变化演变过程是重点。

东乡汉语等西北民族地区的汉语方言由语言接触所引发的语法复制类型有：人称代词复数的复杂用法；"啦""哈""些"等标记"格"范畴；用"是/有"表示判断和充当时体标记；"S是＋N是/不是是"判断句；引语标记的"给"；表示假设等各种复杂关系的"是"等等，都是由语言接触造成的语言复制，是少数民族使用者在习得目标语汉语时，把母语中的语法形式包括语序、句式、语法范畴等，复制到目标语并进行的重新分析。例如前文所举，东乡汉语中名词后缀"些"是东乡语和保安语里是-sə [土族语是-sə、东部裕固语的-sa（～-sə）的语法形式]，表示从格或离格，是复制了汉语的材料"些"，在复制语东乡汉语中重新构建，分析为格附加成分；甘肃临夏话等句末的"是"是东乡语助动词-wo 的复制和对应；甘青河湟方言祈使句的"给"，是将东乡语等少数民族语言的祈使标记"-giə"复制在东乡汉语中，进行了重新加工；像在甘青河湟方言可以表示假设关系、条件关系、转折关系的"是"，是阿尔泰语系假定副动词形式"-sa/sə/sɛ"的语法形式的拷贝，等等。这些复杂各样的用法，均是在阿尔泰语言影响和渗透下出现的不同类型的干扰特征。

两种语言接触虽然都通过复制来实现语言改变，但由于这种改变的主体不同，改变的对象和方式是有所区别的。所以，语言接触研究首先要区分的一个问题是：谁是造成改变的族群？谁是复制的对象？主体是复制语的汉语，还是模型语的民族语？这会对语言接触的许多问题有决定性的影响。以往的研究更多地集中在主体是复制语汉语引发的语言接触上，即汉语对少数民族的影响，而忽略了模型语民族语在第二语言习得中造成的语言接触，这使得许多特殊现象得不到正确的解释，甚至越描越黑。

我们通过调查东乡语发现：在东乡语中既有由强势语言的说话人造成的借用情形，也有由弱势语言的说话人造成的转移导致的干扰情形。在双语现象普遍存在的东乡族人所讲的两种语言（东乡语和东乡语汉语）中，东乡语（L_1）来自汉语的借用干扰包含了大量的词汇干扰和比较弱的形态句法以及音系方面的干扰；但在该民族所讲的东乡汉语（L_2）中，转移导致的干扰表明，只有较轻微的词汇干扰，却有强烈的形态句法干扰以及轻微的音系干扰。所以，在东乡语中，尽管众多的汉语借词铺天盖地涌入其中，但是，它的语法形式仍旧是蒙古语形式，来自汉语的结构干扰要少得多。故，复制跟借用的情形判然不同、截然有异，它是从句法开始，结构干扰是主要的、居于支配地位的干扰。复制的对象是自己母语里一些和汉语有着本质区别的、在他们母语中是基本、常用的成分；复制只是填入汉语里他们觉得语音相同相近的材料。如用汉语的"些"填补格标记"-sə"，用汉语的"给"补充东乡语的引语标记"-giə"和祈使附加成分"-giə"，用"是"填补假定副动词形式"sa/sə/sɛ"，等等。

从复制到重构看似是一个较简单的演化过程，但通过复制产生的语法成分，从出现到协商，最终被复制语接受，则是一个互相迁就、互相融合、不断适应调节的复杂过程。在西北民族地区，汉藏语系和阿尔泰语系语言长期接触，这几个地区的方言里，元白话中常见的 OV 语序、名词的格系统、重叠式判断句、引语标记等语法现象普遍存在，比比皆是。这些现象的存在，证明了第二语言习得导致的语言接触造成语言改变的另一种可能。而当我们描述语言接触的时候，是把接触导致的现象当作一个整体来看待，但实际上接触造成的现象，是一个过程。这个过程包含了接触带来影响，这些影响逐渐扩展，并最终被接受等多个阶段。如果把这个笼统的"结果"展开，可以看到现象不同的性质。这些现象的出现范围有所不同，如以上提及的东乡汉语引语标记"给"，虽然都是东乡汉语中出现的特殊现象，但和"哈/啦"等相比，"给"的出现要少很多，我们很难在元白话其他文献里看到"么道"的使用。显然，"么道"作为元白话中汉语与蒙古语接触后受到影响的"结果"，还只在一个很小的范围使用。

根据语言类型上的远近差距得出的预测是：即便是那些具有高度标记性或被紧密整合进某个连锁结构里的特征，在类型相同的语言系统之间也是会很容易地相互交换的。换言之，语言类型接近的语言容易彼此影响，反之就较难。即结构的相似性对这些结构是否可以进入汉语有决定性的影响，没有相似性的结构很难进入并影响汉语，但同时，具有某种相似性也不表示就一定能够进入和影响汉语。我们所研究的语言接触，阿尔泰语系和汉语在类型上都有巨大的差异，这种差异反映在语法上就是语法范畴和语法手段的不同，而这种差异也就造成了接触难以给汉语带来改变。而我们的研究则表明，由二语言习得产生的中介语一般情况下会不断地修正语法差异以及"错误"，逐渐趋近目的语。有时候有些被复制进来的错误，最后也会被复制语接受，反而成为复制语的一部分，如前文提到的"S +

N+是/不是"判断句、动词后的"给"、特殊的结构助词"着"等等，均被甘青河湟方言所接受，不仅成为甘青河湟方言独树一帜的标杆，而且有在特定的社会环境下继续保留并稳定发展的趋势。

第四节　西北地区语言接触研究的现状与未来

西北地区的语言接触研究是当前语言学界关注的热点和难点。尤其是近10年，研究成果如雨后春笋般不断涌现。有的成果着眼于语言接触过程中的词汇借用现象，有的研究是语言接触过程中的语法复制，还有的集中探讨语言接触理论，等等。研究成果不仅为汉语方言提供了语言接触研究的新视角，也为接触语言学提供了北方汉语和阿尔泰语言接触的研究个案，并完善修正了现有的语言接触理论。通过梳理西北地区语言接触的研究现状，我们发现语言接触研究，特别是甘青河湟地区的语义接触研究，其范围还应该进一步拓展，调查的深度还应进一步加深；语言接触研究还应加强跨学科研究和比较研究，特别是在"双一流"建设中，既要瞄准国内外学术前沿，引领学科发展，积极开展基础研究和原创性研究，又要注重因地制宜、就地取材，做好西部文章。

长期以来，在外部因素（人口迁徙、语言接触、遗传等）和内部因素（语言内部结构）的共同影响下，语言经过了不断演变，形成现代的语言形式，语言演变过程中语言接触对其产生着巨大的影响。我国是当今世界语言资源最丰富的国家之一，源远流长的文化历史和地域特征，造就了中国人与生俱来又花样繁复的语言生态。中国境内有汉藏语系、阿尔泰语系、南亚语系、南岛语系和印欧语系在内的130余种语言，西北民族地区同时并存着汉藏语系和阿尔泰语系语言。甘青地区属于阿尔泰语系的语言有东乡语、保安语、撒拉语、土族语等。其中，东乡语、保安语、土族语等民族语言属于阿尔泰语系蒙古语族，而撒拉语则属于阿尔泰语系突厥语族。甘肃、青海境内使用阿尔泰语系语言的民族都有自己的民族语言，但没有文字。此外，甘肃东乡县的唐汪话和青海同仁县的五屯话都属于混合型语言。

一　西北地区语言接触研究综述

20世纪以来，国内的语言接触研究得到学术界的持续关注，其研究聚焦于西南、华南和东北地区，研究内容大致从三个方向展开：一是以接触方言的性质为核心，探究接触的进展与程度问题——分析研究接触方言的必要性，着重比较接触方言的语法特征，并结合历史和民族人口状况判定接触语言的性质。二是以接触方言的具体语法现象为研究对象，考察接触方言的词法、形态标记和语序类型等语法现象，并探讨上述语法现象与其他语言之间的关系。三是从语言类型学视角出发，追溯接触方言中特殊语法现象的来源，并提出研究接触方言的建议。

由于西北地区独特的自然地理环境和独特的多民族聚居的人文社会环境，近年来，学者们逐渐将目光转向西北地区的语言接触研究，使得西北地区的语言接触研究呈现出繁荣的景象。20世纪70年代以来，西北地区的语言接触研究开始受到关注，成为汉语方言学和民族语言学关注的重点，同时涌现出一系列关于西北地区语言接触的研究成果，学者们分别从语言接触导致的西北地区汉语方言对民族语言、民族语言对西北汉语方言等带来的不同形式的影响，以及西北语言接触理论研究等三方面探讨了西北语言接触的基本主题。

（一）西北地区语言中的词汇借用现象研究

不同语系、语族的语言使用者在相互接触和交流的过程中，无论是发生个体接触还是群体接触，最终都会产生相同的结果——词汇借用，因为词汇是语言中最活跃、最易变化、最具渗透性的要素。"借词"在汉语中也叫"外来词""借入语""借用语"等。关于"借词"的定义和种类，各家说法不一，目前主要有三种观点。第一种观点主张把其他语言中词的语音和意义都带过来的，叫借词；利用汉语原有的构词方式把其他语言中的词所代表的概念引入汉语中的，叫译词。第二种观点是建立在词义源自外族语中某词的基础上，在语音形式上借自相对应的外族语词，并在不同程度上汉化了的汉语词，还应具备在汉语中长时间使用的条件，才被作为纯正的外来词。第三种观点主张外来词是源于外语影响后产生的词，不是外语中原来的词，这部分词要在原来外语词的基础上经过改造和重新创制的过程。

（二）民族语言与汉语方言语法相互影响

汉语是汉藏语系中使用人口最多的语言，西北地区的汉语方言与民族语言在长期的接触过程中，产生了不少语法变异现象。语言演变主要包括两种基本形式：一是内部发展需要引发的自我演变；二是与外部语言相接触发生一定程度的改变。汉语和少数民族语言接触后对语法产生的影响，表现为一种语言从另一种语言中借用或渗透其语法手段或语言结构，从而改变或打破原语言固有的规则，使其语言的内部系统和结构在一定程度上发生改变。西北地区汉语方言与民族语言在长期接触的过程中产生的语法变化主要体现在语序类型的变化和语法范畴的变化上。

1. 语序类型

汉语本身缺乏形态变化的特征，依赖语序的调整作为其语法表达手段。而语言接触过程会引发语序类型改变，主要表现在基本语序借用和改变原有基本语序两个方面。现有文献从三个方面描写并分析了西北地区语序类型问题：一是 SOV 型语序类型；二是介词类型；三是比较句的语序类型。

第一，SOV 型语序类型。Joseph H. Greenberg 将世界语言根据主语（S）、谓语（V）、宾语（O）作为语序参项划分成为六种语言形式，而其中最为突出的三类语言有 SVO、VSO 和 SOV。在后续学者的研究过程中，又以 Greenberg 语序分类为基础对 OV 和 VO 语序原型对应参项的语序特征进行了分析，得到这两种语言类型的基本特征，为汉语语序类型的发展奠定了良好的基础。

动词和宾语之间的语序是非常重要的语法类型参项，其重要性在于语序所蕴含的一系列相关的语法变量。汉语的小句结构一直以 SVO 为基本语序类型，而西北境内阿尔泰语系诸语族语言的基本语序类型为 SOV 型。在西北地区，汉语方言与周边民族语言的长期接触导致了汉语方言的语序类型受到 SOV 型语言的影响。

汉语方言河州话的语序类型受到周边少数民族语言的影响而发生了变化。河州话中 SOV 型句法模式是其区别于其他汉语方言最主要的特点，关于其来源，学界均认为河州话是周边少数民族语言影响的结果。具体是受到哪种语言的影响，学者们并未达成一致的意见，现有文献中的观点大致可以分为两类：一是文献坚持河州话中 SOV 语序的形成与阿尔泰语的影响不无关系，是阿尔泰语影响下的产物，东乡语和河州话都是 SOV 型语序，后者深受前者的影响，河州话中的句法结构语序和东乡语几乎是完全平行的。二是马鹤天（1947）认为 SOV 句式实际上是阿尔泰语与河州话接触后形成的产物，同时可能与藏语的影响有关。从语言形式上来看，阿尔泰语系与汉藏语系皆归入 SOV 型语言，但两种语言体系与汉语在历史上的接触时间却有先后之分。谢小冬（2002）等通过 DNA 研究发现，河州话中 SOV 型语序与藏缅语和阿尔泰语均存在较大的相似性，前者表现在发生学层面，而后者表现在类型学层面。有研究指出，相比于藏语成分，阿尔泰语对河州话语言系统产生的影响更为显著，可以将其按照等级强弱程度（由强到弱）排列如是：蒙古语、突厥语、藏语。

第二，介词类型。现代汉语体系中，根据介词的分布类型可以看出汉语实际上是前置、后置词共存的一种语言体系。前置词都来自动词，而后置词多来自名词。在不同的现代汉语方言中，其介词类型表现各不相同。部分北方方言前置词较为发达，温州话、义乌话等吴方言的后置词发达。西北地区的西宁话、甘沟话、天祝话、临夏话、河州话等汉语方言前置词和后置词并存，且后置词发达。

西宁、甘沟、天祝等地方言中的前置词数量最多，但在表达习惯和使用频率上，后置词更为发达，较为发达的后置词有"哈""俩""搭""塔拉"等，这些后置词与甘青境内的阿尔泰语系诸语族的语法范畴十分相似。普通话中的一些前置词、框式介词在西宁话和天祝话中都以后置词的形式出现。SOV 型语言的一个突出表现特征就在于大量使用了后置词，彰显了小句语序与介词类型之间的相关性。

第三，比较句。是西北地区语言接触研究中关注的热点问题，语序类型中所提到比较句通常指差比句。OV 型语言的差比句更多使用"比较基准 + 比较标记 + 比较结果"语序。如东乡语 "dʐasun-sə tʂɯɢan"（雪-sə + 白）比雪白（刘照雄，2007：133），"mori-sə ɢudʐin"（马-sə + 快）比马快（刘照雄，2007：133）。

VO 型语言则更倾向于"比较结果 + 比较标记 + 比较基准"语序。如英语 Taller than him（比他高）；Whiter than snow（比雪白）。

西北地区的差比句研究主要关注两方面内容：一是差比句的结构类型；二是差比句的结构来源。

A. 差比句的结构类型。西宁汉语方言和临夏汉语方言的基本语序都为 SOV 型，与周边的藏语、东乡语、土族语的基本语序相吻合。西宁汉语方言具有地域性特征的差比结构的语序为"比较主体＋基准＋比较标记＋形容词"，其中"哈"作为比较标记，附加在比较标准之后，有时"哈"在语流中会弱化为"啊"。如：

（1）西宁方言：傢的工资我哈高哈着（他的工资比我的高）。（王双成，2009）

（2）西宁方言：这个娃娃长着快啊，哥哥哈大哈着（这个孩子长得真快，都比哥哥高了）。（王双成，2009）

（3）西宁方言：今年冬天啊年时啊冷者（今年冬天比去年冷）。（安丽卿，2019）

临夏汉语方言的特色差比结构与西宁汉语方言相同，使用"A＋B＋哈＋X"结构，与西宁方言有所不同的是，西宁话中的比较标记习惯使用附置词"啊"，而临夏话更倾向于"哈"。如：

（4）临夏方言：他的娃娃我的哈大着。（他的孩子比我的大。）（安丽卿，2019）

B. 差比句结构的来源。关于西宁话和临夏话差比句"比较主体＋基准＋比较标记＋形容词"结构的来源，目前学界持有两种不同的看法：一是"比较主体＋基准＋比较标记＋形容词"是在阿尔泰语系蒙古语族土族语的影响下产生的。李蓝赞同这一观点，并进一步认为"比较主体＋基准＋比较标记＋形容词"结构中的比较标记"哈"可能有两种来源，或源于蒙古语的离比格标记［-aar］，或源于土族语的［sa］。二是倾向于"比较主体＋基准＋比较标记＋形容词"这一差比结构更多是受到安多藏语的影响，甚至土族语和保安语中的这一结构也可能是受到藏语的影响。

2. 语法范畴

汉语是一种典型的孤立语，主要依靠词序和虚词来表达词汇之间的关系和其他语法意义。西北境内的阿尔泰语系内部各语言具有典型的黏着型语言的特征，通常黏合多个附加成分以表示多重语法意义。

通过对语言接触过程的分析可以发现，孤立语与黏着语进行接触时，二者在不同程度上均出现语法范畴层面的变异，这种变异一是表现为黏着语对孤立语的影响；二是表现为孤立语对黏着语的影响。藏缅语与阿尔泰语等黏着型语言对孤立语言的显著影响主要体现在孤立语中的部分汉语方言在词干后添加后缀，而产生数、格、式之类的新型语法范畴。作为孤立语的西北汉语方言对阿尔泰语等黏着型语言的影响表现为黏着语的语法范畴，出现省略、替代、简化、异化、类化现象。

（三）语言接触理论研究

语言接触是不同语言群体在交际和融合的过程中，不同语言的特征相互渗透、相互借鉴和相互转移的现象。西北地区语言接触的理论研究主要集中在新疆语言接触的机制，以及接触语言学与历史比较语言学的关系等方面。

1. 语言接触的机制和规律

关于语言接触的机制和规律，研究成果更多集中在新疆的方言中。新疆语言接触的圈层规律是指在语言接触中，由于结构相似和功能差异而形成语言圈层；汉语一直是接触的中心，影响着外圈语言的结构和功能；同样，根据语言传播的波浪特点，同样会受到影响语言的反作用[34]。有学者在此基础上进一步通过比较汉语、哈萨克语和维吾尔语，对新疆民汉语言独特的五个圈层规律进行了总结分析：其一，语言为层级结构，构成的语言集团呈现出阶梯分布的特征；其二，语言以祖语为基础和核心，而语言集团则以优势语言为核心；其三，语言的主要形成方式为"混合—推移"式，呈现出波浪式发展特征；其四，语言集团相互作用，语言体系存在相关联性；其五，语言表现出明显的类聚性特征，不同类型的语言通过凝聚的方式形成新的群体。

2. 运用接触语言学与历史比较语言学理论的研究

在讨论阿尔泰语系语言时，王远新强调要紧密结合阿尔泰民族、文化及整个语言发展的历史，深入研究各语族语言中数词的演变历程，并利用其研究成果为建立发展阿尔泰历史比较语言理论服务。在进行历史比较时，应拓宽研究的范围，可以借鉴类型学或比较文化学的材料与方法来丰富历史比较语言学的研究。

以上对于西北地区语言接触的研究成果重视西北地区不同语言间的接触、少数民族语言与汉语方言的接触，以及语言接触理论的研究，研究成果呈现增长趋势。除了语言接触理论，学者们还结合认知语言学和语言类型学理论分析解释西北地区的语言接触现象，为今后西北地区乃至国内的语言接触研究领域的发展指明了方向和可行的路径。

二　西北地区语言接触研究的问题对策

综合分析当前语言接触研究的现状和未来的发展趋势，我们认为，西北地区的语言接触研究应在覆盖领域、理论视角、人才队伍建设、语言数据库建设等方面更上一层楼。

（一）整合跨学科力量，拓宽西北地区语言接触的研究视角

西北地区的语言接触研究需要利用好"三把钥匙"，要超越以往分门别类的研究视野，加强不同学科之间的相互渗透、相互融合、相互贯通，实现对问题的整合性研究。因为单一学科的理论和方法往往难以进行全方位的、深入的探讨和系统理论的建构，传统的"两重证据法"强调地上的新材料与地下的甲骨文、简牍、敦煌文书等出土材料之间的互证。而在实际的研究中，"两重证据法"的相关分析理念已悄然完成了向"三重证据法"的顺利过渡，在前者基础上，又增加了民族学田野调查的互证部分。方言是照射各地社会文化、社会生活的一面镜子，是历史语言的活化石，能弥补古代文献之不足。我们对于民族语言（尤其是西北地区）开展的接触研究，更加侧重于民族社会学、历史比较语言学和分子人类学三者之间的融会贯通与交叉联系，它们是语言接触研究的"三把钥匙"。

历史比较语言学是一种根据语言谱系树作为判断标准来判断语言体系之间的接触或亲属关系。民族社会学则注重对使用某类语言的人群的形成问题展开探讨。分子人类学是生命遗传学中的一个分支，同语言分类之间存在密切联系，通过判定个体和群体使用的语言形式将其划分为不同群体并进行分辨考察。这主要是指父系遗传的 Y 染色体 DNA 和母系遗传的线粒体 DNA。目前关于东乡族的族源众说纷纭，有学者从群体遗传动态的角度探讨东乡族的族源，通过血样分析，可以推测出东乡族的起源同中亚色目人外迁存在密切关联，但同蒙古族之间的联系的可能性不大。语言学、民族社会学和分子人类学三者互相推求，一些复杂问题便如同拨云见

日、水落石出。西北地区语言接触跨学科研究将日益成为解决人类发展中的重大难题,尤其是会成为复杂性、综合性和交融性的重大问题的不可或缺的研究范式。因此,要牢牢把握新兴交叉学科的发展动态,将语言学与相关学科进行交叉融合,实现科研成果的成功转化。

(二) 加强具有高质量语言学专业素养人才队伍的建设

中华人民共和国成立后,西北地区语言接触研究的群体主要包括两个类别:一是以培养调查研究民族文字、语言为职责的研究人员,这类群体通常都经过系统性的现代语言学训练,而且在西北地区各省市县进行过实地田野考察,具有良好的语言学功底和实地田野调查的能力。二是致力于研究民族学的当地学者(或是本土学者),这类群体能够熟练掌握相关语言,具备一定的语言学理论知识,还对其民族的人文历史背景有一定的了解。众所周知,语言研究者一方面要具备语言的听、说、读、写能力,另一方面要充分了解当地土著语言的历史、文化和社会背景。然而在当前的相关研究中却出现了两种困境:一是研究民族语言的学者并非以该语言作为自己的母语,尽管他们掌握了丰富的现代语言学知识,具备扎实的语言学理论功底,但由于无法流利表达,在调查研究中出现了一定程度的沟通障碍。二是一些会讲民族语言的学者对其母语研究有一定的造诣,但并未受过系统的语言学训练,缺乏语言学理论基础。继往开来,在新的历史时期,面向我国重大战略需求,对于民族地区语言接触的研究有着更高的要求:民族语言研究者除了要具备扎实的基础知识和较强的社会实践能力外,还需要掌握相关的理论知识,加强"民—汉"型、"汉—民"型、"民—民"型等具有高质量语言学专业素养人才队伍培养是西北地区语言接触研究的当务之急。

(三) 建立西北地区民族语言与汉语方言数据库

20世纪70年代以来,西北地区的语言接触研究逐渐兴起,学者们进行了广泛而深入的田野调查,保存了大量语料。但客观问题是,由于学者们调查时体例不一、详略不同、个别语料难以获取等诸方面的原因,使得语料的搜集和整理工作都存在诸多困难。学者们仅依靠有限的语料开展研究工作,一方面其研究视野受到限制,另一方面其结论的科学性、可靠性和真实性可能会大打折扣。就西北地区语言接触研究的现状而言,需要全方位将国内外学者调查到的语音、词汇、语法、长篇语料等进行整理、汇总，并针对语料较少的语言进行更为深入的调查和搜集，而后利用多媒体技术将语料进行数字化处理，为西北地区语言研究提供一个共享资源、信息的平台，从而帮助相关研究人员缩减语料调查和整理的工作量，让研究人员能够将研究重心放在语言事实的对比分析中。除此以外，数据库还能利用计算机进行相关的运算与分析，形成智能化运算结果，有助于为当地语言的借词来源以及所属历史层次进行详细深入的分析和研究。

建立西北民族语言和汉语方言数据库是一项艰巨的工程，涉及数据库设计、语料采集、标注、索引以及调查工具的选取和调查语料的录入等内容，工作烦琐且复杂，因此迫切需要加强对高素质、高质量语言研究者的培养。

（四）加强民族语言方言地图的绘制

从全国范围来看，相比西南、华南和东北地区的语言接触研究，西北语言接触研究更多地集中在语言事实的陈述、描摹与对比分析，诸如地理语言学领域的分析还比较少。在后续的语言接触研究中，可以根据自身的研究需要选定特定数量的语音、词汇调查条目，在一个区域内布置多个方言点，深入各个乡镇进行田野调查，获得一手语料并利用地理语言学的优势将其绘制成图进行标注，从而更好地呈现出语言特征和民族方言的地理空间分布特征，更加直观、科学地对特定地理区域语言接触问题展开深入的分析，以揭示语言接触出现的内部差异的深层次原因，全面地梳理语言历史发展进程。

（五）深化综合比较研究，提升西北地区语言接触研究的理论水平

西北地区具有丰富的语言资源，尤其是少数民族语言与汉语方言接触频率高、时间长、范围广，呈现出不同层次的接触互动。既有中原官话、兰银官话、晋语和西南官话等汉语方言，也有藏语、东乡语、保安语、蒙古语等汉藏语系语言和阿尔泰语系诸语言，西北地区丰富的语言和接触关系为语言接触研究和语言演变研究提供了理想的土壤。

目前，西北地区的语言接触研究多集中于借词和语法的研究，而很少围绕着语音展开研究。语言系统的研究绕不开对语音、词汇以及语法的研究。西北地区的语言接触研究应结合这三方面进行系统的考察，并深入微观层面分析语料，探究接触的机制。语言、方言接触会促成方言的演变，因此需要加强实证性研究。在进行纵横两方面的比较研究时，将地理上的

语言接触和历史上的移民运动结合起来，论证西北地区汉语方言与少数民族语言之间的现实关联和历史联系，是西北地区语言接触研究未来可期的重要研究方向，这不仅可以为西北地区语言接触研究提供理论依据和参考方案，还能够极大地提高语言接触整体研究水平，从而使人们进一步加深对西北地区语言接触的认识。

（六）提高国家通用语言文字的地位，铸牢中华民族共同体意识

从西北地区的地理特点来看，东西直线距离 3700 多千米，各地方言与少数民族语言差异较大，各语言主体在交流中难以实现无障碍沟通。这种障碍不仅存在于汉族与少数民族、少数民族与少数民族之间，同样存在于不同地域的汉族之间。沟通上的障碍不仅影响各民族间的交往交流交融，而且影响个体的成长与发展。对于少数民族群众而言，应认识并学习国家通用语言文字。为此，习近平总书记指出："少数民族既要学好民族语言，还要掌握国家通用语言，不断拓宽就业渠道、掌握更加先进的科学知识，更好地融入社会[39]。"汉族民众更应当加强国家通用语言的学习，将其当作与少数民族群体沟通的桥梁和纽带。汉语在与少数民族语言接触的过程中，自然会增加通用语言词汇的使用频率，有助于加强国家通用语言文字在整个语言体系中的地位。对于少数民族而言，学习和掌握国家通用语，并非放弃民族语言，而是发挥少数民族语言与汉语在沟通交流中的互补功能，实现民族成员之间的互融互通。搭建语言沟通的桥梁，一方面要推广国家通用语言文字，另一方面要鼓励少数民族与汉族相互学习其语言文字，在学习交流中增进感情、增加理解、建立友谊，真正发挥语言接触在沟通情感中发挥桥梁纽带作用，推广国家通用语、发展民族语，携手各民族成员共同铸牢中华民族共同体意识。

三　结论

西北地区拥有丰富的语言资源，各民族"大杂居，小聚居"的局面也为语言接触提供了极好的机会，也使得当地的语言状况纵横交错。近年来，西北地区语言接触研究发展迅速，其研究成果不仅为汉语方言和少数民族语言研究提供了鲜活的语料，也为其他学科的研究提供可借鉴的研究视野和研究理论。学无止境，研也无止境。语言接触研究的视角、研究范围以及深度、广度都有待进一步拓展和加深。西北地区的语言接触研究

还应加强跨学科研究和比较研究，将共时研究和历时研究相结合。在"双一流"建设中，既要瞄准国内外学术前沿，引领学科发展，积极开展基础研究和原创性研究，又要注重因地制宜，就地取材，做好西部文章，切实发挥西北的区域优势，凝练交叉学科特色，促进学科多元融合发展，探求科研内容新的学术生长点，加强在少数民族地区提高国家通用语言文字的推广，铸牢中华民族共同体意识。

思考与练习

1. 什么是蒙式汉语和汉儿言语？简要叙述元代纯汉语、蒙式汉语、汉儿言语之间的关系。

2. 请以甘青河湟方言为例，简述语法结构的复制。

3. 谈谈语言接触视域下元代汉语语法研究情况。

第 十 章

语言接触研究要籍简介

学术研究不是一纸空文,象牙之塔,都要有一定的前提基础。而夯实基础的前提是精读经典论著,站在前人的肩膀上,才能走得更稳、更远。

近几十年,随着语言接触研究的发展,语言接触研究的相关著作应时而生。西北地区的语言接触研究是当前语言学界关注的热点和难点。尤其是近10年,研究成果如雨后春笋般不断涌现:有的成果着眼于语言接触过程中的词汇借用现象,有的研究是语言接触过程中的语法复制,还有的集中探讨语言接触理论等等。研究成果不仅为汉语方言提供了语言接触研究的新视角,也为接触语言学提供了北方汉语和阿尔泰语言接触的研究个案。

总之,学者们的经典著作,大大推进了语言接触相关问题的研究,不仅使语言接触研究的内容纵深化,而且使研究的视角多样化、研究的方法多元化,是研读语言接触的必读书目。本章对语言接触相关的几部著作作简要介绍和简单评述。

第一节 *Language Contact：An Introduction* 和 *Basic Linguistic Theory*

一 *Language Contact：An Introduction*(《语言接触导论》)

于(2014)出版(简称《语言接触》),作者 Sarah G. Thomason。共十章,包括语言接触的概念、语言接触的区域、世界范围内的语言接触现象(多语现象)、语言接触演变的结果、演变的机制、语言接触可能给受语系统带来的后果、接触引发的演变类型(借用和干扰)、接触引发的语言演变机制等内容,包含了语言接触研究的方方面面,且统筹兼顾。正如该书内容简介中所说:"本书对于初学《语言接触》领域的学生来说是一本非常理想的介绍性著作,对研究生和专业研究者来说,则是一本有用的参考资料。"[1]

吴福祥(2007)通其书之体例,读其书之义例,对《语言接触》的编排体例、研究内容删繁就简,作了提纲挈领的介绍,同时也指出了Thomason 的研究框架在某些方面存在的缺憾和不足,对我们掌握该书体例,从事研究,起到事半功倍的作用。我们在第一章,以及全文不同的地方都有直接或间接的介绍和不同程度的引用,在此,不再作专门介绍。

二 Basic Linguistic Theory

Basic linguistic theory(《基础语言学理论》)是澳大利亚著名学者 R. M. W. Dixon 的著作,由牛津大学出版。全套书共 3 册二十八章。该著作虽为"基础语言学理论",但也是语言接触研究必须阅读的经典。其基本内容如下:

第一册 *Methodology*(方法论)(一至九章)顾名思义是方法论的介绍。

第一章是导言,作者认为语言学是自然科学的分支,历史遗传、语言接触、生活方式及宗教信仰等是影响语言的三种因素。作者以身作则现身说法,提倡"沉浸式田野调查"(immersion fieldwork),反对"采访式田野调查"(interview fieldwork),并详细介绍了田野调查怎么做,做什么和不应做什么。总之,要用田野调查的科学方法研究语言学。

第二册 *Grammatical topics*(语法方面的论题)出版于 2010 年。其中(第十至十八章)针对语法专题进行分析。第十至十二章是对名词、动词和形容词展开的讨论;第十三章至十六章关于谓语和论元关系,包括及物性、系动词小句和无动词小句、代词和指示代词、领属关系;第十七至十八章是对小句层面关系小句和补足语小句的探讨。

这册首先对形容词进行研究,提出了四条判定标准:①描述性质;②具体化名词所指;③比较结构中作为比较参项;④修饰动词,指定动词

---

[1] *Language Contact: An Introduction*(语言接触导论)Sarah G. Thomason 著,世界图书出版公司,2014 年,内容简介。

所指。其次是对代词和指示代词的研究。指出代词和指示代词主要有三方面的内容，包括语法属性、它们在文中的指称参照和语法功能等。再次是对反身结构和交互结构的认识。反身结构和交互结构是以往汉语学界关注较少的范畴，作者用"独立的一章"对它们进行深入透彻的分析，足见其在类型上的重要性。

第三册 *Further grammatical topics*（更多的语法论题）出版于 2012 年。

第十九至二十一章依次为非空间设置、数系统和否定，第二十二至二十五章涉及动词的配价，即降价操作的反身式、交互式和被动态、逆被动态，以及增价操作的致使式和双系式。

第二十四章《致使式》和第二十五章《双系式》给谓语动词增加一个核心论元，从而实现动词"增价"的手段。提出了采用形态、复杂谓语、迂说、词汇、通过变换助动词来表达致使式的五种标记形式。

第二十五章指出世界上不到四分之一的语言有双系式结构，它多见于诸如班图语。介绍了双系派生主要通过动词派生词缀来标记，大多数语言中双系式的派生同时适用于及物和不及物动词，双系式有很多变式。标准的双系派生中，一个在底层的不及物或及物小句中为边缘论元的成分（即双系论元），在双系结构中成为核心论元 O（标为 AP-O）。双系式的功能主要包括：话语和语用的功能、将边缘论元置于核心论元位置的句法操作功用、满足话题及中枢词需要的功能。此外双系式还有更多的标记方式，如助动词与词汇动词共现或仅通过词位表现。

二十六至二十七章是比较句和疑问句两类句子。

最后一章是关于语言和世界的问题。

Basic linguistic theory 三册集中体现了作者的田野调查成果和对语言学的思考。

首先，跨语言的类型视角。作者将语言学定位为自然科学的分支。以传统语法为基础，又不囿于传统语法，提出了跨语言的语法范畴和基本理论，探讨每一个语法论题的表层结构和底层关系。既考察共时平面上与其他语法范畴的交互联系，又追溯结构及标记的历史来源和发展。

其次，注重语言事实。作者从事"沉浸式田野调查"40 余年，书中许多例证是作者本人的田野调查成果。详尽描述了 200 多种语法，以丰富的语言事实为依据。第二、第三册每一章后都有调查内容、调查的整体框架和调查重点。作者指出语言研究不能像完成一份调查问卷一样：一种语言套用一个事先建立好的理论框架和结论，而是收集并分析具体语言事实，尊重每种语言的特点，用语言事实探索语言理论。本书从活生生的语言实例中归纳语言中共享的语法范畴，展现其共性及个性，既有语言事实的描写，又有语言规律的提炼概括。

第二节　《论语言接触与语言联盟》
——汉越（侗台）关系的解释

陈保亚（1996）《论语言接触与语言联盟——汉越（侗台）语源关系的解释》（以下简称《语言接触与语言联盟》），确立了汉越（侗台）之间的接触关系。

侗台语族与汉语究竟有没有亲属关系，是国际汉藏语学界争论的热点与焦点。陈保亚历经数年，对汉语和傣语两种语言的接触和相互影响进行了多年跟踪调查，在此基础上总结出语言接触的机制，并提炼出"语言联盟"的理论。

王均、徐通锵（1995）、孙宏开（1998）、丁邦新（2000）等多位知名学者都曾评析过"语言联盟"理论[1]，为语言接触研究和语言区域研究提供了有益的参考，对历史语言学作了重要的补正。

《语言接触与语言联盟》分为上下两编。上编是"语言的接触：互协过程"，下编为"语言的演化：谱系树与语言联盟"。

此书是以汉语和傣语接触为实例的历史语言学方向和语言接触方向的理论著作，内容丰富，学术价值诸多。比如：语言接触创新理论：

第一，确立了汉越（侗台）之间的接触关系。汉语方言和各少数民族语言的关系问题是近几十年受到国际语言学界的关注问题。两者之间的系属关系到底如何？是亲属关系还是接触关系？尤其是侗台语族，与汉语究竟有没有来源关系，是国际汉藏语学界争论的热点与焦点。我们一般认为汉藏语系包括汉语族、藏缅语族、苗瑶语族和壮侗语族四个语族。壮侗语族和汉藏语系是一种亲属关系。

---

[1] 陈保亚：《论语言接触与语言联盟（王均、徐通锵序言）》，语文出版社1996年版。

陈保亚根据自己多年的深度调查材料,并进行深入分析,对侗台语的谱系树不囿他说,作出了令人信服的明断:"汉越关系是接触关系,是由于接触导致的语言联盟。"换言之,侗台语与汉语没有亲属关系,它们的相似性和语音对应关系是由语言接触造成的,侗台语和汉语是由语言接触而形成的一种"语言联盟"。"这是历史语言学的一种新的理论模式,可以和谱系树说、波浪说相匹敌。"(徐通锵序言)

作者根据自己提出的原则和方法,从多方面论证了汉语和侗台语无同源关系,也不是浅层的接触关系。因此引入了"联盟"的概念来解释汉越(台)之间的同构和对应。他认为,联盟的根本标准是两个语言的接触达到了对应接触。联盟和接触的区分是量的区分,联盟和同源、或接触和同源的区分是质的区分。文章提出了两种人类语言演变的基本模式:一种是谱系树模式;另一种是联盟模式。印欧语言属于谱系树模式,汉越之间属于联盟模式。

第二,提出了"语言联盟"的概念。"语言联盟"是历史语言学中的一个新的理论术语。这个概念虽然有一些语言学者也曾提到过,主要是建立在研究印欧语系的基础上的,如国外一些岛屿上的语言巴尔干半岛上保加利里亚语(斯拉夫语系)、罗马尼亚语(罗曼语系)、阿尔巴尼亚语和希腊语的之间出现的一些共享的结构特征。缺乏汉语的个案研究,因而无法验证其作为一种语言理论的科学性和权威性。陈保亚根据汉语和各少数民族语言的语音对应和词汇同构关系,深入研究,概括出解释能力很强的"语言联盟"理论,并付诸实践,用"联盟"的概念来解释汉越(台)之间的同构和对应。他认为是否成为联盟的根本标准是两个语言的接触是否已经达到了对应接触,对历史语言学的理论和方法作出了重要补正。并一针见血区分了几个概念的本质区别:"语言联盟"和语言接触是量的区分;而联盟和同源、或接触和同源的区分是质的区分。

第三,论证了语言接触的无界性。书中提出的"无界有阶性""阶曲线"理论在学界影响较大。提出语言接触具有"无界有阶性",即语言接触是"无界"的,可以深入到语言系统的各种层面,包括词汇、语音、语法等。接触的程度由接触时间、双语方向、双语人口等社会因素决定,但是接触的演进是有阶的,即"有阶性",越是核心的结构和核心的词汇受到接触影响的机会越小、时间越晚,呈现出不同的"阶"。"阶"由结构因素决定，结构因素决定同构和对应的产生，社会因素决定接触的深度，决定干扰和借贷的方向。已有学者将"阶曲"法则应用到研究中，如孟和达来、黄行（1997）、意西微萨·阿错（2003）等。

第四，判定亲属关系和接触关系的关系词。陈保亚提出通过关系词（音义对应的词）"阶曲线"的原则来区分同源关系和接触关系。根据接触的"有阶性"把斯瓦迪士（Swadesh）核心词分成第100词集和第200词集两个不同的阶。在语言接触中，第100词集的关系词低于第200词集的关系词，在语言分化中情况正好相反，也就是有同源关系的语言，越是核心的词汇，关系词越多，"阶"曲线下降，而接触关系则相反：越是核心的词汇，关系词越少，"阶"曲线上扬。

作者认为汉越关系是"联盟关系"所依据的两个参数：一是一定数量的汉越关系词（200核心词），二是这些核心关系词的"阶"曲线是上升的。

关系词数量和关系词"阶"的走向具有完全不同的含义。关系词的数量多少反映的是两个语言接触的密切程度，这种密切程度既可能是同源带来的，也可能是接触带来的，这两种情况需要由核心关系词"阶"的走向加以确定。关系词"阶"逐渐上升为接触（联盟关系）；反之，关系词"阶"下降为亲属同源。由此得出结论：虽然在核心词中关系词较多的情况下可以提出同源假设，但最终确定是两者是亲属或是接触关系，仍然要借助核心关系词"阶"的分布情况而定。汉语和侗台语的每一种语言的关系词都是100核心词低于200词，语言的关系词呈上升分布，因此，可以承认汉语和越语的密切关系是接触关系，而非同源关系。分析有理有据，鞭辟入里。

第五，提出母语对目标语干扰的两个阶段：匹配和回归是母语对目标语干扰的两个重要阶段。匹配是母语向目标语的有序化的第一阶段。匹配是母语者有规则地用母语的音来投射目标语言的音类，是以音质的相似为条件的。如傣族用自己的母语傣语去匹配目标语言汉语形成的傣汉语，与汉语在语音上形成了一种复杂的对应关系。因此匹配是系统与系统之间的匹配。这使匹配过程变得异常复杂。匹配有规则性、匹配的时空性、匹配的方向性和匹配的简约性。匹配是母语干扰目标语言的第一个阶段，它的结果是产生了和目标语言有同源关系的民族方言。

"回归"指的是当民族方言和原语言（目标语言）之间的相竞争的时候，两者不是"融合""互协"，而是民族方言在竞争中逐渐倒退，离开了母语干扰的匹配状态，又返回原语言的过程。这种现象很有意思，由此可见，语言的演变发展是迂回曲折的，是辗转前进的，并不是笔直的、畅通无阻的。回归过程中，文化程度、性别、职业、年龄和人口对回归速度都有影响，其中最明显的因素是年龄和人口：年龄越小，回归速度越快，回归程度越高，反之年龄越老，回归速度越慢，回归程度越低。作者认为，一般情况下是少数民族的人口比例越低，汉族的人口比例越高，回归的程度就越高。

回归从统一的角度说，是目标语言对第二语言的影响，或者说母语对民族方言的影响。任何一个字都有自己的回归路径。整个回归的结果无论停留在什么阶段，傣汉语和汉语仍然保持了严格的对应关系，只是说在匹配状态或回归的早期状态，一对多的关系更常见，而在回归的晚期状态，一对一的关系更常见。

第六，讨论了汉语方言分化的两种模式。作者（2005）分析了语言接触对汉语方言分化的影响，指出民族语言对汉语的接触影响导致的汉语方言的分化有两种模式：一是通过母语干扰有规则、有系统地影响汉语，导致方言的形成；二是通过母语转换，汉语民族方言变成汉语方言。两种模式的识别关键是考察对话状态，即区分汉族说民族语言和民族说汉语的不同对话状态。通常所说的混合语可以通过对应语素的有阶分布确定其早期对话状态，作者认为倒话、五屯话，可以看成转型汉语方言。孤岛条件下的母语干扰是形成转型汉语方言的重要条件。和母语干扰、母语转换形成的汉语方言相比，民族式转型汉语方言是一种极端情况，还存在很多中间状态。这些情况都可以通过基本语素和核心语素中主体对应语素的有阶分布，断定是民族语言干扰汉语还是汉语干扰民族语言。汉语方言在形成过程中民族语言的干扰起了很大的作用，这些干扰必然给汉语方言增加很多原始汉语不存在的结构因素，所以原始汉语的构拟要特别谨慎。

书中最后指出，根据历史比较法给现代方言或亲属语言的结构特征构拟原始语言要区分三种情况：哪些结构特征是语言接触引起的；哪些结构特征是后来分化形成的；哪些结构特征是原始语言的保留。

第三节 《倒话研究》
——汉藏语系之间的相互影响

倒话，顾名思义是"宾—动"型的 OV 语言。它是在青藏高原东部、四川西部甘孜藏族自治州雅江县境内使用的一种特殊语言，又称"雅江倒话"。倒话在语音、词汇、语法等语言系统的各个方面，都表现为来自藏语和汉语两种异质成分的有序的混合。倒话是藏汉两种语言密切接触、深度融合的产物。

意西微萨·阿错（以下简称阿错）的《倒话研究》（2004）是语言汉语和藏语深度接触的典型个案。作者认为，倒话是一种藏语和汉语的混合语，并对混合语作出了理论上的探讨。

《倒话研究》的主要内容集中在共时语言面貌分析和历时机制探讨两方面。共时面貌分析，包括藏语、汉语成分在倒话中的内在分布层次、倒话的共时特征及在语言接触诸现象中的地位；历时机制探讨，包括两种语言的深度接触与系统整合，与其他类似现象的比较及倒话语言性质的最后界定。

《倒话研究》采用的是"结构/要素比较分析方法"，即语言学理论中的组合结构和聚合结构的关系。倒话的语言系统中来自不同源语言成分的具体分布，在语言系统及其子系统的各个层面上，正是以系统的结构/要素的分野为条件分布的。一方面，一种源语言在不同的子系统和不同的层次层面中，或表现为要素、或表现为结构，于是源语言的成分可以深入到混合语的任何结构和要素之中；另一方面，在同一层次的系统中，两种源语言的不同分布表现为按照结构/要素的分野为条件的不同分布。从宏观上看，不同的源语言在混合语系统及其各子系统中是按照系统的结构/要素的分野而表现为不同分布，往往结构来自某一种语言，要素便来自另一语言；微观上看，一种源语言在混合语的某一结构或某一要素层的分布上，表现为一种"阶"状分布。根据这种方法，倒话的共时结构中，一方面由结构/要素的分野表现为不同的源语言分布，另一方面，一种源语言在倒话的某一结构或某一要素层的分布上又表现为"阶"状分布，这种结构称为"异源结构"，这种结构表明，混合语的各子系统中，系统的结构和要素可以有不同的源语言来源。倒话的异源结构表现在词汇、语音、语法系统的内在层次中。

从共时面貌分析倒话的词汇系统：倒话的基本词汇来自汉语，分布上越是核心词汇汉语词汇越多。倒话中藏语语源的词多分布在动植物名称、宗教事务、特殊生活习俗等文化词方面。那么，两种词汇来源，哪种更像"借词"，阿错认为不能用非此即彼的同源和借贷关系、对立的方式看待倒话和汉语、藏语的关系，因为从词汇分布是否核心的角度看，来自藏语的词具备"借词"特征，汉语词具有"本源词"的性质；但是，从语音表现看正相反，来自藏语的词更具有"本源词"的性质，倒话的语音格局接近藏语而远离汉语。因此，倒话只能理解为是两种源语言的全面混合与整合，而非继承某一种原始语言，然后和另外的语言发生接触这样的关系，这也是阿错将倒话定性为混合语的原因。《倒话研究》为考察两种语言混合形成新语言的面貌和形成机制提供了研究个案。

阿错以倒话为研究对象，从共时结构到历时形成，全面分析异源结构混合语的特征及形成机制，既有实例，又有理论总结，对国内混合语研究、汉语接触方言研究而言具有里程碑式的意义。

第一，提出了"混合语"的判定标准。作者认为"混合语"是一种具有母语地位而没有单一历史发生来源的语言。这种界定首先是基于历史发生学的角度，而非单纯根据类型特征；其次，这种历史的源流又是通过共时语言结构特征反映出来的。作者从共时与历时结合、结构和功能参照的角度对"混合语"的概念提出了四条判定基本标准：一是源语言必须各自都是独立的语言，不能互为对方的方言。这是一个基本的前提。二是从结构上说，混合语是深度的结构异源。在共时层面的反映是不同语言结构的交错混合，在历时层面反映出的就是来自不同语言的异源性结构。三是从功能上说，混合语必须是一个语言社团的母语或者母语性的语言。四是从结构到功能上，和任何自然语言一样，混合语是一个独立的语言，具备任何一个独立使用的语言的所有特质和功能。这种语言已经成为某一言语共同体的第一交际语和孩子们学习的母语，即已经是一种母语性语言。充当一定语言社团的第一交际语的要求。

然而，两种语言深度接触发生语言混合绝非是两个系统的机械加和，而是一种有序的整合。事实上，在语言系统的任何一个层面上，要使来自不同语言的异质成分纯粹地加和起来（尤其是在语言类型上差异较大的语言之间），是难以完全实现的。

作者认为，倒话作为一种混合语是完全符合这四条基本条件的。藏语和汉语是互相没有方言关系的独立语言，同时倒话在结构上是深度的结构异源，而在功能上表现为一定语言社团的母语。

另有一些在结构上符合深度异源特征，但功能上不具备承担母语功能的语言现象称为语言混合现象，不能称为"混合语"。如此看来，克里奥耳语就应该是一种"混合语"，而皮钦语只能算是一种语言混合现象。因为皮钦语也是一种重要的语言融合现象，但是没有母语地位尚不能称"混合语"。其他诸如各种"中介语""民族方言"，以及"土汉语"等大多可以算作"语言混合现象"，也不是"混合语"。作者认为对于这种不是混合语的"语言混合现象"，可以采取比较宽泛的标准，可以不考虑源语言是否为独立的语言，这样，方言间的接触也可能出现结构异源的"语言混合现象"，只要能够区分和确定语言系统各层次结构中源语言的来源方向，也就可以确定方言间的语言混合现象。

作者进一步强调，混合语通常保存强势语言的词汇和弱势语言的语法。

"作者提出的有关'混合语'理论，不仅是对以往有关混合语理论的重大突破，而且对不少语言研究领域都具有启示作用。"（胡明杨序言）

第二，异源结构的解释。倒话是一种典型的异源结构，是深度异源结构的混合语。深度异源结构语言有三个基本的特性：首先，结构/要素的不同表现出不同语言来源的对立分布；其次，同一结构或者要素项中，根据核心/边缘不同指向"阶"状分布；最后，异质结构有序整合。

从结构上看，倒话在语音、语义、词汇、语法等语言系统的各方面，都表现为来自汉藏两种语言系统异质成分的全面的、有机的混合，体现为语法/词汇异源、语音结构/语音要素格局的异源。具体来说，倒话的词汇成分主要来自汉语，而语法结构却与藏语有着高度的同构关系；语音表现中，基本词汇自然和汉语严整对应，可在语音要素格局（元音格局与辅音格局）上与藏语有相当高的一致性。同时，在所谓主要来自藏语的语法层面，倒话在语法结构及各种要素的功能上与藏语相当一致——即有高度的同构性，而表现这些语法功能的一些具体要素在语音形式（如动词的名物化标志，体、态、式标志以及名词代词的一些格标志等等）上则有竭力倾向汉语和藏汉并用的趋势。

如果不是结构和要素，或者形式和内容的不同来源，而仅仅是要素内部（或者仅仅是结构内部）有不同来源，如零星的借音、借词等零星现象，也可以说是一种异源现象或异源性，但是不能说是"结构异源"，或者"异源结构性"。也就是只有结构和要素分别有不同来源的异源，才叫作异源结构。那么，典型的异源结构现象首推语法与词汇的异源结合，相对于语法结构来说，词汇表现为一种要素性质，相对于词汇，语法结构尤其是句法也就体现为一种要素组合的结构性质。

第四节　西北地区的语言接触研究

甘青河湟地区的语言接触现象随处可见。曹广顺、贝罗贝、罗端等前辈学者，是该地区语言接触研究的指引者和开拓者。他们博古通经、中西贯通、别具慧眼，指出了西北地区语言接触研究的重要性，为年轻学者指明了研究方向。近年来，杨永龙、莫超、王双成、敏春芳等再接再厉，继续深挖西北地区，尤其是甘青河湟地区的语言接触现象，将深入细致的语料调查与语言接触理论相结合，揭示了甘青河湟方言语言接触的各类复杂现象。研究成果不仅为汉语方言提供了语言接触研究的新视角，也为接触语言学提供了北方汉语和阿尔泰语言接触的研究个案，对汉语方言研究、语言接触研究有一定的指导意义。下面主要介绍学界比较关注的共时层面上正在发生的语言接触现象的研究成果，重点介绍代表不同语言点的研究成果。

一　杨永龙研究员对甘沟话的相关研究

青海省的甘沟话是近几年国内接触方言研究中引人注目的语言点。该领域的开拓者是杨永龙研究员，他对青海甘沟话的系列研究成果，别具一格，颇有建树。他的研究既重视语言接触的影响，也充分考虑到汉语自身的发展脉络以及语法化路径等，认为接触影响下的语言面貌是自身演化规律和外来接触影响两方面综合作用的结果。他的研究成果《青海民和甘沟话的多功能格标记"哈"》《青海甘沟话复数标记"们［mu］"的类型特征及历史比较》《青海甘沟话的反身领属标记"囊"》《青海民和甘沟话的语序类型》《青海民和甘沟话的格标记系统》《青海甘沟话的情态表达与相关形式的来源》《甘青河湟话的混合性特征及其产生途径》《青海甘沟话"坐"义动词用作持续体助动词》等系列论文，具有重要的学术价值和指导意义。比如：杨永龙近两年发表的论文观点。

《甘青河湟话的混合性特征及其产生途径》（2019）一文，探索了语言接触规律，总结了相似接触环境下汉语方言点的区域性共性，都是作为母语使用的语言或方言，而不是用作临时交际中介的皮钦语；都是因为SVO 型和 SOV 型两种语序类型的语言相互接触而产生；汉语是词汇供给语，语音系统也与北方汉语基本相同；语法结构上，SOV 型语言是供给者。总体看，汉语语言是发展演变的方向。基于区域共性，文章将河湟话的语言性质定位为"具有混合语特征的汉语方言"，并对河湟话混合性语法特征产生的途径，提出了两个问题：一是来源与演变方向；二是演变过程是借用还是转用。从这两个维度出发，文中认为河湟话混合性特征的产生途径有三类五种可能：

  途径 A：源语为汉语，目标语为藏语或阿尔泰语
   A1：汉语借用藏语或阿尔泰语成分
   A2：汉语转用为藏语或阿尔泰语
  途径 B：源语为藏语或阿尔泰语，目标语为汉语
   B1：藏语或阿尔泰语借用汉语成分
   B2：藏语或阿尔泰语转用为汉语
  途径 C：源语既有汉语，又有藏语或阿尔泰语，双语混合而成

文中条分缕析，深入分析了各类路径的可能性：途径 B1、B2 和途径 C 就河湟话的产生而言是有可能存在的。文中指出河湟话混合性特征产生的途径不是单一的，不可一概而论。其中，B2 是最主要的途径，即源语为 SOV 语序的藏语或阿尔泰语，在语言接触过程中受到汉语的影响，放

弃原有语言而转用汉语。在此过程中受母语干扰，一些语法特征得以保存下来。途径 B1 可能先于途径 B2 而存在，换言之，在转用之前可能已经大量借用汉语的词汇和句法结构。途径 C 也是一种可能的存在。B 是渐变，C 是突变，更有可能的是片状分布的混合语由渐变而产生，点状分布的混合语如五屯话、唐汪话由突变而产生。全文若网在纲，有条不紊，读来受益良多。真是"知之愈明，则行之愈笃；行之愈笃，则知之益明"。

《青海甘沟话"坐"义动词用作持续体助动词》（2022）一文，指出了青海甘沟话和周边汉语方言中表示持续和进行的"坐"，分析了"坐"的句法属性、语法意义、来源、演变路径及其与周边少数民族语言的关系。文章认为"坐"用于"V 着坐"格式中，其语法属性是助动词，"坐"的语法功能是强调动作持续进行或状态持续不变；"坐"来源于"坐"义动词，从"坐"义动词演变为持续体标记在周边 SOV 语言中比较普遍，其间经历过语义泛化过程，涉及"坐住同词"，泛化为"居处"动词等；河湟汉语"坐"义动词用作持续体助动词是对周边少数民族语言的语义关联模式和特定句法格式的复制，动因是语言接触，是语言转用过程中不完全习得带来的干扰。文章认为，SOV 型的阿尔泰语、藏语与具有 SVO 型语言特征的汉语深度接触，通过深度借用和转用干扰把藏语和阿尔泰语的共享特征带到了与之接触的河湟汉语之中，形成河湟话的混合性特征，同时也形成了藏语、阿尔泰语和汉语河湟话共享的区域性特征。文章具有重要的学术价值和参考价值，也具有方法论的指导意义。

杨永龙的《青海甘沟话"坐"义动词用作持续体助动词》与王双成的《藏语"坐、住"义动词的语法化及区域类型特征》（2022）有异曲同工之妙，可谓"英雄所见略同"。前者讨论的是青海甘沟话和周边汉语方言中表示持续和进行的"坐"的句法属性、语法意义、演变路径及其与周边少数民族语言的关系；后者讨论了藏语"坐、住"义动词的语法化及相关区域性特征：藏语"坐、住"义动词 vdug、sdod、gnas 在历史演变过程中逐渐语法化为存在动词、系词、持续体等体标记。在语言接触过程中，"坐、住"义动词语法化为持续体标记，在甘青地区形成了一个区域性特征。通过跨语言比较证明，"坐、住"义动词的这类语法化具有一定的普遍性，两者都是语言接触研究的佳作。

二 罗端（Redouane）对甘肃唐汪话的研究

罗端是法国国家科学院语言学高级研究员（Directeur de recherche），也是著名的汉学家，研究领域为古代汉语和中国西北语言接触研究。他对甘肃唐汪话做过深入调查，撰写了多篇研究唐汪话语法和语音的文章。如《唐汪话里语气词"说"、"说着"的语法化过程》（Processus de grammaticalisation de 'shuo' et 'shuozhe' en Tangwang）（2013）；Languages in Contact in North China：Historical and Synchronic Studies（北方汉语中的语言接触——历时与共时研究）（2015）；《西北官话方言体标记的产生与发展：唐汪话为例》（Formation et évolution des marques aspectuelles en mandarin du nord-ouest-cas du parler de Tangwang）（2019）；《西北汉语方言动词后缀"给"的含义及用法——唐汪话为例》（Meanings and uses of the verbal suffix 给 *ki* in Northwestern Chinese dialects-the case of Tangwang）（2021）等系列论文，集中讨论了甘肃唐汪话的性质、语言接触的形成机制、接触的结果等。他的研究不囿于唐汪话，对甘青河湟地区的语言接触研究也有重要的参考价值。

作为法国语言研究首席专家，罗端先后承担了法国科学基金会项目（ANR）"Language contact in Northern China-Historical and Typological perspectives"（《中国北方的语言接触——历史与类型学观点》2019—2022）、法国国家科学院与我国社会科学院科学合作国际项目（PICS）"Contacts de langues et changements morphosyntaxiques du chinois"（《汉语形态语法演变与语言接触》2011—2013）等重要课题。

三 王双成对西宁话的研究

王双成教授对西宁话有持续的关注，他的前期成果侧重于语言事实描写，后续的研究视角不断开阔，理论分析不断深入。如《西宁方言的体貌》分析了西宁方言的体貌范畴；《西宁方言的重叠式》描写了西宁方言动词、名词、形容词，以及量词、介词、副词和代词的重叠形式，并指出动词的重叠与普通话区别很大，这与藏语的长期接触影响有关。王双成近两年的研究成果有《接触与共性：西宁方言方位词的语法化》（2020），2020年的另一篇文章是《语言接触与西宁方言的并列和伴随——兼论伴随和工具格标记"俩"的来源》，认为西宁方言的伴随、工具格标记"俩"来自汉语"两个"，但其使用以及伴随标记语法化为工具格标记等特点同阿尔泰语的影响有关，是长期语言接触形成的区域特征。

四　莫超、雒鹏、张建军对河州话的研究

河州话主要分布于甘肃临夏以及青海西宁以东湟水与黄河交汇之处的河湟地区，这一地区自元朝以来就是回族及其先民的主要聚居地。河州话的使用者主要是回族，还有当地的汉族及其他少数民族。河州话词汇是汉语，语法结构具有 SOV 型语言的特征。很多学者对河州话进行过考察。如：学者马树钧的《临夏话中的"名＋哈"结构》（1982），指出了临夏话的后置介词"哈"的语法类别与语法功能；《汉语河州话与阿尔泰语言》（1984）一文，将河州话和维吾尔语的格范畴、动词"者"尾、引语标记、小句连接标记"是"等进行了比较，提供了河州话受接触影响的主要的语法现象，对后来的研究而言具有很好的启发作用；《河州话代词说略》（1988）描写了河州话中表近指、远指、疑指、任指的代词。

莫超教授一直从事汉语方言学、西北汉语方言与少数民族语言接触等方面的研究工作。他的系列文章，讨论了河州话特殊语法现象的来源、成因等问题，如《河州方言研究的几个问题》将河州方言、周边少数民族语言与历史文献结合，认为河州话与东乡语、撒拉语、藏语都有一定的关系，但受到东乡语、撒拉语的影响较大，受到藏语的影响较小。《语言接触与河州方言的形成》《语言接触视角下的汉语河州话研究综述》，从语言接触的角度讨论汉语河州话与周边少数民族语言如阿尔泰语及藏缅语之间的关系，揭示汉语河州话的形成及语言性质。此外，《甘青语言区域汉语方言的"宾动式"再探》讨论了甘青语言区域汉语方言在藏语、蒙语、撒拉语等语言的影响下逐渐形成的"宾动式"语法格式。著作《甘青语言区域汉语方言之形成与演变研究》既有历时的溯源也有共时平面的跨语言比较。

雒鹏教授也关注由语言接触引起的甘青河湟地区汉语方言的特殊语音、语法现象。论文《河州话语法——语言接触的结果》描写了河州话名词的数范畴、格范畴以及 SOV 语序等特殊语法现象，他认为河州话是一种"混合语"，其形成过程先是操藏缅语的民族与汉族的接触融合，其

后蒙古语族民族进入，进一步接触融合形成了现在的河州话语法系统。

两位专家的研究发现，不囿于河州话，对甘青河湟方言也应有一定的参考价值。

五　敏春芳的语言接触研究

甘青河湟方言的语法系统要比普通话复杂得多，其类别、语法功能、形成机制等都有不少值得研究的地方。系列研究论文，从语言接触的视角出发，考察了几种特殊结构的形式类型、语义机制和句法特征；并从历时语言学的视角揭示了相关句式的来源，以及与周边阿尔泰语系蒙古族语言语言之间的互动关系。有五篇文章被人大复印资料全文转载，研究成果获甘肃省哲学社会科学优秀成果一等奖（1次）、二等奖（3次）。

如2022年发表的三篇论文：①《语言接触视角下甘肃临夏话"们"的复杂用法》（《语言研究》），分析了甘肃临夏话的复数标记"们"在不可数名词之后不表示复数，而是具有唯一指称。该用法与阿尔泰语系突厥语族语言的影响有关，是语言接触的结果（文章被人大复印资料全文转载）。②《语言接触视角下甘肃临夏话和东乡语中的述补结构研究》（《当代语言学》），探讨了汉语和阿尔泰语系两种不同类型的语言出现了相同的结构模式，体现了典型的语言区域特征。③《语言接触视角下甘青河湟方言的前呼后应与重叠并置现象》（《语言科学》），提出由于语言接触导致的"前后呼应与重叠并置"现象，是汉语与非汉语接触时固有的与外来的两种格式的叠床架屋，是在语言接触过程中出现的"叶徒相似，其实味不同"的特殊语言现象。2023年发表的《西北地区语言接触研究：现状、问题与对策》一文，通过田野调查和深入分析，对西北地区的语言接触研究进行了系统描写和剖析，强调了历史比较语言学、民族社会学和分子人类学的交叉融合方法（文章被人大复印资料全文转载）。

著作《语言接触与语言演变——东乡语与东乡汉语研究》（2018年），以甘肃东乡族自治县的东乡语和东乡汉语为研究对象：东乡语是母语，也是第一语言；东乡汉语是东乡民族所说的汉语，也是二语。讨论了是一个民族使用的两种不同类型的语言之间的相互影响。

著作分上下两编，共10章。上编探讨的是汉语对东乡语的影响，主要是词汇的借用；下编探讨的是东乡语对汉语的影响，主要是结构的干扰。

第一，《语言接触与语言演变》由点及面，个案研究与区域共性研究相结合。探讨了"借用和干扰"两种模式在语言接触引发的语言变化。借用最明显的特征是阿尔泰语言从汉语借入词汇。东乡语中的汉语借词普遍，随处可见。

调查了 1.8 万多个词，汉语借词达到了 58%，其中核心词 30%。归纳了汉语借词东乡语对构词法的影响、语言功能的变化等。成果指出，语言接触明显的特征，就是汉语向民族语输送大量的词汇，像文化词、基本词汇和核心词，甚至构词词缀等。东乡语中因语言接触而引发的语言影响，涉及构词成分的减少、增加和替代。如派生名词、动词和形容词的附加成分有不同程度的减少和丢失，其中减少最多的是名词。像附加成分-ɣun、-lan/-liən（用于名词后）、-dan、-wu/-ku、-s（用于动词后）逐渐减少甚至消失，丢失率达 40% 左右。派生动词的附加成分中，有四组已经不出现或偶见，动词的附加成分也在逐渐减少，丢失率达 35% 左右，仅次于名词。另外，固有的构词成分逐渐减少的同时，增加了新的构词特征。如概称形式-dʑi（的）和"-tən"（等）以及复数附加成分"-ɕiə"（些），均借自汉语。同时，东乡语增加了一些派生词缀，如借自汉语的名词词缀-kə（客）、-jia（家）、-zi（子）；派生动词的派生词缀-dʑi/-ji（的），增加了接受语中不匹配的构词词缀。东乡语在借用汉语借词的同时，也移植了汉语的构词成分。因为词缀具有能产性和类推性，是形态语言重要的构词手段。上编的研究结果是：借词是语言接触的开始，也是语言转用的关键。

第二，拓展了甘青河湟地区汉语与阿尔泰语系语言接触研究的领域。成果是用 10 年时间磨成的剑。最初的 3~5 年是田野调查和语料的核实。前后调查了甘肃省东乡族自治县 24 个乡镇的东乡语和东乡汉语，调查了东乡县的达坂、锁南、那勒寺、东塬、百和、关卜、河滩、唐汪等 8 个乡镇的语音系统，选择了东乡语语音、东乡汉语语音以及混合语的语音。东乡语语音以东乡政府锁南坝为主，东乡汉语的语音选取转用了汉语的东塬乡，混合语的语音以唐汪话为例。②总共调查了 1.5 万多词。主要以布和等编写的《东乡语词汇》和马国忠、陈元龙编写的《东乡语汉语词典》中的词为主。③收集并转写了 40 多则东乡语短文故事和一些民间传说。

东乡语中的汉语借词在 30 年内有了质的飞跃，导致了东乡民族局部的语言转用，得出的结论：东乡县的河滩镇、百和乡、东塬乡、关卜乡、果园乡等乡镇已基本转用汉语；柳树乡、达坂镇、那勒寺、赵家乡、春台乡、北岭乡、董岭乡、车家湾等乡镇兼用汉语和东乡语；东乡县中部和腹部地带的锁南镇、坪庄、免古池、沿岭乡、汪集乡、风山乡、高山乡、大树乡、龙泉乡、考勒等乡镇还在使用东乡语。东乡语是受汉语影响最深的阿尔泰语系语言之一，汉语借词俯拾即是，导致了东乡民族局部的语言转用。成果认为，一个民族逐渐放弃自己的母语而转用另一语言时，语言之间的借用、普遍的双语和语言转用是一个连续的阶梯。为接触语言学展示了广泛借用导致语言转用的语言接触案例。

第三，完善、修正了现有的语言接触理论。有学者认为"只有当外来的结构成分与一种语言自身的发展趋势相一致时，这种语言才会接受这些外来的结构成分"。汉语的情况并非如此。汉语和阿尔泰语是不同类型的两种语言，但因为因地理位置相邻，两者互动频繁，相互影响。东乡语除了从汉语借贷大量的词汇外，反而对汉语的结构造成影响，出现了一些"似是而非"的语言现象，如甘青河湟方言"搭/塔""啦/拉""咂/撒/些"等，是少数民族语言格标记方位格"-də"、凭借格或伴随格"-la"、从比格"-sə"的音译，是一种形态标记，没有词汇意义。东乡语的使用者将母语的特殊语法现象带到了东乡汉语中，从而造成了对汉语的影响。

再比如蒙古语族语言的并列副动词"-dʐ/dzɯ/dʑi/dʐe/dʐə"与汉语"着"的读音、位置相近，功能也有相通之处。所以，少数民族语言使用者在习得汉语的过程中，自然把自己母语的并列副动词带进他们习得的汉语中，创造出了"回着去/来""带/拿着来/去""上/下着去/来"等一大批特殊的趋向补语格式。这些格式有的改变了汉语的语序和类型，有的是引入了汉语没有的语法特征等，但都是"北方汉语阿尔泰化"的具体体现，也是语言接触在某些情况下语法化最重要的诱因。研究成果丰富了西北语言接触研究的成果，同时也为语言接触与语法化关系研究提供了研究个案。

思考与练习

1. 深度异源结构语言的基本特征有哪些？举例说明。
2. 从事西北地区语言接触研究的学者有哪些？试述一两位学术成就。
3. 结合汉语语法史和语言接触，谈谈近代汉语某一助词的研究概况。

参考文献

一 研究著作

［法］贝罗贝：《贝罗贝语言学论文集》，商务印书馆2024年版。

［美］Dryer, Matthew S. & Haspelmath, Martin（eds.）：WALS Online-Combination Order of Subject, Object and Verb/Order of Relative Clause and Noun, 2013.

［美］萨丕尔：《语言论：言语研究导论》，陆卓元译，商务印书馆1985年版。

［日］太田辰夫：《中国语历史文法》，蒋绍愚、徐昌华译，北京大学出版社1987年版。

［日］太田辰夫：《汉语史通考》，江蓝生、白维国译，重庆出版社1991年版。

［美］托马斯·佩恩：《描写形态句法——田野语言学指南》，吴福祥等译，商务印书馆2021年版。

［法］徐丹：《语言、基因和考古》，上海科学技术出版社2023年版。

曹广顺：《近代汉语助词》，语文出版社1995年版。

曹广顺：《重叠与归一：汉语语法史发展中的一种特殊形式》，《汉语史学报》第四辑，上海教育出版社2004年版。

曹广顺：《语言接触与汉语语法史中的译经语言研究》，2011年北京大学中国语言学暑期高级讲习班学员手册。

曹广顺：《西北方言特殊语法现象与汉语史中语言接触引发的语法改变——以"格"范畴为例》，《历史语言学研究》第五辑，商务印书馆2012年版。

曹广顺、李讷：《汉语语法史研究中的地域视角》，《汉语方言语法研究和探索》，戴昭铭主编，黑龙江人民出版社 2003 年版。

陈保亚：《论语言接触与语言联盟》，语文出版社 1996 年版。

陈荣泽、脱慧洁：《关中山东方言岛语言接触与演变研究》，商务印书馆 2023 年版。

戴庆夏、李泽然：《哈尼语的并列复合名词》，《中国哈尼学》第 1 辑，云南民族出版社 2000 年版。

戴庆厦：《语言学著作序文集》，民族出版社 2021 年版。

董秀芳：《汉语的词库与词法》，北京大学出版社 2004 年版。

董志翘：《〈入唐求法巡礼行记〉词汇研究》，中国社会科学出版社 2000 年版。

冯春田：《近代汉语语法研究》，山东教育出版社 2000 年版。

付乔：《语言接触视域下的五屯话调查研究》，甘肃人民出版社 2021 年版。

哈申格日勒：《保安语研究》，内蒙古大学出版社 2021 年版。

何潇：《语言接触视角下的汉语后置词研究》，武汉出版社 2022 年版。

黄征、吴伟：《敦煌愿文集》，岳麓书社 1995 年版。

金香花：《语言接触视域下朝鲜语会话结构研究》，民族出版社 2024 年版。

江蓝生：《语言接触与元明时期的特殊判断句》，《语言学论丛》第 28 辑，商务印书馆 2003 年版。

季羡林：《原始佛教的语言问题》，中国社会科学出版社 1985 年版。

蒋绍愚：《近代汉语研究概况》，北京大学出版社 1994 年版。

蒋绍愚：《"给"字句、"教"字句表被动的来源——兼谈语法化、类推和功能扩展》，《语言学论丛》第 26 辑，商务印书馆 2002 年版。

蒋绍愚、曹广顺：《近代汉语语法史研究综述》，商务印书馆 2005 年版。

蒋绍愚：《汉语词汇法语史论文续集》，商务印书馆 2012 年版。

蒋绍愚、胡敕瑞主编：《汉译佛典语法研究论集》，商务印书馆 2013 年版。

金克木：《梵语语法〈波你尼经〉概述》，《梵佛探》，江西教育出版社 1998 年版。

金克木：《怎样读汉译佛典》，生活·读书·新知三联书店 2017 年版。
李明：《趋向动词"来/去"的用法及其语法》，《语言学论丛》第 29 辑，商务印书馆 2004 年版。
李铁根：《现代汉语时制研究》，辽宁大学出版社 1999 年版。
李欣：《蒙古语中的汉语借词分类研究》，中央民族大学出版社 2023 年版。
李云兵：《中国南方民族语言语序类型研究》，北京大学出版社 2008 年版。
梁晓红：《试论梵汉合璧造新词》，《佛教与汉语词汇》，台湾佛光文化事业有限公司，2001 年。
刘丹青、唐正大：《名词性短语的类型学研究》，商务印书馆 2012 年版。
刘丹青：《语法调查研究手册（第二版）》，上海教育出版社 2019 年版。
刘定慧：《语言接触视角下汉语俄源词演变研究》，浙江大学出版社 2023 年版。
刘剑文：《民族语言文化研究》，云南民族出版社 2023 年版。
龙海燕：《竞争与和谐》，民族出版社 2021 年版。
龙国富：《中古汉译佛经被动式与佛经翻译》，《历史语言学研究》第二辑，商务印书馆 2009 年版。
吕叔湘：《中国文法要略》，商务印书馆 1942 年版。
吕叔湘：《汉语语法分析问题》，商务印书馆 1979 年版。
马贝加：《近代汉语介词》，中华书局 2002 年版。
梅祖麟：《现代汉语完成貌句式和词尾的来源》，《梅祖麟语言学论文集》，商务印书馆 2000 年版。
梅祖麟：《唐代、宋代共同语的语法和现代方言的语法》，《梅祖麟语言学论文集》，商务印书馆 2000 年版。
庞双子：《透过翻译的语言接触研究》，商务印书馆 2023 年版。
邵敬敏：《汉语语法学史稿（修订本）》，商务印书馆 2006 年版。
时建：《陇川阿昌语参考语法》，社会科学文献出版社 2021 年版。
宋绍年：《〈马氏文通〉研究》，北京大学出版社 2004 年版。
孙宏开：《羌语简志（修订本）》，孙宏开、刘光坤修订，民族出版社 2009 年版。

孙锡信：《近代汉语语气词》，语文出版社1999年版。

唐正大：《从独立动词到话题标记》，《语法化与语法研究》，商务印书馆2005年版。

王力：《中国现代语法》，商务印书馆1985年版。

王力：《汉语史稿（重排本）》，中华书局2004年版。

王力：《汉语语法史》，商务印书馆1988年版。

王启涛主编：《中国语言学研究》，社会科学文献出版社2022年版。

王云路：《谈谈词缀在古汉语构词法中的地位》，《汉语史研究集刊》第一辑，巴蜀书社1998年版。

向熹：《简明汉语史（修订本）》，商务印书馆2010年版。

邢向东：《神木方言研究》，中华书局2002年版。

邢向东：《陕北晋语语法比较研究》，商务印书馆2006年版。

徐世梁：《青海乐都南山地区的藏语、汉语及其接触研究》，南京大学出版社2022年版。

叶晓锋：《丝绸之路沿线语言比较视野中的上古汉语词汇研究》，浙江大学出版社2022年版。

俞理明：《佛经文献语言》，巴蜀书社1993年版。

遇笑容：《汉语语法史中的语言接触与语法变化》，《汉语史学报》第四辑，上海教育出版社2004年版。

遇笑容：《〈撰集百缘经〉语法研究》，商务印书馆2010年版。

遇笑容、曹广顺、祖生利：《汉语史中的语言接触问题研究》，语文出版社2010年版。

张赪：《汉语介词词组词序的历史演变》，北京语言文化大学出版社2002年版。

张赪：《汉语语序的历史发展》，北京语言大学出版社2010年版。

张玉来主编：《汉语史与汉藏语研究》，中国社会科学出版社2023年版。

周小兵：《浅谈"除"字句》，《对外汉语教学研究》，中山大学出版社1991年版。

朱德熙：《语法讲义》，商务印书馆1982年版。

朱冠明：《移植：佛经翻译影响汉语词汇的一种方式》，《语言学论丛》第37辑，商务印书馆2008年版。

朱冠明：《〈摩诃僧祇律〉情态动词研究》，中国戏剧出版社 2008 年版。

朱庆之：《佛典与中古汉语词汇研究》，台湾文津出版社 1992 年版。

朱庆之：《佛教混合汉语初论》，《语言学论丛》第 24 辑，商务印书馆 2001 年版。

邹嘉彦：《语言接触与词汇衍生和重整》，《语言接触论集》，上海教育出版社 2004 年版。

二　期刊论文

陈明娥：《20 世纪的敦煌变文语言研究》，《敦煌学辑刊》2002 年第 1 期。

陈明娥：《从敦煌变文看中近古汉语词缀的新变化》，《宁夏大学学报》2003 年第 4 期。

陈前瑞：《"来着"的发展与主观化》，《中国语文》2005 年第 4 期。

陈寅东：《现代维吾尔语"-p 型副动词"的显赫性及动因》，《喀什大学学报》2023 年第 2 期。

戴庆厦：《景颇语并列结构复合词的元音和谐》，《民族语文》1986 年第 5 期。

邓思颖：《自然语言的词序和短语结构理论》，《当代语言学》2000 年第 3 期。

董琨：《"同经异译"与佛经语言特点管窥》，《中国语文》2002 年第 6 期。

杜兆金：《维汉接触中的竞争式有序匹配和异步回归——兼论汉语民族方言的形成与演变特点》，《语言研究集刊》2023 年第 2 期。

方梅：《由背景化触发的两种句法结构——主语零形反指和描写性关系从句》，《中国语文》2008 年第 4 期。

方欣欣：《语义借用的不对称与泛时性》，《汉语学报》2005 年第 1 期。

高峰、王美玲：《晋语志延片与关中方言的接触类型和规律》，《汉语学报》2023 年第 2 期。

黄成龙：《中国民族语言借用汉语动词的类型》，《中国语文》2023 年第 4 期。

洪波：《"给"字的语法化》，《南开语言学刊》2004 年第 3 期。

洪波、阿错：《汉语与周边语言的接触类型研究》，《南开语言学刊》2007

年第 1 期。

江蓝生：《语言接触与元明时期的特殊判断句》，《语言文字学》2004 年第 2 期。

李盖玛吉：《天祝方言的人称代词》，《华中学术》2023 年第 1 期。

李蓝：《现代汉语方言差比句的语序类型》，《方言》2003 年第 3 期。

李讷、石毓智：《论汉语体标记诞生的机制》，《中国语文》1997 年第 2 期。

李泰洙、江蓝生：《〈老乞大〉语序研究》，《语言研究》2000 年第 3 期。

林素娥：《汉语方言语序类型学比较研究刍议》，《暨南学报》2007 年第 3 期。

刘丹青：《汉语中的框式介词》，《当代语言学》2002 年第 4 期。

雒鹏：《河州话语法——语言接触的结果》，《西北师大学报》2004 年第 4 期。

吕军伟、王倩：《接触视野下汉语代词演变研究之进展及问题》，《阜阳师范大学学报》2023 年第 3 期。

敏春芳：《敦煌愿文中的同素异序词》，《敦煌研究》2007 年第 3 期。

敏春芳：《语言接触视角下甘青河湟方言"个"的扩展功能》，《中国语言学研究》2023 年第 1 期

敏春芳、肖雁云：《西北地区语言接触研究：现状、问题与对策》，《兰州大学学报》2023 年第 1 期。

敏春芳、李小洁：《语言接触视角下甘肃临夏话"们"的复杂用法》，《语言研究》2023 年第 2 期。

马梦玲：《西宁方言中与语序有关的附置词及其类型学特点》，《兰州交通大学学报》2009 年第 5 期。

马树钧：《临夏话中的"名 + 哈"结构》，《中国语文》1982 年第 1 期。

马树钧：《汉语河州话与阿尔泰语言》，《民族语文》1984 年第 2 期。

乔全生：《洪洞话的"去""来"》，《语文研究》1983 年第 3 期。

释惠敏：《汉译佛典语法之「相违释」复合词考察——以玄奘所译〈瑜伽师地论〉为主》，《法鼓佛学学报》2011 年第 8 期。

石毓智：《汉语方言语序变化的两种动因及其性质差异》，《民族语文》2008 年第 6 期。

王森:《甘肃临夏方言的两种语序》,《方言》1993年第3期。
王森:《东干话的语序》,《中国语文》2001年第3期。
王双成:《西宁方言的差比句》,《中国语文》2009年第3期。
王双成:《西宁方言的介词类型》,《中国语文》2012年第5期。
吴福祥:《南方方言几个状态补语标记的来源(一)》,《方言》2001年第4期。
吴福祥:《南方方言几个状态补语标记的来源(二)》,《方言》2002年第1期。
吴福祥:《再论处置式的来源》,《语言研究》2003年第3期。
吴福祥:《汉语方言里与趋向动词相关的几种语法化模式》,《方言》2010年第2期。
吴福祥:《语序选择与语序创新》,《中国语文》2012年第4期。
肖雁云、敏春芳:《西北地区语言接触研究:跨学科研究的背景及其方法》,《原生态民族文化学刊》2023年第2期。
徐丹:《唐汪话的格标记》,《中国语文》2011年第2期。
徐丹:《甘肃唐汪话的语序》,《方言》2013年第3期。
袁芳、魏行:《语言接触与西北方言否定语序的演变》,《语言科学》2023年第2期。
余志鸿:《语言接触与语言结构的变异》,《民族语文》2000年第4期。
岳立静、黄维军:《近代汉语后置词"呵"的功能、来源及发展》,《东岳论丛》2023年第2期。
曾昭聪:《中古佛经中的字序对换双音词举例》,《古汉语研究》2005年第1期。
张安生:《甘肃河湟方言名词的格范畴》,《中国语文》2013年第4期。
张立博:《从圈层型汉维语言接触模式看圈层规律》,《语言与文化研究》2023年第3期。
朱庆之:《试论佛典翻译对中古汉语词汇发展的若干影响》,《中国语文》1992年第4期。
祖生利:《元代白话碑文中方位词的格标记作用》,《语言研究》2001年第4期。
祖生利:《元代白话碑文中词尾"每"的特殊用法》,《语言研究》2002

年第4期。

三 学位论文

韩茜:《敦煌变文同素异序词研究》,西北大学硕士论文,2009年。

左双菊:《位移动词"来/去"带宾能力的历时、共时考察》,华中师范大学博士学位论文,2007年。